W0185206

Je suis de la
Cabane à livres
Interdit à la vente

Les fossoyeurs

VICTOR CASTANET

Les fossoyeurs

ÉDITION AUGMENTÉE

Je suis de la
Cabane à livres
Interdit à la vente

J'AI LU

Édité par Gérard Davet et Fabrice Lhomme

© Librairie Arthème Fayard, 2022
© Éditions J'ai lu, 2023, pour la présente édition

Le Code de la propriété intellectuelle interdit les copies ou reproductions destinées à une utilisation collective. Toute représentation ou reproduction intégrale ou partielle faite par quelque procédé que ce soit, sans le consentement de l'auteur ou de ses ayants droit ou ayants cause, est illicite et constitue une contrefaçon sanctionnée par les articles L335-2 et suivants du Code de la propriété intellectuelle.

NOTE DE L'AUTEUR

Journaliste et citoyen, je n'ai aucune difficulté avec le fait que de grands groupes privés gagnent de l'argent dans un secteur comme celui de la prise en charge de la dépendance. Il n'est pas question, dans cette enquête, de faire de l'« Ehpad bashing » ni de mettre en cause l'ensemble d'un secteur au sein duquel de nombreux groupes et des dizaines de milliers de personnes accomplissent, avec humanité et professionnalisme, une mission essentielle à notre société : la prise en charge des personnes âgées les plus vulnérables.

Ce travail vise à mettre en lumière les pratiques douteuses d'une entreprise devenue, trente ans après sa création, le numéro un mondial du secteur des Ehpad (établissement d'hébergement pour personnes âgées dépendantes) et des cliniques. Un groupe qui gère aujourd'hui plus de 110 000 lits, répartis dans plus de 1 110 établissements, sur 23 pays et 3 continents. Une société qui ambitionne, à court terme, de faire son entrée dans le CAC 40 : Orpéa.

Il s'agit également de pointer les responsabilités du système de santé français et tout particulièrement des autorités de contrôle, en premier lieu les agences régionales de santé (ARS), qui, à bien des égards, ont failli à leurs missions premières : s'assurer de la bonne utilisation de l'argent public et, surtout, protéger nos aînés.

Mon objectif premier est de dépasser la question de la « maltraitance institutionnelle », un terme qui a la faiblesse de mettre tout le monde dans le même panier et de diluer les responsabilités. Cet ouvrage veut dévoiler les rouages les plus secrets d'une société pour, enfin, nommer des responsables et lister non seulement des dysfonctionnements, mais aussi de potentielles dérives.

Ce livre est le fruit d'un travail d'investigation de près de trois ans, mené à temps plein entre février 2019 et décembre 2021. Il fait appel aux témoignages de plus de 250 personnes dont les profils divers m'ont amené à traiter l'ensemble de l'écosystème des Ehpad et des cliniques : des familles, bien sûr, mais également des auxiliaires de vie, des hôtesses d'accueil, des cuisiniers, des animateurs, des aides-soignants, des infirmiers, des cadres de santé, des médecins coordinateurs, des directeurs d'établissement, des directeurs régionaux, des salariés du siège d'Orpéa, de hauts dirigeants du groupe, des fournisseurs, des apporteurs d'affaires, ainsi que des directeurs généraux de grands groupes privés concurrents. Parmi ces témoins de premier plan, d'anciens directeurs d'agences régionales de santé, des chargés de missions de conseils départementaux et trois anciens ministres de la Santé (Michèle Delaunay,

Roselyne Bachelot et Claude Évin) m'ont apporté leur concours ou leur éclairage.

En raison de leurs fonctions ou par peur des représailles, une partie conséquente de mes sources a souhaité témoigner de manière anonyme. Je l'ai accepté quand il était impossible de procéder autrement. D'autres ont voulu, au contraire, mener ce « combat » en leur nom et assumer leurs propos. Une quinzaine d'entre elles ont ainsi eu le courage d'apparaître à visage découvert. Presque autant se sont engagées à témoigner en justice en cas de procédure. Certaines doivent être considérées comme des « lanceurs d'alerte » et pouvoir bénéficier de la législation en vigueur.

Cette enquête s'appuie sur ces entretiens – dont plus de 200 ont été enregistrés – et sur un grand nombre de documents qui m'ont été transmis : des mails, des photos, des vidéos, des enregistrements, des documents médicaux, des documents comptables internes au groupe, des comptes d'emploi, des conventions tripartites, des décisions de justice, des rapports de l'Inspection du travail ou des comptes rendus de contrôle de conseils départementaux.

De nombreux comportements individuels douteux sont dénoncés dans ce livre. Je détiens les documents et témoignages venant étayer ces allégations, mais, puisqu'il est question de jeter une lumière crue sur un système, et non sur des personnes, j'ai choisi de respecter l'anonymat des mis en cause – sauf celui des trois dirigeants principaux de l'entreprise. Enfin, il est à noter qu'Orpéa, malgré de multiples tentatives, n'a jamais souhaité répondre aux dizaines de questions précises que je leur ai fait parvenir. Je le répéterai tout au long du texte, quitte à lasser le lecteur, car le respect du contradictoire est une vertu cardinale de l'enquête journalistique. Encore faut-il que la société incriminée et ses dirigeants acceptent de répondre aux sollicitations...

Si ce récit prend appui sur un établissement – *Les Bords de Seine* – situé à Neuilly-sur-Seine (Hauts-de-Seine), mon enquête m'a conduit à couvrir une part non négligeable du territoire français. Je me suis rendu à Paris, dans les Hauts-de-Seine, le Finistère, la Vienne, l'Yonne, l'Hérault, la Sarthe, la Loire-Atlantique, le Lot-et-Garonne, l'Aisne, la Marne, la Gironde, les Bouches-du-Rhône, le Vaucluse, le Tarn-et-Garonne, les Vosges, en Corse. Et également au Luxembourg.

Cette enquête, que j'ai menée pendant de longs mois par temps calme, a été percutée au printemps 2020 par la crise du Covid-19. Sûrement y a-t-elle alors trouvé un sens supplémentaire. Durant cette pandémie, qui a causé plusieurs dizaines de milliers de morts en Ehpad, les faiblesses du système de santé français et l'opacité de certains grands groupes privés ont éclaté au grand jour. Malheureusement, ces failles étaient présentes depuis bien trop longtemps et laissaient entrevoir la possibilité d'un tel drame[1].

1. Les noms suivis d'un astérisque ont été anonymisés.

PARTIE 1

LES BORDS DE SEINE

CHAPITRE 1

AU PARADIS DES PERSONNES ÂGÉES

Saïda Boulahyane presse le pas ; il est 7 h 15 et, dans quelques minutes, elle commencera sa première journée de travail pour le groupe Orpéa.

En sortant du métro, elle longe la Seine et l'île de la Grande Jatte. Nous sommes à Neuilly-sur-Seine : les avenues sont larges, les espaces verts taillés à la réglette et les arbres bien disposés. L'idée de travailler dans ce nouvel environnement lui procure un sentiment d'accomplissement. Depuis près de dix ans, elle est auxiliaire de vie et elle a tout connu : les Ehpad vétustes et souffreteux de banlieue parisienne à 1 800 euros par mois, les milieu de gamme à 2 500 euros, de bien meilleure tenue, les premium à 4 000 euros, où l'on prend soin des apparences. Mais lorsqu'elle se retrouve face à cet imposant bâtiment de sept étages aux larges balcons, colonnades et palmiers d'accueil, elle a le sentiment de passer dans une autre catégorie.

La traversée du hall de la résidence confirme aussitôt ses premières impressions : « Quand tu entres aux *Bords de Seine*, tu as l'impression d'être au paradis des personnes âgées », me racontera-t-elle lors de notre premier entretien. « Après avoir passé un tapis rouge et deux vases gigantesques, tu te retrouves sur une moquette de cinq centimètres d'épaisseur. Il y a le fameux piano sur la gauche. Des fleurs partout, des orchidées blanches dans mon souvenir. Tout le monde te sourit. Tu fais face à une armoire remplie de beaux objets. C'est magnifique. » La suite de la visite ne peut qu'achever de séduire une riche famille venue chercher un lieu d'exception pour son parent trop âgé : un bar rococo sur lequel est posé un seau à champagne accueille le visiteur, puis un long couloir le mène vers les jardins. Au milieu du bâtiment, de larges parasols abritent les pensionnaires en fauteuil roulant prenant le café, entourés d'arbustes choisis ; les bruits de la ville se font lointains. Partout au rez-de-chaussée se nichent des petits îlots de fauteuils, pour faire salon. Et en poussant quelques portes, vous découvrez même une salle d'ergothérapie équipée d'une délicieuse piscine en mosaïque. La résidence vous promet dans ses brochures commerciales un espace Snoezelen (multisensoriel) ainsi qu'un psychologue et un psychomotricien à demeure. Pour maintenir le lien social, les animations annoncées sont légion : gym douce, jeux de société, ateliers de mémoire, ateliers de cuisine, spectacles, couture, média, peinture, lecture, chants, fêtes, multiples sorties, et cela matin et après-midi, 7 jours sur 7. Un tourbillon de luxe qui nous donnerait presque envie d'enjamber quelques décennies pour profiter de ce lieu unique.

Cet établissement fait partie d'un programme plus vaste du groupe Orpéa, qui a souhaité au milieu des années 2000 occuper le segment fort lucratif du très haut de gamme. À l'origine du projet, une femme amoureuse des belles choses et du beau monde, toujours impeccable dans un tailleur pantalon noir assorti, un foulard Vuitton autour du cou. Elle travaille aujourd'hui dans un autre domaine pour le groupe. Mais, à l'époque de l'arrivée de Saïda Boulahyane – nous sommes en 2016 –, elle est directrice coordinatrice. C'est elle qui chapeaute l'ensemble des établissements de luxe du groupe en Île-de-France : la maison de retraite *Chaillot* et *Les Terrasses de Mozart* dans le 16e arrondissement, *Les Artistes de Batignolles* au cœur du 17e arrondissement, la résidence *Castagnary* à proximité de la porte de Vanves, *Léonard de Vinci* à Courbevoie et, ce joyau, *Les Bords de Seine*, à Neuilly. Depuis son ouverture en 2010, la résidence sert de vitrine au groupe Orpéa. Presque chaque mois, des investisseurs ou de futurs partenaires commerciaux, souvent étrangers, ont droit à une visite des lieux, habilement guidée. L'idée étant de leur montrer le savoir-faire de l'entreprise, qui s'apprête alors à devenir le leader mondial de la prise en charge de la dépendance : aménagement des espaces, tenue des lieux, gestion de l'accueil, organisation des soins, etc.

Au-delà de l'image, *Les Bords de Seine*, comme tous les établissements du groupe, doivent rapporter de l'argent. Beaucoup d'argent. Les tarifs des chambres comptent parmi les plus élevés de l'Hexagone. Aux *Bords de Seine*, la chambre d'entrée de gamme d'une vingtaine de mètres carrés coûte près de 6 500 euros par mois, et les tarifs grimpent jusqu'à 12 000 euros pour la grande suite avec salle de bains et dressing. 380 euros par jour et par personne, soit six fois le tarif moyen d'un Ehpad. Pourtant, à ce prix, tout n'est pas compris. Il faut encore payer l'accès à Internet (25 euros par mois), les appels téléphoniques (0,15 euro l'unité), l'entretien de votre linge, le coiffeur ou encore la pédicure. Enfin, selon votre degré de dépendance, la facture pourra encore s'alourdir de 5 à 20 euros par jour (jusqu'à 600 euros par mois).

Seules les grandes fortunes françaises et internationales foulent ces moquettes épaisses : des familles d'industriels pour la plupart, mais aussi des personnes issues du monde du spectacle ou des héritiers. Parmi les plus célèbres : Mme Cartier, que son chauffeur venait chercher presque tous les jours pour une balade en Rolls-Royce, une excentrique princesse iranienne, ou encore Françoise Dorin, femme de lettres et d'esprit, amoureuse éperdue de Jean Piat. On y retrouve aussi régulièrement d'anciens journalistes, d'ex-hauts fonctionnaires ou des proches de membres éminents de la classe politique française. Récemment, le fils d'un ancien président de la Ve République y avait pris demeure, en toute discrétion. Malgré son âge avancé, on apercevait régulièrement son ombre imposante s'aventurer dans les couloirs du premier étage pour rendre visite à une voisine et lui offrir la caresse d'un baisemain. Il était, paraît-il, d'une politesse exquise.

Mais, ce matin de juin 2016, lorsque Saïda Boulahyane foule pour la première fois ce tapis rouge, aucune personnalité ne se profile à l'horizon. Les couloirs du rez-de-chaussée sont silencieux. Au bout de la pièce, une vieille dame tente de lire son journal en collant quasiment son visage à l'encre des articles, le dos voûté. Dans un autre coin, deux femmes prennent le thé en jouant aux cartes. Saïda, immobile, observe ce spectacle harmonieux. Elle se souvient d'avoir pensé que même l'odeur y était différente des autres Ehpad qu'elle fréquentait : « Ça sentait le jasmin ! »

L'hôtesse d'accueil des *Bords de Seine* va alors la sortir brutalement de ses pensées. Après avoir répondu à quelques questions d'usage sur son identité et la raison de sa venue, Saïda Boulahyane est invitée à monter au quatrième étage, dévolu aux unités protégées, où l'aide-soignante de nuit l'attend pour la relève. Nouvelle surprise dans l'ascenseur : au niveau 1, où séjournent la plupart des VIP, les portes s'ouvrent pour laisser entrer un serveur en blazer. Serviette blanche au bras, il pousse un chariot rempli de plateaux en argent, de carafes de jus d'orange et de viennoiseries chaudes. La conversation s'engage brièvement entre deux étages. Saïda Boulahyane se présente et explique que c'est sa toute première vacation dans l'établissement. « Alors, bon courage ! » lui répond-il, dans un sourire désolé qui la laisse perplexe. Au niveau 4, les portes s'ouvrent sur un autre monde : « En un instant, le paradis s'est transformé en enfer. Je n'avais rien vu de tel. J'ai 54 ans, de l'expérience dans de nombreux groupes. C'est le pire du pire que j'aie vu dans ma vie. »

CHAPITRE 2
TROIS COUCHES PAR JOUR

Lorsque je fais la connaissance de Saïda Boulahyane, je suis au tout début de mon enquête. Je viens de publier un reportage pour *M, le magazine du Monde* sur un thème particulièrement tabou : l'accueil réservé aux personnes âgées LGBT en maison de retraite.

Écrire sur le grand âge n'est pourtant pas ma spécialité. Ces dernières années, j'ai pris le pli des terrains étrangers, notamment le monde arabe, que ce soit en Tunisie, en Palestine ou en Iran. Je travaille, comme journaliste indépendant et réalisateur de documentaires, sur des sujets aussi divers que les opposants au pouvoir algérien, les figures féminines contestataires en Iran, l'essor de la mafia nigériane en Italie, ou encore l'exode rural en Mongolie. Les rédactions avec lesquelles je collabore, de manière plus ou moins régulière, sont *M, le magazine du Monde*, *Paris-Match*, le magazine *NEON*, *Grazia*, la revue *XXI*, TF1 reportages, M6, 13e Rue, ou encore le site de grands reportages Spicee. Je ne réponds presque jamais à des commandes, préférant proposer des sujets que j'ai développés.

En avril 2018, j'ai connu le bonheur de devenir père. Et j'ai pris, dans la foulée, la décision de me concentrer, pour quelque temps, sur des sujets nationaux, afin d'éviter de m'absenter pendant plusieurs semaines d'affilée. L'actualité chaude ne m'intéresse guère, pas plus que la couverture de la scène politique. Je cherche à me tenir au plus près de la vie des gens et à mettre en lumière des problématiques peu traitées, comme la prise en charge des seniors LGBT, la misère sexuelle des personnes handicapées ou encore la nécessaire adaptation de nos prisons au vieillissement de la population carcérale.

Je suis particulièrement sensible au sort réservé aux personnes âgées. Parce qu'elles cumulent les handicaps et se retrouvent, souvent, dans des situations de grande vulnérabilité. Parce que leurs voix ne portent plus. Parce que les plissures de leurs visages m'émeuvent. Et parce que, lorsque je traite de ces sujets, j'ai l'impression de discuter avec mon grand-père, Antoine, qui s'approche de la fin de sa vie.

Mon papier pour *M, le magazine du Monde* (« L'homosexualité interdite de séjour en Ehpad ») est donc la première publication de cette série que j'ai prévu de consacrer aux personnes âgées. Déjà, j'y perçois la solitude dans laquelle elles sont de plus en plus nombreuses à être plongées. Une solitude dont nous, les familles, sommes en partie responsables et qui ouvre la voie aux pires abus. Peu de monde pour surveiller leur quotidien. Peu de monde pour veiller au respect de leur dignité.

Peu de monde pour s'assurer qu'elles ne sont pas victimes d'« abus de vieillesse ».

Laurent Garcia, cadre infirmier en Ehpad, m'a accompagné tout au long de ce premier sujet. Et alors que nous recevons de nombreux messages de personnels soignants et de membres de la communauté LGBT au lendemain de la publication du reportage, il décide de me parler de son expérience au sein du groupe Orpéa et des mois, terribles à l'en croire, qu'il dit avoir passés aux *Bords de Seine*, « la résidence la plus luxueuse de France ». Il m'alerte sur de nombreux cas de maltraitances, une gestion du personnel alarmante, des protocoles médicaux non respectés, des économies de bouts de ficelle à tous les étages, le tout piloté par une direction cynique. « Tu devrais aller voir ce qui se passe dans cette résidence. C'est une honte », me dit-il, solennel.

Malgré toute la confiance que je lui accorde, j'ai alors du mal à concevoir qu'un établissement de ce standing soit le théâtre de telles dérives. Pour quelles raisons un groupe laisserait-il passer de tels dysfonctionnements qui, à terme, risqueraient de nuire à son image et donc à sa rentabilité ? Je décide de commencer à enquêter pour en avoir le cœur net et demande à Laurent Garcia de me mettre en rapport avec d'anciens salariés qu'il a côtoyés durant son expérience Orpéa. Saïda Boulahyane est l'une des premières que je rencontre et je suis alors loin d'imaginer qu'elle sera la première de dizaines et de dizaines d'autres, ni que ce « fait divers » m'amènera à visiter presque chaque région française durant trois ans et à me plonger dans un dossier tentaculaire qui dépasse de très loin la question de la maltraitance.

Pour l'heure, nous sommes en mars 2019, et je me dirige, curieux, vers une terrasse du boulevard de Charonne, à Paris. Saïda Boulahyane et Laurent Garcia, un duo sympathique de bons vivants, y sont attablés. Ils se sont rencontrés en Ehpad et sont instantanément devenus amis. Laurent Garcia est un homme de 54 ans faussement nonchalant. Look de dandy, il porte un jean brut, une veste en daim rembourrée et un tee-shirt ras de cou. Il est du genre grande gueule ; totalement investi dans son travail de cadre infirmier en Ehpad, l'une de ses activités favorites est d'interpeller, souvent vivement, les décideurs politiques et les dirigeants sur Twitter. Qu'il s'agisse des ministres de la Santé successifs du président Macron, Agnès Buzyn puis Olivier Véran, du syndicat des maisons de retraite privées, le Synerpa, ou encore du directeur général d'Orpéa, Yves Le Masne. Il a un côté « gilet jaune » dans sa manière radicale de vouloir se faire entendre, mais n'attendez pas de lui qu'il en porte un ; c'est un révolté privilégié. Il n'empêche, son dévouement aux personnes âgées est total. Et son émotion communicative. Plusieurs fois, je le verrai pleurer à mes côtés, de tristesse ou de colère. Et plus d'un an après notre rencontre, en pleine crise du Covid-19, ce sont les lecteurs du *Monde* et de Florence Aubenas ainsi que les auditeurs de la matinale de France Inter qui seront touchés par l'engagement hors normes de ce cadre infirmier pour ses pensionnaires et par l'amour qu'il porte à son équipe de soignantes.

Saïda Boulahyane, elle, est une femme modeste et réfléchie. Le sort des personnes âgées dont elle s'occupe au quotidien la préoccupe sincèrement, mais sa situation financière ne lui permet pas de faire d'esclandre. Son seul moyen d'action est de faire son travail, aussi bien qu'elle le peut. Ce soir-là, au côté de Laurent Garcia, elle rit de bon cœur. Pourtant, à l'intonation de sa voix, à ses silences, à cette manière compulsive qu'elle a d'enchaîner les cigarettes, je ressens une cassure. Le boulot d'auxiliaire de vie en Ehpad n'est pas beaucoup plus valorisé que celui de femme de ménage. D'autant plus quand vous êtes vacataire. La paie est plus que modeste, environ 1 470 euros brut par mois chez Orpéa, le rythme effréné, vous n'êtes qu'un petit maillon du système, interchangeable à l'envi. Mais au-delà de cela, ce qui marque le plus ces femmes, ce sont les personnes dont elles s'occupent, leurs regards éperdus, leurs mains affolées, la faiblesse qui les accable, et surtout la brutalité de ce monde dans lequel on les a plongées.

Ces conditions de travail, avec le temps, laissent des traces. Votre peau s'épaissit, votre humeur se dégrade, votre rire n'a plus la même résonance. Vous avez perdu, sans vous en apercevoir, de votre légèreté.

Saïda Boulahyane me raconte qu'elle a travaillé pour plusieurs grands groupes, dont Korian, le deuxième mondial du secteur et le premier français. Dès qu'elle le peut, elle choisit les unités protégées, pourtant réputées les plus difficiles. C'est là que vivent les personnes âgées dites « déambulantes ». La plupart sont atteintes de troubles cognitifs sévères altérant leur humeur, leur mémoire et leur comportement, les amenant parfois à être violentes. Beaucoup d'entre elles sont touchées par la maladie d'Alzheimer. Pourquoi Saïda Boulahyane a-t-elle choisi ce service ? Parce qu'elle a l'impression d'y être utile, tout simplement. Et, chez Orpéa, cela s'est révélé plus vrai que jamais. « Dès que je suis arrivée dans cette unité, dès que l'ascenseur s'est ouvert, j'ai compris que quelque chose n'allait pas. Déjà, il y avait cette odeur de pisse terrible, dès l'entrée. Et je savais que c'est parce qu'ils n'étaient pas changés assez régulièrement », lâche-t-elle. Puis elle poursuit : « Ça s'est révélé être le cas. Je suis restée près d'un an là-bas, et je ne vous dis pas à quel point il fallait se battre pour obtenir des protections pour nos résidents. Nous étions rationnés : c'était trois couches par jour maximum. Et pas une de plus. Peu importe que le résident soit malade, qu'il ait une gastro, qu'il y ait une épidémie. Personne ne voulait rien savoir. » Laurent Garcia rougit en entendant les propos de Saïda Boulahyane. Elle intervient aussitôt. « Ce n'est pas ta faute. Je sais que tu te battais pour nous. Tu faisais ce que tu pouvais. »

En sa qualité de cadre infirmier, Laurent Garcia devait de fait passer commande pour la résidence. C'est lui qui évaluait les besoins en protections (couches), en pansements, petit matériel médical, compléments alimentaires, gants de toilette… Mais ce n'était pas lui qui décidait : « Bien sûr que je me battais pour mes soignantes et les résidents. Le combat était perdu d'avance, glisse-t-il, désolé. Je n'avais droit qu'à une commande par mois. Et la plupart du temps, elle était validée par le directeur d'exploitation, puis revue à la baisse par la directrice coordinatrice qui écoutait sûrement les consignes du directeur de la division Île-de-France. Rien ne passait sans sa validation. On n'avait aucun stock et on ne pouvait commander que le 25 du mois. Alors presque chaque mois, la dernière semaine, ou la première du mois suivant, on se retrouvait en pénurie de couches. Il y avait alors toutes les aides-soignantes qui accouraient dans mon bureau pour se plaindre. J'essayais de les calmer comme je pouvais. Mais, en même temps, je comprenais leur colère. Que pouvais-je leur dire ? »

Laurent se rendait ensuite au septième étage du bâtiment pour s'expliquer avec la directrice coordinatrice du groupe Orpéa. « Je montais la voir dans sa tour d'argent. Et je poussais des gueulantes. C'est d'ailleurs, entre autres, pour ça qu'on m'a remercié à la fin. Elle me demandait de me calmer et ne faisait rien. Je pense qu'elle se disait qu'elle m'avait accordé un bon salaire. Et que, donc, je devais fermer ma gueule. »

Saïda Boulahyane me détaille les conséquences de ce rationnement. Une toilette était prévue le matin et une autre à 14 heures. Puis il fallait attendre le soir. Si l'un de ses protégés faisait sur lui dans l'après-midi, elle était contrainte de le laisser dans ses excréments pendant plusieurs heures. Peu importe l'odeur, les conséquences sur sa santé et son bien-être. Nous étions déjà bien loin des attentions des salons feutrés du rez-de-chaussée. À cet étage, Saïda Boulahyane dit avoir vécu de nombreuses scènes traumatisantes. Elle évoque ainsi un pensionnaire atteint de troubles du comportement et d'excès de violence en train de tapisser les murs de sa couche pleine, ivre de rage et de désespoir. Elle raconte s'être retrouvée une autre fois à nouer des serviettes de bain à plusieurs de ses pensionnaires, en guise de couches, faute de mieux.

Les pénuries dans cet établissement étaient, à l'en croire, si fréquentes que des familles avaient décidé d'acheter elles-mêmes les protections de leurs parents. Elles redoutaient qu'ils ne soient pas changés. Alors qu'elles versaient près de 10 000 euros pour le mois. Comment expliquer qu'un groupe international comme Orpéa, dans son établissement le plus luxueux, rogne sur ce qui est pourtant la base du bien-être d'une personne âgée : les protections urinaires ? Une couche pourtant ne coûte que quelques dizaines de centimes d'euro : 0,25 euro en moyenne pour les classiques, et 0,50 euro pour les plus chères.

Durant cette année chez Orpéa, la gestion des couches n'a pas été le seul souci de Saïda Boulahyane, tant s'en faut. À l'en croire, les pénuries touchaient presque tous les produits nécessaires à la prise en charge quotidienne des personnes âgées. Combien de fois s'est-elle retrouvée sans gants de toilette jetables ? Même chose pour les draps ou encore les serviettes de bain, selon elle : « Il m'est arrivé plusieurs fois de n'avoir qu'une serviette pour trois résidents. Si je disais quelque chose, j'avais l'impression d'être l'emmerdeuse de service. » Le rationnement concernait également la nourriture, semble-t-il : « L'alimentation, c'était au compte-gouttes. Au petit déjeuner, c'était deux biscottes. Et, s'ils en voulaient une troisième, ce n'était pas possible. Au goûter, c'était une madeleine. Une deuxième madeleine, ce n'était pas possible. Et c'est arrivé souvent qu'on n'ait pas de lait le matin. Ou pas de confiture. Alors, je m'arrangeais avec le serveur pour qu'il m'en mette de côté. Je vous assure, on se serait cru en période de guerre. »

Ces pénuries récurrentes et *a priori* incompréhensibles dans un établissement de ce standing, Saïda Boulahyane n'est pas la seule à m'en avoir fait part. J'ai interrogé, par la suite, trois aides-soignantes, dont une déléguée du personnel, un infirmier et une maîtresse de maison, qui ont travaillé aux *Bords de Seine* à différentes périodes et à différents étages. Tous ont décrit la même situation.

Quelques semaines plus tard, toujours en présence de Laurent Garcia, c'est Yollande Crossouard, une aide-soignante d'origine camerounaise qui a officié aux *Bords de Seine* durant plus de six ans, qui me raconte avoir été licenciée par le groupe après s'être insurgée à de nombreuses reprises contre les pénuries de matériel : « Le dernier week-end que j'ai passé là-bas [en 2018], on n'a pas eu de gants de toilette. Vous savez ce que j'ai dû faire ? Scotcher des petits sacs-poubelle autour de mes mains pour pouvoir faire les toilettes. Je m'en suis plainte à l'infirmerie. Et le lundi, j'étais convoquée dans le bureau du directeur. Il m'a dit : "Prenez ce courrier ! C'est une mise à pied." Ensuite, il m'a traitée comme une criminelle. Pour être certain que je parte, il m'a accompagnée jusqu'au vestiaire et s'est mis devant la porte pendant que je me changeais. »

À ses côtés, Éléonore Kouamé approuve de la tête. Cette aide-soignante, ancienne comédienne vedette en Côte d'Ivoire, a, elle aussi, passé quelques années aux *Bords de Seine*, souvent au même étage que Yollande. Elle reste marquée par ces pénuries et l'ambiance délétère qui, d'après elle, régnait sur place : « Aux *Bords de Seine,* ils sont gentils que quand les familles sont là. Le dimanche, c'était le champagne et les sourires. Mais, sinon, ils s'en fichaient. Ça me faisait de la peine de voir ces personnes qui avaient travaillé toute leur vie, qui avaient lutté, fait la guerre, traitées de cette manière. Mais que voulez-vous ?! Les directeurs, ils ont des primes s'ils font des économies. Alors, c'était le grand n'importe quoi. »

En parallèle des pénuries de matériel, l'autre difficulté majeure à laquelle étaient confrontés ces auxiliaires de vie et ces soignants, c'est le manque de personnel. Lorsque je demande à Saïda Boulahyane combien de personnes travaillaient avec elle dans l'unité protégée du quatrième étage, habitée par quatorze résidents aux pathologies complexes et au comportement instable, sa réponse est édifiante : « Je n'ose même pas en parler », me dit-elle d'abord. Après un long silence, elle confie : « Nous étions deux, en général. Mais il m'est arrivé souvent de me retrouver toute seule du matin au soir, de 7 h 30 à 19 h 30, pour les gérer, les changer, leur faire à manger, les occuper. Et ça plus d'une fois. » Laurent Garcia prend le relais : « C'est qu'on me demandait de ne pas remplacer les absences. Ça les arrangeait bien qu'il y ait des absents. Ça leur permettait d'économiser. » Il faut savoir qu'un tiers de ces postes d'auxiliaires de vie et la totalité des postes d'aides-soignantes ne sont pas payés par les établissements, mais par les dotations publiques. Et pourtant, Saïda Boulahyane assure s'en souvenir parfaitement, le groupe Orpéa donnait pour consigne très claire de ne pas remplacer :

« Ça, je l'ai entendu plusieurs fois quand je me suis plainte de devoir gérer l'ensemble de l'étage toute seule, affirme-t-elle. On me disait : "On ne peut rien faire. On n'a pas le droit de remplacer." » La nuit, d'après de nombreux témoignages que j'ai obtenus, on ne comptait régulièrement que trois personnes pour s'occuper de toute la résidence, dotée de 125 lits : une pour chaque unité protégée et la troisième pour s'occuper du reste des étages. Il s'agissait d'aides-soignantes ou d'auxiliaires de vie. Et il n'y aurait pas eu d'infirmier sur site, en cas d'urgence médicale.

À la résidence des *Bords de Seine*, des dysfonctionnements semblent avoir été observés à tous les étages. Il y a d'abord les vols, répétés et presque toujours non élucidés : des vêtements de marque qui disparaissent, une bague, un collier qu'on ne retrouve plus sur sa table de chevet. Et, bien sûr, les réserves en liquide des résidents qui s'évaporent parfois comme par magie. Qu'elles soient rangées dans un portefeuille ou cachées dans le coffre-fort personnel d'une chambre. Guillaume Gobet, un élu CGT, ancien cuisinier dans un autre établissement du groupe, m'indiquera qu'il est difficile de lutter contre ce phénomène dans les établissements haut de gamme. « Dans ma résidence, il y avait une dame très riche qui avait pris l'habitude d'emballer ses bijoux, que ce soit une bague avec des saphirs ou des colliers de perles, dans des petites boules de papier toilette. En face, tu as un personnel soignant mal formé, sous-payé, qui vit au SMIC et travaille dans des conditions indignes. Tu ajoutes à ça un groupe qui instaure un climat très particulier. Alors, tu peux être sûr que les boules de papier toilette, tu ne les récupéreras jamais. »

Les autres grands profiteurs de ce festin de « vieux riches », ce sont les médecins traitants, m'apprennent Laurent Garcia et Saïda Boulahyane. L'un des médecins historiques de la résidence prenait ainsi souvent l'initiative de venir tous les mois ou toutes les deux semaines rendre visite à sa quinzaine de patients. Tant que la famille ne lui demandait pas d'arrêter, il continuait. Sans que personne ait vraiment perçu l'intérêt médical de ces visites. Il renouvelait les ordonnances et facturait à chacun entre 80 et 100 euros. « Bien souvent, il ne passait même pas voir les résidents. Il prenait ses ordonnances, les signait. Et puis il repartait ! » s'emporte devant moi Garcia. Une opération extrêmement lucrative et bien souvent indolore pour ces familles aisées qui ont de bonnes mutuelles. Les finances de la Sécurité sociale, elles, n'en sortent pas indemnes. « Il y avait aussi un dentiste qui faisait payer des plombages 1 200 euros, poursuit-il. Parfois même en cash. Et personne ne disait rien. » À une époque, l'infirmière référente des *Bords de Seine* avait pris l'habitude de cacher les cartes Vitale de tous ses résidents pour les protéger des intervenants extérieurs. Mais cette technique de prévention n'aura pas duré longtemps. Le temps de son contrat. À peine un an.

Décidément, l'argent ne fait pas toujours le bonheur en Ehpad. Et certaines familles des *Bords de Seine* s'en sont rendu compte. Quelques semaines après le début de mon enquête, j'ai pu avoir accès à un document interne signalant les réclamations de plusieurs familles pour les années 2016 et 2017. Elles reflètent assez fidèlement les problématiques de l'établissement que m'ont listées Laurent, Saïda, Yollande, Éléonore et bien d'autres. L'avocat d'une résidente du cinquième étage évoque l'utilisation de nombreux vacataires, dénonce des repas rationnés et parle d'un personnel stressé. La fille d'une résidente du deuxième étage réclame davantage de changes. La famille d'une voisine de palier signale la « perte » de vêtements. Plusieurs autres chambres aux premier et quatrième étages se plaignent, elles aussi, de disparitions d'objets. Certaines réclament des remboursements. Une autre regrette qu'il n'y ait pas d'infirmière de nuit. Une autre, encore, souligne le temps de réponse anormalement long aux appels des malades. Au moins six autres familles se plaignent de soins d'hygiène non satisfaisants. Émergent également des difficultés dans l'administration des médicaments, la gestion du linge ou encore la qualité de la nourriture.

Cette « maltraitance institutionnelle » dont il est question ici, ce manque de personnel, ces pénuries de couches, de dispositifs médicaux, la résidence des *Bords de Seine* est loin d'en avoir l'exclusivité. Comme journaliste et comme lecteur et téléspectateur, j'ai pris connaissance d'un certain nombre d'enquêtes évoquant déjà ces sujets.

Pourtant, je me rends compte que la situation des *Bords de Seine* raconte quelque chose de plus. À cette époque, je suis incapable d'imaginer ce que je vais découvrir par la suite. Il me semble déjà particulièrement éloquent que cette « maltraitance institutionnelle » ait lieu dans une résidence standing qui pratique des tarifs journaliers aussi exorbitants. Après l'alerte que m'avait lancée Laurent

Garcia à propos des *Bords de Seine*, j'ai obtenu des témoignages crédibles et concordants de plusieurs membres du personnel. Il me faut désormais me tourner vers des familles pour mieux connaître la réalité du quotidien de ces pensionnaires.

CHAPITRE 3
UN ALZHEIMER EN CAGE

Une bâtisse défraîchie nichée entre une carrosserie automobile et des immeubles sans âme de banlieue parisienne ; un garage qui fait office d'entrée, rempli de cartons et de bric-à-brac : je crois, un instant, m'être trompé d'adresse et hésite à rebrousser chemin. J'ai rendez-vous au siège de la marque de vêtements hippies-chics Bérénice avec son fondateur. On m'invite à m'asseoir dans le bureau du directeur, Frédéric Krief.

Après une vingtaine de minutes d'attente, il surgit, entouré de deux jeunes collaboratrices qui crient à son oreille. Il termine de les écouter en s'asseyant, puis les éconduit en expliquant qu'il sera de retour aux affaires dans une demi-heure, qu'on ne le dérange pas. M. Krief est un homme pressé, sans cesse en déplacement. Il a lancé la marque Bérénice en 2004 et ambitionne d'en faire un groupe international. J'ai eu du mal à le coincer entre deux avions. Mais, pour son père, il a finalement réussi à débloquer une demi-heure dans son agenda surchargé.

Le père de Frédéric Krief, c'est ce monsieur dont m'a parlé Saïda Boulahyane, cet homme qui, ivre de rage et de désespoir, lançait ses couches contre le mur de sa chambre.

Frédéric Krief a vu, lors des dernières années de son père, la maladie qui le frappait se propager et s'intensifier, au point de ne plus pouvoir le reconnaître tout à fait. L'octogénaire a été atteint de troubles cognitifs sévères et d'accès de violence. Au départ, son fils l'avait installé dans un appartement à Neuilly-sur-Seine avec trois aides à domicile, mais plusieurs crises l'ont convaincu de le placer dans un établissement spécialisé capable de prendre en charge les personnes atteintes de la maladie d'Alzheimer. Il a opté pour *Les Bords de Seine*, situé près de son domicile, afin de s'y rendre le plus régulièrement possible lors de ses passages à Paris. La résidence lui a d'emblée tapé dans l'œil : « C'est un Club Med, leur truc ! Tu vois la piscine, les nappes blanches, les bouquets de fleurs sur les tables, ça envoie, me détaille-t-il, encore séduit. Mais bon, c'est sûrement très bien pour les gens qui ont toute leur tête, mais pas pour les Alzheimer. »

Lors de ses venues aux *Bords de Seine*, Frédéric Krief n'a rien remarqué d'alarmant. À part cette odeur pestilentielle, bien sûr, dont m'a déjà parlé Saïda Boulahyane. « C'est vrai qu'il y a un truc qui m'a choqué, c'est que ça puait la pisse à chaque fois que j'arrivais là-bas, me raconte-t-il. Sûrement qu'on ne les changeait pas assez. Enfin, en tout cas, quand j'étais là-bas, je ne pouvais pas respirer. » Mais à part ça, rien à signaler. C'est vrai aussi que, plusieurs fois, il a demandé à la direction pourquoi son père n'allait jamais à la piscine alors qu'on lui avait tant vanté les mérites de la balnéothérapie. Mais on lui aurait invariablement répondu que cela serait fait. Peut-être ne venait-il pas assez régulièrement pour se rendre compte avec précision des conditions dans lesquelles son père se débattait. Et puis, il m'avoue être tombé sur une aide-soignante aux petits soins. « J'ai eu une chance incroyable. J'ai eu une nana géniale pour papa, Saïda Boulahyane. Elle était top. Quand elle n'était pas là, c'était une "cata". Mais, avec elle, j'étais tranquille. » L'aide-soignante et le pensionnaire se sont pris d'affection l'un pour l'autre. Tous les deux sont originaires du Maghreb et aiment à se remémorer, du moins quand l'état de M. Krief père le permet, les souvenirs du pays.

Saïda Boulahyane, elle, est en première ligne pour observer le quotidien de cet homme aux pathologies multiples et de ses voisins pas mieux lotis. « Pour moi, je vais vous le dire cash, les personnes en unités protégées, aux *Bords de Seine*, elles sont considérées comme des déchets. Je suis désolée, c'est le mot. Ce pauvre M. Krief, il a été super mal traité. Il est arrivé avec un début d'Alzheimer, mais personne n'a rien fait pour le stimuler. Ils le laissaient dans sa chambre du matin au soir, à dormir. C'est normal que sa maladie ait empiré. » De cela aussi, Frédéric Krief se souvient s'être étonné. Mais il ne mesurait pas alors à quel point cela pouvait être anormal. « C'est vrai que lorsque je débarquais dans l'après-midi, il était souvent au lit. Et je m'énervais en leur disant d'arrêter de le faire dormir toute la journée. Mais est-ce que ça changeait ? Je ne sais pas... » Sûrement aussi que la culture d'entreprise dans laquelle il baigne ne le pousse pas, d'emblée, à faire un scandale. « Vous savez, je suis dirigeant d'entreprise. Je connais les contraintes, m'explique-t-il avec franchise. Le directeur de l'établissement, on lui donne un budget. Il fait comme il peut. Il n'y a sûrement personne de méchant là-dedans. Mais ils n'ont pas les moyens de bosser normalement. »

D'après les souvenirs de Saïda Boulahyane, les pensionnaires des unités protégées ne bénéficiaient pas, à son époque, d'activités fréquentes et variées. Elle se souvient seulement de quelques séances de « câlinothérapie » organisées avec des chiens visiteurs, joyeux et affectueux ; les cabots, remuant la queue, nichaient leur tête sous le coude d'un vieillard ou slalomaient gentiment entre des cannes mal assurées. Mais pour ce qui est de l'entretien de leur mémoire, de la stimulation sensorielle, du maintien des facultés d'attention, du travail sur les objets et les visages, elle doute que des chiens, si mignons soient-ils, puissent produire le moindre effet. Y avait-il seulement des activités de réflexion ? Des propositions artistiques ? Des séances de jardinage ? De la danse ? De simples jeux d'assemblage ? Elle n'en garde aucun souvenir. En revanche, elle se rappelle qu'il lui était interdit de descendre ses protégés au rez-de-chaussée ou au premier étage. Question d'image. Que ce soit à *Notre-Dame* ou aux *Bords de Seine*, « le bossu » reste dans ses étages : « Un vieux avec la tête qui pendouille ou les yeux grands ouverts, ça ne va pas trop dans le cadre chez Orpéa, m'expliquera Saïda Boulahyane. On préfère les cacher. Ça ne fait pas très chic. Ça ne va pas avec la moquette. » De manière générale, la résidence a pris l'habitude de cacher régulièrement ses pensionnaires. Plusieurs membres du personnel me raconteront notamment comment à chaque visite d'« investisseurs », *Les Bords de Seine* se transformaient en résidence témoin aseptisée. Il fallait passer plusieurs heures à tout ranger, à tout mettre en ordre, vider quantité de déodorant dans les couloirs pour que la résidence n'ait surtout pas l'odeur d'une maison de retraite, laisser les visiteurs entrer dans l'infirmerie, remonter les pensionnaires qui ne faisaient pas assez bonne figure et les laisser dans leurs chambres aussi longtemps que duraient les visites.

Dans cet environnement particulier, Saïda Boulahyane tente de faire son possible pour s'occuper de M. Krief père et préserver sa dignité ; elle appelle régulièrement son fils pour le tenir au courant – tout en omettant certains détails – et lui donne des conseils de prudence : « Elle était super parce qu'elle m'appelait pour me dire : "Fais attention, je ne vais pas être là ce week-end. Passe le voir !" Alors je savais qu'il fallait que je sois vigilant et que je vienne ou que j'envoie quelqu'un. » Une relation de confiance s'installe au fil des mois entre cette famille et l'aide-soignante. Saïda Boulahyane se souvient avec émotion du jour où Frédéric Krief l'a remerciée pour son investissement en lui offrant un chemisier Bérénice : « Franchement, ça m'a touchée. On ne nous fait pas souvent des cadeaux. Et c'est important pour nous de savoir qu'une famille se rend compte de notre travail. Je l'ai toujours, ce haut. Je le mets de temps en temps. Il est chouette. T'imagines, ça vaut 150 euros, un haut comme ça ! » répète-t-elle en se tournant vers Laurent.

Rassuré par la présence de Saïda Boulahyane, Frédéric Krief aurait, peut-être, pu laisser son père aux *Bords de Seine* encore quelques années sans s'apercevoir de rien. Mais, un soir de septembre 2016, la famille Guidon-Sevilla, avec qui je me suis également entretenu, débarque à la résidence un peu plus tard que d'ordinaire. Mme Guidon et ses enfants ont conduit leur père et mari à dîner à l'extérieur et le ramènent au sein de l'unité protégée. En arrivant sur place, ils constatent que l'étage est désert. L'aide-soignante de nuit est introuvable. Ils entendent des bruits sourds. Comme des coups tapés sur un mur. Ils s'avancent dans les couloirs vides. Et là, ils découvrent, médusés, un drap noué autour de la poignée de la porte d'une chambre. C'est celle de M. Krief. Le vieil homme se trouve enfermé et ne comprend pas ce qui lui arrive. La famille, choquée, prend rapidement une photo avant de prévenir les responsables de la résidence et l'envoie aussitôt à Frédéric Krief. Lorsqu'il la découvre, son sang ne fait qu'un tour : « Je suis devenu dingue, marmonne-t-il, la mâchoire serrée. Ils enfermaient mon père dans sa chambre. Vous imaginez ?! Comme ils le faisaient dormir toute la journée pour ne pas avoir à s'en occuper, il se réveillait le soir. C'est normal. Mais comme il n'y avait qu'une seule aide-soignante le soir pour tout l'étage… Qu'est-ce que vous voulez que je vous dise ?! Elle était obligée de l'enfermer pour gérer les autres. Parce que lui, il était bien reposé et demandait trop d'attention. Elle ne pouvait pas tout faire. Alors, elle l'enfermait !! »

Peu de temps après avoir reçu cette photo, Frédéric Krief déboule à la résidence, en trombe.

Il franchit le hall d'entrée sans un regard pour l'hôtesse, récupère son père légèrement agité, ramasse toutes ses affaires, les balance dans de grandes valises et quitte *Les Bords de Seine* en se promettant de ne jamais y remettre les pieds.

Frédéric Krief refusera de payer la facture du dernier mois. Au vu de la situation, la directrice de la résidence de l'époque lui présentera ses excuses. Pourtant, trois mois plus tard, il recevra chez lui une mise en demeure, puis les huissiers.

Frédéric Krief n'a rien voulu lâcher. Pour l'honneur de son père, décédé depuis. Il est donc en procès avec le groupe Orpéa. Plus mon enquête avancera, plus je me rendrai compte qu'il est loin d'être le seul dans cette situation. Peu de temps après ce rendez-vous, je vais faire la rencontre d'une femme meurtrie, dont la mère a passé plus de quatre ans aux *Bords de Seine*, au sein d'une unité classique, cette fois. Pour elle aussi, les dysfonctionnements furent nombreux. Pour elle aussi, la facture fut salée.

CHAPITRE 4
LE COMBAT D'UNE FILLE

« Mon père a été un salaud toute sa vie. Et quand il est tombé malade en mai 2006, je m'en suis occupée jusqu'à la fin. Parce qu'il fallait le faire. Même si on s'est engueulés le samedi avant sa mort. »

On ne peut pas dire que Mme Rousselle* ait été une fille choyée. Son enfance, qu'elle m'a racontée, a été particulièrement éprouvante. Sa mère l'a totalement rejetée dès le plus jeune âge. Et son père – « un monstre », selon ses propres termes – la battait régulièrement. Plus tard, ses parents s'opposeront à son mariage et refuseront de voir son mari pendant près de vingt ans. C'est seulement à la fin de leur vie, quand le père est tombé malade, qu'ils ont pris la décision de renouer avec elle, alors qu'elle approchait la soixantaine. Et lorsque, à la suite de cet appel tardif, elle fit irruption dans leur vignoble bordelais de 90 hectares, les employés du domaine découvrirent, incrédules, l'existence de cette enfant dont personne n'avait jamais parlé. Mais quand je m'étonnerai au cours de notre conversation de l'énergie qu'elle mit les années suivantes à s'occuper d'eux, sa réponse fut sans appel : « Je suis une fille de devoir. »

Mme Rousselle* est une petite femme énergique, mais marquée. On le voit à la manière à la fois abrupte et timide dont elle s'adresse au serveur de cette brasserie chic du 8e arrondissement de Paris où elle m'a donné rendez-vous. À ses yeux fatigués, touchés comme ceux de sa mère par un glaucome de plus en plus handicapant. À sa façon de s'agripper les mains lorsque je la questionne. Elle porte toujours, à 60 ans passés, les stigmates d'une enfance accidentée. Elle a accepté de me rencontrer et de me parler de ce qu'avait subi sa mère aux *Bords de Seine*, mais elle ne souhaite pas que son nom apparaisse. Le groupe Orpéa la terrifie, dit-elle. Plusieurs fois, au cours de notre conversation, elle me répétera, tout en évoquant les liens plus ou moins directs du groupe avec des personnalités politiques de premier ordre : « Vous ne savez pas ce dont ils sont capables. Ce sont des gens dangereux et très puissants. » D'autres fois, elle m'interrompra en plein milieu d'une phrase, implorante : « Promettez-moi de ne pas mettre mon nom ! » Finalement, c'est devant son avocat que je signerai, quelques heures plus tard, une attestation de confidentialité, m'engageant à ne pas divulguer son identité et à la dissimuler, dans mon récit, sous un nom d'emprunt. Ce sera la première d'une longue série.

Après la mort de son mari, la mère de Mme Rousselle* s'est retrouvée seule et diminuée ; sa fille a alors pris la décision de la rapatrier à Paris pour prendre soin d'elle. Malgré son âge avancé (82 ans), sa santé fragile (elle est quasiment aveugle et se déplace en fauteuil roulant) et son caractère impossible, sa fille a longtemps refusé de la mettre en Ehpad et a préféré engager des aides à domicile. Ça a été le début d'une période chaotique : « On m'a conseillé le nom d'un organisme pour trouver du personnel soignant, m'explique-t-elle. Et là, j'ai eu droit à tout. On s'est retrouvés avec des filles bourrées et maman qui m'appelait en panique pour que je la sorte de là… », lâche-t-elle. Une autre fois, c'est un homme apeuré et honteux qui l'appelle, cette fois depuis l'intérieur même de l'appartement de sa mère. Il lui révèle qu'il se trouve dans un bureau, qu'il vient de profiter des faveurs d'une femme. Et qu'en se rendant dans une autre pièce de l'appartement, il a découvert une vieille dame endormie. Le coup de fil la laisse sans voix : l'aide à domicile droguait la pauvre vieille afin qu'elle s'assoupisse et se prostituait, pendant ce temps-là, dans la pièce d'à côté… Bienvenue dans le monde joyeux de l'or gris !

C'est un énième incident qui finit de convaincre Mme Rousselle* de placer sa mère en Ehpad. La dernière aide à domicile a laissé tomber l'octogénaire dans son appartement, avant d'appeler les pompiers. Une fois à l'hôpital Georges-Pompidou, elle a pris ses jambes et son courage à son cou et abandonné la vieille dame, aveugle, dans un couloir. Mme Rousselle*, alors à Bordeaux pour s'occuper du vignoble de famille, a reçu un coup de téléphone à 3 heures du matin de l'hôpital pour la prévenir et lui demander de venir récupérer sa mère le lendemain matin à 9 heures : « Ça devenait vraiment invivable, me dit-elle. J'aurais préféré la garder à la maison. Mais elle était devenue trop dépendante. Il fallait réaménager tout son appartement. Elle risquait d'y mettre le feu en faisant tomber une lampe ou en allumant le four. Et je ne pouvais plus faire confiance à une aide à domicile. » Cette femme de principes a bien essayé de s'en occuper toute seule, mais c'était trop dur. Elle n'y arrivait pas. Elle n'avait pas les bons gestes. Sa mère était bien trop lourde pour ses bras fragiles. La vision de son corps nu et dégradé lui soulevait le cœur. Elle en a honte. Mais c'est comme ça. Il fallait se rendre à l'évidence. C'était tout simplement trop dur.

Mme Rousselle* cherche une solution et finit par croiser l'un de ses voisins, confronté à la même situation : « Là, il me conseille *Les Bords de Seine* à Neuilly-sur-Seine, en m'expliquant qu'il y a mis sa mère. Et que c'est très bien, très beau. Je l'ai écouté… » Puis, après une pause, sa voix légèrement marquée par la colère : « Mais ce qu'il avait oublié de me dire à l'époque, c'est qu'il n'allait pas voir sa mère, qu'il ne s'en occupait pas, qu'il vivait la majeure partie de l'année aux États-Unis. » Effectivement, de loin, la résidence des *Bords de Seine* apparaît comme idéale.

Après d'âpres négociations avec sa mère, qui refusait de quitter son appartement, Mme Rousselle* parvient à la convaincre, et les deux femmes débarquent à l'été 2012 dans la luxueuse résidence. Elles sont séduites par le charme des lieux et les services annoncés malgré une visite express. Les tarifs pratiqués lui paraissent totalement exorbitants, mais, comme beaucoup de familles que je rencontrerai par la suite, Mme Rousselle* m'explique qu'elle voulait le meilleur pour sa mère.

Elle laisse donc sa vieille maman dans l'établissement de Neuilly, traversée de sentiments confus, se sentant tout à la fois coupable, soulagée et inquiète. Ce jour-là, on ne lui fait signer aucun contrat de séjour, pourtant obligatoire. Pas plus les semaines suivantes. Elle est alors bien trop préoccupée pour prêter attention à ce genre de détails. Elle repart aussitôt dans le Bordelais et prévoit de revenir rapidement rendre visite à sa très chère mère.

Quelques semaines plus tard, la vieille dame commence à se plaindre, raconte qu'on la traite mal, qu'on ne s'occupe pas d'elle. La fille, connaissant trop bien les humeurs de sa mère, pense alors qu'elle exagère, que rien ne pourrait de toute façon la satisfaire. L'été passe, suivi des vendanges. Il y a fort à faire au domaine : Mme Rousselle* découvre un nouveau métier sur le tard, le climat a été rude, les récoltes seront mauvaises. Il faut attendre novembre pour qu'elle trouve le temps de se rendre à nouveau à Paris. Ce qu'elle découvre alors la met hors d'elle : « Non seulement ma mère me dit qu'on lui tape dessus, mais je vois les bleus sur ses jambes. Elle me raconte qu'on la traite avec brutalité, que le service est expéditif, et qu'elle est très souvent livrée à elle-même. » À ce moment-là, Mme Rousselle* décide d'aller voir un avocat, et pas n'importe lequel, un ancien bâtonnier du barreau de Paris. Celui-ci la met en garde et lui déconseille de lancer la moindre procédure : « Vous allez être blacklistée si vous faites ça ! lui aurait-il affirmé, vous ne trouverez plus jamais de place dans une autre maison de retraite. »

Mme Rousselle* entend l'avertissement. Elle se tourne alors vers le directeur de la division

Île-de-France, à qui elle réclame un rendez-vous. Ce dernier, face à son insistance, accepte de la rencontrer. Lors de leur entrevue, il lui aurait assuré poliment que ça n'arriverait plus, qu'un appareil serait installé sur le téléphone de la chambre pour que sa mère, aveugle, puisse enfin s'en servir et joindre sa fille rapidement, que tout allait rentrer dans l'ordre. D'après ses dires, l'appareil ne sera jamais installé.

Rassurée, Mme Rousselle* décide de laisser sa mère aux *Bords de Seine* : « Au départ, j'ai cru à ce qu'on m'a dit…, soupire-t-elle. Et puis maman, même si elle se plaignait souvent, était contente d'être entourée d'autres pensionnaires. Certaines étaient devenues des amies. Elle ne souhaitait pas quitter la résidence. » Car tout n'était pas à jeter aux *Bords de Seine*. L'établissement accordait, notamment, beaucoup d'importance aux activités. Un animateur était présent du mardi au samedi pour occuper les résidents, tout du moins ceux qu'on lui amenait, soit environ vingt-cinq sur la centaine d'occupants. Environ deux fois par semaine, des musiciens ou des conférenciers leur apportaient une réflexion, un tempo, une note, une mélodie, un instant de vie auquel se raccrocher. Et de temps à autre, la direction organisait des après-midi à thème. Certains ont marqué les esprits, comme la soirée « charleston » qui a fait ressurgir leurs « années folles » ou encore la journée « Moyen Âge ». Pour l'occasion, la direction avait loué pour les résidents et leurs familles plus d'une centaine de costumes de châtelaines et de chevaliers, capes et épées compris. Évidemment, la pauvre mère Rousselle* ne participait pas à tout. Mais elle était là, allongée dans son fauteuil, les yeux mi-clos. Et lorsqu'on lui proposait, pour les grandes occasions, une coupe de champagne, elle sursautait et répondait de sa voix grave : « Oh ça, oui ! »

Mme Rousselle* n'accorde pas un blanc-seing à l'établissement pour autant et commence à venir plus régulièrement rendre visite à cette mère que les dernières années accablent, désormais malentendante et quasiment aveugle. Elle ne supporterait pas qu'il lui arrive quelque chose par sa faute. Grâce à ses visites répétées, elle commence à se rendre compte que quelque chose déraille. Plusieurs fois, à en croire son récit, elle se retrouve face à des pensionnaires abandonnés dans un salon ou un couloir, qui appellent à l'aide. Après avoir tenté de mêler sa voix à la leur et ne trouvant pas plus d'écho, elle les accompagne jusque dans leur chambre ou aux toilettes. Au deuxième étage, celui de sa maman, il n'y a la plupart du temps qu'une seule personne pour aider une bonne vingtaine de résidents à manger. Ça lui semble tout à fait insuffisant. À chaque visite, Mme Rousselle* se retrousse les manches et fait fonction d'auxiliaire de vie, donnant la becquée non seulement à sa mère, mais aussi à ses voisins apathiques, qui ne trouvent plus l'énergie de soulever leur cuillère. Lorsqu'elle n'est pas là, que se passe-t-il ?

D'après de nombreux témoignages concordants, notamment ceux de Saïda Boulahyane et Laurent Garcia, il y aurait eu de graves problèmes de dénutrition à la résidence de Neuilly-sur-Seine. Plusieurs mails échangés entre des familles et la direction de l'établissement rapportent, après pesée, le chiffre ahurissant de 75 % de personnes dénutries au cours de l'année 2016. Dans l'un de ces mails, particulièrement vindicatif, la fille d'un autre pensionnaire explique s'être sentie mal en découvrant les résultats de la pesée : « J'ai le très récent souvenir d'un résident déshydraté qui semblait tout droit sortir d'un camp de la mort !!! Comment pouvons-nous, nous adultes et responsables, rester indifférents ??? » Si le choix des mots utilisés par cette femme meurtrie peut heurter, le constat commande de réagir. D'autant que le sujet n'est pas nouveau aux *Bords de Seine* : en 2014 déjà, la médecin coordinatrice de la résidence avait, lors d'une série de tests, constaté un taux de 84 % de résidents dénutris. Ce qui l'avait, alors, poussée à alerter la direction.

Comment expliquer ce phénomène de dénutrition dans un tel établissement ? Il y a pourtant bien un chef de cuisine à demeure, comme pour toutes les résidences de cette taille, et des serveurs. Mais, aux *Bords de Seine*, tout a été pensé, semble-t-il, davantage pour des résidents bien portants que des personnes âgées dépendantes.

Si l'on regarde du côté de l'assiette, les témoignages que j'ai obtenus m'indiquent que la qualité était bien supérieure à ce qu'ils avaient pu observer dans d'autres établissements du groupe. Mais, comme toujours chez Orpéa, la réalité est un peu plus complexe que ce qui est visible en vitrine. Si le CRJ, le fameux « coût repas journalier », était, en effet, très supérieur aux quatre euros pratiqués dans la plupart des établissements du groupe, il a beaucoup fluctué en fonction des époques et de la rentabilité de l'établissement. Et les employés historiques avec qui j'ai pu échanger m'assurent que, de manière générale, la qualité n'a fait que baisser au fil du temps. Mme Guidon-Sevilla me racontera qu'elle s'était rendue à plusieurs reprises dans le bureau du directeur de la résidence, l'assiette de son mari à la main avant de lui lancer : « Goûtez vous-même ! Je ne donnerais même pas cette viande à mon chien. » Ensuite, aux *Bords de Seine*, tout le monde n'était pas logé à la même enseigne. Impossible de ne pas remarquer des écarts de traitement entre les privilèges accordés aux VIP des premier et deuxième étages, les menus des intermédiaires, et les « soupes-biscottes-yaourt » concédés aux reclus des unités protégées, aux quatrième et cinquième étages. De plus, trop souvent, les recettes concoctées conviennent aux palais solides, mais sont peu adaptées aux mâchoires ramollies.

Du côté de la cuillère, il manque tout simplement de monde pour la soutenir et la mettre dans la bouche des fameux « GIR 1 » et « GIR 2 », les seniors les plus vulnérables et les plus dépendants. Combien de fois les soignantes découvriront, à l'heure de prendre leur service, les plateaux-repas du soir pas même entamés, abandonnés çà et là dans le réfectoire par une auxiliaire de vie dépassée ? Certains salariés ont d'ailleurs pris l'habitude de photographier les affres de leur quotidien aux *Bords de Seine*, et notamment ces restes de repas encore sous cellophane. Ils m'ont fait parvenir ces photos.

Mme Rousselle* est de plus en plus horrifiée par cette nouvelle vie dégradée qu'elle impose à sa mère. Plusieurs fois, elle alerte la direction. En vain. Finalement, après de longs mois de tensions, le groupe Orpéa lui proposera une drôle de solution : l'embauche, à ses frais, d'une « dame de compagnie ». Le terme est du dernier chic. À son énoncé, certains pensionnaires ont dû trouver quelque réconfort, à défaut d'autre chose. Mme Rousselle*, elle, est prête à tout pour que cet enfer prenne fin. Et qu'importe si tout son héritage doit y passer.

On compte une petite vingtaine de « dames de compagnie » aux *Bords de Seine*, le chiffre variant selon les périodes. Elles opèrent dans un cadre relativement opaque, ni salariées du groupe ni tout à fait étrangères à lui ; elles ne touchent pas de salaire, mais lui doivent leur place. Bien souvent, ce sont des dames d'un certain âge ; elles présentent bien, toujours le petit détail chic, un foulard, un chapeau – elles connaissent bien leur clientèle ! –, sont aimables et affables. Leur voix est compassée, mais elles sont d'habiles négociatrices et refusent rarement les paiements en espèces. On les aperçoit la plupart du temps dans l'un des salons du rez-de-chaussée, faisant la causette, en attendant le chaland.

Le groupe se défendra toujours publiquement de servir d'intermédiaire entre ces « dames de compagnie » et ses pensionnaires, affirmant que ceux-ci se sont débrouillés par eux-mêmes ou qu'ils avaient déjà leur « dame » avant d'entrer aux *Bords de Seine*. Pourtant, dans le cas de Mme Rousselle*, comme dans celui d'autres familles que j'ai rencontrées, c'est bien la direction de l'établissement qui a fait les présentations. Ainsi, c'est la directrice d'exploitation de l'époque qui aurait suggéré l'une de ces « dames de compagnie », louant ses qualités humaines et sa disponibilité à Mme Rousselle*. Cette dernière a obtempéré, pour le bien de sa mère, ne se rendant pas totalement compte, à l'époque, de l'absurdité de la situation : devoir encore payer pour pallier les dysfonctionnements des *Bords de Seine* et les économies discutables réalisées par le groupe Orpéa. Mme Rousselle* a tout de même refusé le recours aux espèces pour pouvoir conserver une trace. Chaque mois, durant trois ans, elle versera à cette dame environ 800 euros, en plus des 7 200 euros mensuels qu'elle verse déjà au groupe.

La « dame de compagnie » en question a été chargée par Mme Rousselle* d'assister sa mère pendant les repas, de veiller à ce qu'elle puisse boire régulièrement durant la journée, et tout bonnement de passer du temps avec elle pour qu'elle se sente moins isolée, de la conduire à la salle des activités de temps à autre ou chez le coiffeur. En bref, de prendre soin d'elle. Là encore, les choses ne vont pas se passer comme prévu. Au lieu d'avoir une alliée, Mme Rousselle* a le sentiment que cette « dame de compagnie », très proche de la direction, joue contre elle. Celle-ci lui demande d'être prévenue avant chacune de ses visites. Mme Rousselle* s'exécute et retrouve alors sa mère impeccable, pomponnée et parée de tous ses bijoux. La « dame de compagnie » assiste la plupart du temps aux visites et ne semble perdre aucune miette de leurs conversations.

Un après-midi, Mme Rousselle* oublie de prévenir sa « dame » et débarque à l'improviste à la résidence ; l'accueil sera cette fois-ci légèrement différent : « J'ai retrouvé maman seule dans sa chambre, me raconte-t-elle, affligée. Elle était pieds nus, pas habillée, avec la clim à fond. Elle grelottait de froid. » La « dame de compagnie » rapplique aussitôt, prévenue par on ne sait qui, et explique qu'il y a dû avoir un oubli des aides-soignantes, que de son côté elle a dû s'absenter le matin pour s'occuper d'une autre résidente, que l'établissement n'y est pour rien. Et les choses en restent là.

Une nouvelle alerte a lieu quelques mois plus tard, au début de l'année 2017 : le coiffeur de l'établissement réclame 1 300 euros à Mme Rousselle* en règlement de nombreux arriérés de coupes, bigoudis et brushing en tout genre. L'argent avait pourtant bien été confié chaque fois à la « dame de compagnie ». Une fois de plus, cette dernière s'en sortira avec une pirouette, chargeant le coiffeur, expliquant que les chèques ont dû se perdre. Mme Rousselle* tient bon, refuse de payer une seconde fois et menace de porter plainte. Comme par enchantement, un règlement arrive.

Et l'affaire s'arrête là.

Quelques semaines plus tard, c'est une autre « dame de compagnie » historique de l'établissement qui conforte les soupçons de Mme Rousselle*. Celle-ci l'attrape par le bras au détour d'un couloir et lui raconte qu'elle et sa mère sont victimes d'une arnaque depuis des années : « Elle me dit que ma "dame de compagnie" ne s'occupe pas de maman, qu'elle travaille pour dix-sept familles en même temps et n'a absolument pas le temps de veiller sur tous ses clients. Elle me dit que c'est scandaleux, qu'elle laisse seule maman pendant des heures, qu'elle ne fait pas les courses que je lui ai demandé de faire, qu'il faut absolument que je la lui retire. » Mme Rousselle* sort de cette conversation dépitée. À qui donc peut-elle faire confiance dans cet établissement ?! Un nouveau directeur, Adnane Azzaoui, est bien arrivé quelques mois plus tôt, dans le courant de l'année 2016, semblant décidé à prendre en compte les nombreuses plaintes des familles. Mais il lui avouera devoir lutter contre des moulins à vent. Il n'est qu'un pion et les consignes viennent de plus haut. Il ne résistera d'ailleurs même pas un an à cette position intenable qu'on lui a assignée, entre le marteau et l'enclume, entre les revendications des familles et la direction générale du groupe. Il quittera Orpéa, comme tant d'autres, dégoûté.

Après quatre ans de mauvais traitements et un dernier choc lorsqu'elle retrouva sa mère au lit avec 40 de fièvre et une nouvelle infection urinaire, sans que personne ait pris la peine de la prévenir, Mme Rousselle* décide au printemps 2017 de retirer sa maman des *Bords de Seine* et de quitter à tout jamais le groupe Orpéa. Il était temps, me direz-vous. Mais on mésestime trop souvent à quel point sortir son parent d'un établissement peut être difficile.

Pour Mme Rousselle*, la décision était prise. Et elle quitte, en plein été, avec perte et fracas, la résidence du 76 boulevard Bourdon, à Neuilly-sur-Seine.

L'affaire aurait dû s'arrêter là. Mme Rousselle* était convaincue que le groupe Orpéa la jouerait profil bas afin d'éviter d'éventuelles poursuites judiciaires, voire lui présenterait des excuses pour les nombreux dysfonctionnements dont elle avait été témoin. Las, quelques jours à peine après leur départ, elle reçoit une mise en demeure avec accusé de réception qui lui laisse 48 heures pour régler une facture de plus de 18 000 euros ! Selon les calculs du groupe, cela correspondait à un certain nombre de loyers impayés, des intérêts de retard, ainsi que des factures de téléphone non réglées (provenant d'appels *a priori* non passés, Mme Rousselle* étant à moitié sourde). Il n'est pas inutile de rappeler à ce moment-là de notre histoire que Mme Rousselle* fille a versé, en cinq ans, au groupe Orpéa la coquette somme de 447 049,63 euros, soit quasiment un demi-million d'euros. Mais Orpéa ne lâche pas pour autant. Après un certain nombre de relances rédigées par l'établissement, le groupe mandate une société de recouvrement pour faire pression sur celle qu'il estime être sa débitrice. Les méthodes mises en œuvre par la société sont particulièrement éprouvantes si l'on en croit le récit de Mme Rousselle* : coups de téléphone intempestifs, menaces de poursuites… Mme Rousselle* plie, mais ne rompt pas. Elle refuse désormais d'ajouter un seul centime au pactole qu'elle a versé au groupe Orpéa. Elle en fait, comme M. Krief, une affaire de principe.

Elle se tourne à nouveau vers un avocat, cette fois-ci à la réputation plus modeste. Et qui se révélera, en définitive, bien plus combatif. Après avoir étudié son dossier, il la rappelle et lui explique que tous les calculs sont faux, qu'elle ne doit pas 18 000 euros au groupe, qu'au contraire Orpéa serait débiteur de plusieurs dizaines de milliers d'euros à son endroit. L'avocat estime également que, au vu du dossier, ils peuvent envisager un certain nombre de demandes reconventionnelles et faire condamner le groupe pour actes de maltraitance. Ce serait une première en France !

Mme Rousselle* n'en croit pas ses oreilles. Pour la première fois, quelqu'un l'écoute et semble prêt à la croire : « Quand cet avocat me raconte tout ça, je ne vous dis pas dans quel état d'euphorie j'étais, se souvient-elle. Je lui dis qu'ils se conduisent comme des saloperies et qu'on va tout sortir. Tout ! » Puis, rabaissant ses épaules, légèrement troublée : « Je sais que je vais vous faire rire, que vous allez trouver ça ridicule. Mais, à ce moment-là, je sors à mon avocat que c'est le combat de ma vie… Ce n'est pas que pour maman. Ce n'est pas pour l'argent. Je veux me battre parce qu'on ne peut pas laisser faire ça. » À ce moment-là, Mme Rousselle* ne sait pas encore à quel point cette nouvelle bataille qu'elle s'apprête à mener sera éprouvante.

Avant de connaître le fin mot de cette histoire, le résultat de ce combat acharné d'une fille pour sa mère, qui durera tout au long de mon enquête, je vais avoir l'occasion dans les mois qui suivent d'être informé de dysfonctionnements plus préoccupants encore qui ont eu lieu à la résidence des *Bords de Seine* à différentes époques. Des affaires qui dépassent le cadre de la maltraitance et où il est question de vie et de mort, de fin de vie, de souffrances. Et de silence.

CHAPITRE 5
EUTHANASIE VIP

À la résidence des *Bords de Seine*, c'est une nouvelle lutte des classes qui est à l'œuvre.

Tout en bas de l'échelle, on retrouve les résidents des unités protégées. Ceux-là, qui auraient pourtant encore plus besoin que les autres de personnels, d'accompagnement, de stimulation, sont les parents pauvres de l'établissement. Parce qu'ils sont enfermés et donc invisibles, parce qu'ils ne peuvent pas se plaindre de manière intelligible à leurs proches, ils bénéficient de peu d'égards.

Ensuite, une marche plus haut, on retrouve les résidents d'unité classique, isolés. Ceux qui n'ont pas de famille – les veufs, les célibataires, les sans-enfants – ou ceux dont la famille est peu présente.

Au sommet de cette pyramide des pensionnaires, on retrouve les VIP. Ils sont l'une des raisons d'être de la résidence. Leurs profils sont divers, mais ils ont en commun d'appartenir à l'élite, d'avoir des connexions, qu'elles soient politiques, médiatiques, institutionnelles. Cela peut être un ancien haut fonctionnaire, un ex-préfet, par exemple, ou un ex-commissaire de police.

Il peut également s'agir d'un ancien journaliste ou d'un parent de journaliste influent, en exercice. Les familles de personnalités politiques appartiennent aussi à cette catégorie. Tout comme les anciennes vedettes du milieu littéraire ou du cinéma. Ceux-là sont traités avec la plus grande considération. Deux anciens directeurs de l'établissement me raconteront qu'il leur fallait régulièrement faire la liste de ces VIP et l'envoyer à la direction générale d'Orpéa. Il leur était également suggéré de pratiquer des ristournes sur les tarifs journaliers, de l'ordre de 10 % ou 15 %. La directrice coordinatrice accordait parfois plus à ceux qu'elle faisait entrer aux *Bords de Seine*. Ce n'est pas la seule entorse au règlement qu'elle se permettait pour ces résidents d'une autre classe. Laurent Garcia me racontera les passe-droits dont ils pouvaient bénéficier. « C'est simple, m'affirme-t-il, les VIP, ils avaient tout ce qu'ils demandaient. S'ils voulaient telle marque de corn-flakes pour le petit déjeuner, c'était fait. Et je me souviens, par exemple, de cette fameuse princesse iranienne. Elle était totalement démente. Elle n'avait rien à faire en unité classique. Rien du tout. Mais sa famille insistait pour qu'elle ne soit pas mise en unité protégée. Alors, on l'a laissée comme ça, pendant des mois, en unité classique. Peu importe que le médecin coordinateur soit d'accord ou pas. Peu importe que cela soit dangereux pour les autres résidents ou pour elle-même. »

Un ancien directeur qui a souhaité témoigner de manière anonyme par crainte des représailles du groupe me racontera, furieux, de quelle manière la directrice coordinatrice sortait de son rôle pour s'immiscer dans la vie de la résidence, lorsqu'il s'agissait des VIP. « C'est arrivé plusieurs fois qu'on fasse entrer des résidents sans visite de préadmission, pourtant obligatoire. On nous larguait le dossier médical à la fin, parfois le jour même de leur entrée. Et on n'avait rien préparé. Il y a une personne qui débarque et vous n'êtes même pas au courant. La cadre infirmier, elle gueulait. On se retrouvait alors à devoir trouver un fauteuil roulant en urgence. On rattrapait le truc. Mais, oui, clairement, c'était dangereux. Elle nous court-circuitait et ne suivait pas les procédures. »

Parmi tous ces VIP, une résidente semblait encore plus importante que les autres. Il s'agissait de la mère d'un homme politique de premier plan, issu de la droite française, passé par les plus hautes fonctions de l'État, nommé plusieurs fois ministre, et dont la famille avait noué des liens amicaux avec la directrice coordinatrice. Nous l'appellerons Mme Burgat*. Son identité n'a pas d'intérêt pour le grand public et la révéler risquerait de porter atteinte à son intimité comme à celle de sa famille. Mais la manière dont se serait déroulée sa fin de vie en dit long. Depuis des mois que j'enquête sur la résidence, combien de fois m'a-t-on parlé de cette « affaire Burgat* » comme de l'un des pires scandales attachés à l'établissement ? Des familles, des aides-soignantes, des infirmiers, me demandaient si j'étais au courant de ce drame et si j'avais pu obtenir des preuves : « Vous savez pour Mme Burgat* ? », « Est-ce que vous avez entendu parler de ce qui s'est passé pour la mère de ce politique ? », « On vous a donné des informations ? ».

Laurent Garcia, l'ancien cadre infirmier des *Bords de Seine*, évoquait, lui aussi régulièrement, cette fin de vie, au cours de nos entretiens, alors même qu'il avait intégré la résidence seulement quelques mois après le passage de cette pensionnaire VIP. Voilà comment il me présentait les choses : « La haute direction a fait faire une ordonnance pour accélérer la fin de vie de Mme Burgat*. On a demandé aux infirmiers de faire les injections. T'es pas forcé de le croire, Victor. Mais moi, j'ai vu l'ordo. Des infirmiers l'ont gardée. L'ancien directeur, M. Azzaoui, qui est arrivé peu de temps après, me l'a confirmé. On m'en a parlé dès ma première semaine à la résidence. » Pendant longtemps, j'ai pensé que toute cette affaire n'était qu'une rumeur. Je m'étais rendu compte que le système Orpéa charriait son lot de fantasmes, notamment parmi les membres du personnel. Et qu'il avait pu suffire d'une consigne peu claire, d'une porte restée trop longtemps fermée, de messes basses de membres de la direction, pour que d'aucuns imaginent le pire. Tout le monde semblait connaître quelqu'un qui connaissait quelqu'un qui avait des informations. Mais il n'y avait jamais rien de concret. Et une enquête ne saurait s'appuyer sur des rumeurs.

Un jour, on m'a glissé le nom et le numéro de portable d'une ancienne membre du personnel médical présente à cette période ; quelqu'un semblait vouloir que l'affaire soit rendue publique. Lorsque j'ai parlé à cette femme par téléphone pour la première fois, j'ai eu l'étrange impression qu'elle attendait cet appel depuis des années. Bien sûr, elle fut surprise, d'abord que je la contacte, mais surtout que je sois au courant de ce dossier.

Mais elle donnait le sentiment de savoir que ce coup de fil surviendrait un jour ou l'autre. Elle était disposée à me rencontrer, mais ne voulait pas témoigner avec son nom et insistait sur le fait qu'elle n'était pas encore sûre d'être prête à me transmettre toutes les informations dont j'aurais besoin. Plusieurs fois, celle que l'on appellera Hélène* décala notre rendez-vous, à cause d'un emploi du temps chargé. Mais aussi parce qu'elle semblait hésiter. Finalement, après plusieurs semaines d'échanges téléphoniques, elle m'invita à la rencontrer dans la résidence où elle officiait depuis son départ d'Orpéa. Nous sommes alors début mai 2019 et, après plusieurs mois d'enquête, je commence à connaître assez précisément l'univers des *Bords de Seine*.

Hélène* m'accueille avec le sourire dans le hall d'entrée de la résidence et me fait monter à marche rapide jusqu'à son bureau. C'est une jeune femme énergique dont on devine le caractère bien trempé. Elle détonne légèrement dans ce milieu médical souvent aseptisé. Elle a les cheveux teints et on devine, sous sa blouse, des tatouages. Rien de bien dérangeant, mais c'est le genre de fantaisie qui ne passait pas auprès de la directrice coordinatrice des *Bords de Seine*. « Elle m'avait demandé direct d'éclaircir mes cheveux cuivrés, de cacher mes tatouages et de ne plus mettre de rouge à lèvres, raconte-t-elle. C'était hyper humiliant. » Au-delà de ces injonctions d'ordre vestimentaire, Hélène* a été immédiatement saisie par la désorganisation de la résidence haut de gamme : « Le premier jour où je suis arrivée, on était fin 2014, il y avait une grand-mère qui avait été oubliée pendant 48 heures dans sa chambre. Ils l'avaient complètement zappée. Elle n'avait ni bouffé, ni rien. Et le jour suivant, il y avait une dame qui avait chuté, qui se retrouvait avec plein d'ecchymoses. Et personne n'avait été informé. Ni le médecin coordinateur, ni la famille. C'était inacceptable. » Hélène* n'est pas du genre à se plaindre. Elle fait avec ce qu'on lui donne. Même si, à son entrée aux *Bords de Seine*, rien ne semblait fonctionner : « C'était le grand n'importe quoi, assure-t-elle. Lorsqu'on m'a contactée, on m'a proposé de rencontrer le directeur de l'époque, M. Dreano, qui avait remplacé l'ancienne directrice devenue coordinatrice. Mais quand je suis arrivée, il n'était déjà plus là. Viré après à peine trois mois. On a dû passer au moins deux mois sans personne avant que le prochain directeur ne débarque. » Le directeur suivant, lui aussi, fera long feu. Il sera licencié moins d'un an après son arrivée.

L'atmosphère des *Bords de Seine* était totalement viciée, d'après elle. D'un côté, il y avait, selon notre témoin, ces puissantes consignes d'économies réclamées par la haute direction d'Orpéa, qui empêchaient de maintenir un niveau de qualité satisfaisant. De l'autre, les interventions et les menaces, à peine masquées : « La directrice coordinatrice m'a quand même dit, un matin : "Je sais que vous êtes une bonne professionnelle. Mais un jour, vous ferez une erreur. Et je serai derrière vous." C'était violent. » Hélène* dénonce également les comportements de certains membres du personnel, syndiqués. « Franchement, ce n'était pas simple. Il y a des délégués du personnel qui nous ont bien fait suer. On se retrouvait avec les pneus de nos scooters crevés tous les quatre matins. »

Les Bords de Seine, cet univers impitoyable...

Hélène* va tenter de s'adapter aux règles du groupe tout en essayant de faire son travail convenablement. Lorsqu'elle arrive aux *Bords de Seine*, Mme Burgat*, la VIP des VIP, est déjà pensionnaire depuis plusieurs années. Hélène* se souvient d'une dame assez autonome à ses débuts, qui circulait, joyeusement, avec son fauteuil roulant électrique et bénéficiait d'un certain nombre d'avantages. Elle dormait dans l'une des plus belles chambres de la résidence, avait droit à son infirmier attitré, le seul qui parvenait à la rassurer. Et elle pouvait se montrer parfois très exigeante avec le personnel. Tout le monde faisait bien attention à son maquillage et vérifiait que ses gouttes dans les yeux soient mises aussi régulièrement que nécessaire. « On savait très bien que la directrice coordinatrice était proche de la famille Burgat* et donc de l'ancien ministre, m'explique Hélène*. Elle ne s'en cachait pas. Et de manière générale, elle était proche de toutes les familles de VIP. Elle nous avait bien fait comprendre qu'il fallait la traiter d'une certaine façon. Moi, je suis une soignante, je les traite tous pareil... Mais c'est vrai que j'étais encore plus vigilante quand il s'agissait de Mme Burgat*. » Durant plusieurs mois, l'état de santé de la résidente VIP ne procure aucune inquiétude à Hélène*. La pensionnaire semble profiter de ses dernières années avec sérénité. Pourtant, les choses vont rapidement s'accélérer à la fin de l'été 2015. D'après les souvenirs de cette membre du personnel soignant, la vieille dame va être victime d'une décompensation lors d'un vol en avion à destination du sud de la France. À son retour à la résidence, en août, son état général s'est fortement dégradé. « Elle était descendue d'un palier », selon les mots d'Hélène*. Mme Burgat* avait perdu en autonomie, ne parvenait plus à s'habiller toute seule et semblait, surtout, atteinte moralement. Pour autant, sa situation était comparable à bien d'autres pensionnaires des *Bords de Seine*, qui, à un moment ou un autre, se retrouvent, de manière inéluctable, à vivre cet état de dégradation.

Hélène* et le reste de l'équipe médicale réalisent, de manière régulière, un certain nombre de tests, en utilisant notamment l'échelle de douleur Algoplus (fondée sur l'observation du visage, du regard ou encore des plaintes d'une personne âgée), et en concluent que la résidente ne souffre pas physiquement. Mme Burgat* est donc l'objet d'une attention particulière, à la suite de cet affaiblissement général, mais aucun traitement exceptionnel n'est mis en place, aucune réunion d'équipe n'est organisée pour évoquer de nouvelles consignes. Et la famille ne formule pas de demandes spécifiques à l'endroit de l'équipe médicale. Ce qui va se passer ensuite, ce matin de septembre 2015, va prendre de court Hélène* et l'ensemble des équipes, et les traumatiser durablement. J'aurai l'occasion de discuter avec quatre d'entre eux qui me feront le récit détaillé de cette journée où la fin de vie de l'une des plus prestigieuses résidentes des *Bords de Seine* fera l'objet d'une féroce bataille.

Il est aux alentours de 14 heures lorsque Hélène* arrive aux *Bords de Seine* ce jour-là. L'ambiance est lourde. À peine est-elle entrée dans son bureau qu'une infirmière l'attrape, dans un état second. Elle lui dit qu'il est en train de se passer quelque chose de grave et lui raconte le déroulé de la matinée. Un membre de la direction a, selon ses dires, confortés par d'autres témoignages que j'ai obtenus, appelé le médecin traitant de Mme Burgat*. Ils se sont donné rendez-vous très tôt à la résidence. Et à l'arrivée de l'infirmière, à 8 heures, ils étaient encore enfermés dans la chambre de la pensionnaire VIP. La carte Vitale de Mme Burgat* aurait été, selon ces différents témoignages, récupérée dans le bureau de la cadre infirmier pourtant fermé à clef. Cette carte aurait ensuite été confiée, ainsi que l'ordonnance, à l'agent d'entretien de l'établissement, à qui on aurait donné pour mission d'aller chercher les « traitements ». L'infirmière référente, prenant conscience de ce qui semblait se tramer derrière son dos, décide alors d'intervenir. Elle se rend dans la chambre de Mme Burgat* et demande des explications au responsable présent sur place. Ce dernier lui aurait répondu que la résidente était en fin de vie, qu'il savait ce qu'il faisait. Et que, de toute manière, il fallait que cela soit réglé rapidement, car il devait partir quelques jours en vacances. L'infirmière n'en croit pas ses oreilles. La situation lui échappe totalement. Elle décide alors de se tourner vers Hélène*, en lui expliquant qu'il se passe quelque chose de grave dans cette chambre, qu'elle est inquiète, que tout est verrouillé. Hélène* réunit alors toutes ses équipes et leur dit de ne plus toucher à rien, qu'elle prend le relais. Elle se dirige, à son tour, dans la chambre de Mme Burgat* et interpelle, elle aussi, le responsable présent. « Je lui dis : "Écoutez, s'il faut faire un accompagnement, il n'y a pas de problème. Mais on se pose, on en discute. On prend les décisions de manière collective. On ne peut pas continuer comme ça sans savoir ce qu'il se trame derrière notre dos." » Ce dernier lui aurait alors claqué la porte au nez.

Branle-bas de combat dans la résidence. Hélène* informe immédiatement le directeur de l'établissement. Il manque de s'étouffer et lui demande de rédiger immédiatement un courrier, qu'il transmettra ensuite au directeur régional, qui en informera la direction générale. Plusieurs membres du personnel soignant, des infirmiers et le médecin coordinateur accompagnent cette démarche en produisant, à leur tour, des attestations. Une seule infirmière refusera. En soutien à la direction.

La réponse à cette « alerte » ne se fait pas attendre. Mais ce n'est pas celle à laquelle l'équipe soignante s'attendait. Quelques heures plus tard, une fois la direction générale informée de toute l'affaire, ce n'est pas le responsable impliqué qui est mis sur la touche, mais Hélène*. La cadre infirmier se voit privée d'une partie de ses accès au logiciel de suivi médical NETSoins. Celle qui est pourtant la cheffe d'orchestre de l'organisation des soins dans l'établissement n'est plus en mesure de savoir ce qui est administré à l'une de ses résidentes. L'ensemble de l'équipe médicale est comme tétanisé. Chacun reçoit des informations parcellaires de ce qui se passe dans la chambre de Mme Burgat*. Personne n'est capable de dire si cela résulte d'une demande de la famille ou si un membre de la direction a pris la décision seul. Tous ont le sentiment de violer tous les protocoles médicaux en la matière et, surtout, de sortir dangereusement du cadre légal.

J'aurai l'occasion de consulter, quelques semaines plus tard, grâce à une source, l'ensemble des documents médicaux relatifs à cette histoire. L'ordonnance rédigée par le médecin traitant de Mme Burgat* est particulièrement instructive. Lui a été prescrit un savant et puissant cocktail de neuroleptiques et d'anxiolytiques, accompagné d'un traitement habituellement donné en soins palliatifs pour dégager les voies aériennes. Plusieurs membres du corps médical me confieront qu'un grand nombre d'éléments étaient problématiques dans cette ordonnance : les molécules utilisées, plus fréquemment prescrites en psychiatrie, les dosages inhabituellement importants, les mentions « si besoin » qui permettaient à chacun de dégager sa responsabilité. Hélène*, qui a gardé le souvenir intact des prescriptions de cette ordonnance, me racontera le malaise ressenti à l'époque par l'équipe soignante : « On donne la mort à quelqu'un sans que cela soit le moment opportun. Et sans que la personne souffre physiquement. »

Les heures qui suivent vont être particulièrement éprouvantes. Plusieurs infirmières qui avaient refusé d'administrer les différents traitements dans un premier temps auraient subi une telle pression qu'elles auraient été contraintes de se soumettre et de procéder aux injections. D'autres feront semblant ; l'une ira même jusqu'à vider ses seringues dans les plantes et injecter, à la place, du sérum physiologique. Sans que l'on puisse établir de manière certaine si c'est la conséquence directe de ces injections contestées, une chose est certaine, 48 heures plus tard, Mme Burgat* est déclarée morte.

Pour l'ensemble des résidents, c'est un choc. La vieille dame était devenue, au fil des années, une sorte de mascotte. Pour une partie du personnel soignant, c'est un traumatisme. Hélène* me résumera leur état d'esprit ainsi : « Ça arrive qu'une famille vienne nous voir en nous disant : "On ne supporte plus de voir notre mère souffrir. Les soins palliatifs ne font pas effet. Est-ce que vous pouvez l'aider ?" On leur répond : "Ne vous inquiétez pas, on va l'accompagner." On veut que la personne soit confortable. C'est le confort qui prime pour nous ; éviter la souffrance physique. On ne va pas se mentir. La réalité, elle est là, en Ehpad. Si l'infirmière est OK. Si la famille est OK. Si le médecin traitant est OK. Si l'ensemble de l'équipe médicale est OK. Si on en a parlé. On l'accompagne. Et elle part. Et tout va bien. Là, il n'y avait rien de tout ça. On n'a pas pu être dans l'accompagnement de cette résidente et ça a été très violent. La maltraitance, elle n'est jamais loin en Ehpad. Et là, on était en plein dedans. »

J'aurai, quelques mois plus tard, l'occasion de discuter par téléphone avec l'un des fils de Mme Burgat*, l'ancien ministre. Encore traumatisé par le départ de sa mère, il m'avouera ne pas avoir la force de s'exprimer sur cet épisode tragique. Mais il m'encouragera à publier mon enquête et m'affirmera qu'il n'avait jamais été mis au courant de la mise en place de cette procédure extrême et n'avoir jamais formulé le moindre accord.

L'épisode marque durablement les esprits des pensionnaires et des soignants. La vie de la résidence reprend son cours. Mais la tension est palpable et, dans les couloirs, on ne parle que de cela. Les rumeurs se répandent à grande vitesse et la défiance vis-à-vis de la direction s'accentue. D'autant que le dossier médical papier de

Mme Burgat* a, de manière étrange, disparu. Il n'est ni dans le bureau du médecin coordinateur, ni aux archives. Certains imaginent qu'il a été mis dans un coffre, au septième étage. D'autres pensent, sans preuves, qu'il a été passé à la broyeuse. Au retour des vacances, une réunion est organisée entre la directrice coordinatrice, le directeur de l'établissement et le directeur régional, chargé de représenter l'équipe dirigeante du groupe Orpéa. Le directeur de l'établissement, M. Mouchotte, ne mâche pas ses mots et critique l'ingérence dans la gestion des soins. Sans réaction. Et on en reste là. Pour le moment...

L'épilogue de cette triste histoire interviendra quatre mois plus tard. Il sera d'une grande brutalité. En janvier, le directeur de l'établissement revient de quelques jours de congé paternité. À son arrivée, il a droit à un comité d'accueil en règle. Le directeur régional de l'époque a fait le déplacement. On annonce à M. Mouchotte qu'il va être licencié pour faute grave et on lui notifie une mise à pied à titre conservatoire. Pour être certain qu'il n'ait pas la mauvaise idée de récupérer ses dossiers ou des documents qui risqueraient de mettre en cause le groupe, un vigile est mandaté par Orpéa. Il raccompagnera le directeur jusqu'à la sortie et fera le guet pendant plusieurs jours devant la résidence. Une manière, aussi, pour le groupe de montrer les muscles et de refroidir toute velléité de riposte. « Ça nous avait tous choqués quand on a vu ce garde posté devant l'établissement. C'était clairement menaçant », estime Hélène*.

Dans les mois qui suivent, la plupart des membres de l'équipe médicale de l'époque – la médecin coordinatrice, l'infirmière référente et la cadre infirmier –, ainsi que la directrice adjointe, vont quitter la résidence, soit de leur propre chef, soit en étant poussées à la sortie par le groupe. C'est le grand nettoyage : comme à chaque crise, Orpéa se débarrasse d'une partie de ses troupes pour faire table rase du passé. Les historiques du groupe et les plus fidèles aux consignes de la direction générale sont, eux, maintenus. La directrice coordinatrice, l'une des figures d'Orpéa, conserve son poste. Et l'infirmière qui avait su être loyale prend du galon dans une autre résidence Orpéa, en étant nommée cadre infirmier.

Aux *Bords de Seine*, une nouvelle équipe est rapidement mise en place : M. Azzaoui prend la direction de l'établissement en février 2016. Et Laurent Garcia est contacté pour prendre le poste de cadre infirmier. Tous les deux, nous le savons déjà, ne résisteront pas plus longtemps au système Orpéa. M. Azzaoui présentera sa démission moins d'un an après sa prise de poste. Même chose pour Laurent Garcia, qui sera, lui, licencié neuf mois après son entrée dans l'établissement. Après leur départ, une nouvelle équipe prendra place. Elle tiendra à peine un an. La directrice, Mme Bouchara, arrivée en septembre 2016, sera congédiée en octobre 2017.

Ainsi va la fin de vie aux *Bords de Seine*.

CHAPITRE 6
QUI A TUÉ FRANÇOISE DORIN ?

Jusqu'au bout, ils étaient deux.

Chaque soir, Jean Piat, aussi faible et âgé qu'il était, venait rendre visite à son grand amour, à « la Dorin ». Un taxi le déposait devant la résidence des *Bords de Seine*. Un déambulateur l'attendait derrière l'accueil pour prendre le relais de cette canne qui ne le portait plus. Il se rendait à pas lents à la chambre de sa bien-aimée et y restait des heures durant, jusqu'après la fermeture de l'accueil et l'arrivée de l'équipe de nuit. Il lui prenait la main et écoutait sa respiration, à défaut d'autre chose ; ses mots, après s'être désarticulés, étaient devenus des borborygmes. Le grand Piat veillait sur elle, ne se plaignant jamais de rien, ayant un mot pour tous, un sourire pour chacun. Lorsqu'il croisait l'animateur de la résidence, il racontait, les yeux brillants, la scène, la Comédie-Française, ses grands rôles (Alceste, Don Quichotte, Cyrano), ses grandes apparitions télé (« le chevalier Henri de Lagardère », *Les Rois maudits*) – et déclamait, parfois, un texte, de sa voix chaude et ronde. Il se montrait toujours d'une pudeur extrême, parlant peu de l'état de sa compagne, lâchant seulement à de rares occasions : « Elle ne va pas bien, la Dorin ! » En observant ces derniers tours de manège amoureux, on ne peut s'empêcher de penser que l'amour revêt une grâce particulière lorsqu'il se vit à la tombée de la nuit, le rideau tiré, quand il n'y a plus que la souffrance et la détresse. Lorsqu'il ne reste plus rien, demeure encore l'amour. Et les mots dépouillés du grand Jean Piat.

Lorsqu'on me parle pour la première fois de l'« affaire Françoise Dorin », il me faut avouer que je ne connais rien du parcours de cette femme. Son nom résonne en moi comme celui d'une personnalité inscrite dans le paysage culturel français, dont j'ai dû entendre mon grand-père parler, sans que je puisse citer une seule de ses œuvres. En plongeant dans sa biographie et en visionnant des vidéos d'archives, je découvre une femme moderne, lumineuse et drôle, dotée d'une indépendance d'esprit rare. Fille du célèbre chansonnier René Dorin, elle devint l'une des femmes de lettres les plus marquantes des années 1960 et 1970. Elle fut l'auteur de nombreux romans (*Le Tube*, *Les Jupes-Culottes*, *Le Cœur à deux places*) et pièces de théâtre, mais ses mots les plus éternels s'écrivirent en chansons. Les plus grands feront appel à sa plume : Claude François, Juliette Gréco, Marie Laforêt, Michel Legrand ou encore Céline Dion. Et c'est avec beaucoup de plaisir et de nostalgie que je me mettrai à écouter ou réécouter, entre deux entretiens, les tubes derrière lesquels elle se cachait : « Que c'est triste Venise », chanson emblématique de Charles Aznavour, ou « N'avoue jamais », chanté par Guy Mardel…

Son histoire d'amour avec Jean Piat débuta quarante-cinq ans avant son entrée aux *Bords de Seine*, sur les planches bien sûr. Il venait de quitter la Comédie-Française et elle lui offrit son premier rôle de boulevard, dans une pièce au nom prédestiné, *Le Tournant*. Depuis ce jour, ils ne se quittèrent plus, vivant tous deux de la même passion. L'animatrice Catherine Ceylac, lors d'un hommage à Jean Piat, en septembre 2018, eut ces jolis mots : « Le théâtre était l'affaire de leur vie. Elle écrivait. Il jouait. » Lors de l'une de leurs dernières apparitions à deux, sur le plateau de *Thé ou Café*, en 2010, on les découvre complices et espiègles. Jean Piat raconte ses souvenirs de sa voix puissante, le corps légèrement basculé sur son fauteuil, les jambes croisées, impeccable dans un blazer en tweed cacao. Françoise Dorin, petite guêpe colorée, est à ses côtés, riante et attentive ; la même coupe au bol depuis des décennies, des lunettes fumées bleues cachant ses jolis yeux. Lorsque l'animatrice lui demande ce que l'âge lui a apporté, elle répond du tac au tac : « Rien du tout ! » avant d'exploser d'un rire franc et massif.

Son état de santé va se détériorer peu de temps après. En 2012, sa mémoire commence à lui jouer des tours. Un après-midi, elle appelle sa fille, paniquée : elle vient d'arrêter sa voiture en catastrophe le long de l'avenue de la Grande-Armée, près de l'Arc de Triomphe. Elle ne sait plus où elle doit aller ni comment faire fonctionner les pédales à ses pieds. En 2013, elle est touchée par la tuberculose et doit être hospitalisée en urgence. À sa sortie de l'hôpital, elle a perdu en autonomie et s'exprime avec difficulté. Sa fille et ses petits-enfants vont lui permettre de vivre encore plus de trois ans dans sa maison de Neuilly-sur-Seine. Et finalement, en octobre 2017, la mort dans l'âme, alors qu'il devient de plus en plus difficile de la transporter en fauteuil roulant dans ses appartements, ils prennent la décision de l'installer à la résidence des *Bords de Seine*. Compte tenu de son parcours, de l'aura de son compagnon et des pratiques de la résidence, on imagine qu'elle bénéficia d'un accueil particulier. Pour autant, ce statut ne la protégea pas un instant des errements de l'établissement.

Durant les premières semaines de mon enquête, plusieurs familles de pensionnaires avec qui je suis en contact me conseillent vivement de rencontrer sa fille et ses petits-fils, en évoquant une fin de vie effroyable. Tous m'invitent à lire l'avis laissé un an plus tôt (en avril 2018) sur Google par Thomas Mitsinkidès, l'un de ses petits-fils, concernant son expérience des *Bords de Seine*. Le voici, reproduit dans son intégralité :

« *Si vous voulez vous débarrasser des gens que vous aimez, à moindres frais, il y a une place de libre désormais au 2e étage, à gauche, en sortant de l'ascenseur… Madame Francoise Dorin, écrivain de renom, est rentrée dans cet établissement il y a moins de 3 mois.*

C'est le temps qu'il leur a fallu pour lui faire perdre 20 kilos, et l'usage de la parole.

C'est le temps qu'il leur a fallu pour laisser une escarre dégénérer et finir par faire la taille de mon poing.

C'est le temps qu'il a fallu pour la mener à un état irréversible.

Ho oui ! C'est joli ! c'est cosy même.

On vous vantera volontiers la balnéo et le confort des chambres.

On vous fera des courbettes et des grands sourires.

On vous fera croire que tout est sous contrôle…

La vérité c'est que cet établissement à plus de 7 000 euros le mois n'est pas un organisme de santé, mais une entreprise à but lucratif au même titre que les Galeries Lafayette ou le Printemps.

Le stratagème est le même ! Un peu de poudre aux yeux pour attirer le prospect, un beau merchandising, un beau discours pour conforter le client dans son achat, et puis une fois pris dans l'engrenage… il est trop tard. Quoique, aux Galeries Lafayette, si vous n'êtes pas satisfait, vous êtes remboursé pendant un délai d'un mois…

Malheureusement une personne aimée, une mère, une grand-mère, ça ne peut s'échanger ou se remplacer au service après-vente. »

Je retrouve dans ce commentaire empli de tristesse et de colère nombre d'éléments que d'autres témoins m'ont décrits, Mme Rousselle* en tête. Il me faut absolument rencontrer Thomas et le reste de sa famille pour comprendre ce qu'il s'est passé. Mais ce sont des gens discrets, et remonter leur piste ne sera pas une mince affaire. Ni sa fille, Sylvie Mitsinkidès, ni ses petits-fils, Thomas et Julien, ne sont actifs sur les réseaux sociaux. Sur Internet, les traces qu'ils ont laissées sont quasi inexistantes. Et leur numéro n'apparaît pas dans l'annuaire.

Je commence par joindre une journaliste du *Figaro* qui a écrit sur le couple Dorin-Piat. Malheureusement, depuis la mort de ce dernier, elle n'a plus aucun contact avec leurs familles respectives. Je découvre ensuite, grâce à un courrier qu'on m'a transmis, l'adresse de la famille Mitsinkidès. Hélas pour moi, ils habitent une petite île située au large du golfe du Morbihan, coupée de tout. Je m'efforce de joindre les habitants du village le plus proche en appelant au hasard des commerçants ou des particuliers. Cela ne débouche sur rien. Au détour d'un article, j'apprends que Julien Mitsinkidès, l'un de ses deux petits-fils, a fait une école de théâtre. Mais celle-ci ne répond pas à mes mails. Après plusieurs jours de recherches, je retrouve sur Internet l'affiche d'une pièce dans laquelle ce dernier a joué quelques années plus tôt. En petits caractères apparaissent les noms de l'ensemble de la troupe. J'envoie, comme on lance une bouteille à la mer, un message Facebook à chacun d'entre eux. Surprise : une comédienne me répond et fait passer le message à ce garçon qu'elle a perdu de vue depuis des années.

Le lendemain matin, sa mère, Sylvie Mitsinkidès, m'appelle !

Mme Mitsinkidès est la fille unique de Françoise Dorin et du mythique comédien Jean Poiret, qui fut le compagnon de l'écrivaine. C'est une « fille de » qui s'est toujours tenue éloignée des planches et du monde du spectacle. Les projecteurs ne l'intéressent pas. Faire du bruit n'est pas dans son tempérament. Alors que sa mère venait de disparaître, après trois mois de souffrances aux *Bords de Seine*, elle a pensé un temps à médiatiser l'affaire et à porter plainte, avant de faire machine arrière. Plusieurs journalistes l'ont contactée, mais elle les a poliment éconduits. Elle ne se sentait pas de raconter les détails tragiques de la fin de vie de la grande dame qu'était sa maman. Par pudeur. Pour préserver son image. Parce que c'était trop douloureux. Pour ce qui est de la justice, c'est la peur qui l'a retenue : « Orpéa est un groupe international. Ils ont une armada d'avocats, des méthodes que je devine très agressives. Je ne faisais pas le poids face à eux », m'avouera-t-elle, tout à fait désolée, la voix noyée par l'émotion. Puis, se reprenant aussitôt : « Mais lorsque votre livre sortira, peut-être que j'en aurai la force. »

Au moment où je la contacte, un an a passé depuis le décès de sa mère ; Mme Mitsinkidès a pris le temps de la réflexion. Elle a lu ou vu çà et là, dans la presse ou à la télé, des affaires concernant le groupe Orpéa. Elle est également consternée d'apprendre, lors de nos conversations, que d'autres résidents des *Bords de Seine* ont été victimes de dysfonctionnements graves. Elle accepte donc que je la cite dans mon enquête et que le nom de sa mère, Françoise Dorin, apparaisse. Son fils, Thomas, qui s'est beaucoup occupé de sa grand-mère, est lui aussi partant. Ils répondront à toutes mes questions, acceptant d'entrer dans les détails douloureux de la fin de vie de Mme Dorin. En médiatisant cette affaire, ils espèrent alerter le grand public sur certaines pratiques, intolérables à leurs yeux. Leur mère et grand-mère ne sera alors pas morte pour rien, estiment-ils.

Je m'entretiendrai un certain nombre de fois avec Sylvie et Thomas, par téléphone. Ils me feront parvenir tous les documents qu'ils ont conservés sur le passage de Françoise Dorin aux *Bords de Seine*. Je réussirai également à rencontrer Amandine*, la maîtresse de maison qui s'occupa de l'écrivaine, ainsi que Joseph*, l'un des infirmiers employés à cette période. Ces témoignages me permettront de confirmer un certain nombre de faits rapportés par la famille.

Françoise Dorin a été admise aux *Bords de Seine* le 24 octobre 2017. Si elle souffrait de troubles cognitifs importants, elle se portait bien physiquement, affichant même un léger embonpoint. Le 12 janvier 2018, soit deux mois et demi plus tard, elle décédera des suites d'un choc septique causé par la dégénérescence d'une escarre. Entre ces deux dates, les dysfonctionnements qu'on me rapporte furent nombreux.

Le premier est de taille. Alors que l'on sait que Mme Dorin a déjà souffert d'une légère escarre à la malléole et que c'est donc une patiente à risques, aucun matelas spécifique, dit « anti-escarre », n'a été prévu pour son arrivée. Une escarre est une plaie profonde causée par une nécrose des tissus sanguins. Elle est liée au fait d'être assis ou allongé trop longtemps dans la même position et peut provoquer de très vives douleurs. Un matelas anti-escarres est composé de différentes cellules de bulles d'air qui permettent de soulager la pression sur la peau du patient.

Mme Dorin passe donc ses premiers jours aux *Bords de Seine* sur un matelas classique. Les deux premières semaines se passent sans encombre. Les équipes découvrent une femme volontaire et souriante qui, lors des débuts de sa prise en charge, peut se lever et aller à la salle de bains. Si elle ne parvient pas à exprimer des propos parfaitement cohérents, elle se fait comprendre et semble saisir tout ce qu'on lui dit. Sa fille, Sylvie, a même le sentiment que Mme Dorin est stimulée par ce nouvel environnement : « Elle a vécu quinze jours formidables, reconnaît-elle. Elle a connu un regain de vie. Parce qu'elle voyait d'autres gens. Parce qu'on s'occupait d'elle. Elle était bien. » Mais les choses vont rapidement dégénérer.

Une aide-soignante qui passe chaque jour faire la toilette de Françoise Dorin remarque, deux semaines après son admission, l'apparition de rougeurs sur la peau fragile de la résidente et le signale à Amandine*, la maîtresse de maison, qui préconise alors l'installation d'un matelas anti-escarres. Nous sommes aux alentours du 14 novembre 2017. L'information sera ensuite transmise à la cadre infirmier qui a succédé à Laurent Garcia. Il s'agit d'une ancienne infirmière que nous avons déjà rencontrée. Elle a pu revenir aux *Bords de Seine* après un passage éclair par un autre Ehpad haut de gamme du groupe et a bénéficié d'une promotion en devenant cadre infirmier. Malheureusement, la résidence des *Bords de Seine* ne possède pas de matelas de ce type en stock. La cadre infirmier va donc en commander un aux fournisseurs habituels du groupe, puis s'occuper de son installation. Quarante-huit heures plus tard, Françoise Dorin peut enfin allonger son corps meurtri sur un matelas adapté.

Elle va hélas être victime d'une double défaillance.

Le lendemain de sa mise en place, l'équipe du week-end du deuxième étage, composée d'une maîtresse de maison et d'un infirmier, entre dans la chambre de Mme Dorin et se rend compte que le matelas livré est défectueux. C'est Amandine* elle-même, la maîtresse de maison, qui me fera cette révélation, après avoir un temps hésité à me rencontrer. Cette jeune femme originaire du sud de la France souhaite parler de son expérience aux *Bords de Seine* et raconter la fin de vie de Mme Dorin. Mais elle refuse que son nom apparaisse, par peur de ne plus jamais retrouver de travail dans le secteur des Ehpad. Nous passerons près de quatre heures ensemble à la fin du mois d'avril 2019.

Voici, à en croire son récit, ce qu'elle découvrit ce matin de novembre 2017 : « Ça bipait dans tous les sens ! Le matelas n'avait pas gonflé. La pauvre Mme Dorin était allongée sur de la ferraille. Quand on a vu ça avec l'infirmier, on a couru dans une chambre voisine qui était vide, on a pris un matelas classique et, sans demander l'accord de la cadre infirmier, on a échangé les matelas. On ne pouvait pas la laisser là-dessus une minute de plus. » Lorsque je demande à Amandine* comment la cadre infirmier a pu laisser Mme Dorin sur un matelas défectueux, elle se montre prudente : « Je n'étais pas dans la chambre, je ne peux rien dire avec certitude. Mais, normalement, un matelas anti-escarres, ça met vingt minutes à gonfler. Vous pouvez même le laisser une demi-heure pour être sûre. Ensuite, elle a dû installer Mme Dorin sur son lit. Et le matelas, il a sûrement dû biper à partir du moment où elle l'a branché. Il n'est pas devenu défectueux comme ça. Mais est-ce qu'elle a fait attention ?! Ça, je n'en sais rien. » On imagine difficilement une cadre infirmier laisser volontairement une pensionnaire de cette « importance » sur de la ferraille. Selon toute probabilité, le manque de temps et la désorganisation l'ont empêchée de suivre la procédure jusqu'à son terme. Que personne ne s'en soit rendu compte durant la nuit est un autre sujet qui nous renvoie à l'épineuse question des effectifs de l'établissement.

La seconde défaillance se situe au niveau de la communication et du partage d'informations. Les jours passent et l'état de santé de Françoise Dorin ne s'améliore pas : « Ça a commencé à être compliqué, se souvient la maîtresse de maison. Je me suis rendu compte qu'elle n'était pas bien. À partir de là, elle n'a plus voulu manger. On a donc décidé de ne plus la descendre à la salle à manger avec les autres résidents pour voir si le problème venait de là. » Amandine* va alors tout tenter pour que l'état nutritionnel de Mme Dorin ne se dégrade pas trop : « Franchement, sur ça, il faut reconnaître qu'aux *Bords de Seine*, à cette époque-là, on avait beaucoup de choix pour les compléments alimentaires. On a essayé tous les goûts : fraise, chocolat, vanille. Et on a aussi tenté des jus : pomme, ananas, cassis, framboise. Tout. » Mais Mme Dorin ne veut rien savoir. Depuis l'épisode du matelas défectueux, elle garde bouche close.

En parallèle, l'état de son escarre, qui se situe au niveau du sacrum, se détériore d'heure en heure ; la plaie devient de plus en plus profonde. Pourtant, durant plus de dix jours, personne aux *Bords de Seine* ne prendra la peine d'en informer la famille. C'est pourtant une procédure des plus élémentaires. Lorsque j'en discuterai avec Laurent Garcia quelques jours plus tard, il se dira atterré : « Dix jours ? Mais qui fait ça ? Quel établissement cache dix jours une telle information à une famille ? » Amandine* est du même avis. Elle m'explique que, en tant que maîtresse de maison, ce n'est pas son rôle de prévenir une famille. Mais que la cadre infirmier ou le médecin coordinateur de l'établissement sont tenus de le faire. Dans l'Ehpad où elle travaille depuis son départ d'Orpéa, le protocole est assez clair : « Moi, aujourd'hui, en cas d'escarre, je fais remonter à ma collègue infirmière, qui alerte la collègue des soins. On vient constater à plusieurs avec un outil spécifique à quel stade en est l'escarre (1, 2, 3 ou 4) et on le note sur le logiciel de transmissions NETSoins. À partir de ce moment-là, le médecin coordinateur est informé. Normalement, en vingt-quatre heures, quarante-huit grand max', tout ça est fait. Toute l'équipe médicale a l'info et la famille est prévenue. »

Cette procédure permet, assez logiquement, qu'un regard médical soit porté sur le cas en question, que ce soit par le médecin coordinateur de l'établissement, le médecin traitant du patient ou tout autre médecin que souhaiterait solliciter la famille. Les escarres peuvent dégénérer rapidement et il faut pouvoir établir un plan de soins adapté. Mme Françoise Dorin n'aura pas cette chance. Le groupe Orpéa est pourtant réputé, dans le milieu, pour avoir développé un certain nombre de chartes extrêmement détaillées dans lesquelles est expliquée, point par point, la marche à suivre ; le groupe parle même de « bibles ». Mais il semble qu'aux *Bords de Seine* les procédures n'ont pas été forcément respectées.

Malheureusement, l'escarre ne se résorbe pas. Et face à cette situation qui empire, une réunion d'information finit par être organisée le 24 novembre en présence du directeur adjoint des *Bords de Seine* et de la psychologue, afin que la fille de Françoise Dorin soit mise au courant. C'est la cadre infirmier qui la prévient. Mais elle aurait minimisé l'information : « Elle m'a dit de ne surtout pas m'inquiéter, se souvient Sylvie Mitsinkidès. Elle s'est montrée très rassurante en disant que ce n'était pas grand-chose, qu'ils allaient rapidement soigner cette petite escarre, qu'elle s'en occupait personnellement. » Sylvie Mitsinkidès repart donc sur son île bretonne, rassurée. Elle prévient tout de même ses fils vivant à Paris et leur demande d'être vigilants.

À cet instant, le médecin coordinateur de l'établissement n'aurait toujours pas été prévenu. Pas plus que le médecin traitant de la famille. Les aides-soignantes et les infirmiers auraient donc poursuivi leurs soins sans la supervision d'un médecin. Vis-à-vis de la famille, c'est le black-out le plus total. Personne ne les tient au courant de l'évolution de l'escarre. Alors même que, chaque jour, l'un d'entre eux est présent à la résidence, que ce soit Thomas et sa compagne, son frère Julien, ou l'ancienne aide à domicile de Françoise Dorin. Sans parler de Jean Piat, qui continue de se rendre tous les jours à la résidence, entre 17 heures et 21 heures, qu'il vente ou qu'il pleuve.

Pour Sylvie Mitsinkidès, il ne s'agit pas d'un simple défaut d'information, elle préfère parler de « dissimulation » ; plusieurs fois, Thomas posera des questions, sans obtenir de réponse. Il se verra également refuser l'accès à la chambre de sa grand-mère pendant les soins. Le jeune homme est pourtant tout à fait préparé à cela. Il est l'un de ceux qui s'en sont le plus occupés les années précédentes ; il a été son auxiliaire de vie.

Lorsque, durant l'une de nos conversations, il me racontera le dévouement dont il fit preuve envers sa grand-mère, je serai à la fois admiratif et perplexe. Quelques années plus tôt, en 2015, ce garçon de 26 ans avait pris la décision de tout lâcher pour être à ses côtés. Avec sa compagne, ils avaient même démissionné de leur poste de vendeur aux Galeries Lafayette : « J'ai proposé à mes parents de faire quatre nuits par semaine chez ma grand-mère. J'ai embauché ma femme comme auxiliaire de vie. Elle était avec nous trois jours et demi par semaine. Et mon frère venait deux nuits. » Quels petits-enfants sont capables d'un tel sacrifice ? « C'est vrai que c'était difficile, me confessera-t-il par téléphone. Les rôles s'étaient inversés. On avait affaire à un grand enfant. On devait s'en occuper vingt-quatre heures sur vingt-quatre et faire sa toilette. Mais je m'en sentais le devoir. Ma grand-mère m'a en partie élevé. Elle m'a fait vivre des choses que je n'aurais pas pu vivre sans elle. Je lui devais bien ça. »

Alors les soins, la toilette, la nudité de sa grand-mère, les flétrissures de sa peau, la détresse dans ses yeux, il connaît. Cela n'a plus rien d'embarrassant pour lui. Il a accepté l'irrémédiable : qu'elle vieillisse et qu'elle parte. En revanche, ce que Thomas trouve profondément obscène, c'est qu'on ait pu lui dissimuler des choses et que sa grand-mère ait pu souffrir inutilement. Comme tant d'autres, il a remarqué lors de ses venues aux *Bords de Seine* des manquements : « S'il y a une chose qui me hante encore aujourd'hui, c'est lorsque je me rappelle ces après-midi où j'appuyais sur l'appel malade et que personne ne venait pendant une demi-heure ou trois quarts d'heure. C'est arrivé avec Jean Piat aussi. » Il poursuit, en colère : « Et que se passait-il le soir ? Est-ce que ma grand-mère appelait souvent sans que personne lui réponde ? » Joseph*, l'un des anciens infirmiers des *Bords de Seine,* qui a démissionné début 2018, se disant choqué par les dérives de la résidence, me confirmera que les plaintes autour des appels malades étaient récurrentes.

Les jours passent et le mal devient de plus en plus profond. Le 27 décembre, Françoise Dorin est envoyée par l'équipe médicale des *Bords de Seine* à l'hôpital Beaujon pour valider la pose d'un pansement VAC, un dispositif qui aspire les impuretés d'une plaie pendant plus d'une heure et nécessite l'intervention d'une infirmière extérieure à l'Ehpad. Sa fille, Sylvie Mitsinkidès, assiste au rendez-vous médical.

Ce qu'elle découvre, ce matin-là, la marquera à vie : « L'infirmière de l'hôpital Beaujon soulève le drap, et là, je vois un trou béant, au niveau du sacrum, plus gros que mon poing. C'était terrible. » Elle marque une longue pause au téléphone, à tel point que je crois un instant que la connexion a été coupée. Puis elle reprend, très émue : « Un enfant ne devrait pas voir une chose pareille. Personne ne devrait voir ça. » Même l'infirmière aura un mouvement de recul. Elle se dit choquée par l'état de la patiente et invite Sylvie Mitsinkidès à prendre l'escarre en photo pour conserver une preuve. Aussitôt, le rendez-vous terminé, Sylvie Mitsinkidès appelle la résidence des *Bords de Seine* et demande à parler en urgence au médecin coordinateur. Ce dernier se serait excusé d'emblée, reconnaissant qu'il y a eu des erreurs commises, qu'il n'aurait été prévenu que le 12 décembre, soit un mois après l'apparition de l'escarre, qu'il n'y est pour rien, qu'il est à mi-temps, qu'il va prendre le relais, qu'ils vont trouver une solution.

À son retour aux *Bords de Seine*, il ne reste plus que deux semaines à vivre à Françoise Dorin. Ce seront quinze jours de souffrances terribles. Chaque matin, une infirmière de l'HAD (hospitalisation à domicile) de la Croix-Saint-Simon vient lui changer le fameux pansement VAC, pendant plus d'une heure. Amandine*, la maîtresse de maison, est présente à chaque intervention et tient la main de Mme Dorin. Elle se souvient, avec beaucoup d'émotion, de sa détresse : « Mme Dorin ne criait pas. Ce n'était pas le genre de femme à crier. Mais elle m'agrippait les bras, au point, presque, de m'arracher la peau. Je voyais, dans ses yeux affolés, à quel point elle souffrait. Et à quel point elle ne comprenait pas ce qui lui arrivait. » Thomas Mitsinkidès verra sa grand-mère pour la toute dernière fois le 1er janvier 2018 : « Elle était totalement shootée. Elle avait les lèvres sèches et n'ouvrait plus la bouche. ». Le 8 janvier, Françoise Dorin est hospitalisée en urgence à l'hôpital de Neuilly-sur-Seine à la suite d'un choc septique, une infection généralisée de l'organisme.

Le 12 janvier, elle décède, après des semaines de souffrances indicibles, à l'âge de 89 ans. Sans un bruit.

CHAPITRE 7
« LA VIE CONTINUE AVEC NOUS »

Pour sa fille, Sylvie Mitsinkidès, pour ses petits-enfants, Thomas et Julien, et plus encore pour Jean Piat, le départ de Françoise Dorin fut vécu comme un traumatisme. À l'image d'un inséparable, ce petit perroquet vert et jaune à l'amour radical, le grand comédien se laissa mourir à l'annonce de la mort de sa complice de toujours, « la Dorin ». Huit mois plus tard, il l'avait rejointe. Sylvie m'expliquera que ce n'est pas tant le départ de sa mère qui les avait traumatisés que ses conditions. « Que ma mère soit décédée alors qu'elle le souhaitait depuis un moment, ça pouvait être vécu comme un soulagement pour elle, et pour nous. Parce que tout ça ne ressemblait plus tellement à la vie. Et qu'elle aimait la vie. Mais pas celle-là, pas celle qui lui était imposée. Qu'elle soit partie dans des souffrances qui auraient pu être évitées, ça, c'est terrible. Et ça laisse des traces. »

Se sentant impuissante, mais désireuse de dire au groupe tout le mal qu'il a causé à sa mère, Sylvie Mitsinkidès, submergée par le chagrin et la colère, adresse une lettre, quelques jours après le décès de Françoise Dorin, au directeur général du groupe Orpéa, Yves Le Masne. Elle y décrit, très précisément, le calvaire vécu par l'écrivaine aux *Bords de Seine*, évoque de graves dysfonctionnements et indique qu'elle se réserve le droit de poursuivre le groupe en justice. Yves Le Masne lui répondra dans les vingt-quatre heures. L'en-tête du papier de sa missive la fera sourire jaune ; il s'agit du slogan d'Orpéa, « La vie continue avec nous ». Dans sa réponse, le directeur général indique qu'il est prêt à la rencontrer et que la direction médicale du groupe a été saisie de cette affaire : « Soyez assurée que nous avons été très sensibles à vos propos ; les points évoqués dans votre courrier ont retenu toute notre attention et font l'objet de toutes nos réflexions que nous souhaiterions partager avec vous », écrit-il, en usant d'expressions toutes faites régulièrement utilisées par le groupe.

Pourtant, rien ne sera fait. Ni la cadre infirmier, ni aucun membre du personnel médical ne sera interrogé. Aucune sanction ni aucun avertissement ne sera prononcé contre ceux qui n'ont pas respecté la « bible ». Les dysfonctionnements ne seront ni analysés ni corrigés. Personne, apparemment, ne tirera les leçons de cette affaire. Les bibles, chez Orpéa, ne répondent qu'à une trinité : celle composée du fondateur du groupe, le docteur Jean-Claude Marian, du directeur général, Yves Le Masne, et du directeur général délégué en charge de l'exploitation, Jean-Claude Brdenk. Ce sont eux qui ont tout pouvoir sur leurs employés. Et les raisons d'un départ ou d'une promotion ont leur logique singulière.

Aux *Bords de Seine*, la vie continue donc avec eux. L'équipe est maintenue dans son intégralité.

La cadre infirmier, qui avait été particulièrement conciliante pendant l'affaire Burgat* et qui sait suivre à la lettre les consignes d'économies ordonnées par le groupe, semble donc une nouvelle fois protégée par la direction générale, malgré les nombreux dysfonctionnements apparus à l'occasion de la mort de l'écrivaine de renom.

La fin de vie de Françoise Dorin pourrait être considérée par certains comme un cas exceptionnel, un fait divers non signifiant. Une escarre est, malheureusement, un incident qui peut survenir dans tous les Ehpad de France. Mais, nous l'avons vu, la prise en charge défectueuse de celle-ci est sans doute la conséquence directe des errements de la résidence. Elle a empiré jusqu'à causer un choc septique et la mort d'une pensionnaire, ce qui est loin d'être courant. De plus, je vais découvrir, peu de temps après, que d'autres drames ont succédé à la mort de Mme Dorin. Plusieurs membres du personnel, ex-salariés et vacataires, me raconteront que, dans les six mois qui ont suivi, au moins deux autres résidentes des *Bords de Seine* ont vécu exactement les mêmes souffrances : le développement d'une escarre jusqu'au stade 4 et l'intervention d'une infirmière de l'HAD.

La première, Mme Vilot*, veuve et sans enfants, ancienne déportée en 1944 pour faits de résistance, est présente aux *Bords de Seine* depuis un an et demi. En mai 2018, elle va être touchée par une escarre au sacrum qui nécessitera l'intervention d'une infirmière HAD. Elle décédera en août 2018 des suites d'un arrêt cardio-respiratoire.

La seconde, Clara Antonini*, décédera, comme Françoise Dorin, d'un choc septique. Je rencontrerai son mari, Luigi*, dans son immense appartement parisien, noyé de colère et de tristesse. Il me racontera les mêmes dysfonctionnements et un déroulé quasiment identique. Sa femme entre aux *Bords de Seine* aux alentours de la date du décès de Mme Dorin, mi-janvier 2018. Environ deux semaines plus tard, on lui apprend qu'elle a développé une escarre au talon. Des infirmiers interviennent sans la surveillance d'un médecin traitant ou la supervision du médecin coordinateur. L'escarre dégénère. Et début juillet 2018, on lui explique qu'on ne sait plus quoi faire pour la jambe de sa femme et qu'il faut l'envoyer, en urgence, à l'hôpital d'Argenteuil. À son retour, le couperet tombe : la cadre infirmier lui annonce que sa femme a la gangrène et qu'il faut lui couper la jambe. Son mari s'emporte, arrache sa femme aux griffes d'Orpéa et l'envoie à l'Hôpital américain. Les médecins lui expliquent qu'il est trop tard, que toute la jambe est infectée et qu'il faut opérer. Il ne peut s'y résoudre : sa femme, qui a toujours été très coquette, ne supporterait pas de se voir avec une jambe en moins, elle qui se changeait deux fois par jour et se parait de bijoux somptueux. Le 20 juillet, elle sera victime d'un choc septique. Et elle décédera le 26 juillet 2018.

Lorsque je demanderai à son mari, un immigré italien débarqué en France dans les années 1940, un ancien sans-abri passé par toutes les épreuves avant de connaître le confort et l'abondance, un vieux monsieur rond et triste, s'il en veut aux *Bords de Seine*, la fureur s'emparera de lui : « Ma Clara*, elle ne méritait pas ça. C'est dégoûtant de se comporter comme ça. »

C'est Marie-Claire*, une infirmière référente, passée seulement trois mois aux *Bords de Seine* au printemps 2018, qui m'aura parlé le plus en détail de ces deux autres cas d'escarres particulièrement troublants. Une femme d'expérience, bien en chair, solide, avec une gouaille inimitable, qui travaille, depuis son diplôme d'infirmière obtenu en 1992, dans le secteur des Ehpad. Le résumé de son passage à la résidence de luxe de Neuilly-sur-Seine ressemble étrangement à celui que m'a fait Saïda Boulahyane, lors de notre premier rendez-vous, trois mois plus tôt. Elle livre sa version à sa façon, cash : « J'ai fait une dizaine d'établissements, publics et privés. J'ai eu tous les prix. Là, pour vous dire, je suis dans un Ehpad qui coûte 2 500 euros par mois. Et à ce prix, tout fonctionne normalement. *Les Bords de Seine*, c'est le pire que j'ai connu, malheureusement. Dans un établissement de luxe comme ça, c'est à vomir. Dans ce genre d'Ehpad, il devrait y avoir des services haut de gamme. Mais là, il n'y a rien du tout. Et même au niveau de la base, du soin des résidents, c'est catastrophique. »

Elle me racontera que les soins de prévention et de confort n'existaient pas aux *Bords de Seine*. Elle affirme ainsi qu'on refusa de lui fournir du Dexeryl, de la crème grasse permettant de nourrir la peau et d'éviter que des escarres ne se développent. Elle me racontera, comme Saïda Boulahyane, comme Laurent Garcia, comme Yollande, comme Amandine*, et comme tant d'autres, qu'elle manquait de gants, de couches, de dispositifs médicaux. Elle m'affirmera encore qu'il y avait beaucoup trop de vacataires et donc pas assez de suivi, que personne ne l'écoutait lorsqu'elle recommandait de changer toutes les trois heures de position les pensionnaires touchés par une escarre, que c'est elle qui appela l'infirmière de l'HAD, voyant la situation empirer pour Mme Vilot*, alors que ce n'était pas son rôle. Elle m'assurera encore que lorsqu'elle fit un compte rendu au nouveau directeur des *Bords de Seine*, pour l'alerter, elle fut aussitôt remerciée.

Elle me racontera ce que j'avais déjà entendu de la bouche de tant de personnes.

Je vous ai parlé de la fin de vie de Mme Dorin, de Mme Vilot* et de Mme Antonini*. Mais je pourrais également évoquer les derniers mois de M. Biret*, un industriel retraité qui a séjourné aux *Bords de Seine* de 2012 à 2016. C'est cet homme dont les familles avaient évoqué l'état de santé lors d'un échange de mails en 2016, celui qui ressemblait « à un homme tout droit sorti des camps de la mort ». Je rencontrerai, à plusieurs reprises, l'un de ses proches, Daniel Le Maître, qui s'occupa pendant toutes ces années de veiller sur lui. Lui aussi alerta la direction à de nombreuses reprises après avoir constaté des défaillances au sein de la résidence : « Je me plaignais souvent que le personnel change tout le temps, qu'il n'y ait aucun suivi. Et qu'on ne l'aide pas à manger et à boire. Plusieurs fois, M. Biret* a été hospitalisé pour de graves problèmes de dénutrition. À la fin, il a été envoyé à la fondation Cognacq-Jay. Il était dans un état épouvantable. Il ne lui restait plus que la peau sur les os. Et il avait des escarres partout sur les jambes. La médecin qui l'a ausculté m'a dit qu'elle n'avait jamais vu ça, dans toute sa carrière. Elle a d'ailleurs bien voulu me faire un rapport pour l'attester. »

Il serait inexact d'affirmer que la majorité des pensionnaires passés par les *Bords de Seine* se sont plaints de dysfonctionnements graves. Les VIP, on l'a vu, bénéficiaient, la plupart du temps, d'une prise en charge optimale. Les résidents qui ont eu la chance de rester autonomes jusqu'à leur mort ont pu profiter des atouts de l'établissement de luxe. Et d'autres, bien défendus par leur famille, ou arrivés à des époques durant lesquelles la direction a été forcée de prendre des mesures de correction de court terme, ont pu passer entre les gouttes. Mais ce qui est certain, c'est que les histoires de fin de vie tragiques et de maltraitances sont légion au sein de la luxueuse résidence de Neuilly-sur-Seine. Avec combien de familles me suis-je attablé dans une brasserie chic, un appartement luxueux, la terrasse d'un café, un bureau des beaux quartiers, un parc parisien ?! Tous ces enfants, petits-enfants, nièces, neveux, amis, ont souhaité témoigner des nombreuses défaillances dont ils ont été les témoins et les victimes. Une partie m'a confié des preuves, des classeurs remplis de documents : factures, feuilles de soins, mails, photos, attestations juridiques, plaintes. Avec les membres du personnel des *Bords de Seine*, ils m'ont listé un grand nombre d'éléments participant de cette maltraitance : le manque de personnel, le recours trop fréquent à des vacataires, les pénuries de protections et de dispositifs médicaux, l'instabilité de la direction, etc. Et après ? Que faire de tout cela ? Le constat est puissant. Mais qu'en est-il des responsabilités ? Certaines familles des *Bords de Seine* vont comprendre que c'est au plus haut niveau du groupe que le sort de leurs proches se joue et vont tenter de mettre en accusation la direction générale d'Orpéa...

CHAPITRE 8
LA RÉVOLUTION À NEUILLY

S'opposer à un groupe comme Orpéa n'est pas chose aisée pour une famille confrontée à de potentielles situations de maltraitance envers l'un de ses membres. Il faut d'abord venir régulièrement sur place pour se rendre compte des carences des établissements.

Ensuite, si vous vous plaignez auprès du directeur de la résidence en question, il aura un argumentaire bien rodé. Il vous répondra, la plupart du temps, que le groupe a une réputation internationale solide, qu'il exploite près de 350 établissements en France, qu'il a mis en place des dizaines et des dizaines de protocoles afin d'assurer la qualité de la prise en charge de ses pensionnaires, et qu'il respecte, à la lettre, le nombre de postes financés par l'ARS et le conseil départemental. Sans qu'il vous soit possible de vérifier ce dernier point.

Lorsque la situation devient grave, la direction générale du groupe, représentée par sa direction régionale, va prendre la main et rejeter la faute sur le directeur d'établissement et les équipes en place, n'hésitant pas à licencier, en cas de besoin.

Si vous souhaitez, malgré tout, porter l'affaire en justice, Orpéa tentera de vous en dissuader. Et si vous souhaitez quand même aller au bout de votre démarche, il vous faudra une bonne assise financière pour prendre un avocat et un courage certain pour s'opposer à un groupe qui pèse six milliards d'euros et a, dans sa besace, une panoplie de conseils talentueux pour assurer sa défense.

Beaucoup de familles renoncent, par peur le plus souvent.

À la résidence des *Bords de Seine*, à Neuilly-sur-Seine, la colère des familles va prendre une tournure que le groupe n'avait pas envisagée. D'ordinaire, ce public aisé n'est pas habitué à faire la révolution. Ce sont des familles discrètes qui ne veulent surtout pas de scandale. Mais, et c'est ce que le groupe avait peut-être omis, c'est d'abord une clientèle exigeante, avec un carnet de chèques assez garni pour faire appel à de bons avocats et un carnet d'adresses assez rempli pour faire bouger les autorités compétentes. Voire le groupe lui-même. Car rien n'est plus important, aux yeux d'Orpéa, que son image.

Si un certain nombre de familles se sont plaintes de manière régulière, mais isolée, dès les premières années d'ouverture de la résidence des *Bords de Seine*, au début des années 2010, c'est à partir du printemps 2016 qu'un mouvement coordonné se met en place. Ce sont des femmes qui vont en prendre l'initiative. Des filles de pensionnaires partagent leurs colères et leurs inquiétudes par mail. Elles vont ensuite, à tour de rôle, interpeller, souvent vivement, les directeurs successifs de la résidence, ainsi que le directeur de la division Île-de-France, en allant jusqu'à mettre le directeur général délégué à l'exploitation, M. Brdenk, en copie. J'ai pu avoir accès à ces mails : ils évoquent le nombre trop important de vacataires, les problèmes de dénutrition et de déshydratation, des erreurs dans la distribution des médicaments ou encore des pénuries fréquentes de protections, toutes choses que nous commençons à connaître.

Les réponses du groupe se font attendre. Et en septembre 2016, la photo prise par Élisabeth Guidon du père de M. Krief, enfermé dans sa chambre d'unité protégée avec un drap, va les scandaliser et amplifier le mouvement. Mme Guidon, à la tête d'un syndicat de copropriété dans le civil, décide alors de mener la charge. Elle organise une réunion de familles, au sein de la résidence, avec un mot d'ordre : « AGISSONS POUR LE BIEN-ÊTRE DE NOS PARENTS SANS DÉFENSE ! » La lutte est en marche et les intérêts de la grande bourgeoisie vont rejoindre ceux du prolétariat, des aides-soignantes et des auxiliaires de vie payées au SMIC. Les familles exigent que des représentantes des aides-soignantes soient présentes afin qu'elles puissent évoquer les difficultés auxquelles elles sont confrontées. Ces familles réclament ensuite des postes et des moyens supplémentaires, demandes maintes fois formulées par les représentants du personnel.

Face à l'absence de réponse concrète du groupe, plusieurs familles alertent l'agence régionale de santé Île-de-France, et d'autres contactent le Solres 92, un organisme chargé des questions de maltraitance dans le département des Hauts-de-Seine. Pour assurer le suivi de ces demandes et parler d'une même voix, ces filles de pensionnaires décident également de créer un « collectif des parents de résidents ». Il enverra, fin novembre 2016, une nouvelle réclamation au directeur de la division Île-de-France. Les familles n'y vont pas de main morte et décrivent dans ce courrier les contradictions du groupe Orpéa : « Il est plaisant de mettre l'ensemble de ces manquements en parallèle avec la note parue, il y a peu, sur le site monfinancier.com qui annonce un chiffre d'affaires d'Orpéa en progression de 20,08 %, supérieur à son objectif qui était de 2,81 milliards d'euros !!!! Ceci démontre l'importance de petites économies telles que l'absence de stocks de protections et les pénuries récurrentes de ce produit d'hygiène indispensable… Nous trouvons inacceptable qu'une maison de retraite qui se veut d'un grand standing et dont les prix sont exorbitants (7 000 euros minimum/mois) ne propose pas de service de meilleure qualité. » Les slogans fusent : « NON À LA MALTRAITANCE CHEZ ORPÉA BORDS DE SEINE ! », « NON À UNE PRISE EN CHARGE DE NOS PARENTS NE RESPECTANT NI LEUR INTÉGRITÉ NI LEUR DIGNITÉ ». Il ne s'agit pas de pancartes de la CGT Santé, mais bien de revendications de riches habitants des Hauts-de-Seine.

Les familles se révoltent et le personnel craque. Le directeur, Adnane Azzaoui, démissionne moins d'un an après sa prise de poste. Les infirmiers se succèdent à une vitesse alarmante. Laurent Garcia, le cadre infirmier qui m'accompagne depuis le début de cette enquête, a, lui, choisi de rester et d'épauler les familles dans leur combat. « Le directeur m'avait pourtant convoqué dans son bureau, avant son départ, pour me conseiller de quitter l'établissement, m'assurera-t-il. C'était un moment très fort où il m'a pris dans ses bras, m'a expliqué qu'on ne pourrait rien faire, que le siège décidait de tout, que c'était un groupe malsain, qu'il fallait que je m'éloigne de tout ça. J'aurais dû l'écouter. Mais j'ai quand même voulu essayer. »

Laurent Garcia reste et se bat pour obtenir des commandes plus conséquentes, déconseille fréquemment à des visiteurs de prendre une chambre pour leur parent et participe même, un jour, à un coup d'éclat de plusieurs familles. Alors que le directeur Île-de-France tient une réunion avec une dizaine de directeurs d'établissement, dans l'une des salles de la résidence, Laurent Garcia compose le code d'accès et déverrouille la porte. « Franchement, j'en avais marre que rien ne bouge, que personne ne nous écoute », me racontera-t-il, dans un grand sourire triomphal. En quelques secondes, plusieurs filles de pensionnaires se précipitent à l'intérieur de la salle, interrompent la réunion et interpellent l'ensemble des participants sur la situation de l'établissement. Élisabeth Guidon, la femme qui avait découvert un pensionnaire enfermé dans sa chambre, en fait partie. Trois ans après, elle rigole encore de ce « coup de folie ».

Le groupe est inquiet. Débordé de tous côtés, il doit lâcher du lest. Le directeur de la division Île-de-France, avec l'accord de sa hiérarchie, s'engage par écrit à créer cinq postes de « maîtresses de maison » (des sortes de super-intendantes capables de s'acquitter de tâches administratives aussi bien que sociales) pour épauler les aides-soignantes, à régulariser une dizaine de contrats en CDI ou encore à mettre en place des formations du personnel. L'atmosphère s'apaise un temps. Les familles veulent y croire. Mais le groupe, malheureusement, ne va pas tenir ses engagements. « Au lieu de cinq maîtresses de maison, on en a eu droit à trois, puis deux. Puis, à la fin, il n'en restait qu'une. Pour les protections, on se retrouvait face aux mêmes problématiques », soutient Élisabeth Guidon. Plusieurs familles, dont la famille Guidon, décident de taper là où ça fait mal, c'est-à-dire au portefeuille ; pendant quelques mois, elles ne paieront qu'une partie seulement du prix des chambres. L'ancienne directrice coordinatrice des établissements de luxe parisien a depuis quelques mois quitté son poste pour poursuivre sa carrière dans un autre domaine au sein du groupe, mais elle suit régulièrement l'évolution de la situation de la résidence et n'en reviendrait pas de ce qu'est devenu son « joyau ».

Mme Rousselle* qui avait placé sa maman durant cinq ans au sein de la résidence décide d'aller encore plus loin que les autres familles. La dernière fois que nous l'avions vue, elle avait pris la décision de quitter *Les Bords de Seine*. Le groupe lui réclamait près de 18 000 euros de factures impayées. De son côté, elle refusait d'ajouter un seul centime au pactole qu'elle leur avait laissé (près de 450 000 euros). Après avoir confié son dossier à un avocat, elle avait reçu une réponse inespérée : selon les estimations de son conseil, c'est le groupe qui lui devait de l'argent. Et surtout, il estimait qu'il était possible de les attaquer, via des demandes reconventionnelles, pour des faits de maltraitance.

Mme Rousselle* engage alors un bras de fer judiciaire, le « combat de sa vie », et son avocat commence à constituer un dossier. Dans le même temps, Orpéa prépare sa défense concernant les accusations de maltraitance. Le groupe demande à plusieurs de ses salariés, mais aussi à des dames de compagnie, de faire des attestations portant sur la relation de Mme Rousselle* avec sa mère : « Ils ont fait témoigner des aides-soignantes. Des filles que je ne connaissais même pas, et maman non plus, écrivaient que je ne venais jamais la voir, me raconte-t-elle, dépitée. C'est totalement faux ! Le juge a d'ailleurs répondu, lors de l'audience : "Comment pouvait-elle écrire tous ces mails de réclamation en pointant des détails précis si elle ne venait pas voir sa mère ?!" Ils ont aussi fait témoigner la dame de compagnie de maman contre moi. J'ai eu droit à tout. Ils ont expliqué que je l'avais totalement abandonnée. Et lors de l'audience, leur avocate a raconté que j'étais une fille avide d'argent. Quand on voit tout ce que je dépense pour maman… C'est affreux ! J'ai encore du mal à m'en remettre. Psychologiquement, je suis très atteinte. Je ne suis pas sûre de tenir encore très longtemps face à eux. C'est trop dur… »

En parallèle à cette affaire judiciaire, le groupe affronte une nouvelle salve d'avertissements et de contrôles. La vice-présidente du Sénat, Isabelle Debré, alertée par des familles, prend même la plume pour écrire un courrier au groupe, en juin 2017 (malgré ses fonctions éminentes, Orpéa ne lui répondra que six mois plus tard).

Plus important encore, le Défenseur des droits, puissante autorité administrative chargée de défendre les citoyens, présidée à l'époque par

Jacques Toubon, lance une enquête et commence à auditionner des familles et des membres du personnel.

Mediapart, contacté par des familles, décide à son tour de mener l'enquête et publie un reportage, en janvier 2018. Un mois plus tard, le 22 février 2018, le conseil départemental des Hauts-de-Seine décide de réaliser une inspection – presque – inopinée (le groupe est prévenu la veille au soir). On pourrait penser qu'après toutes ces plaintes de familles, tous ces coups de projecteurs braqués sur la résidence, le groupe aurait mis les grands moyens pour que celle-ci soit désormais irréprochable. Et pourtant…

Les inspecteurs notent un certain nombre d'améliorations depuis leur dernière visite : la qualité de la nourriture, jugée désormais satisfaisante, un meilleur contrôle des soins d'hygiène, des mesures prises pour limiter les ruptures de stock de protections. En revanche, ils constatent que la gestion des ressources humaines n'est pas conforme à la législation en vigueur, que la part des aides-soignantes en CDD (33 %) est anormalement élevée, que le turn-over au niveau de la direction est inquiétant (arrivée d'un septième directeur en septembre 2017), que l'organigramme de la résidence bouge sans cesse, que le recours à des dames de compagnie est problématique. On a le sentiment étrange que les contrôles, les plaintes des familles, les articles de presse glissent sur la peau du groupe comme sur celle d'un alligator.

Il faudrait sans doute pour que les choses bougent enfin qu'un cadre du groupe décide de témoigner et livre des éléments concrets impliquant la haute direction. C'est tout le sens de mon enquête : dépasser la barrière du constat ! Rendre compte des mécanismes à l'origine de la maltraitance. Cela fait des années que les personnels des Ehpad hurlent leur désarroi sans se faire entendre. Cela fait des années que les reportages sur les gestionnaires privés de maisons de retraite et de cliniques s'enchaînent sans produire le moindre effet. Il me faut absolument, pour faire un pas déterminant, monter plus haut dans l'échelle décisionnelle.

Je vais attendre ce moment pendant des semaines, jusqu'au jour où un ancien directeur des *Bords de Seine* accepte de me rencontrer.

CHAPITRE 9
« JE VOUS BALANCE TOUT »

Nous étions en mai 2019. J'avais envoyé un message dans l'après-midi à cet homme en l'invitant à me recontacter et en évoquant l'existence de contrats de travail douteux signés de sa main.

À 21 heures, ses enfants couchés, il me rappelle, chauffé à blanc. « Vous vous croyez où, là ? Vous ne savez pas à qui vous vous attaquez ? Vous êtes un petit con, un petit journaliste de merde. Vous ne savez même pas ce qu'ils sont capables de vous faire. Vous voulez que j'appelle Brdenk [le directeur général délégué à l'exploitation], que je prévienne le groupe Orpéa, histoire de faire exploser votre enquête ? Je vais vous casser en deux si vous citez mon nom. Je vais vous briser. Tout ce que vous dites est faux ! Archi-faux ! »

Durant près de dix minutes, il vocifère, hurle au téléphone, menace, insulte, sans marquer une seule pause. Son débit est rapide. Sa violence, palpable. Plusieurs fois, je tente de l'arrêter en lui expliquant que je ne l'accuse de rien. Je veux simplement obtenir des explications.

Je ne le savais pas encore, mais j'étais tombé sur le bon interlocuteur.

Dans les semaines précédant ce coup de téléphone, j'avais réussi à amasser un certain nombre d'informations sur les modes de financements des Ehpad et sur les pratiques du groupe Orpéa vis-à-vis de sa masse salariale.

Laurent Garcia, tout d'abord, m'avait détaillé, par le menu, les différents moyens de financement d'un Ehpad. J'ai ainsi appris, grâce à lui, que les Ehpad, qu'ils soient publics ou privés, ont trois sources de revenus distinctes. Tout d'abord, le tarif « Hébergement » payé par le résident ; il rémunère une prestation hôtelière qui comprend, entre autres, la restauration, la mise à disposition d'une chambre et l'entretien de l'établissement. Ensuite, il y a le forfait « Dépendance », qui est réglé, en grande partie, par le conseil départemental. Cela est mesuré par le système GIR en 6 niveaux. Enfin, il y a le forfait « Soins », qui est pris en charge par l'Assurance maladie et réglé par les agences régionales de santé (ARS) ; cela couvre la prise en charge médicale quotidienne.

Cette répartition est un point absolument essentiel pour la suite de mon enquête : le modèle économique des Ehpad repose, en grande partie, sur de l'argent public. Des sommes qui leur sont versées directement et qu'ils se chargent de dépenser. Les aides-soignantes, les infirmiers, les médecins coordinateurs, les psychologues, les kinésithérapeutes qui interviennent au quotidien dans les Ehpad sont financés à 100 % par des dotations publiques. Les auxiliaires de vie ou agents des services hospitaliers (ASH) qui se chargent de l'entretien des locaux ou de l'aide au repas sont, eux, payés à 30 % par des fonds publics. Les ARS et les conseils départementaux prennent également à leur charge l'achat ou la location des lits médicalisés, des fauteuils roulants, des chariots, de l'ensemble des équipements médicaux d'un établissement ainsi que les protections hygiéniques des résidents, l'ensemble des dispositifs médicaux nécessaires à leur prise en charge (pansements, matériel de perfusion, sets anti-escarres, etc.), les compléments alimentaires, ou encore, et c'est plus étonnant, une partie des produits d'entretien de la résidence et une partie du budget lingerie.

Ces dotations publiques représentent souvent entre un et deux millions d'euros versés chaque année directement à chaque résidence. Et donc des dizaines, voire des centaines de millions d'euros pour l'ensemble d'un grand groupe privé d'Ehpad tel qu'Orpéa. De l'argent public sur lequel il n'y a, évidemment, en théorie, pas le droit de faire la moindre marge.

Ces dotations annuelles et le détail des emplois et des produits financés sont fixés dans ce qu'on appelle « une convention tripartite », un accord scellé entre l'Ehpad en question, le conseil départemental et l'agence régionale de santé. Vous avez, dans ce document, les bases de la relation entre les autorités de tutelle et l'établissement pour cinq ans. Ensuite, chaque année, l'établissement envoie un compte d'emploi pour expliquer, précisément, combien d'argent il a dépensé au cours de l'année écoulée et à quoi il a servi. Ce document annuel permet aux ARS et aux conseils départementaux de contrôler la bonne utilisation de l'argent public.

Au moins, en théorie. Et de reprendre de l'argent si cela est nécessaire ou de réajuster les dotations.

À la suite de mes entretiens avec Laurent Garcia et d'autres interlocuteurs rodés à ce fonctionnement, il me paraît essentiel d'avoir accès à la « convention tripartite » des *Bords de Seine* et, surtout, aux déclarations annuelles de la résidence pour savoir, exactement, combien de postes sont financés par de l'argent public et quels sont les budgets qui lui ont été alloués pour les dispositifs médicaux, les protections, les produits d'entretien et le reste. Et, bien sûr, pour savoir exactement ce que l'établissement a fait de cette dotation, chaque année. Si elle a été correctement employée ou non.

Aux *Bords de Seine*, à ce moment de mon enquête, je ne connais donc pas encore la dotation exacte allouée chaque année à la résidence, ni la manière dont elle a été utilisée, mais je me suis rendu compte d'une particularité intrigante : l'établissement fait appel de manière massive à des vacataires, des hommes et des femmes qui interviennent pour des missions de courte durée, et cela sur presque tous les postes financés par de l'argent public : infirmiers, aides-soignantes, auxiliaires de vie.

Laurent Garcia me rapporte un autre élément troublant : lors de son arrivée à la résidence de Neuilly-sur-Seine, le groupe Orpéa lui a demandé de rédiger une liste d'aides-soignantes et d'auxiliaires de vie vacataires avec qui il avait l'habitude de travailler dans son ancien établissement. Il s'est exécuté, pensant que le groupe cherchait à constituer une base de données de vacataires à contacter en cas de besoin. Mais, quelques mois plus tard, après son départ du groupe, il s'est rendu compte que non seulement ces personnes n'avaient jamais été approchées par Orpéa, mais surtout qu'on se serait servi de leur identité pour rédiger des contrats de remplacement douteux. Le groupe Orpéa, comme toutes les entreprises françaises, doit pouvoir justifier de l'embauche de personnels en CDD (contrat à durée déterminée). Et cela est d'autant plus vrai pour des postes de soignants financés par de l'argent public. Il n'a pas le droit d'utiliser ces contrats précaires sur des postes permanents. Mais, aux *Bords de Seine*, on avait trouvé la parade, semble-t-il : rédiger des CDD de remplacement en inventant des personnes à remplacer.

Pourquoi le groupe Orpéa aurait-il pris ces libertés avec le droit du travail et fait appel à tant de vacataires dans cette luxueuse résidence, au lieu d'embaucher définitivement une, deux ou trois personnes ? D'autant que ces postes étaient financés par l'argent public. Pour y voir plus clair, je pris alors la décision de contacter l'un des anciens directeurs des *Bords de Seine* dont je venais de découvrir la signature sur plusieurs de ces contrats suspects. C'est l'homme dont il est question au début de ce chapitre.

L'accueil qu'il m'a réservé fut particulièrement hostile, on l'a vu : une succession d'insultes et de menaces ininterrompues. Et puis, au bout d'un quart d'heure, il est devenu doux comme un agneau, gêné comme un enfant qui n'aurait pas su maîtriser ses émotions : « Je m'excuse, me dit-il, penaud. Je n'aurais pas dû vous parler comme ça. J'ai pété un plomb. J'ai déconné, excusez-moi. » Je n'en revenais pas. En un instant, la situation s'était totalement renversée. « Vous me ramenez à une période de ma vie qui n'a pas été simple. Ça m'a fait exploser. Écoutez, pour m'excuser, je suis d'accord pour vous rencontrer. Et je vais tout vous balancer. Je vais vous dire comment les choses se passent dans ce groupe. Des choses qu'on ne vous a jamais dites. Je vous balance tout ! Mais je ne veux pas que mon nom soit cité, d'accord ?! Je bosse encore dans le secteur des Ehpad. Et je ne veux pas avoir d'ennuis. »

Bien évidemment, j'ai accepté. L'objectif de mon enquête n'a jamais été de mettre en avant des responsabilités individuelles, mais de décortiquer et de démonter un système. Pour cela, il faut que des acteurs de l'intérieur, à différents étages de la pyramide décisionnelle, me parlent. Et ils sont peu nombreux à accepter de le faire, car ils risquent leur carrière. Nous avons raccroché et, quelques secondes plus tard, j'ai reçu un texto : « OK pour le 14/05 au AC Hôtel Marriott, rue Honoré-Sauvan, 06 Nice, à 10 h. »

Arthur Millard*, comme nous l'appellerons, n'était pas un directeur d'Ehpad comme les autres. Un salarié l'a décrit comme « fou et méchant », capable de pousser des colères dantesques et d'aller jusqu'à la menace physique. D'autres, en revanche, saluaient son investissement sans faille pour redresser l'établissement. Les familles le trouvaient parfois « borderline », mais reconnaissaient qu'il était au travail, à l'écoute et capable de remettre en cause des procédures ou des organisations qu'il jugeait problématiques, même si cela devait l'amener au bras de fer avec la direction générale d'Orpéa ou avec une partie des salariés de la résidence. C'était un homme complexe à n'en pas douter, mais investi dans son travail et exigeant.

Je prends le train pour Nice, la veille de notre rendez-vous. Pour la première fois depuis le début de mon enquête, je ressens une gêne, non pas de l'angoisse, mais une sensation désagréable d'être confronté à un groupe prêt à tout pour protéger ses arrières. Ce M. Millard* m'a fait comprendre qu'Orpéa ne laisserait jamais passer une enquête de ce genre. Je commence à être sur mes gardes. J'opte pour un hôtel dans l'hypercentre de Nice, dans une rue passante. Et le lendemain matin, je me rends au lieu de rendez-vous une demi-heure plus tôt, histoire de humer les lieux. Je me surprends même à observer, de loin, le comportement des passagers d'un véhicule stationné devant l'hôtel.

À 10 heures pétantes, M. Millard* fait irruption dans le hall d'un pas décidé. C'est un homme athlétique, sec, qui semble être en tension permanente. Dès le début de la conversation, il engage un rapport de force invisible. La poignée de main est virile et il s'assoit sur son fauteuil en avançant légèrement son buste vers moi. Il semble prêt à parler, mais veut me faire comprendre que c'est lui qui mènera la danse. À sa demande, je lui signe d'emblée une attestation m'engageant à ne pas dévoiler son identité. « J'ai bossé pour pas mal de groupes, m'explique-t-il. Demain, mon nom sort, je suis grillé dans le métier. Et, en toute humilité, je suis bon dans ce que je fais. Je fais des choses positives pour les gens. Et je veux pouvoir continuer à m'épanouir là-dedans. » Il poursuit : « Après, dénoncer, je veux bien. Si ça peut faire avancer les choses. Il y a des groupes pour lesquels je ne travaillerai plus jamais. Orpéa en fait partie. »

M. Millard* s'est d'abord occupé d'une ouverture d'établissement pour le groupe Orpéa, en Île-de-France, puis il a été rapidement envoyé aux *Bords de Seine* pour redresser la luxueuse résidence de Neuilly. Dix jours à peine après sa prise de poste, il dit avoir compris où il mettait les pieds. « L'Inspection du travail a débarqué alors que je venais juste d'être nommé directeur, m'assura-t-il. Ils ont fait un contrôle et ont découvert un paquet d'irrégularités. Des choses assez graves. Résultat, les inspecteurs ont voulu me foutre une fiche d'identité pénale sur le dos. Mais je n'y étais pour rien. Je venais juste d'arriver. »

J'aurai l'occasion, quelques semaines plus tard, d'obtenir, non sans mal, le rapport de la Direccte (direction régionale des entreprises, de la concurrence, de la consommation, du travail et de l'emploi) rédigé à la suite de ce contrôle. Les inspecteurs y déplorent un environnement de travail propice aux accidents, notamment aux « troubles musculo-squelettiques », reprochent à l'établissement de ne pas avoir formé son personnel aux opérations de manutention de pensionnaires et lui rappellent ses obligations concernant le décompte du temps de travail de ses salariés. Mais, surtout, les représentants de la Direccte constatent deux violations majeures au droit du travail : tout d'abord, le fait que des dizaines de déclarations préalables à l'embauche (DPAE) aient été signées non pas avant, comme cela est la règle, mais après l'embauche des vacataires (aides-soignantes ou auxiliaires de vie). Parfois même plusieurs mois plus tard. Cela signifie que ces salariés ont travaillé alors même que leur contrat de travail n'était pas signé. Leurs droits sociaux n'étaient donc pas ouverts et, surtout, ils n'étaient pas assurés en cas d'accident du travail. Une aide-soignante a ainsi été embauchée le 12 décembre 2014. Et sa DPAE n'a été effectuée que le 7 février 2015. Plus ennuyeux encore, certaines DPAE n'ont jamais été signées. Or un salarié ne peut être embauché qu'après déclaration normative accomplie auprès de l'Urssaf. Pour les inspecteurs, cela peut s'apparenter à du travail dissimulé : « Conformément aux dispositions de l'article L8221-5 du Code du travail est réputé travail dissimulé le fait par tout employeur de se soustraire, intentionnellement, à l'accomplissement de la formalité relative à la déclaration préalable à l'embauche. » Après analyse approfondie, ils confirmeront cette infraction via un procès-verbal qu'ils transmettront au procureur de la République.

Ils remarquent également que certaines embauches ont donné lieu à des CDD qui ne respectaient pas le cadre légal. Certains avaient pour motif de recours un « accroissement temporaire de l'activité » tout en étant justifiés par un « poste vacant » ou en « complément d'un salarié passé à temps partiel », ce qui ne correspond en rien à la notion d'accroissement de l'activité. D'autres étaient motivés par le remplacement d'un salarié en attente du titulaire du poste, alors même que rien n'indiquait que le salarié à remplacer avait bien été embauché en CDI par la suite. D'autres CDD de remplacement faisaient référence à la même personne remplacée pour la même période sur plusieurs contrats. Enfin, les inspecteurs notaient que deux postes d'aides-soignantes avaient été perpétuellement occupés par plusieurs salariés en CDD pendant 18 mois.

Ces pratiques irrégulières constatées par l'Inspection du travail racontent quelque chose d'encore plus important que des entorses ponctuelles à la législation du travail. Elles sont la partie visible d'un iceberg. Elles nous renseignent sur deux piliers essentiels du « système Orpéa » que la Direccte ne pouvait pas imaginer lors de ces contrôles, et que M. Millard* s'apprête à me faire découvrir. Tout d'abord sur l'absence de pouvoir décisionnaire des directeurs d'Ehpad et de clinique chez Orpéa. Ensuite, sur la pratique d'optimisation de la masse salariale mise en place par le groupe depuis de nombreuses années.

CHAPITRE 10
« DÉMERDE-TOI POUR FAIRE DES ÉCONOMIES »

Soyez attentifs !

C'est un peu technique, mais essentiel. Ce sont ces pratiques qui expliquent, en grande partie, les situations de maltraitance évoquées par nos nombreux témoins dans les premiers chapitres.

Pourquoi *Les Bords de Seine* se sont-ils retrouvés à embaucher tant de personnel soignant sans que leurs déclarations préalables à l'embauche soient signées ? Ce n'est pas parce que le groupe Orpéa avait l'intention de dissimuler le travail de ces vacataires. Ce serait trop gros. Mais tout simplement parce que le directeur d'exploitation, M. Millard* en l'occurrence, n'avait absolument pas la main sur ces contrats de travail et qu'il devait parfois attendre des jours et des jours l'accord de sa hiérarchie pour valider ces embauches. « Il y avait une chose totalement dingue chez Orpéa, que je n'ai jamais vécue dans aucun autre groupe. Je n'avais aucun pouvoir de validation de CDI ou de CDD sans l'accord préalable de mon directeur de région, m'avoue-t-il. C'est marqué dans ma délégation de pouvoir, sur mon contrat de travail.

C'était un système impossible. Je devais indiquer, à l'avance, dans un logiciel, tous les vacataires que je prévoyais d'avoir le mois suivant en anticipant les congés payés, les récupérations, les absences. Et définir de combien de postes j'aurais besoin en fonction du taux d'occupation de la résidence. J'envoyais ce document à la directrice coordinatrice des établissements de luxe et, une fois que j'avais obtenu son accord, j'envoyais au directeur régional. Une fois ce document signé, on pouvait, enfin, créer le contrat. On envoyait le 22 ou le 23 et, parfois, ils ne nous répondaient pas avant le 5, le 6 ou le 8 du mois suivant. Alors, si j'avais quand même fait venir une vacataire le 5, elle bossait sans contrat de travail. Parce qu'il fallait que le directeur régional valide pour que je puisse imprimer le contrat. »

Pour être tout à fait précis, M. Millard* était dans l'impossibilité physique d'éditer les contrats sans la validation de sa hiérarchie. Sur le logiciel en question, un bouton rouge apparaissait devant le contrat et il fallait attendre qu'il passe au vert pour faire quoi que ce soit.

J'ai eu l'occasion, par la suite, d'avoir accès à plusieurs contrats de travail de directeurs d'Ehpad appartenant au groupe Orpéa. Comme M. Millard* me l'a raconté, ils doivent tous signer une « délégation de compétences et de missions ». Dans ce document, il est indiqué que « le groupe Orpéa ne reconnaît aux directeurs d'exploitation ni autonomie, ni délégation en matière de gestion des ressources humaines ». Même chose concernant les budgets. Orpéa ne leur reconnaît « ni autonomie, ni délégation, en matière financière ». Ils doivent « sous la responsabilité de la direction générale, et en lien avec la direction régionale, mettre en application les budgets définis, suivre les indicateurs de gestion et de contrôle budgétaire et effectuer les achats dans le strict cadre du budget défini et auprès des fournisseurs référencés ». Tout est là ! Chaque mot compte.

C'est un point décisif : contrairement à ce que de nombreuses familles pensent, les directeurs d'Ehpad n'ont pas toujours les clefs de leur établissement. Ils ne sont parfois que de simples exécutants, voire des figurants. Dans le public ou le milieu associatif, ils ont une marge de manœuvre relativement importante. Dans le privé, cela va dépendre de la taille et de la politique des groupes. Le numéro deux mondial, Korian, le groupe Colisée ou d'autres ont eux aussi mis en place ces dernières années des politiques de centralisation au bénéfice du siège et donc des délégations de pouvoir pour leurs directeurs d'établissement. Mais aucun groupe du secteur ne semble aller aussi loin qu'Orpéa. « Chez Orpéa, on réduit énormément la délégation de pouvoir, contrairement à Korian ou DomusVi. C'est très restrictif, m'explique M. Millard*. Quand vous négociez le budget par exemple, on ne vous donne pas le budget réel. Ils ne vous présentent jamais un bilan ou un compte de résultat. Un directeur, dans le secteur, il est censé faire les comptes d'emploi et les comptes d'exploitation (qui seront transmis ensuite à l'ARS et au conseil départemental). Chez Orpéa, non ! Tout se passe au siège. Chez Orpéa, vous n'êtes pas un gestionnaire. Vous êtes un pion ! On vous demande de jouer avec des petits sous, de ne pas dépasser des lignes dans un logiciel. Vous n'avez aucune vision. Vous ne pouvez rien mettre en place. Quand je me suis cassé et que j'ai été embauché dans d'autres grands groupes, j'ai retrouvé mon métier. Ailleurs, vous avez un bilan, des comptes de résultat. Vous savez où vous en êtes. Et vous pouvez manœuvrer. » Alors qu'il me parle, je sens M. Millard* passablement en colère. Ce n'est clairement pas le genre d'homme à vouloir renverser le système. Il aurait plutôt tendance à être carriériste et « corporate », comme on dit. Mais ce qu'il dit avoir vécu chez Orpéa l'a profondément dégoûté de son métier. « Ils arrivent même à cacher leurs marges à leurs directeurs. Je n'ai jamais su ce que gagnait vraiment Orpéa avec *Les Bords de Seine.* Et c'est pour ça que ça clochait. Un moment, vous n'êtes pas con. Vous savez calculer. Je comprenais que la résidence générait un chiffre d'affaires d'au moins 10 millions d'euros par an. Et là, vous commencez à déranger. Allez, vas-y ! Casse-toi ! Va sur le côté. »

Grâce à M. Millard*, je viens de faire un pas en avant déterminant dans la compréhension de ce groupe. Cette délégation de pouvoir, très singulière chez Orpéa, nous aurons l'occasion d'en reparler à de multiples reprises. Mais il y a deux conséquences majeures à noter. D'abord, la responsabilité individuelle des directeurs d'exploitation peut difficilement être mise en avant. Si ces directeurs ne décident ni de la taille de leurs effectifs ni de leurs budgets, comment leur reprocher des dysfonctionnements ou une baisse de la qualité de la prise en charge des pensionnaires ? Sachant que tout cela est déterminé, en tout premier lieu, par les moyens alloués à chaque établissement.

La deuxième conclusion à en tirer, qui est un prolongement logique de la première, c'est que les décisions opérationnelles, qui ont des conséquences concrètes et locales, sont prises par la direction générale du groupe. C'est le directeur général délégué en charge de l'exploitation, Jean-Claude Brdenk, un homme retranché au siège d'Orpéa, un spécialiste des restructurations d'entreprises, un gestionnaire qui n'avait au départ aucun lien avec le secteur de la santé, qui décide si oui ou non tel établissement a besoin d'un poste d'aide-soignante en plus ou d'un budget plus important pour la restauration, les protections ou les dispositifs médicaux. La question n'est d'ailleurs jamais posée en ces termes. Ce n'est pas le besoin qui détermine fondamentalement la décision. C'est une équation budgétaire. On peut, logiquement, estimer que le directeur d'établissement est la personne la mieux placée pour savoir s'il est possible de travailler correctement avec tel nombre de postes, s'il faut faire une dépense imprévue pour une animation ou pour alléger les équipes après une crise importante. Chez Orpéa, il n'y a de place ni pour l'imprévu ni pour les décisions individuelles. Celui qui pilote véritablement les établissements le fait avec des tableaux Excel, des logiciels de comptabilité, depuis son bureau de Puteaux. D'autres sources auront l'occasion, par la suite, de me raconter plus en détail la manière dont ce pilotage était réalisé par M. Brdenk, mais nous pouvons déjà percevoir les risques profonds, systémiques, que cela engendre : la mise à distance, la déshumanisation, la gestion exclusivement comptable de la prise en charge d'êtres humains vulnérables. À distance, il paraît plus difficile de se rendre compte qu'en refusant un poste supplémentaire d'aide-soignante dans l'unité protégée des *Bords de Seine*, en laissant seule Saïda pour une nuit, vous allez créer de l'épuisement chez vos soignants ? Vous allez risquer des burn-out. Vous allez entraîner des accidents. Il n'y a qu'un directeur d'Ehpad qui puisse voir concrètement les effets de toutes ces décisions. Il n'y a qu'un directeur d'Ehpad qui pourrait s'en émouvoir. Cette gestion opérationnelle, depuis le siège, poussée particulièrement loin, est l'une des singularités du groupe Orpéa.

La deuxième découverte des inspecteurs du travail, c'est l'utilisation massive de CDD, dans des conditions pour le moins suspectes. Là encore, ce n'est pas le contournement du droit du travail en lui-même qui nous intéresse, mais le système qui l'engendre. Le groupe Orpéa fait de l'optimisation de masse salariale. Et cela de manière très poussée. C'est ce que je vais comprendre grâce aux révélations de M. Millard*, qui me détaille les relations qu'il entretenait, à l'époque, avec sa hiérarchie. Voici ce qu'il m'affirme : « Je disais à mon directeur régional quand je n'en pouvais plus d'attendre sa validation : "Allez, il faut me valider le contrat ! Ma soignante commence le 1er du mois et moi je suis pas dans les clous." Et le DR disait : "Bah non, moi, je n'ai pas encore eu l'accord du sommet." Et en fait, le sommet validait la masse salariale en fonction de votre TO, du taux d'occupation de votre résidence. On me disait : "Tu as prévu tant de vacataires là. Bah, écoute, non. Tu me baisses ta masse salariale de trois ou quatre mille euros pour ce mois-ci." Je répondais : "Mais comment ça, je la baisse ? Je dois remplacer ceux que je dois remplacer. Je peux pas baisser. Il faut bien que je remplace." Et eux : "Rien à foutre ! Ton TO n'est pas dans les clous, tu remplaces pas. Tu réduis ta masse salariale." »

Qui est à la manœuvre ? « C'est le directeur régional qui donnait les directives à la directrice coordinatrice, qui me les rapportait. Qu'à l'oral. Enfin, non. J'ai gardé des documents liés à la masse salariale. Ils revenaient souvent avec un commentaire du directeur de la division Île-de-France : "Masse salariale pas optimisée, merci de trouver une solution d'économie !" Mais ils étaient malins. Orpéa ne vous disait pas où supprimer. Ils disaient : "Démerde-toi pour faire des économies !" Ils laissaient le directeur prendre les risques à la place du groupe. »

Le groupe Orpéa a tiré les conséquences d'une vérité que tous les grands groupes connaissent : les dépenses les plus importantes d'un Ehpad sont les charges de personnel. En étant très malin et bien organisé, on peut gagner beaucoup d'argent en « optimisant » cette masse salariale. On parle ici de gérer entièrement des postes permanents à l'aide de contrats courts pour avoir un levier encore plus important sur sa masse salariale, sachant qu'une partie de ces postes est financée par de l'argent public.

Ce turn-over a des conséquences sur la qualité de la prise en charge des résidents aussi importantes que le manque d'effectifs. M. Millard* est d'ailleurs le premier à le reconnaître. « Le fait d'avoir tant de CDD, de remplacer au dernier moment, à la volée, de ne pas avoir le temps de recruter, ça fragilise considérablement la qualité de la prise en charge des pensionnaires », m'explique-t-il. Pourquoi ? « Pour chaque résident, vous devez prévoir un plan de soins et un projet de vie, avec les habitudes de vie de vos résidents. Quand vous mettez quelqu'un qui connaît les habitudes du résident, il sait prendre soin de lui. Mais si vous mettez une vacataire… elle va faire des erreurs. C'est certain. »

Nous l'avons vu lors de la première partie de cette enquête consacrée aux *Bords de Seine*, l'établissement-vitrine d'Orpéa, de Mme Rousselle* aux proches de Françoise Dorin, de Frédéric Krief à Daniel Le Maître, combien de familles se sont plaintes de l'utilisation massive de vacataires dans la résidence ? De ne jamais avoir affaire aux mêmes visages. De ne pas bénéficier d'une qualité de soins constante. De remarquer des oublis ou des manquements dans la délivrance des médicaments ou la gestion d'une escarre. C'est perturbant pour les proches, mais, surtout, c'est dramatique pour les résidents. Les vacataires sont des forces vives essentielles aux Ehpad, qui ne pourraient fonctionner sans eux. Mais un Ehpad ne peut fonctionner correctement avec un niveau trop élevé de vacataires, en instaurant un roulement continu sur des postes censés être permanents. La stabilité des équipes est l'un des premiers remparts à la maltraitance.

L'ancien directeur des *Bords de Seine*, M. Millard*, évoque un troisième et dernier point qui aurait, lui aussi, des conséquences cruciales sur la qualité de la prise en charge. Il s'agit de la pression financière qu'exercerait la direction générale. « À mon époque, Orpéa demandait à ses établissements d'avoir un taux de marge, un Ebitdar, entre 35 et 38 %. C'était marqué dans mon contrat », me dévoile M. Millard*. Il poursuit : « C'est absolument énorme ! Dans le groupe dans lequel je travaille aujourd'hui, on me demande 28 %, presque 10 points de moins. Il y avait, chez Orpéa, une pression absolument considérable. »

Pour faire bref, l'Ebitdar, c'est le bénéfice avant loyers et avant impôts. On ne compte pas dedans les loyers ou les crédits, l'impôt sur les sociétés ni un certain nombre de taxes. On compte tout ce sur quoi un gestionnaire peut avoir la main dans la gestion courante de l'établissement. De manière générale, tous secteurs confondus, lorsqu'une entreprise génère un Ebitdar supérieur à 30 %, on considère qu'elle est très performante. Et c'est encore plus vrai dans un secteur comme celui des Ehpad, où les coûts fixes sont très importants, où la masse salariale pèse énormément sur l'équilibre financier et où l'activité économique est limitée par le nombre de lits autorisés. Pour avoir un bon Ebitdar dans le secteur des Ehpad, il faut non seulement augmenter au maximum ses recettes, mais surtout savoir faire des économies sur tous ses postes de dépenses, les surveiller et les contenir quotidiennement. Un très bon Ebitdar, c'est ce qui rassure les actionnaires. Et c'est ce qui pourrait inquiéter les pensionnaires, susceptibles d'être impactés par ces limitations de dépenses. Et là encore, si l'on regarde bien les chiffres, Orpéa est le champion toutes catégories de l'Ebitdar.

En 2015, par exemple, l'Ebitdar moyen de l'ensemble des résidences du groupe Orpéa a été de 27,25 % contre 26,4 % pour son principal concurrent, Korian. Un point de moins sur des centaines d'établissements, c'est considérable. Surtout, derrière ce chiffre de 27,25 %, se cache une très grande disparité. « À un moment, affirme M. Millard*, la croissance nationale est devenue la colonne vertébrale du groupe pour appuyer le développement à l'international. Vers 2015, au cours de la convention nationale d'Orpéa, on nous expliquait que les établissements ouverts à l'étranger ne seraient rentables que dans deux ou trois ans et qu'il fallait que les chiffres du national soient encore meilleurs pour supporter le coût de l'international. »

M. Millard* m'a détaillé pendant plus de quatre heures son expérience chez Orpéa, les pratiques du groupe, n'hésitant pas non plus à mettre en cause les financements de l'ARS, l'attitude de certains syndicats et l'état des Ehpad publics. Et puis, il se leva, sans plus de cérémonie, et me mit, en guise d'au revoir, une nouvelle fois en garde : « Bon, Victor, j'y vais ! Je vous ai donné beaucoup de temps. J'espère que ça vous servira. Je ne crois pas beaucoup à l'impact de votre enquête. Je connais la machine de guerre qu'il y a derrière. Ils sont capables de tout. Vous savez, Brdenk a décidé, un jour, de virer 27 directeurs d'une même région, d'un seul coup. Ça s'est fait en quelques mois. Des directeurs avec des taux d'occupation proches de 100 % ! 27 prud'hommes payés ! Rien à foutre. Ils font ce qu'ils veulent. Ils ont de la thune. C'est une machine de guerre, cette boîte. Vous ne faites pas le poids. »

PARTIE 2

LE SYSTÈME ORPÉA

CHAPITRE 11
« ON FAIT DU PARCAGE DE VIEUX »

Les dirigeants et l'histoire d'Orpéa sont peu connus du grand public. Son fondateur, le docteur Jean-Claude Marian, un neuropsychiatre de formation, est un homme que beaucoup m'ont décrit comme peu avenant, austère. Toujours impeccable dans son costume gris anthracite, il est économe en mots et a le sourire rare. Malgré son parcours hors norme, la presse généraliste ne s'est jamais décidée à brosser son portrait. Lorsqu'il apparaît, le plus souvent, c'est dans le magazine *Challenges* au sein du dossier consacré aux 500 plus grandes fortunes françaises ou sur BFM Business afin de saluer le formidable entrepreneur qu'il est. Je suis notamment tombé sur son passage, en 2014, dans l'émission « C'est votre argent », présentée par Marc Fiorentino.

Voici quelques morceaux choisis de son interview :

Le présentateur se tourne vers son invité.

« D'abord, je dois vous demander une chose : est-ce que je dois vous appeler docteur ?

— Oh ! vous pouvez m'appeler docteur. Ou Jean-Claude Marian. Voilà ! Ou Jean-Claude, mais ce serait trop familier, répond le fondateur d'Orpéa, tentant une réponse décontractée, sans parvenir à l'être.

— Orpéa, c'est juste un parcours spectaculaire, phénoménal, renchérit Marc Fiorentino. Une multiplication par six du nombre de lits en douze ans. Votre cours de Bourse multiplié par neuf depuis 2002. 23 % de hausse sur le cours depuis le début de l'année. Quand vous regardez ça, avec un peu de recul, vous êtes fier de vous ?

— Non, de la fierté, certainement pas. C'est pas ça... On est toujours satisfait de tout ce que ça représente, d'avoir fait évoluer beaucoup de choses. De la satisfaction, oui ! Mais parce qu'on a la chance d'être dans un métier où on rend service.

— Rendre service, c'est un sentiment fort que vous avez au quotidien ou vous êtes tellement dans les problèmes de gestion, de cours de Bourse, de profits et de résultats que vous n'y pensez pas ?

— Non, non, non ! Je ne veux pas avoir l'air dégagé de ça. Vous savez, je suis médecin de formation. Quand vous décidez de vous lancer dans une carrière médicale, il faut aimer le contact avec les gens. Sinon, il faut faire autre chose.

— Quand vous voyez votre cours de Bourse, la valorisation du groupe, c'est quand même des chiffres qui sont phénoménaux ?

— Oui, c'est vrai. C'est considérable, répond Marian, très satisfait. Mais, là encore, il faut être très modeste. On a de la chance d'être dans un secteur formidablement porteur. Donc, évidemment, quand ça marche bien, quand vous pouvez monter un *track record*, que tous les ans vous augmentez le nombre de lits, mais aussi le chiffre d'affaires et les résultats, c'est très bien.

— Et quelle est la tendance aujourd'hui ?

— La tendance, elle est extrêmement lourde. Les prévisions d'augmentation du nombre des personnes très âgées sont très importantes.

— Et la dépendance au gouvernement dans votre secteur ? Quand on voit qu'un titre comme EDF perd 7 % parce que le gouvernement décide d'annuler des hausses de tarif, est-ce que vous vous sentez mis en danger de temps en temps par la politique gouvernementale ?

— Oui et non... Vous savez que, dans nos maisons de retraite, on facture le prix de journée, pour l'hôtellerie en quelque sorte. Pour les soins, on est remboursé, mais sans aucune marge bénéficiaire pour les coûts de fonctionnement. C'est-à-dire que ça nous permet de payer les salaires des infirmières, des aides-soignantes et des auxiliaires de vie. Il y a assez peu de dépendance au gouvernement. Ce qui nous est remboursé par l'État ne représente que 25 à 30 % de ce que nous encaissons. Et sur cette partie-là, nous n'avons aucun bénéfice. Le bénéfice est purement sur la partie hôtelière. »

À la sortie de cette interview, comme chaque fois qu'on nous conte l'histoire d'Orpéa, l'on ne peut qu'être admiratif devant cette réussite 100 % tricolore, et rassuré quant à l'avenir du groupe. Cet homme, parti de rien, médecin de formation, a réussi, en tout juste trente ans, à créer le leader mondial de la dépendance. À l'heure où j'écris ces lignes, le groupe est présent dans 23 pays, en Europe, en Amérique et en Asie. Il gère plus de 1 110 établissements, représentant plus de

110 000 lits, et emploie plus de 65 000 collaborateurs. Il est parvenu à couvrir tout le spectre de la dépendance puisqu'il gère à la fois des Ehpad, des cliniques de soins de suite et de réadaptation (SSR), des cliniques psychiatriques, des résidences services seniors et des agences d'aide à domicile. Il a créé son propre institut de formation d'aides-soignants, Doméa, a monté un partenariat avec la prestigieuse école de commerce ESCP Europe, s'engage dans une démarche écoresponsable, multiplie les évaluations internes et les enquêtes de satisfaction, se dit à la pointe de la gestion des malades d'Alzheimer. Bref, un groupe modèle.

Le hic, c'est que ce magnifique récit français est truffé de compromissions et de contre-vérités.

Jean-Claude Marian bâtit son entreprise au cœur des années 1980, à partir de zéro, en acceptant de prendre la direction d'une maison de retraite dans le sud-ouest de la France, à Saujon. Épatées par ses talents de gestionnaire, d'autres mairies lui font rapidement confiance. L'ancien médecin a un avantage de taille sur ses concurrents : il est également concepteur et constructeur de ses établissements via sa société SDH. L'un de ses anciens collaborateurs m'a raconté les débuts de l'empire dans un modeste appartement de la rue des Belles-Feuilles, à Paris, qui faisait office de siège social et accueillait deux bureaux à tréteaux. Il m'a confié que Marian avait compris avant tout le monde qu'un marché gigantesque (celui de la vieillesse) était en train de s'ouvrir et qu'il fallait prendre le plus vite possible la plus grosse part dudit marché. Il m'a décrit une bête de travail, dotée d'une grande intelligence, d'un homme très secret, toujours sur les routes à la recherche de nouveaux projets.

Jean-Claude Marian n'a fait, par la suite, que des bons choix stratégiques : il a compris très tôt, contrairement à d'autres entrepreneurs, qui croyaient aux petites structures, que les Ehpad de taille moyenne d'une centaine de lits offraient la meilleure rentabilité ; il a choisi des emplacements privilégiés et s'est développé rapidement dans le moyen et le haut de gamme, afin de se différencier des Ehpad publics. Il a réussi à professionnaliser un secteur qui manquait de rigueur budgétaire et de management. Et son groupe a su reprendre et redresser des établissements qui étaient, pour certains, de véritables mouroirs.

Mais ces indéniables succès cachent une autre réalité : les personnes qui ont côtoyé de près le docteur Marian évoquent un homme d'affaires passionné par le développement de son entreprise, mais assez peu préoccupé par la gestion quotidienne de ses Ehpad et de ses cliniques. Patrick Métais, l'ancien directeur médical de Clinéa, la branche « cliniques » d'Orpéa, ira même jusqu'à me dire, dans son langage imagé, que « les personnes âgées le faisaient royalement chier ». Selon lui, « les vieux ne sont qu'un moyen pour se faire du fric. Mais, fondamentalement, la prise en charge de la personne âgée, la dépendance, la maladie, il n'en a rien à battre ! Mais alors, rien à foutre ! »

Ces témoins du premier cercle évoquent surtout une pingrerie légendaire et un intérêt limité et tardif pour les questions de qualité. Patrick Métais a eu, plusieurs fois, l'occasion d'écouter les anecdotes du docteur Marian. Il m'a raconté l'une d'entre elles, particulièrement éloquente : « Marian adorait raconter sa légende. Il m'a notamment fait le récit des débuts de son tout premier établissement. Il avait récupéré une maison de retraite totalement vide. Le gros œuvre avait été payé par la mairie, mais, lorsqu'il a reçu les premières demandes de prises en charge, il n'y avait aucun meuble, rien qui permettait d'assurer la vie quotidienne normale d'un Ehpad. La démarche de Marian a été d'aller chez Ikea et je dirais que c'était presque de la cavalerie, mais il n'a pas acheté 100 lits et le mobilier adéquat pour équiper sa maison de retraite. Il a acheté seulement deux lits pour accueillir ses deux premiers pensionnaires. Et avec les revenus issus de ces deux premiers résidents, il a acheté deux autres lits. Il a mis ensuite quatre personnes et ainsi de suite… jusqu'à arriver, aujourd'hui, à des dizaines de milliers de lits. C'est du Marian tout craché ! Il se vantait d'avoir fait un investissement minimum. Et l'élément clef, l'ADN d'Orpéa, il est vraiment là : réussir à organiser la prise en charge de personnes âgées dépendantes dans le contexte budgétaire le plus restreint possible. Lorsque vous avez compris ça, vous avez compris Orpéa. »

Une autre anecdote est encore plus significative. J'ai passé des journées entières à tenter de retrouver d'anciens salariés qui avaient vécu la genèse d'Orpéa, au début des années 1990. Je voulais qu'on me raconte la vision que le jeune entrepreneur Marian défendait à l'époque, au moment de poser les fondations de son futur empire. Ce travail de fourmi m'a permis d'entrer en contact avec l'un des tout premiers directeurs régionaux du groupe, un cadre issu d'une grande entreprise de restauration, embauché par Orpéa en 1994. Le groupe ne possédait alors qu'une trentaine d'Ehpad et quelques cliniques. Cet homme que nous appellerons Léon Dufour* m'expliquera, en toute franchise, que cela avait été une aventure passionnante qu'il ne regrettait pas une seconde. À cette époque, Orpéa connaissait une croissance importante, ambitionnait de révolutionner le secteur de la dépendance et n'était pas encore le théâtre des dérives que l'on connaît aujourd'hui : les directeurs d'Ehpad avaient des moyens et des marges de manœuvre.

M. Dufour* a pris du plaisir pendant deux ans à structurer les établissements qu'ils avaient. Mais la voracité du docteur Marian l'a progressivement poussé au départ. Une première alerte a lieu un an après son embauche. Ce jour-là, il est convoqué pour son évaluation annuelle et doit faire face à six membres de la direction. Ses résultats sont passés à la loupe et le docteur Marian l'interpelle, tranchant. « Monsieur Dufour*, je suis très déçu ! lui aurait-il lancé. Quand j'investis un euro, je veux qu'il m'en rapporte trois. Alors soyez plus ambitieux ! Faites-moi progresser votre chiffre d'affaires. » Léon Dufour* a fait toute sa carrière dans de très grosses sociétés françaises, et m'assure par téléphone qu'il n'a jamais eu aucun souci avec l'idée de dégager de la marge et du profit. Mais, chez Orpéa, cela dépassait les standards classiques. Après ce premier coup de semonce, M. Dufour* se remet au travail et remobilise ses équipes. Mais, quelques mois plus tard, un nouvel échange avec le docteur Marian va le convaincre de quitter le groupe : « Je supervisais un établissement à Angers et j'avais développé un projet d'accueil de jour. Cela apportait un vrai plus à cette résidence et surtout cela permettait de générer de nouvelles sources de revenus. Un jour, Jean-Claude Marian passe à Angers pour s'occuper d'une demande d'autorisation d'extension de lits. Je le ramène ensuite à la gare. Il est pressé, mais j'ai le temps de lui sortir les plans de cet accueil de jour sur le capot de ma voiture. Tout était bordé : je récupérais une petite salle au rez-de-chaussée d'environ 25 m^2, à laquelle j'additionnais deux chambres d'environ 10 m^2 chacune ; cela devait faire 45 m^2. Il fallait juste casser deux cloisons. C'était très simple. Marian regarde les plans et me dit : "Mais pourquoi voulez-vous supprimer ces deux chambres ? Les 25 m^2 de la salle d'accueil seront amplement suffisants." Il doit alors sentir ma gêne. Il détache les yeux des plans, se tourne vers moi et me balance : "Monsieur Dufour*, allons ! Soyons sérieux ! N'oubliez pas qu'on fait du parcage de vieux." Puis il roule les plans, me les tend et part prendre son train. Cette phrase a résonné longtemps dans ma tête. Et je pense que c'est ce jour-là que j'ai décidé de démissionner. Je veux bien être dans une entreprise capitalistique dans laquelle il faut générer de l'argent, de la marge, mais pas n'importe comment… Là, en plus, on touche aux soins, à la santé. C'est quand même très spécifique ; on ne peut pas faire n'importe quoi. On gère des individus. Pas des boîtes de conserve ou des cornichons. » Le docteur Marian, que j'ai sollicité, n'a pas souhaité répondre à mes questions.

Du « parcage de vieux », voilà comment le fondateur d'Orpéa présenterait à ses équipes la mission assignée à son groupe. Cette définition est loin d'être anodine. Elle ne résume certainement pas un homme, encore moins un groupe, mais elle porte potentiellement en elle tous les abus, toutes les dérives...

Cette éthique de l'efficacité, au détriment parfois de l'humain, s'affirme au milieu des années 1990. Une infime partie des employés d'Orpéa le savent, mais, à l'origine, Jean-Claude Marian n'était pas le seul maître à bord. Il était associé à un certain Pierre Maillard. Les deux hommes se sont rencontrés dans le courant des années 1980. Jean-Claude Marian avait alors une société spécialisée dans la conception d'établissements de santé. Et Pierre Maillard découvrait le travail de gestionnaire d'Ehpad. Ils décidèrent de mettre leurs compétences en commun et se répartirent les rôles : à Maillard, le Lyonnais rigoureux et respecté, la gestion opérationnelle des établissements ; à Marian, le Parisien visionnaire, la direction stratégique, le travail de développement et la conception des futurs projets immobiliers. Certains cadres d'Orpéa de cette époque m'ont raconté que Jean-Claude Marian ne venait quasiment jamais dans ses établissements une fois qu'ils avaient été créés. Une directrice eut ainsi un jour la surprise de voir débarquer dans les allées de sa résidence une voiture luxueuse. À son volant, un homme d'un certain âge, endimanché. Il se présenta à elle comme le propriétaire des lieux. C'était Jean-Claude Marian, accompagné de sa femme, qui venait présenter ses joyaux à un ami. La directrice était en poste depuis plusieurs années. C'était la première fois qu'elle avait la chance de mettre un visage sur le célèbre docteur.

Durant une petite dizaine d'années, le duo Marian-Maillard va fonctionner à merveille. Le nombre d'établissements augmente mois après mois. Et Maillard parvient à imposer une discipline budgétaire tout en laissant de la liberté à ses directrices (à l'époque, ce ne sont que des femmes). Petit à petit, les visions des deux hommes divergent. Marian, poussé par les banques, cherche toujours plus de rentabilité. Il entend reprendre en main le management de ses établissements et mandate, un temps, une société de consultants, Euroforce, pour optimiser les profits. Les directrices commencent à perdre en autonomie. On leur impose des coupes dans le personnel et de nouvelles techniques de remplissage. Pierre Maillard, de moins en moins en accord avec les consignes du siège, quitte le navire. J'ai mis plusieurs mois à retrouver sa trace. Il vit aujourd'hui dans le centre de la France, en Auvergne, dans un modeste lieu-dit de quelques dizaines d'habitants et ne veut plus entendre parler d'Orpéa. Durant les quelques minutes qu'il m'a accordées au téléphone, il m'a simplement dit qu'il avait quitté le groupe parce qu'il craignait de le voir devenir ce qu'il est aujourd'hui : une multinationale coupée de sa base, où tout est commandé par le siège et les actionnaires. Puis il a stoppé net la conversation et raccroché, ne souhaitant plus parler de cette « créature » qui lui avait échappé.

Ce nouvel Orpéa, deux hommes vont en être les grands artisans.

Il y a d'abord Yves Le Masne, l'ancien bras droit de Marian et actuel directeur général du groupe. C'est un homme qui ne prévoit jamais que sa marge puisse reculer. Il parle peu, mais cela fait plus de vingt ans qu'il inonde le monde financier de bonnes nouvelles, de taux de croissance à deux chiffres, de courbes parfaitement régulières, de projections enthousiasmantes. Il n'y a jamais aucun accroc, aucun point faible dans les chiffres et la communication financière d'Orpéa. Yves Le Masne sait donner aux investisseurs ce qu'ils attendent : de la stabilité, de la rigueur et de la croissance. Il est l'image rassurante du groupe : visage joufflu, lunettes transparentes et petit sourire en coin, un style tout en rondeur. C'est un homme discret, peu attiré par la lumière – trouver une apparition télévisée de lui relève de la mission impossible – et pourtant c'est la pierre angulaire du groupe, l'artisan de toutes les réformes de fond qui ont transformé une PME désorganisée en un empire international. Ce diplômé de l'École supérieur d'informatique est entré dans le groupe en 1993 comme contrôleur de gestion, avant de grimper les échelons un à un : directeur administratif et financier à partir de 1998, directeur général délégué en 2006, puis enfin directeur général en 2011. C'est à lui que le docteur Marian a confié les rênes de son entreprise à son départ.

Orpéa n'a pas toujours roulé sur l'or gris. Dans les années 1992-1996, le groupe a traversé de très graves difficultés financières. Des employés de cette époque m'expliquent qu'ils en étaient à craindre que leurs salaires ne soient pas versés et que la boîte ne coule. L'ancien directeur du service « achat » me confiera que certains fournisseurs ne voulaient plus livrer les résidences du groupe tant il y avait de factures non réglées. Il est vrai qu'à cette époque Orpéa est une jeune entreprise endettée et très peu structurée. Les services administratifs sont éparpillés un peu partout en France, entre Paris, Lyon et Angers. Il n'y a aucun service de suivi des créances ou de facturation des clients, presque aucun contrôle de gestion. Yves Le Masne est alors embauché et c'est à lui que le docteur Marian confie la mission de mettre de l'ordre dans ce grand n'importe quoi. Le Masne s'empresse de regrouper tous les services à Paris et commence à édifier un puissant siège administratif. Cela va permettre au groupe de faire, rapidement, d'importantes économies et de gagner en efficacité.

Peu de personnes le savent, mais, malgré cette réorganisation, le docteur Marian décide en 1997 de mettre son groupe en vente. Les dernières années à courir après la croissance l'ont éreinté. Il approche de la soixantaine. C'est un grand collectionneur d'art. Et il se dit qu'il est peut-être temps d'empocher un beau pactole et de changer de vie. J'ai eu la chance de discuter avec l'homme qui a failli racheter Orpéa, celui qui apparaîtra dans cette enquête sous le nom de Jean-Michel Bry*. Il m'apprendra qu'à l'époque le groupe, composé de 56 établissements, était à vendre aux alentours de 650 millions de francs. Lui et les actionnaires qui l'entouraient étaient prêts à mettre 450 millions sur la table. Finalement la vente ne se fera pas. Cela s'est joué à 200 millions et, vingt ans plus tard, il regrette encore que les négociations n'aient pas abouti. À la suite de cet échec, Yves Le Masne plaide auprès du docteur Marian pour l'inciter à garder son entreprise. Il est certain du potentiel de développement du secteur et il sait déjà comment transformer Orpéa en un bolide de course. Le docteur Marian se laisse convaincre et

Yves Le Masne, devenu directeur administratif et financier, passe à l'action. Il transforme le siège en un incroyable outil de pilotage. En bon contrôleur de gestion, il veut avoir sous la main, en permanence et en quasi-instantané, tous les chiffres clefs de ses établissements. Des masses de données se mettent à affluer au siège.

La haute direction peut, désormais, voir en direct qu'une ligne comptable de l'un de ses établissements est passée dans le rouge et agir en conséquence. Très peu d'entreprises sont parvenues à mettre en place un reporting aussi poussé et performant. Voilà l'une des explications de l'incroyable succès d'Orpéa. Et c'est Yves Le Masne, ce contrôleur de gestion discret, qui a véritablement industrialisé la prise en charge des personnes âgées. Lui qui a permis à la direction générale de devenir omnisciente, omniprésente et omnipotente. Lui a qui a permis de limiter et contrôler la moindre action des directeurs d'établissement. Aujourd'hui, grâce à ce siège ultra-performant et ces logiciels internes, il peut, depuis son bureau, piloter plus de 1 000 établissements à travers le monde et afficher, chaque année, des résultats hors normes. En novembre 2020, en pleine crise du Covid-19, le DG a ainsi annoncé un chiffre record : pour la première fois depuis sa création il y a trente ans, Orpéa a généré plus d'un milliard de chiffre d'affaires sur un seul trimestre.

Mais il manque, pour compléter le trio gagnant, un exécutant zélé. Si Jean-Claude Marian est la froideur incarnée, Yves Le Masne la rondeur rassurante, Jean-Claude Brdenk est lui, sans conteste, la fougue et l'impétuosité. C'est un homme impulsif, caractériel, tranchant, sûr de lui. Il a le sourire carnassier des personnalités dominatrices. De nombreux témoins qui ont travaillé sous ses ordres en parlent encore avec anxiété. La légende raconte que Jean-Claude Brdenk est entré chez Orpéa grâce à son culot monstre. Nous sommes dans les années 1990 : Jean-Claude Marian commande à une société de conseil un audit de ses établissements. Le tout jeune Brdenk fait alors sensation au milieu des autres consultants. Il tient tête au patron d'Orpéa et lui explique ce qu'il faudrait faire pour améliorer les résultats de son entreprise. Marian est séduit par le courage et le caractère transgressif du trentenaire. Brdenk est une tête bien faite : il a fait ses études entre Paris, New York et Tokyo et a obtenu un master de l'Institut supérieur de gestion, avant de se spécialiser en restructuration d'entreprises. Mais il n'a, à l'époque, que peu d'expérience professionnelle. Très rapidement, pourtant, Jean-Claude Marian va le nommer directeur d'exploitation d'Orpéa.

Il devient alors le fameux *cost-killer* du groupe. C'est lui qui fait respecter les consignes de contraction des dépenses prônées par le docteur Marian. Et, croyez-le, il excelle dans ce rôle. Le directeur d'exploitation ne laisse rien passer. Une ancienne salariée du service « achat » me racontera que Brdenk a, un jour, pris son téléphone pour passer un savon à un directeur régional qui avait osé acheter un stylo-plume non référencé dans les bibles d'achat. Le groupe avait beau réaliser, à l'époque, un chiffre d'affaires de plus d'un milliard d'euros – et le stylo en question n'avait coûté que 30 euros –, Brdenk prit le temps de faire la leçon à son cadre. Il appliquait à la lettre la maxime de son mentor Marian : un sou est un sou.

Une ancienne cadre du groupe, présente à ses débuts, m'a raconté ses premiers faits d'armes. Nous étions à la fin des années 1990. Martine Aubry, alors ministre des Affaires sociales dans le gouvernement de Lionel Jospin, venait de faire passer la réforme des 35 heures. Les entreprises, pour profiter des aides de l'État qui accompagnaient la réforme, ne devaient pas avoir licencié dans les mois précédant la mise en place effective des 35 heures dans leurs établissements. Brdenk donna alors consigne à cette femme et à d'autres de « pousser à la sortie » en moyenne deux employés par résidence, sans passer par une procédure de licenciement. L'idée était de gagner sur les deux tableaux : obtenir des aides sans augmenter sa masse salariale. Les créations d'emplois qui suivaient la réforme étaient compensées par l'écrémage effectué en amont. Et l'entreprise pourrait bénéficier des allègements de cotisations sociales puisqu'elle n'avait, « officiellement », pas licencié. Un coup de maître qui a, mécaniquement, fait perdre de son efficacité à cette réforme dont l'un des objectifs premiers était de lutter contre le chômage en créant de nouveaux emplois.

Brdenk est partout et ne recule devant rien pour faire des économies. Mais ses vraies démonstrations de force vont se dérouler en Comex (comité exécutif), à partir des années 2000. Chaque mois, Jean-Claude Brdenk réunit ses troupes pour faire le bilan de la période écoulée. Autour de la table se retrouvent les directeurs régionaux, la responsable de la qualité, ou encore le directeur médical de la branche concernée (Ehpad ou cliniques).

Yves Le Masne n'assiste jamais à ces réunions. Selon plusieurs de mes sources, il ne serait pas totalement à l'aise avec les méthodes musclées de son partenaire, sans pour autant s'y opposer frontalement. Un ancien directeur régional de Clinéa que je rencontrerai à Marseille me racontera la terreur qui régnait en Comex, m'expliquant qu'il lui était arrivé plusieurs fois d'assister à des colères foudroyantes du numéro trois du groupe, qui se levait, menaçant, en hurlant : « Si vous ne vous bougez pas, il va y avoir du sang sur les murs ! » Lorsque j'évoquerai cette phrase avec Patrick Métais, l'ancien directeur médical de Clinéa, il me confirmera l'ambiance délétère de ces rendez-vous mensuels. « Ce genre de saillies, affirme-t-il, ce n'était pas courant, c'était systématique en Comex. Brdenk traitait les directeurs régionaux d'imbéciles, de gros cons. Il répétait qu'il était entouré d'incapables. Il coupait la parole aux gens en disant : "Tais-toi ! Tu en as assez dit", ou : "Tu me fais chier. Tu passes à la caisse ce soir !" C'était d'une violence inimaginable. Je ne pourrais pas vous dire combien de directeurs régionaux j'ai vus partir en plein milieu de Comex, en pleurs, parce qu'ils s'étaient fait démonter par Brdenk. Les gens avaient peur d'y aller. Moi-même, je m'y rendais la boule au ventre. Il m'arrivait de débarquer à mon bureau à 4 heures du matin pour travailler mes dossiers et tout connaître sur le bout des doigts, pour qu'il n'ait aucune chance de me coincer. Mais il me coinçait quand même... Avec du recul, je ne comprends pas pourquoi je m'imposais cela. Fallait être maso... »

Il m'a été rapporté que, lors de ces Comex, qui duraient parfois plus de quatre heures, Jean-Claude

Brdenk saisissait le « livre », le document reprenant les chiffres clefs de l'ensemble des établissements du groupe en France, et commençait à tourner les pages. Dès qu'un établissement était dans le rouge, Brdenk arrachait la page en question et commençait à interroger le directeur régional concerné ou Patrick Métais, qui était alors directeur médical de la branche « cliniques ». Et chaque fois, peu importent les explications données, il imposait le même remède de cheval : baisser les dépenses. Peu importe comment. Peu importe la réglementation. Il fallait réduire la masse ou les frais en produits de santé. « Brdenk, assure Métais, se tournait alors vers moi et me disait : "Patrick, tu as vu les médicaments ? Tu vas aller voir tes confrères et tu leur dis d'arrêter de prescrire n'importe quoi." Moi, j'acquiesçais bêtement de la tête et, le lendemain, je prenais l'avion pour Marseille, Bordeaux ou Quimper et je disais aux médecins : "Je me suis fait engueuler par Brdenk ! Maintenant, vous arrêtez de prescrire les médicaments non référencés dans la bible." » Patrick Métais me racontera que ce qui le choquait le plus, à l'époque, c'est que Jean-Claude Brdenk ne connaisse absolument rien aux questions de santé, au parcours ni à l'organisation des soins. « Pour Brdenk, c'était totalement assumé, croit savoir Métais. Il nous disait, tout fier de lui : "Au début de ma carrière, j'ai vendu des baskets chez Go Sport. Eh bien, gérer des personnes âgées en maison de retraite, c'est exactement comme vendre des baskets. Mon but, à l'époque, c'était de vendre le maximum de baskets. Et aujourd'hui, c'est qu'on vende le maximum de journées de prises en charge." Sauf que ce n'est évidemment pas vrai, continue Patrick, remonté. Un jour, j'ai osé répondre à Brdenk que non, ce n'était pas pareil, les baskets et les personnes âgées, qu'il y a une dimension supplémentaire qui est la qualité des soins. Et là, je ne vous dis pas ce que je me suis pris dans la figure : "Tu racontes que des conneries, Patrick ! Personne ne peut me dire ce qu'est un soin de qualité et ce qui ne l'est pas. Il n'y a aucun indice de qualité, ni en France ni ailleurs, donc on s'en fout." Je peux vous assurer que j'ai arrêté de parler immédiatement. Je n'avais aucune envie de me faire mettre en pièces plus longtemps. » M. Brdenk n'a pas voulu, lui non plus, répondre à nos interrogations.

Selon plusieurs de mes sources, les problématiques de qualité n'étaient, durant les années 2000, quasiment jamais abordées en Comex. La directrice qualité du groupe ne manquait aucune réunion, mais elle y restait, la plupart du temps, mutique. Personne ne se permettait de contrebalancer l'obsession aveugle du DGE pour les chiffres. Personne n'osait s'opposer au bulldozer Brdenk.

Ces trois hommes, Jean-Claude Marian, dit « le boss », Yves Le Masne, « le financier », et Jean-Claude Brdenk, « l'exécuteur », ont façonné Orpéa. Ils partagent, depuis le début de cette aventure, la même ambition démesurée pour le groupe, mais aussi l'idée que tous les moyens sont acceptables pour parvenir à leurs objectifs financiers.

Ils ont tous les trois créé *le système Orpéa*.

CHAPITRE 12
LA MATRICE

Chiffres, tableaux, graphiques. Voilà le quotidien d'un directeur, chez Orpéa. L'homme qui me décrit précisément la matrice Orpéa est encore en poste au moment où je le rencontre, au printemps 2019. C'est la toute première fois qu'un directeur en exercice accepte de livrer son témoignage. Il gère un établissement en banlieue parisienne depuis plusieurs années et connaît bien le groupe pour avoir déjà tourné sur plusieurs résidences. C'est un homme calme, d'un certain âge. Il y a d'ailleurs quelque chose d'assez paternel dans sa voix, de rassurant. Je le rencontre avec Laurent Garcia, l'ancien cadre infirmier des *Bords de Seine*, qu'il connaît de longue date.

M. Adani* n'avait pas prévu de parler lors de notre premier entretien. Il m'avait avoué avoir peur du groupe Orpéa. Et puis, rapidement, après moins d'une demi-heure passée tous les trois à discuter du secteur des Ehpad et à évoquer la tournure prise par mon enquête, il va vider son sac. Comme pour se décharger d'un poids énorme, d'un sentiment de culpabilité qui le ronge depuis qu'il a mis les pieds chez le leader mondial de la dépendance. Il ne pense qu'à une chose : partir ! quitter ce groupe ! ne plus rien avoir à faire avec eux. En attendant de trouver un poste ailleurs, il tente tant bien que mal de concilier les ordres de sa hiérarchie et ses impératifs moraux. Et il a bien du mal à trouver le sommeil. Il vient du milieu associatif et n'a pas choisi ce métier pour ça. Il nous explique, à Laurent et à moi, que chez Orpéa il n'a tout simplement pas le temps de s'occuper de ses résidents, qu'il doit gérer des chiffres toute la journée, remplir des tableaux, faire des reporting (c'est-à-dire transmettre des indicateurs de performance à sa hiérarchie), s'occuper du remplissage de l'établissement, chercher des économies partout. « Tous les matins, avant 10 heures, j'ai un tableau de bord que je dois remplir, débute-t-il. Avec mon taux d'occupation, le nombre d'hospitalisés... C'est hyper-important, car ça va alimenter tous les services du groupe : le service "achat", l'alimentation, la pharmacie. Et le personnel. C'est de la gestion à flux tendu, hyper-poussée. C'est très malin. Si on veut faire des économies de masse, c'est ce qu'il faut faire. Le tableau de bord, il est toujours à J-1. Vous êtes aussi tenu – et on vous le rappelle constamment par mail – de donner votre taux d'occupation du jour, votre TO dynamique. Ce TO dynamique est à envoyer tous les jours, sauf le dimanche. C'est une façon de donner encore plus de matière, de contrôle et d'autorité aux "instances supérieures" du groupe. Une façon de vous mettre la pression. Dès que votre TO sort des clous, vous recevez immédiatement un mail. On vous rappelle à l'ordre. Et là, vous êtes tenu de sortir de votre Ehpad pour aller voir les prescripteurs : les assistantes sociales,

les éventuels directeurs de clinique, les chefs de service hospitalier, tous ceux qui pourraient vous amener de nouveaux clients, des vieux qui sont hospitalisés et qui auront besoin d'une maison de retraite à la sortie. Chez Orpéa, il faut un TO de 95 % minimum. En dessous, ça sonne ! Dans ce groupe, j'ai le sentiment d'avoir un peu trahi mes valeurs. Je joue le jeu du commerce, du côté mercantile. On fait en sorte de vous exciter, de vous rappeler en permanence que ce TO, c'est lui qui va vous permettre de bien dormir ou de mal dormir. Vraiment ! L'obsession, ce n'est plus le résident, c'est le chiffre ! »

Laurent Garcia écoute, dépité. Il n'a pas l'air de comprendre comment ce directeur ami accepte d'exercer son métier dans de telles conditions. M. Adani* poursuit : « Tous les mois, chez Orpéa, il faut aussi que vous construisiez votre masse salariale prévisionnelle pour le mois suivant. Vous devez prévoir les absences pour congés payés, formation, ceux qui ont des enfants malades. Vous devez aussi pronostiquer le nombre de décès, vous imaginez ?! Un, deux, trois ou quatre ! Et en fonction du TO qu'on a prévu pour vous ce mois-là et en fonction de votre marge, on va vous dire le nombre de postes auxquels vous avez droit pour le mois à venir. »

M. Adani* me confirme que son temps est monopolisé par des questions comptables. Et l'absence totale de marge de manœuvre. « En termes de gestion de l'établissement, c'est presque zéro, parce que vous êtes commandé, téléguidé par vos chiffres, vos résultats, me détaille-t-il. Tous ces résultats remontent. Il y a une espèce de matrice chez Orpéa. Ils ont verrouillé toute leur organisation par des logiciels internes. Ce sont ces applications qui vont vous dire quoi faire. Pour moi, c'est un comble qu'on puisse industrialiser, en France, la prise en charge des personnes âgées dépendantes. C'est impensable ! Et pourtant, c'est la réalité. Orpéa a industrialisé la prise en charge des personnes âgées. »

Quelles sont ces applications dont parle M. Adani* ? Quelle est cette matrice qui décide de tout chez Orpéa ? Quels sont ces documents que doit remplir et suivre, scrupuleusement, chaque directeur du groupe ? Hervé Adani* hésite avant de nous révéler ces informations et de me transmettre des documents. Il a l'impression, me dit-il, d'être surveillé. Souvent, il imprime les mails qu'on lui envoie ou les documents comptables qu'il a remplis pour être certain de conserver une trace. Il pense que le service informatique du groupe a accès à ses identifiants, à sa messagerie, à toutes les applications qu'il utilise, qu'il peut savoir en permanence ce qu'il fait. Il se montre donc extrêmement prudent. Paranoïa ? Peut-être. Mais une chose est sûre, il a peur, tout simplement. Finalement, l'envie de révéler ce qu'il estime être un scandale national va l'emporter sur ses craintes.

Lors de notre deuxième rendez-vous, il vient avec une partie des documents qu'il a précieusement conservés, m'autorisant à en révéler la teneur, à condition de ne pas les reproduire. Il m'autorisera, également, à chacun de nos quatre entretiens, à enregistrer nos longues conversations. M. Adani* me révèle alors que, chez Orpéa, chaque directeur d'exploitation gère son établissement via trois logiciels principaux : « GMASS », « le management control – NOP » et la « bible Achat ». Le tout est guidé, en permanence, par deux indicateurs clefs : le taux d'occupation (TO) et la marge de l'établissement, indiquée sous l'acronyme NOP (*net operating profit*). Un ballet de sigles à vous donner le tournis… Le « GMASS » ou « gestionnaire de masse salariale » permet de programmer sa masse salariale pour le mois suivant, en fonction de son taux d'occupation budgété par le groupe et de la marge anticipée pour le mois en question. Même chose pour la « bible Achat », servant à passer des commandes pour les protections et l'ensemble des produits médicaux en fonction de votre TO et de votre marge. Une application entièrement verrouillée qui ne donne accès qu'à des produits autorisés par le groupe, l'immense majorité du temps remboursés par la Sécurité sociale, et aux fournisseurs historiques. Contrairement à d'autres grands groupes privés, chez Orpéa, il est absolument impossible pour un directeur de demander un devis à un autre fournisseur ou d'acheter le moindre produit qui ne soit pas référencé dans cette bible. Nous verrons, par la suite, pourquoi. Le dernier, le « management control – NOP », est une sorte de tableau de bord de l'établissement avec l'ensemble des recettes et des coûts, mois par mois.

Intéressons-nous tout d'abord au « gestionnaire de masse salariale », en n'oubliant jamais que la moindre variation dans ce document, le moindre poste d'ETP (équivalent temps plein) supprimé, a une incidence directe sur la qualité de la prise en charge des pensionnaires d'Orpéa et sur les conditions de travail du personnel. Imaginez votre grand-mère, pensionnaire dans un Ehpad du groupe Orpéa. Imaginez qu'à son étage, où logent quinze résidents, le groupe décide pendant un ou plusieurs mois de mettre une aide-soignante au lieu des deux prévues dans le budget, pour la journée ! Imaginez les conséquences pour votre grand-mère ! Imaginez le rythme imposé à cette soignante ! Alors, vous aurez une idée des dégâts que peut causer la suppression, dans ce document, du moindre ETP, voire même d'un demi ou d'un quart d'équivalent temps plein. Dans ce document, assez explicite, on retrouve, sur la partie gauche, une colonne avec l'ensemble des postes d'un Ehpad par secteurs : administratif, animation, hommes d'entretien, cuisine, psychologues, auxiliaires de vie, aides-soignantes, infirmiers, médecins. Au regard de ce détail des postes, quatre colonnes : HÉBERGEMENT, DÉPENDANCE, SOINS et TOTAL, qui permettent de délimiter ce qui est payé par le groupe, ce qui est payé par l'Assurance maladie et ce qui est payé par le conseil départemental. Ensuite, chacune de ces colonnes est divisée en trois sous-parties : DÉPENSES, BUDGET, ÉCART.

C'est on ne peut plus clair : il y a ce que le groupe avait budgété au début de l'année pour l'établissement, en fonction notamment de ses dotations publiques, et ce que le groupe va finalement accepter comme dépenses de la part du directeur, pour le mois en question. Et dans la partie ÉCART, vous avez ce qui intéresse, en tout premier lieu, M. Jean-Claude Brdenk, le *cost-killer* : en rouge, les dépenses plus importantes que prévu. En vert, les économies. Logiquement, l'idée est d'être dans le vert, le plus souvent possible.

Prenons un exemple particulièrement éloquent rapporté par M. Adani*. Fin janvier 2018, il fait sa masse prévisionnelle pour le mois de février et l'envoie à sa directrice régionale. Il a envisagé que son taux d'occupation ne serait, *a priori*, pas aussi bon que celui qui avait été prévu par le groupe. Sans en être totalement certain puisqu'il doit pour cela anticiper le nombre de morts et estimer le nombre de nouveaux arrivants, pour le mois à venir. Dans ce business, il faut anticiper, sinon la matrice vous rattrape. Il devrait avoir, à peu près, 83 résidents sur une capacité de 90 lits, soit un TO de plus de 92 %, ce qui semble, à première vue, un chiffre acceptable. Mais, pour Orpéa, c'est loin d'être suffisant. Le groupe estime que cela ne donne pas le droit à M. Adani* d'avoir l'ensemble des postes budgétés pour sa résidence. Ce directeur d'établissement fait donc un premier envoi de projet de masse salariale pour le mois à venir à sa directrice régionale en procédant à un certain nombre d'économies. Il va notamment enlever un peu plus de trois postes d'auxiliaires de vie (financés à 30 % par l'argent public) sur les dix-neuf prévus et un ETP d'homme d'entretien. Il a tenté de faire des économies, comme le groupe l'y oblige, sans trop grignoter sur les postes financés à 100 % par l'argent public et en conservant une capacité de soins correcte, vu qu'il n'a pas touché aux postes de soignants et de médecins. Mais cette proposition ne sera pas acceptée par la directrice régionale, qui lui demande de revoir sa copie. Après plusieurs allers-retours, la version finale de la masse salariale acceptée pour le mois de mars 2018 comprendra de nouvelles suppressions de postes : M. Adani* va être obligé d'enlever environ 1,5 ETP d'infirmier sur les 5,5 prévus, soit une économie de plus de 10 000 euros. Et 0,5 ETP de médecin, sur le 1,5 budgétisé pour le mois en question. Soit un mi-temps en moins. Voilà comment s'en sort Orpéa.

C'est la version ultime de l'entreprise capitaliste. Et c'est ce qui explique, en partie, les niveaux de marges exceptionnels de cet empire, depuis trente ans. Orpéa a inventé un système où il est quasiment impossible de perdre. Chez Orpéa, chaque mois, on va pouvoir supprimer un, deux, trois, quatre, cinq postes, parfois plus, pour s'adapter à son niveau d'activité et maintenir coûte que coûte une marge intéressante. On va pouvoir le faire sur des postes d'hôtellerie et des postes administratifs, payés par le groupe, mais également sur des postes de soignants et de médecins, qui sont pourtant financés par l'Assurance maladie ou le conseil départemental. Et qui devraient donc, encore plus que les autres, être intouchables. C'est un système très sophistiqué qui permet des adaptations presque quotidiennes de sa masse. Un système, à bien des égards, dévastateur.

Vous vous souvenez qu'aux *Bords de Seine*, pour justifier auprès de l'Inspection du travail le recours fréquent à ces CDD, on aurait créé des contrats de remplacement douteux. M. Adani* me raconte qu'il est contraint d'user de cette technique. Mais lui ne s'embête même pas à chercher des noms d'aides-soignantes extérieures au groupe. Il met souvent le nom de sa nièce sur le poste, comme personne à remplacer. Étant entendu qu'elle n'a jamais travaillé de sa vie dans le secteur de la santé. Et tout le monde n'y aurait vu que du feu.

M. Adani* a bien essayé, comme d'autres, de résister à ces consignes et de respecter, chaque mois, sa dotation ARS et de tenir ses effectifs, mais c'est un combat de longue haleine. « Si vous ne respectez pas ce nouveau budget qu'on vous a alloué, c'est mort pour vous, m'explique-t-il. Il faut écrire à la directrice régionale pour vous expliquer. Mais, souvent, on ne vous répond pas. Dès que c'est compliqué, on ne vous répond pas. Dès que vous les mettez directement en porte-à-faux ou que vous dites qu'il y a la sécurité des résidents qui est en jeu, on ne vous répond pas. Orpéa ne vous laissera aucune trace écrite. » Il me donne ensuite un exemple très précis de tensions engendrées par cette optimisation permanente de la masse salariale. « Dernièrement, je trouve une psychomotricienne pour la résidence, affirme-t-il. Et je lui fais une promesse d'embauche. Mais là, j'apprends qu'on me refuse le CDI. J'appelle ma directrice régionale et je lui dis : "Il y a un souci ? Il est dans mes effectifs, le CDI. Il est dans mon budget financé par l'Assurance maladie depuis des années. Et ça fait six mois qu'on n'en a plus." La directrice régionale me répond : "Non, tu ne peux pas l'embaucher. T'as vu ton TO ?! T'as vu tes résultats ?" Merde, mon TO, quand je fonctionnais vraiment mal, il était à 82 sur 90, donc 91 %. Ce n'est pas déconnant ! Quand j'étais directeur de structure éducative, j'étais plutôt à 75-80 %. Là, en soi, ce n'est pas normal qu'à moins 8 résidents on me refuse une psychomotricienne, qui est pourtant dans mon budget financé par l'argent public. » Finalement, devant l'insistance de M. Adani*, qui aurait été prêt à contacter l'ARS, le groupe finit par valider le CDI.

Pour la masse salariale, le groupe Orpéa fait donc, grâce à son logiciel GMASS, de l'optimisation en permanence, ce qui est totalement contraire aux exigences formulées par les autorités de tutelle, les ARS et les conseils départementaux, et peu adapté aux impératifs de stabilité et de continuité de la prise en charge de personnes âgées dépendantes et vulnérables.

Pour les achats de produits de santé, le même mécanisme est à l'œuvre avec l'application « bible Achat ». Les directeurs sont obligés de commander l'ensemble de leurs produits (des protections aux pansements, en passant par les chariots de linge ou les lits médicalisés) via ce logiciel. Cela permettrait au groupe de faire des économies d'échelle en proposant un nombre restreint de fournisseurs et en obligeant ses directeurs à ne passer que par eux. Cela permet également de s'assurer que les dépenses ne sortent absolument jamais du budget alloué. Les directeurs sont, là encore, tenus par le groupe. Mais il y a selon M. Adani* d'autres raisons, qui seraient moins avouables.

CHAPITRE 13

LES RÉTROCESSIONS

M. Adani* est le deuxième directeur Orpéa que je rencontre. Et il sera le deuxième directeur à me raconter qu'il fait face régulièrement à des pénuries de protections. La résidence des *Bords de Seine* n'est donc pas un cas isolé. « On ne doit surtout pas dire qu'on est en pénurie de couches chez Orpéa. C'est totalement interdit, m'assure-t-il. Mais ça m'est arrivé plusieurs fois. Et c'est vraiment frustrant parce qu'on ne sait ni comment ni pourquoi. » Il poursuit : « Ce n'est pas les protections qui coûtent beaucoup d'argent dans un Ehpad. On ne devrait pas avoir à quémander. S'il y a des besoins, on devrait pouvoir les donner. J'ai une dame de 98 ans dans ma résidence qui pleure régulièrement parce qu'elle n'a pas ses trois ou quatre couches par jour. C'est vraiment la misère ! On parle aux infos des migrants qui n'ont pas assez d'argent pour se payer des serviettes hygiéniques. Mais là, c'est pareil. Sauf que la mamie, il faut savoir qu'elle paie entre 3 700 et 4 000 euros par mois. C'est inadmissible ! »

Chez Laurent Garcia, cette discussion fait remonter de douloureux souvenirs : « Ça me donne envie de chialer, d'entendre ça. Comment tu peux supporter ça ? Barre-toi, Hervé* ! Viens avec moi dans le public. Ou change de groupe !
– J'y pense sérieusement », répond M. Adani*.

On retrouve là les mêmes manquements observés par mes témoins au sein de la luxueuse résidence de Neuilly-sur-Seine et le même sentiment de désolation chez les directeurs d'Ehpad. « Tout ça a un impact énorme sur le climat social. Je passe mon temps à essayer de rebooster mes salariés, ajoute M. Adani*. Je fais ça pour pallier des manques que je connais, qui sont flagrants. Tenez ! J'ai un homme assez corpulent pour lequel il faudrait des protections XL, des changes complets avec élastiques. Mais non, on nous oblige à prendre de la moliphorne. Une protection qui est bien moins chère, une serviette hygiénique sans élastiques. Vous devez la lui enfiler en pleine nuit. Il est corpulent, donc c'est une tâche difficile pour le personnel. Et le résident, lui, va être bousculé par des tas de manipulations à 1 heure du matin. Et il va être mécontent. Vous vous rendez compte de l'impact de ce système d'optimisation des coûts ? »

Je vais ensuite lui demander de détailler le fonctionnement du système auquel il fait référence. Il me livre sans réticence sa version : « Orpéa travaille avec Hartmann. C'est notre fournisseur de protections. Ils ont tout négocié avec lui. Vous rentrez sur l'application Hartmann. Vous mettez le niveau de dépendance du résident, son degré d'incontinence, et ça va vous sortir automatiquement le type de protection à utiliser et le nombre de changes à faire par jour. Et vous êtes obligés de suivre ce qui est écrit. Ce n'est pas vous qui décidez. C'est leur putain d'application ! Et ça ne prend pas en compte les parkinsoniens. Pas non plus les personnes alitées, les hommes corpulents. Tout un tas de situations. Encore une fois, on a industrialisé ce secteur. Ce sont les logiciels qui décident à notre place comment on traite un être humain. »

Je lui demande alors s'il pense que le groupe respecte les dotations publiques allouées à ses établissements pour les couches. Et sa réponse ne manque pas de me surprendre. « Sur les protections, ils respectent à mon avis les dotations que le conseil départemental leur donne. En toute honnêteté, je pense qu'ils sont inattaquables là-dessus. Mais... c'est dans les chiffres que ça coince. » Que veut-il dire ? « Ils ont des contrats-cadres avec de grandes entreprises qui sont totalement "maquées" avec eux. C'est comme les hypermarchés avec leurs fournisseurs. C'est le même principe... c'est flippant. Les rétrocessions en fin d'année, elles doivent être terribles, terribles, terribles ! »

Le vilain mot est lâché : rétrocessions. De l'argent qui finit par arriver dans une poche à laquelle il n'est pas initialement destiné. Selon M. Adani*, ce sont ces rétrocessions qui seraient à l'origine des carences constatées dans les établissements du groupe Orpéa. « Je vais vous donner un exemple : il y a des protections qui ont changé de taille récemment, m'assure-t-il. Elles ont rétréci. C'est à cause du service "achat" d'Orpéa. Il a négocié un tarif très bas avec son fournisseur. Avec de grosses rétrocessions. Et Hartmann a dû trouver un moyen de pouvoir suivre malgré ces prix très bas. Et donc ils ont réduit la taille des protections. Ma cadre de santé me l'a dit. Elle m'a même montré la différence. C'étaient exactement les mêmes protections, mais les tailles avaient changé. » Laurent Garcia intervient : « Mais oui, bien sûr ! Moi aussi, ça m'est arrivé. Et ils ont failli me virer quand je m'en suis plaint. Ce n'était pas la taille, le problème. C'était la qualité. Même modèle de protection Hartmann. Tu prenais les deux mêmes, d'un mois sur l'autre, il y avait une qualité supérieure à l'autre. Je suis allé voir la direction pour gueuler. Parce que les protections absorbaient beaucoup moins qu'avant. Il y avait des fuites. »

Voilà ce qui pourrait être l'une des raisons de tous ces dysfonctionnements que l'on me rapporte au sujet des protections. Et peut-être aussi au sujet de l'ensemble des produits de santé utilisés au quotidien dans les Ehpad Orpéa et remboursés par l'Assurance maladie.

Il y aurait, en premier lieu, des dotations publiques relativement serrées accordées par les conseils départementaux pour le budget alloué aux protections des résidents. Il y aurait, ensuite, les consignes du groupe Orpéa pour ne pas dépasser ces budgets, peu importe l'établissement dans lequel on se trouve, qu'il soit luxueux ou pas, que la résidence soit confrontée à une épidémie d'ampleur ou des pathologies particulières. Il y aurait, enfin et surtout, une partie non négligeable de ces dotations qui reviendraient à la fin d'année au siège du groupe, sous forme de RFA, les fameuses remises de fin d'année.

Les spécialistes en économie connaissent tous ce système de ristournes, pratiqué notamment dans la grande distribution. Pour les autres, je vais essayer d'être le plus pédagogue possible en donnant un exemple type. Une grande entreprise A va, dans le cadre de son activité, avoir un certain nombre de fournisseurs. Son fournisseur B vend habituellement son produit 100 euros. Il va accepter, après négociation, et parce que le marché qui s'ouvre à lui est important, de réduire son prix. Mais l'entreprise A, pour un certain nombre de raisons comptables, ne va pas lui demander de baisser son prix à 95 euros, par exemple. Elle va plutôt lui demander de continuer à facturer 100 et de lui reverser 5 euros à la fin de l'année.

C'est un système qui n'est pas illégal, mais qui favorise les dérives, car il masque les prix réellement payés par les grands groupes et peut donc créer des situations de déséquilibres importants dans la relation entre un groupe et ses fournisseurs. Surtout dans des situations d'oligopole, quand une entreprise domine un marché. En 2015, le groupe Leclerc a ainsi été condamné par la cour d'appel de Paris à reverser plus de 60 millions d'euros à ses fournisseurs après que la Répression des fraudes (DGCCRF) puis la justice ont décidé que les RFA pratiquées étaient abusives. Décision qui a été confirmée en 2017 par la Cour de cassation.

Mais dans le cadre d'Orpéa, si le groupe utilisait ce mécanisme avec ses fournisseurs, comme M. Adani* le pressent, la situation serait autrement plus grave. Cela voudrait dire que le groupe fait des marges sur des produits qu'il ne paie pas, sur des produits financés par l'Assurance maladie. Alors qu'il est totalement interdit aux groupes privés de faire de la marge sur l'argent public. Ce sont des sommes qui sont destinées à 100 % aux résidents.

À cet instant de mon enquête, ce sont des suppositions que ce directeur d'établissement me livre à la suite de dysfonctionnements fréquents observés dans sa résidence et qu'il n'arrive pas à comprendre. Ce sont aussi des bruits de couloir qu'il entend, des rumeurs que partagent des directeurs plus expérimentés que lui. Ce sont des allusions provenant parfois des « instances supérieures » du groupe. Rien de plus.

Pour obtenir des preuves, le moindre document, il faudrait avoir accès aux coffres d'Orpéa ou alors à une personne haut placée au siège du groupe. Cela me paraît, à ce moment-là, tout à fait impossible. M. Adani* va d'ailleurs, à plusieurs reprises, me souhaiter bien du courage. « Ils sont très malins, m'explique-t-il. Celui qui est à la tête du groupe aujourd'hui, c'est le premier contrôleur de gestion embauché par le fondateur Jean-Claude Marian dans les années 1990. Il s'appelle Yves Le Masne. Notre directeur général est un contrôleur de gestion ! C'est-à-dire que sa passion dans la vie, c'est les chiffres. Il ne fait que ça. Moi, je ne suis pas comptable. Je sais qu'il y a quelque chose qui cloche dans cette boîte. Mais ça me dépasse. »

Pour passer ce palier, je dois monter encore plus haut dans la hiérarchie du groupe. Les directeurs d'établissement, notamment les plus expérimentés, peuvent avoir connaissance de pratiques potentiellement frauduleuses. Mais ils en sont plus les victimes collatérales que les instigateurs. C'est au siège que tout se met en place. Il me faut absolument entrer en contact avec d'anciens hauts dirigeants d'Orpéa qui auraient eu connaissance de ces pratiques. Qui aura le courage de parler ?

CHAPITRE 14
« IL FAUT QUE ÇA CRACHE ! »

Pendant plusieurs jours, je fais les cent pas dans mon salon à la recherche d'une idée pour trouver et atteindre ces témoins du premier cercle. Contacter le groupe ? Cela n'aurait aucun sens à ce stade de mon enquête et risquerait d'être contre-productif. Faire un appel à témoignages en créant une adresse mail sécurisée ? Trop voyant. Trop direct. Parcourir des articles de presse de titres locaux ou nationaux afin de localiser des résidences où il y aurait eu des dysfonctionnements notoires, puis contacter ensuite les directeurs en charge ? Je serai amené à le faire. Mais là, ce serait prématuré. Pour le moment, j'ai besoin de pouvoir fixer encore plus précisément mes sources potentielles, d'atteindre des salariés du siège, de m'intéresser à plusieurs services : « Achat », « Médical », « Ressources humaines ». Comment cibler à ce point-là mes recherches ? Je vais avoir une idée. Mais oui, bien sûr ! Comment ne pas y avoir pensé plus tôt : LinkedIn ! Ce réseau social professionnel qui existe depuis 2002 et compte plus de 700 millions de membres permet aux entreprises de faire leur promotion et aux abonnés de trouver un job. Et c'est aussi, je m'en rends compte pour la première fois, un merveilleux instrument de travail pour un journaliste d'investigation.

Je passe de nombreuses heures sur ce réseau professionnel à chercher des profils intéressants, à analyser les parcours et les publications, à trier en fonction de l'âge, de l'expérience, du poste occupé. Après cet important travail de recherche, j'entre en contact avec plusieurs anciens salariés d'Orpéa qui se disent disposés à me rencontrer. L'un d'eux est Patrick Métais, l'ancien directeur médical de Clinéa, et deviendra l'un des témoins majeurs de cette enquête.

L'intitulé de son poste actuel m'est tout à fait mystérieux – « médecin responsable du DIM [médecin de l'information médicale] » à Bastia – et le détail de son parcours chez Orpéa ne laisse pas deviner l'importance de la place qu'il occupait dans l'entreprise. Je ne dirais pas que ma rencontre avec lui tient du hasard, mais nous n'en sommes pas très loin. Je pensais contacter un membre du corps médical. Sauf qu'il était tout sauf un simple médecin. Patrick Métais répond immédiatement à mon message et me propose un rendez-vous lors de sa prochaine venue à Paris, mi-octobre 2019. Nous nous retrouvons dans les salons ouatés du Novotel des Halles, à Châtelet, où nous allons discuter pendant plus de sept heures, sans interruption, micro allumé. Ce sera la première d'une très longue série d'entretiens étalés sur près de deux ans.

Patrick Métais est un personnage singulier. Il porte un polo à manches courtes, un chino couleur sable, des lunettes on ne peut plus classiques

comités présidés par le docteur Marian, « Dieu le Père », comme Métais le surnomme avec dérision, on décide des rachats de nouvelles structures et on discute de l'avancée des dossiers de demande d'autorisation de création d'établissements ; c'est un domaine, nous le verrons, très politique et particulièrement sensible.

Patrick Métais parcourt la France de long en large, travaille sans relâche, vérifie l'application des projets médicaux au sein de chaque établissement, fait gagner beaucoup d'argent au groupe, répond aux consignes de Brdenk, franchit la ligne jaune lorsqu'on lui demande de le faire. C'est une recrue exemplaire. Il va donc pénétrer, au bout de quelque temps, le premier cercle de pouvoir, la garde rapprochée du fondateur d'Orpéa. Il est invité dans les dîners en ville organisés par le docteur Marian : une petite dizaine de personnes, toujours les mêmes ; une salle privatisée ; un restaurant prestigieux des quartiers bourgeois de la capitale. On partage avec lui des confidences, les secrets plus ou moins avouables de l'entreprise. C'est lors de l'un de ces dîners que le fondateur d'Orpéa lui révélera les liens du groupe avec une personnalité politique de premier plan.

Patrick Métais est l'un des principaux cadres dirigeants du groupe. Et puis, patatras ! En 2011, il est éjecté du train en marche, comme tant d'autres. Il aurait, me dit-il, commencé à montrer des signes de faiblesse en demandant au directeur de Clinéa à pouvoir souffler un peu. Orpéa va alors le nommer responsable du développement de la région Est de la France, puis directeur du développement pour le Luxembourg. À cet instant de sa carrière, il coûte près de 25 000 euros par mois au groupe. Sans compter les primes versées en stock-options. Ses nouvelles fonctions ont tout l'air, au premier abord, d'une promotion. Mais Patrick Métais se rend rapidement compte qu'il est tombé dans un piège. Quelques mois après que le groupe l'a fait intégrer une société luxembourgeoise, il est licencié, brutalement. Ne faisant plus partie de la maison mère Orpéa, il a perdu toute son ancienneté et est donc congédié sans aucune indemnité.

Durant deux ans, il est à terre, sonné par la brutalité du coup, dans l'impossibilité de se remettre à travailler, vivant de la revente de ses actions. Il débute alors une psychothérapie et commence à prendre du recul sur ses huit années passées au sein d'Orpéa, sur tout ce qu'il a été conduit à faire sans en mesurer les conséquences, sur le système qu'il a contribué à mettre en place. Il est aujourd'hui apaisé et prêt à mettre les choses au clair, avec le groupe et avec lui-même : « Je dirais que la maltraitance n'est qu'une conséquence de tout un système qui est une organisation extrêmement étroite qui permet de gagner le maximum de fric sur chaque structure par tous les moyens possibles, pense-t-il. Je dirais qu'Orpéa a mis en place un système tout à fait singulier dans le secteur des Ehpad. J'irais plus loin : je dirais que le docteur Marian a mis en place ce système extrêmement pervers et que, une fois qu'il l'avait mis en place, il ne pouvait plus revenir en arrière. »

Les premières révélations qu'il me fait concernent les nombreuses techniques employées par le groupe visant à profiter de l'argent public. Elles font, selon lui, partie intégrante du *business model* d'Orpéa. Durant toutes ces années, me raconte-t-il, le groupe est parvenu à encaisser encore plus d'argent public via quatre biais différents : 1. En dépassant le nombre de lits dans des conditions obscures ; 2. En réduisant le nombre de postes de soignants et médecins, pourtant réglementaires ; 3. En maximisant le coût de chaque patient pour l'Assurance maladie et les mutuelles ; 4. En instaurant des remises de fin d'année (RFA) sur l'ensemble des produits médicaux payés par l'argent public.

Ces méthodes, Patrick Métais les a expérimentées dans les cliniques qu'il supervisait. Mais il m'affirme que la branche Ehpad d'Orpéa fonctionne exactement de la même manière, que, dans les deux cas, c'est le directeur général d'exploitation, Jean-Claude Brdenk, qui est le chef d'orchestre : « Brdenk nous disait constamment qu'on "roulait sur la ligne jaune", me confie Patrick. C'était son expression. On nous poussait à la franchir pour gagner un peu plus de fric. Mais toujours en restant proches de la ligne. Ce qui fait que, lorsqu'on apercevait les flics au bout de la route, on pouvait donner un petit coup de volant pour se remettre bien. Mais ça, c'était uniquement lorsqu'on voyait des flics. » J'ai, évidemment, interrogé Orpéa sur l'utilisation de ces différentes techniques. Là encore, je n'ai malheureusement obtenu aucune réponse.

À en croire ses dires, la première technique qu'on demandait à Patrick d'appliquer est d'une simplicité biblique. Elle n'est pas sans risques, mais elle peut rapporter gros. Il s'agissait de dépasser, dès que nécessaire, la capacité de lits de chaque structure. En France, contrairement à d'autres pays européens, la création de tout établissement de santé est soumise à l'autorisation des agences régionales de santé (à l'époque les ARH, agences régionales d'hospitalisation). Cela permet à l'État de définir et de contrôler de manière très précise le nombre de lits disponibles pour chaque secteur de la santé (Ehpad, cliniques de soins de suite, cliniques psychiatriques, etc.), en fonction des besoins de chaque département et des capacités de financement des pouvoirs publics. Cela permet aussi de contrôler que le gestionnaire de la clinique autorisée répond à un certain nombre de critères. Les autorités attribuent, après examen d'un dossier, un certain nombre de lits (60, 80, 100...). Depuis toujours, le nombre de lits est essentiel, car il conditionne le nombre de soignants (médecins, infirmiers, aides-soignants) que la clinique sera tenue d'embaucher ainsi que les financements publics dont elle bénéficiera. C'est véritablement la base du « contrat » signé entre l'État et les groupes gestionnaires.

Mais, chez Orpéa, disons que la limite fixée par l'État n'était pas vue comme quelque chose de parfaitement sacré. « Même si c'est dans un placard à balais, on trouvera toujours de la place, affirme Métais. Et c'est comme cela qu'on arrive à avoir des taux de remplissage de 103, 105, 110 au lieu de 100. En premier lieu, on répond "fax chaud", c'est-à-dire qu'à la seconde où l'on reçoit une demande d'admission, on dit : "Oui, pas de problème ! La petite grand-mère, on vous la prend demain matin." À ce moment-là, vous vous rendez compte que tout est plein dans votre clinique et qu'il n'y a pas de sortie prévue. Eh bien, vous décalez un peu un lit dans une chambre à un lit et vous en installez un deuxième. Déjà, à la base, sur la plupart des cliniques dont je me suis occupé, Orpéa avait construit cinq ou dix chambres de plus que ce qui avait été autorisé. Et si ça ne suffisait pas, on trouvait encore de la place. Je me souviens d'une clinique qui était pleine tout le temps et où l'on se servait de la chambre du médecin de garde. C'est-à-dire que le médecin de garde qui dormait sur place, qui faisait la garde, eh bah, il y avait un malade dans son lit. Je dirais qu'il y avait entre une et dix personnes en plus. C'est de l'ordre de 10 %. »

L'intérêt ? Engranger toujours plus d'argent. « C'est du bénéfice pur. Vous avez de nouvelles entrées d'argent sans augmenter votre masse salariale. » Mais, pour Patrick Métais, cela n'est pas sans risques : « Je dirais que ça augmente encore la charge de travail sur le personnel qui n'a pas été prévu pour ce nombre de pensionnaires en plus. Et que votre bâtiment n'est pas prévu pour cela, non plus. S'il y a un incendie, par exemple, personne n'est censé imaginer qu'il y a une vieille dame installée, discrètement, dans la chambre de garde du médecin. »

La deuxième technique utilisée, nous la connaissons déjà et savons à quel point elle peut être rémunératrice. Dans les chapitres précédents, nous avons compris que le groupe « joue » avec le nombre de postes financés par l'Assurance maladie, en l'adaptant chaque mois en fonction du taux d'occupation et de la rentabilité des établissements. Patrick Métais, qui était aux toutes premières loges, me permet de comprendre à quel point c'est un élément central du dispositif d'Orpéa et me raconte précisément de quelle manière le pilotage de cette optimisation est réalisé depuis le sommet. Il me faut préciser que dans la branche « cliniques » d'Orpéa, Clinéa, le mode de financement est légèrement différent de celui des Ehpad. L'immense majorité des revenus provient de l'Assurance maladie, et non des patients. Ces revenus sont issus à la fois de dotations annuelles préétablies et, dans certaines situations, de rémunérations en fonction de l'activité réalisée. Mais dans les deux cas, que ce soit pour la branche Ehpad ou la partie cliniques, la problématique de l'utilisation de l'argent public et du nombre de postes de médecins et de soignants à respecter est tout aussi présente. Et dans les deux cas, Orpéa a mis en place un système pour optimiser sa masse salariale. « Plus ça marche bien, plus on serre la vis, soutient Métais. Parce que, quand ça marche bien, que le système est parfaitement huilé, qu'il y a des médecins qui assurent, qu'il y a une continuité de soins qui fonctionne, c'est le moment ou jamais de diminuer le personnel. Comment cela fonctionne ? Il y a un tableau des effectifs qui est fixé à l'ouverture de la clinique. Il va y avoir une visite de conformité qui est faite, au bout d'un mois, pour contrôler ce tableau des effectifs. Et dès que l'ARS a le dos tourné, on va baisser ces effectifs. » Mais le groupe est prudent et peut réagir rapidement en cas d'alerte. « On le fait avec une souplesse considérable. C'est-à-dire que dès que l'agence régionale de santé va commencer à recevoir des lettres de familles, dès qu'il commence à y avoir des plaintes, dès qu'on est arrivés à notre "seuil de risques" où l'établissement craque, immédiatement, il y a une petite compensation qui est faite sur la résidence. On va remettre rapidement quelques postes. Ce qui fait que, si la tutelle vient contrôler, on est un peu en dessous de la limite, mais pas trop. »

C'est le directeur régional qui va ensuite rendre des comptes, en Comex. « Les Comex, ça ne sert qu'à ça, poursuit Métais, qui en a quelques-uns à son actif. On ne fait qu'écouter Brdenk rabâcher encore et encore : "Vous embauchez trop ! Vous embauchez trop ! Vous êtes des mauvais ! Vous êtes incapables de gérer correctement ! Regardez à la clinique machin, ils sont en rouge parce qu'ils ont embauché." Puis il reprend sa feuille avec tous les établissements et dès qu'il tombe sur une nouvelle ligne rouge : "C'est qui, le régional de ce point-là ? Ah, c'est machin ? Mais c'est un mauvais !" Brdenk vous balance ça alors que le type est dans la salle. Et il continue : "C'est un mauvais ! Qu'est-ce qu'on fait ? On le vire tout de suite ? On attend ?" Le type, vous le voyez devenir blanc. »

Patrick Métais me racontera, quelque temps plus tard, à quel point ces Comex l'ont traumatisé. Comment il s'y rendait la boule au ventre. À quel point la figure de Brdenk le hantait. « Il y avait de la peur, me dira-t-il. La peur de sauter à la moindre baisse de résultats. L'angoisse aussi de ne jamais savoir si le groupe vous lâcherait en cas de contrôles en vous foutant tout sur le dos. Parce que tout le monde comprenait qu'on était hors des clous avec ce système. » « C'est dans les premiers mois qu'on commençait à écrémer, affirme Métais. Déjà, il y a cette fameuse période d'essai. La période d'essai, c'est un excellent moyen de gagner de l'argent parce que ça permet de renouveler le personnel de façon régulière et de stopper des contrats. C'est-à-dire qu'au bout de la période d'essai – à l'époque, c'était deux fois deux mois –, il suffisait de dire que les gens ne convenaient pas. Le point, c'est que, lorsque l'on ouvre une clinique, il faut qu'elle "crache". Combien de fois j'ai entendu Brdenk utiliser cette expression en Comex : "Il faut que ça crache !" Cela veut dire qu'elle doit générer des revenus importants dans les trois mois qui suivent son ouverture. » En huit ans, Métais affirme avoir ouvert une quarantaine de cliniques. « Je dirais que 90 % du temps, ça se passait comme ça. 90 % du temps, on coupait dans le personnel réglementaire. On ne nous demandait pas d'économiser un montant précis. On n'avait pas de chiffre de baisse. Mais plutôt un chiffre de gains. C'est-à-dire que l'on devait baisser le personnel jusqu'à ce que l'établissement "crache" un maximum de fric. C'est-à-dire que la variable d'ajustement des résultats du groupe, c'est le personnel. Je dirais que, globalement, à mon époque, pour une clinique de 100 lits, il fallait faire environ 60 000, 70 000 euros par mois de marge. »

Ces révélations détaillées de Patrick Métais sur la gestion de la masse salariale opérée par le groupe confirment tous les témoignages que j'ai obtenus jusqu'ici. Orpéa a fait de sa masse salariale l'une de ses principales variables d'ajustement afin de rendre chacun de ses 350 établissements français toujours bénéficiaire.

La troisième technique utilisée par le groupe est bien plus sophistiquée que les précédentes, et quasiment impossible à déceler. Il s'agit de maximiser le coût de chaque patient traité pour l'Assurance maladie. Là encore, l'idée est de flirter avec la ligne jaune, de grignoter des sous, sans risquer de se faire prendre. Patrick avait totalement intégré ce principe : « C'est vraiment Brdenk qui m'a appris ça. Le fait de se battre pour chaque centime. D'essayer d'obtenir, chaque fois, non pas 1 euro. Mais un 1,10 euro. »

Dans le privé, les cliniques MCO (médecine, chirurgie, obstétrique), dont Patrick Métais avait la responsabilité en plus des cliniques SSR, sont rémunérées à 100 % en fonction de l'activité et des actes réalisés. C'est ce qu'on appelle la T2A, le fait de facturer pour chaque malade ce qu'on lui a réellement fait. Cela concernait au moins 5 cliniques du groupe. Et l'optimisation était la règle.

Concrètement, les cliniques doivent remplir ce qu'on appelle un « résumé simplifié de sortie » avec un certain nombre d'éléments permettant de fixer un prix. Il y a, au départ, le type de maladie à traiter avec un nombre de jours prédéfini de prise en charge. Par exemple, dans le cas d'une pneumonie, l'Assurance maladie va estimer qu'il faut huit jours de prise en charge. Ensuite, une seconde dimension entre en jeu, la sévérité de la maladie, avec quatre degrés différents. On peut trouver des pneumonies banales, d'autres un peu plus lourdes parce qu'il existe une surinfection locale et d'autres encore plus lourdes en raison d'une surinfection généralisée. Des facteurs connexes, comme le fait d'avoir du diabète, vont également faire varier ce degré de sévérité. Voilà pour le principe.

Il y a ensuite la mise en application. Et, dans un domaine si complexe, tellement technique, ô combien sujet à appréciation, il y a évidemment matière à maximaliser. Ce que va très vite me confirmer Patrick Métais qui, en tant que directeur médical de Clinéa, était situé, à l'époque, au-dessus du médecin en charge de ce domaine. « L'idée, c'est, bien évidemment, de chercher tous les éléments qui vont vous faire augmenter le degré de sévérité. On va prendre quelqu'un qui vient d'avoir un AVC et qui est paralysé d'un côté. On va augmenter la sévérité en cherchant des choses connexes. En plus de son AVC, il a du diabète. Ou il a une infection urinaire. On peut trouver des choses très limites comme le fait que c'est une personne isolée, sans qu'on ait vraiment vérifié ce point. On va aussi demander à nos équipes soignantes de supprimer le mot "probable" dans le dossier du patient. Si le médecin a mis par exemple "infection probable", je ne vais pas avoir le droit de la coder dans mon registre et donc ça ne va pas me faire de sous en plus. Donc je vais l'appeler : "Allô, tu as mis dans le dossier de Mme Machin qu'elle avait une infection probable, tu peux m'enlever le probable ?" Et en un coup de gomme, c'est réglé. »

C'est le « médecin DIM », le médecin de l'information médicale, qui supervise tout cela. Chez Orpéa, il est au siège avec une équipe d'une dizaine de techniciens. Leur mission est de construire les factures les plus avantageuses possible. « Le médecin DIM, son seul boulot, c'est de faire gagner du fric au groupe, prétend Métais. Il n'a qu'un seul objectif. Ce n'est pas un médecin. C'est un comptable. Orpéa est très fort là-dessus. Vous avez énormément de variables sur lesquelles jouer et, en jouant sur ces variables, on gagne beaucoup d'argent. » Et s'il faut tricher avec l'Assurance maladie, eh bien… « Disons que notre appréciation n'est pas aussi rigoureuse qu'elle devrait l'être », me répond Patrick Métais avec un sourire entendu.

Cette question du contrôle, de sa pertinence, de la compétence des équipes qui en sont en charge, est absolument centrale. Plusieurs hauts dirigeants du secteur de la santé m'avoueront à quel point ils avaient conscience que le rapport de force était totalement déséquilibré entre leurs équipes et celles envoyées par l'État. Patrick Métais m'en donne un exemple éloquent. « Réfléchissez bien, me dit-il : que feriez-vous si vous étiez médecin DIM et que vous vouliez gagner du fric avec notre malade qui a une pneumonie ? » Je réponds à Patrick que j'essaierais de le faire sortir rapidement pour obtenir les sous de l'Assurance maladie avec une journée de prise en charge de moins. « Mais non, vous avez tout faux, me répond-il. Sa pneumonie aurait pu se compliquer. L'idée, c'est de lui dire : "Je vous laisse sortir. Mais votre état ne me plaît pas beaucoup. Revenez dans la semaine !" Le patient, discipliné, il revient. Et vous avez vos deux séjours et vous gagnez deux fois plus. On fait ça tout le temps. Imaginez le contrôle de la Sécurité sociale qu'il faut pour voir ça. » Ces techniques d'optimisation sont la plupart du temps indétectables. Et elles peuvent rapporter très gros. « Vous pouvez facilement augmenter de 10 % votre chiffre d'affaires sur un an. Avec les mêmes actes. Juste en les facturant de manière plus intelligente. »

S'agissant de la quatrième technique d'obtention de l'argent public, qui s'appuie une fois de plus sur la comptabilité, Patrick Métais n'était pas directement aux commandes. Mais, comme dirigeant du groupe, il était parfaitement au courant de l'existence de ces remises de fin d'année (RFA) et tout à fait conscient que cela concernait également les fournisseurs payés avec de l'argent public.

Il me raconte que le fournisseur de protections Hartmann, entreprise que nous commençons à connaître, était « une vache à lait » du groupe : « Le système était comme ça. Ça ne fonctionnait que comme ça. C'ést-à-dire que pour la bouffe, pour les pansements, pour les couches, pour les produits médicaux, tout fonctionnait avec des ristournes. Ce qui voulait dire que les établissements payaient leur matériel au prix fort et que, de manière assez claire, les RFA servaient à payer les frais de fonctionnement du siège. Il y a une autre chose intéressante à savoir, me dira-t-il, c'est qu'à mon époque il n'y a pas eu de vrai appel d'offres qui permette de dire que Hartmann était le meilleur, au niveau de la qualité. Et ça, ça me gêne beaucoup. Entre Tena, Hartmann et les autres, il n'y a pas eu de véritable mise en concurrence. C'est Hartmann qui remportait le marché, à chaque fois. Et ça a toujours été Hartmann. Parce que Hartmann est celui qui accepte les plus grosses rétrocessions. C'est celui qui est prêt à prendre ce risque. »

Je dispose enfin d'un témoin issu de la haute direction du groupe. Un témoin prêt à assumer ses propos, qui plus est. En justice, si nécessaire. C'est une chance inouïe pour cette enquête. Il me reste, à présent, à obtenir des preuves écrites, des documents. Et c'est là que va entrer en jeu Mme Anna*.

CHAPITRE 15
LES PREUVES, ENFIN

C'est une femme abîmée par ses années passées au sein d'Orpéa qui se présente à moi. Elle est de nature timide et cela n'allait pas de soi pour elle de s'opposer à un groupe d'une telle puissance. Je protégerai donc son anonymat et nous l'appellerons Mme Anna*.

Nous nous retrouvons en banlieue parisienne, dans un quartier animé, au fond de la salle d'une brasserie sans âme, murs décrépis, serveurs fatigués. Cette femme discrète a mis du temps avant d'accepter de me rencontrer, mais son besoin de raconter l'envers du décor a finalement été plus fort. Les premières révélations qu'elle me confie sont à la fois anecdotiques et éloquentes. Anecdotiques, car elles concernent la gestion des machines à café par le service « achat » d'Orpéa. Éloquentes, car elles en disent long sur le cynisme d'un groupe prêt à aller chercher au forceps le moindre centime.

Mme Anna*, ancienne salariée du service « achat », explique que, durant ses années passées au sein d'Orpéa, le contrat-cadre rédigé avec leur fournisseur de machines à café, Darea (du groupe Lyovel), prévoyait un café à 30 centimes pour le personnel, c'est-à-dire pour les 450 collaborateurs du siège et les salariés des cliniques. Mais lors de la renégociation de contrat en 2016, Mme Anna* a été évincée à la toute fin des discussions qu'elle avait pourtant supervisées depuis le départ et elle a découvert, en récupérant le contrat, que le café était passé à 40 centimes et qu'un arrangement très particulier avait été mis en place : « On avait prévu, au départ, un café à 30 centimes avec des rétrocessions comprises entre 5 et 20 %, m'explique-t-elle. C'était souvent 20 %. Et Orpéa a demandé à ce qu'on augmente le prix de 10 centimes et que, sur ces 10 centimes, le groupe prenne une très grosse part, plus de la moitié. Je ne sais plus exactement la proportion, mais c'était peut-être 80 pour nous et 20 pour eux. »

La volonté d'Orpéa était clairement de faire augmenter les prix, au détriment de son personnel, afin de récupérer des taux de RFA très avantageux. Les clauses du contrat avaient, à l'époque, particulièrement choqué Mme Anna* : « Ce qui m'a dégoûtée, c'est que cela concernait notamment les machines du personnel du siège où vous avez des salariés qui sont payés au SMIC. Trois ou quatre fois par jour, ils vont à la machine à café. Et j'avais trouvé ça dégueulasse d'aller gratter 10 centimes sur le personnel alors que le fournisseur ne demandait même pas une augmentation de prix. Vous êtes face à un groupe qui fait un chiffre d'affaires de plusieurs milliards d'euros et qui est prêt, dans le même temps, à se faire de l'argent sur les cafés de ses employés. C'est une honte ! Je me souviens que c'était la responsable “qualité” du groupe, avec ses airs angéliques, qui mettait la pression pour qu’on passe ce deal. Elle nous envoyait des messages incroyables, du style : “Y a pas de raison. Ils vont payer ! Comme tout le monde.” »

Mme Anna* avait une place unique au sein du service « achat », qui lui permettait de se rendre compte de l’ampleur du système des RFA : en plus de s’occuper des négociations de contrats, elle avait été chargée du recouvrement des rétrocessions. Elle devait à la fois calculer les sommes exactes dues par les fournisseurs et les rappeler à l’ordre en cas de retard : « On me demandait de relancer les fournisseurs pour qu’ils règlent leur facture de RFA. La difficulté, c’est que je devais leur mettre la pression alors même qu’Orpéa leur devait des factures énormes. C’était un casse-tête. » Elle m’assure que, chaque mois, c’est elle qui réceptionnait les chèques de RFA envoyés par les prestataires du groupe. « C’étaient des sommes absolument folles ! Je n’avais jamais vu des chèques aussi gros de toute ma vie. Ça pouvait monter à plusieurs centaines de milliers d’euros. Et ça ne s’arrêtait pas ! Il y avait des dizaines de chèques chaque mois. »

Mme Anna*, au bout d’une heure de conversation, déploie un immense tableau qu’elle a fait imprimer sur une dizaine de pages. Elle les aligne les unes à côté des autres et m’invite à m’asseoir à côté d’elle : « Voilà le tableau des RFA du groupe Orpéa. Je vous demande d’en faire bon usage. » Je n’en crois pas mes yeux. C’est un document absolument unique. Devant moi se dresse la liste des 122 fournisseurs du groupe, accompagnée des taux de remise associés à chacun et des montants des commissions payées pour chaque trimestre. Cela va de l'agence d'intérim Adecco aux chariots de linge de la marque Arianel, de l'abonnement Canal+ à l'entreprise de mobilier d'Ehpad Géria Contract, de leur prestataire restauration Restappro au groupe d'électroménager G3 Concepts, du groupe associatif Siel Bleu à la SNCF. Les taux de remise vont de 1 % à 28 % et les sommes reversées, annuellement, par chaque fournisseur, de 137 euros à 3,5 millions d'euros. Le total des RFA affichées est colossal : plus de 10 millions d'euros HT pour la seule année 2016.

Une chose m'interpelle immédiatement : dès que les taux de remise avoisinent ou dépassent les 10 % de RFA, les entreprises concernées sont majoritairement des fournisseurs payés par de l'argent public, alors que pour les fournisseurs classiques, payés avec l'argent du groupe, les taux sont bien plus modestes. Adecco va ainsi supporter des taux de RFA compris entre 1 et 2,5 %, l'entreprise de carrelage Boch Frères seulement 2,5 %, le fournisseur de tissus et de vêtements de travail Granjard entre 3 et 4 %, la SNCF autour de 3 %, la société de luminaires Targetti 5 %, Gaz européen 1 %, Idéal standard qui s'occupe de la plomberie 1 %. Les RFA ont pour raison d'être de rémunérer une prestation logistique ou administrative réalisée par le client, en l'occurrence Orpéa, pour le compte de son fournisseur. Cela peut être une aide concernant l'acheminement des produits, un apport sur la gestion administrative, la mise en place de formations au sein du groupe. De manière générale, pour ces contreparties difficiles à évaluer, on estime que les taux de remise « classiques » se situent entre 1 et 7 %. Nous sommes donc tout à fait dans cet ordre de grandeur.

Prenons maintenant les fournisseurs payés avec les dotations des ARS et des conseils départementaux : les taux de rétrocession s'envolent. 10 % pour les sociétés AD3 et Bulle de linge qui gèrent l'entretien du linge des résidents ; 10,5 % pour le groupe Elis qui propose de la location de linge ; 10 % pour Conceptys, spécialiste de l'hygiène dentaire ; 10 % pour Hill Rom et Praticima, qui livrent, tous les deux, du matériel médical. Les factures de ces fournisseurs sont réglées grâce aux dotations publiques. Il ne devrait donc y avoir aucune forme de rétrocession sur ces produits, même avec des taux très faibles.

Une deuxième chose m'interpelle et vient confirmer ce que je soupçonne depuis de nombreux mois. Sur les 122 taux de remise appliqués, le plus élevé de tous est supporté par, devinez qui ? Hartmann ! Le fournisseur historique du groupe dont les directeurs et les cadres de santé Orpéa nous ont parlé à maintes reprises reverse 28 % de RFA sur les factures des protections (couches). C'est énorme. M. Adani*, lorsqu'il a évoqué ses soupçons concernant l'existence probable de RFA, avait parlé de 15 ou 20 %. Là, nous sommes à 28 %. C'est cinq fois plus que la moyenne des taux de ristourne appliqués par Orpéa. Hartmann, que j'ai contacté, n'a pas souhaité répondre à mes questions. Le groupe Orpéa non plus.

Je transmettrai, dans les semaines qui suivent, ce chiffre à des PDG de grands groupes privés concurrents, à des commerciaux de l'agro-alimentaire et à des spécialistes en économie. Personne n'avait jamais entendu parler d'un tel taux de rétrocession dans ce secteur. Pour eux, un tel pourcentage de remise n'a absolument aucun sens économique, aucune justification. D'autant que Hartmann fait tout le boulot, a mis en place une application qui permet de définir, pour chaque patient, la protection qu'il considère la plus adéquate et le nombre de changes nécessaires. Et chaque année, leurs commerciaux suivent des sessions de formation dans tous les établissements du groupe. Ce n'est donc pas le client, Orpéa, qui s'en charge, mais bien le fournisseur, Hartmann. Et, dans tous les cas, contreparties ou pas, 28 % de RFA, c'est absolument hors normes.

J'ai enfin la preuve que le groupe Orpéa profite, au moins de manière indirecte, d'une partie de l'argent public versé à ses fournisseurs. Et les sommes en cause sont considérables. Imaginez qu'au cours de la seule année 2016, sur un seul produit – les protections –, le groupe Orpéa a perçu près de 2,5 millions d'euros (TTC) de rétrocessions de la part de son fournisseur Hartmann. Une somme provenant de l'argent public qui devrait être employé au bénéfice de milliers de résidents d'Ehpad et de cliniques.

Lorsque je ferai part de ces éléments à Michèle Delaunay, ancienne ministre déléguée aux Personnes âgées sous François Hollande, qui m'a accompagné au début de cette enquête et que j'ai rencontrée à plusieurs reprises lors de mes déplacements à Bordeaux, elle ne parviendra pas à retenir son émotion. Son mari à côté d'elle, la main tremblante, elle me dira : « Les larmes me viennent aux yeux. C'est absolument insupportable d'entendre cela. C'est une honte ! »

Le groupe Hartmann a également reversé, pour cette seule année 2016, 150 000 euros TTC sur les factures d'hygiène et gants et 250 000 euros sur la catégorie dispositifs médicaux, avec, là encore, un taux de RFA bien au-dessus de la moyenne : 20 %. Le groupe AD3 (entretien du linge) a quant à lui reversé près de 300 000 euros de RFA en 2016 au groupe Orpéa, Bulle de linge quasiment 150 000 euros, Elis plus de 800 000 euros pour la location de linge et 400 000 euros pour le traitement des déchets médicaux. Ce document est une preuve majeure que le groupe Orpéa profite, au moins indirectement, d'une partie de l'argent public. Et je m'étonne encore qu'il soit tombé entre mes mains. Un très petit nombre de personnes y avait accès. Les responsables du service « achat » et, bien évidemment, la Sainte Trinité : le fondateur du groupe, le docteur Marian, le DG, Jean-Yves Le Masne, et le directeur général délégué en charge de l'exploitation, Jean-Claude Brdenk. Comment ont-ils pu laisser des éléments aussi sensibles sortir de leur forteresse ?

En plus de ce tableau exceptionnel, Mme Anna* va me transmettre un certain nombre de factures de commissions. L'une, qui concerne Hartmann, est destinée à l'un des dirigeants de ce groupe leader de l'hygiène et des soins médicaux. On peut y voir que, pour le quatrième trimestre 2014, l'entreprise a reversé 591 000 euros TTC de RFA à Orpéa. Une autre destinée à l'entreprise Géria Contract, spécialiste du mobilier, affiche une ristourne de 51 000 euros pour le même trimestre. Une troisième annonce des commissions de 28 000 euros pour la société l'Appel médical. Toutes sont signées par la direction des achats.

À cette série de preuves s'ajoute un autre document particulièrement instructif, que j'aurai la chance de recevoir, quelques semaines plus tard, de la main de l'un des tout premiers membres du service « achat », présent dans les années 1990. Celui qu'on surnommera M. Cléo* me remettra, sans hésiter, l'original de la toute première bible du service « logistique et achat » du groupe Orpéa. Un document historique, légèrement jauni par le temps, d'environ 200 pages. Dans ce texte datant de 1996, on découvre l'organigramme du groupe de l'époque, les fournisseurs référencés, la liste d'un certain nombre de produits utilisés, ainsi que les processus mis en place pour passer les commandes. C'est dans cette bible qu'Orpéa a posé, il y a plus de vingt ans, les fondations de son système de RFA. À l'époque, en 1995, les fournisseurs soumis à des RFA sont peu nombreux. Cela concerne principalement l'alimentaire (Aldis, Miko), les produits d'hygiène et les protections (Frantex et Mölnlycke). Ce qui est instructif, c'est qu'on remarque les mêmes écarts de taux qu'aujourd'hui. Si Miko reverse 5 % de RFA, Aldis 3 % et Argos 2,5 %, les fournisseurs de protections ont des taux jusqu'à dix fois plus importants. Frantex reverse ainsi 20 % et Mölnlycke 23,08 %. Le groupe n'a encore qu'une cinquantaine d'établissements, mais les sommes reversées ne sont pas anodines, près de deux millions de francs TTC pour la toute première année de mise en place, en 1995.

La personne qui m'a remis ce document prendra également le temps d'analyser le tableau des RFA 2016 que je lui montrerai. Elle sera, évidemment, marquée mais non surprise par l'ampleur qu'avait prise le système. Et notera tout de suite un certain nombre d'éléments manquants. Le principal étant l'absence du groupe Bastide, qui est pourtant le plus gros et le plus ancien fournisseur d'Orpéa. Et effectivement, en en discutant avec Mme Anna*, je vais découvrir que, à côté de ce tableau de RFA déjà extrêmement sensible, il existe un petit nombre de fournisseurs avec lesquels sa hiérarchie lui interdisait de communiquer et qui n'apparaissent pas dans ce document. « J'entendais des échanges, je comprenais que tout n'était pas là, me raconte-t-elle. Il y avait des contrats que je n'avais pas le droit de voir. Notamment Bastide. Normalement, pour la majeure partie des deals, c'est moi qui communiquais avec les responsables de la comptabilité des fournisseurs, mais, là, j'avais interdiction d'envoyer le moindre mail. Je n'ai jamais su si l'argent arrivait par chèque ou sous une autre forme, en espèces par exemple. Et je ne connaissais pas le taux de RFA appliqué. »

Le groupe Bastide est le plus important partenaire d'Orpéa et pourtant sur ce tableau des RFA de 2016 n'apparaît qu'une ligne, des plus modestes : 10 % de RFA sur une partie assez mineure des dispositifs médicaux, représentant en définitive 54 000 euros de RFA HT sur l'année. Ne serions-nous pas un peu loin du compte ?

S'agissant de Bastide, j'ai donc dû gratter encore un peu pour connaître le fin mot de l'histoire. Un ancien directeur adjoint d'Orpéa, qui avait connaissance de l'existence des RFA, me transmet, dans les jours qui suivent, le numéro d'un commercial du groupe Bastide. Lorsque je l'appelle, il se montre d'emblée disposé à participer à mon enquête, m'explique que lui-même s'est posé un certain nombre de questions lorsqu'il a été embauché par Bastide. Je lui donne rendez-vous, entre deux trains, dans un café bondé de la gare Montparnasse. C'est un homme d'une trentaine d'années, avenant et chaleureux ; il me tutoie immédiatement. Ce jeune homme que nous appellerons Pierre* me raconte qu'il s'occupe depuis plusieurs mois de vendre les produits du groupe Bastide aux établissements de santé d'une partie de l'Île-de-France. L'offre est pléthorique : matériel médical (lits, fauteuils roulants), matériel professionnel (soins, pansements, consommables, hygiène), produits d'incontinence, appareils de confort. Bastide est une sorte d'Amazon des produits médicaux et référence des milliers de produits.

Pierre* gère pour ce groupe à la fois des clients catégorisés « grands comptes », comme Orpéa, Korian, DomusVi, et des établissements indépendants de plus petite taille. Il s'agit principalement de cliniques et d'Ehpad. Et il faut savoir que, pour les Ehpad, les produits utilisés sont des dispositifs médicaux payés en intégralité par les agences régionales de santé, donc l'argent public, par le biais du fameux forfait « Soins ». Ce budget DM est, en général, deux fois à trois fois plus important que le budget incontinence (pour les protections). C'est donc une zone de dérives potentielles particulièrement importante.

La principale particularité d'Orpéa, m'explique Pierre*, c'est que c'est le seul groupe qui travaille en exclusivité totale avec Bastide. Les autres géants du secteur, même Korian, laissent la possibilité à leurs directeurs de commander certains produits chez des concurrents de Bastide qui proposeraient une offre plus avantageuse. Orpéa, non. C'est donc, de loin, son plus gros client (puisque le groupe possède plus de 350 établissements en France et que ces derniers n'ont le droit de traiter qu'avec Bastide) et il a été invité à le traiter avec beaucoup d'égards. Mais ses premiers rendez-vous avec le groupe l'ont immédiatement interpellé : « J'ai commencé à faire des devis, et je me suis rendu compte que les devis que je réalisais pour le compte d'Orpéa étaient 5 ou 6 % plus chers que les devis que je réalisais pour des petits établissements indépendants, affirme-t-il. Au début, je me suis dit : "Mais ils ont mal négocié, les cons !" » Intrigué, Pierre* va aller voir l'un de ses supérieurs pour comprendre pourquoi son meilleur client paye plus cher qu'une petite structure indépendante. Et c'est là qu'on va lui révéler l'existence des RFA. « Mon N+1 a été très attentif aux mots qu'il a employés et à ne pas m'en dire trop. Il m'a expliqué que Bastide reversait 15 % de ma facture à la fin de l'année au siège d'Orpéa, sous forme de RFA. Puis il m'a dit : "Tu n'en parles pas ! Ça ne doit pas se savoir. Mais toi, il faut que tu saches que ça existe. Parce que tu te poses des questions, parce que tu ne comprends pas pourquoi ton devis est plus cher, je t'explique. Mais je ne veux plus qu'on en parle." »

Cela a le mérite d'être clair : Bastide reverse donc 15 % de RFA (le fournisseur que j'ai sollicité m'a indiqué, de la même manière que Hartmann, qu'il ne souhaitait pas répondre à mes questions). Le chiffre de 15 % me sera confirmé, quelques semaines plus tard, par un ancien directeur régional de Bastide qui s'était justement occupé, dans les années 2000, de renégocier les modalités du contrat-cadre reliant son groupe à Orpéa. Reste à savoir ce que cela représente en montant brut à la fin de l'année. Pierre* m'explique que, sur un Ehpad Orpéa d'une centaine de lits, il réalise en moyenne 70 000 euros de chiffre d'affaires. Si vous divisez ce chiffre par le nombre de résidents, cela représente environ 700 euros par an par résident. Sachant que le groupe Orpéa possède 20 000 lits en France, on peut imaginer que le chiffre d'affaires annuel de Bastide généré grâce à Orpéa serait d'au moins 14 millions d'euros. Ce qui correspond, d'ailleurs, quasiment au double des 7,4 millions d'euros de chiffre d'affaires de la partie incontinence de Hartmann affichés dans notre tableau des RFA de 2016. Si on applique ce taux de 15 % de ristourne à ces 14 millions d'euros, on arrive à 2,1 millions d'euros de rétrocessions chaque année. Une somme assez proche de celle reversée par Hartmann. En ajoutant ce montant aux RFA de l'incontinence et à ceux des autres produits financés par l'argent public présent dans le tableau, on peut estimer que le groupe encaisserait, au minimum, 5 millions d'euros d'argent public chaque année. Sans que personne remarque rien.

Je ne suis pourtant pas au bout de mes surprises…

CHAPITRE 16
L'INCONTINENCE D'UN GROUPE

Lorsque j'eus enfin réussi à obtenir ces documents et ces témoignages attestant du détournement de l'argent public, j'ai immédiatement pensé à M. Krief père, qui, ivre de désespoir, jetait ses couches pleines contre les murs de sa chambre, à Mme Françoise Dorin qui est décédée des suites d'une escarre au sacrum, à Mme Guidon qui me racontait que son mari n'était pas changé assez régulièrement, à Laurent Garcia, le cadre infirmier des *Bords de Seine*, qui se plaignait chaque mois de voir ses commandes baisser, à Saïda, l'auxiliaire de vie qui subissait les conséquences de cette politique et faisait face aux rationnements des protections, à tous ces directeurs qui m'ont raconté la folie de ce système : des pénuries chaque mois, l'obligation de recourir au système D. L'un d'entre eux me révélera qu'il lui fallait obtenir l'accord de son directeur régional pour tout profil hors standard (par exemple, une personne en surpoids), ce qui se révélait extrêmement complexe. Un autre qu'il lui était arrivé plusieurs fois de prendre sa voiture en urgence pour emprunter des protections à un Ehpad voisin, n'appartenant pas à Orpéa. Combien d'autres me raconteront leur honte de ne pas être en mesure de traiter dignement leurs pensionnaires ? Si le groupe ne s'octroyait pas, chaque année, plus de 2,5 millions d'euros sur le budget « protections » alloué par les conseils départementaux à ses établissements, il aurait pu acheter près de dix millions de changes supplémentaires par an, et ces hommes et ces femmes n'auraient pas eu à vivre ces tragédies.

Le lien direct entre les modalités de ces contrats-cadres et la situation des résidents va d'ailleurs m'être confirmé par Mme Anna*, l'ancienne salariée du service « achat » d'Orpéa, qui m'a transmis ces précieux documents. Elle me raconte que la personne en charge de la négociation du contrat « incontinence » de Hartmann au siège du groupe n'avait jamais mis les pieds dans un Ehpad et ne connaissait absolument rien au secteur des protections. « La seule chose qui l'intéressait, me dit-elle, c'était d'obtenir le prix le moins cher. Le reste, les questions de qualité, ça lui passait au-dessus de la tête. »

Lors de la renégociation du contrat Hartmann, en 2016, les effets désastreux des ristournes appliquées se seraient fait sentir immédiatement : « Après cette renégociation, on a reçu énormément de plaintes de directeurs d'Ehpad, me certifie Mme Anna*. Ils nous appelaient pour nous dire que les couches étaient de très mauvaise qualité, qu'elles fuyaient, qu'il y avait constamment des problèmes. J'en ai parlé plusieurs fois avec ma supérieure, mais elle s'en foutait. Ce qu'elle voulait, c'est qu'on la félicite d'avoir fait gagner autant d'argent au groupe. »

Si l'incontinence, c'est l'absence de retenue, en voilà une définition concrète.

À cette époque, Laurent Garcia, l'ancien cadre infirmier des *Bords de Seine*, nous a raconté qu'il s'était plaint, lui aussi, de la baisse de la qualité des protections. Alors, que s'est-il passé exactement ? Orpéa aurait renégocié un taux de RFA extrêmement important. Le groupe Hartmann aurait accepté le deal en raison du volume du contrat, mais se serait retrouvé avec des marges trop faibles. Il a donc créé de nouveaux produits, de nouvelles protections spécialement conçues pour le groupe Orpéa, afin de rétablir sa marge. M. Cléo*, l'un des premiers salariés du service « achat » d'Orpéa, m'expliquera que les protections sont composées de trois différentes couches : des fibres de pin, du produit super-absorbant et de la cellulose. Il suffit de baisser légèrement la quantité de l'un de ces produits, par exemple le super-absorbant, pour regagner un peu de marge. C'est ce qu'il s'est passé chez Orpéa, qui ne nous a jamais répondu sur ce point. Ce deal dégoûtera totalement M. Cléo*. « Le responsable du service « achat » qui fait ça, c'est un mauvais, grognera-t-il. Il n'y a rien de plus simple que de faire baisser un prix. C'est à la portée de tout le monde. Notre boulot, c'est de conserver la qualité. Et si, un moment, vous tirez trop vers le bas, la machine se casse. »

L'équation imposée par Orpéa à ses directeurs était complexe. Il s'agissait : 1) de ne jamais dépasser le budget fourni par les conseils départementaux sous peine de devoir payer de sa poche ; 2) d'engranger, dans le même temps, 28 % de l'ensemble de ces budgets pour les reverser au siège ;

et 3) de fournir, malgré tout, un service minimum pour que cela n'impacte pas de manière trop visible l'exploitation.

En parallèle de la baisse de qualité des protections, l'autre technique utilisée par le groupe et son fournisseur Hartmann pour tenir cette équation consistait à optimiser de manière millimétrée le nombre de changes réalisés chaque jour. Si la limite était, comme nous l'avons découvert, fixée à trois changes par jour, des logiciels sophistiqués fournis par Hartmann permettaient de calculer au centième près ce taux afin de se rapprocher au maximum des deux changes quotidiens.

Dans un tableau de suivi mensuel élaboré par Hartmann, je vais découvrir des chiffres hallucinants. Le tableau indique qu'au cours de l'année 2010 les protections des résidents de l'Ehpad *La Chêneraie*, situé à Bordeaux, ont été changées en moyenne 2,6 fois toutes les 24 heures lors du premier trimestre, 2,1 fois lors du second trimestre et 2,8 fois lors du troisième trimestre… Voilà à quoi peut conduire une gestion industrialisée de la vie humaine, comme la qualifiait M. Adani* : ces hommes et ces femmes sont devenus, au crépuscule de leur vie, de simples corps qui sont eux-mêmes devenus de simples produits. Les couches ne sont plus des protections, mais des données comptables, des chiffres qu'il faut compresser, quoi qu'il en coûte. Les aides-soignantes, les auxiliaires de vie, les directeurs ne sont plus seulement là pour prendre soin, pour veiller au bien-être de leurs pensionnaires. Ils doivent aussi appliquer des directives financières pour réduire les coûts, pour maximiser les profits. 2,7, 2,3, 2,1… Où peut donc s'arrêter l'incontinence d'un groupe ?

Lorsque j'ai enfin pu obtenir la preuve de ce taux de RFA appliqué sur les protections chez Orpéa, je me suis tourné vers deux anciens directeurs généraux de très grands groupes privés d'Ehpad français. Le premier, qui préfère rester anonyme, était propriétaire d'un groupe de plus de cinquante établissements dans les années 1990. Celui qu'on surnommera Jean-Michel Bry* avait d'ailleurs, à cette époque, été à deux doigts de racheter Orpéa, avant que le groupe ne devienne l'empire qu'il est aujourd'hui. Lorsque je lui fis part de ce taux de 28 % de RFA appliqué par le groupe, M. Bry* se montra très choqué et impressionné par la technique. Je lui envoyai aussitôt, par mail, des documents comptables internes au groupe montrant les fameux coûts repas journaliers par résident (CRJ) pour qu'on puisse analyser ensemble les dépenses du groupe en matière de protections.

Grâce à ces documents (que j'eus bien du mal à obtenir), on découvrit que dans l'Ehpad de 125 lits, *La Résidence d'Or*, situé à Montmorillon, dans la Vienne, sur l'année 2014, le groupe avait budgété, au départ, 79 centimes par jour et par résident pour les dépenses de couches. Durant l'année, il réussit à faire en sorte que son directeur d'établissement compresse les coûts et ne dépense, en fin de compte, que 57 centimes par jour et par pensionnaire. À ce dernier chiffre, il faut ensuite enlever les 28 % de RFA rétrocédées en fin d'année au siège d'Orpéa... Cela nous amène à une dépense réelle de 41 centimes. « Effectivement, à ce niveau-là de prix, on ne peut pas dignement traiter l'incontinence d'un résident, estimera cet ancien propriétaire d'Ehpad. C'est absolument impossible ! »

Je partageai également ces informations avec l'ancien directeur général délégué du groupe Colisée, Pascal Brunelet. Malgré ses dix années passées à la tête de l'un des cinq principaux gestionnaires d'Ehpad, en dépit de ses fonctions éminentes actuelles et des liens qu'il conserve avec tous les pontes du secteur, il a accepté de m'accompagner dans cette enquête, de passer des heures au téléphone avec moi, d'analyser les documents d'Orpéa, de m'éclairer sur certains sujets techniques et de témoigner en son nom. Parce que les techniques d'accaparement de l'argent public dont il a pu être témoin l'ont toujours révolté. Parce qu'il sait mieux que personne les conséquences que cela peut avoir sur les résidents.

Lors de l'une de nos conversations téléphoniques, il m'expliqua la manière dont son groupe procédait concernant l'incontinence : « Chez Colisée, nous avions mis en place un système totalement différent. À l'époque où j'étais directeur général (entre 2005 et 2015), nous avions passé un contrat-cadre avec notre fournisseur Tena et fixé un forfait à environ 1,15 euro par résident et par jour. Dans notre deal, Tena devait faire intervenir, régulièrement, des formateurs infirmiers pour apprendre à nos équipes à utiliser au mieux les protections. C'était un système intelligent où l'on passait d'une vente de produit à une vente de service, avec une dimension vertueuse. C'était un forfait, donc on n'avait aucun intérêt à pousser nos équipes à utiliser moins de couches. Le prix était toujours le même : 1,15 euro ! »

Le groupe Colisée, qui gérait 4 000 lits sous le mandat de Pascal Brunelet, dépensait presque trois fois plus que le groupe Orpéa pour les protections de ses pensionnaires. Lorsque je lui donnai les dépenses d'incontinence de son concurrent, il me répondit que c'était « insensé », « scandaleux », qu'il n'avait jamais imaginé qu'on puisse baisser à ce point les dépenses en protections de ses pensionnaires, que c'était une dérive absolument « inacceptable ».

Cette dérive dans la course à l'optimisation des coûts, je vais découvrir qu'elle touche au moins un autre géant du secteur de la dépendance.

CHAPITRE 17
ORPÉA, KORIAN : MÊME COMBAT ?

Si j'ai choisi de concentrer mon enquête sur Orpéa, c'est parce que, dans bien des domaines, le groupe est allé plus loin que la plupart de ses concurrents. Mais j'ai eu, durant ces trois années d'investigation, l'occasion de rencontrer des salariés ou des dirigeants d'autres grands groupes privés. Et j'ai pu apprendre que Korian, le numéro un français et européen, avait suivi une trajectoire proche de celle de son principal concurrent. C'est Samuel Royer, un ancien directeur d'exploitation d'Orpéa, passé, quelques années plus tard, chez Korian, qui me racontera la mise en place de cette nouvelle politique au tournant des années 2014-2015. C'est un homme d'une quarantaine d'années qui m'accueille chez lui, dans l'ouest de la France, à La Chapelle-sur-Erdre, à quelques kilomètres de Nantes. Il m'invitera ensuite plusieurs fois, pour de longues discussions.

Samuel Royer sera l'une des rencontres déterminantes de mon enquête. Malgré son sourire franc et sa voix chaleureuse, il a été l'un des « directeurs nettoyeurs » du groupe Orpéa. Une expérience traumatisante qu'il me racontera avec émotion lorsqu'on évoquera les libertés prises avec le droit du travail chez Orpéa, lors d'une deuxième rencontre. Nous allons ici nous concentrer sur son expérience au sein du groupe Korian et sur les dérives dont il dit avoir été le témoin. Il est aujourd'hui en procès aux prud'hommes avec le groupe, mais a, malgré tout, insisté pour apparaître en son nom dans ce livre.

Samuel Royer me raconte avoir décidé de quitter Orpéa après six années extrêmement violentes. Dégoûté, comme tant d'autres, par les pratiques du groupe, il avait alors souhaité se tourner vers un gestionnaire d'Ehpad avec une dimension plus humaine, à savoir le groupe Médica. L'expérience est concluante. Il retrouve le plaisir de diriger un Ehpad, gère de nouveau son budget, décide des recrutements, ne se sent pas sans cesse régenté par les chiffres. Et puis, patatras ! En mars 2014, les actionnaires approuvent la fusion-absorption de Médica par le groupe Korian. Et Samuel Royer se retrouve, de nouveau, dans le giron de l'un des mastodontes du secteur. « Korian va alors mettre en place le reporting quotidien, me raconte-t-il, et on commence à retomber dans un discours complètement déshumanisé : économies sur la masse salariale, demandes d'autorisations pour les remplacements. Je me dis : "Mais cela recommence comme avant." Mon directeur régional, un ancien de Médica, se fait virer. Et je me retrouve avec un nouveau DR qui va m'expliquer direct sa façon de travailler. Je lui dis : "Mais vous savez que c'est très proche de ce que fait Orpéa." Et lui me répond : "Mais Orpéa, c'est mon modèle !"

Là, j'ai compris que cela allait devenir compliqué pour moi de continuer à travailler pour eux… »

Quelques mois plus tard, en 2015, le service « achat » du groupe Korian-Médica est totalement réorganisé et la nouvelle structure commence à instaurer un système de marges arrière, ou rétrocessions, avec les conséquences potentielles que nous connaissons. Comment Samuel Royer s'en est-il rendu compte ? Tout simplement parce que les prix des dispositifs médicaux qu'il consommait ont immédiatement augmenté. « Je vais vous donner un exemple. Je payais, par exemple, un fauteuil roulant 200 euros. On était alors un petit groupe. Et là, on devient un gros groupe et, du jour au lendemain, je me retrouve à le payer genre 250 euros. Pour le même produit… » Samuel va alors directement contacter le fournisseur pour comprendre le pourquoi de cette hausse. « Je les appelle et ils m'expliquent qu'ils vendent toujours au même prix, mais que cette hausse a répondu à une demande de mon groupe, de Korian. Je comprends alors que si les prix ont augmenté, c'est pour pouvoir faire des marges arrière. Et du coup, on se met à exploser nos dotations "Soins". » Samuel Royer n'est pas le seul directeur d'Ehpad de Korian-Médica à se rendre compte de cette hausse de prix. Il m'a communiqué un dossier de 210 pages qu'il a constitué, dans lequel il relate une série de comportements suspects qu'il a pu observer lorsqu'il était dans le groupe. Dans ce dossier, au chapitre 9, titré « Suspicion de détournement de fonds publics », apparaît un certain nombre de mails échangés entre des directeurs d'Ehpad du groupe Korian et entre des directeurs et leur hiérarchie, à propos de cette hausse de prix.

En février 2015, le groupe Korian annonce par mail à ses collaborateurs que le service « achat » se réorganise et que, grâce à la fusion, il a pu optimiser les prix. Il demande à ses directeurs d'être coopératifs et d'utiliser désormais au maximum « les produits référencés par le groupe avec l'objectif de passer d'un taux d'adhésion de 70 % à 90 % ». L'objectif annoncé est de réaliser des économies de plusieurs millions d'euros afin d'atteindre les objectifs de rentabilité de 2015. Qu'est-ce que cela signifie ? Que le groupe vient de passer des contrats-cadres avec ses principaux fournisseurs en instaurant des marges arrière importantes et que, désormais, il faut s'empresser de grossir le nombre de produits provenant de ces fournisseurs afin de réaliser les rétrocessions les plus importantes possible. L'un des mails de la direction évoque ainsi cette politique d'achats comme un nouvel axe de compétitivité du groupe, grâce à « la collecte des rémunérations liées aux contrats de coopération commerciale avec les fournisseurs ».

Pas de chance, à la même période, un agent de l'agence régionale de santé Pays de la Loire va se montrer particulièrement vigilant. Dans le cadre de l'étude des comptes administratifs de la résidence Korian gérée par Samuel Royer, il réclame non seulement les factures des dispositifs médicaux, mais surtout les contrats passés avec les fournisseurs. Samuel Royer transmet alors ce mail à sa hiérarchie. Plusieurs responsables vont se renvoyer la balle avant que son directeur régional lui demande de ne rien répondre pour le moment. Samuel Royer relance ses supérieurs une première fois, dix jours plus tard. Puis une seconde fois, en leur expliquant qu'il n'est pas très judicieux de faire attendre l'ARS. L'un d'eux lui propose alors de transmettre à l'agence régionale de santé les factures qu'il possède. Et Samuel Royer doit leur répéter, une énième fois, qu'on ne réclame pas des factures, mais des contrats. L'embarras du groupe est palpable. Finalement, près d'un mois après la demande de l'ARS, la directrice de la performance médico-économique de Korian transmet les contrats à M. Royer. Sauf qu'il va se rendre compte immédiatement qu'il ne s'agit pas des bons contrats. Le groupe lui a transmis les anciens contrats passés par le groupe Médica et non ceux que vient de passer la nouvelle structure Korian-Médica, où pourrait apparaître, bien évidemment, la mention de l'existence de marges arrière.

Dans une autre série de mails, une autre directrice d'Ehpad, collègue de Samuel Royer, demande, à son tour, au responsable des achats de Korian des explications sur la hausse des prix constatée chez l'un de ses fournisseurs. Ce dernier lui répond que les prix sont malheureusement conformes à ceux contractualisés quelques mois plus tôt, et que cette hausse s'explique par une montée en gamme des services réclamés au fournisseur, à savoir : reporting de facture, commande en ligne, conformité du matériel. Cette directrice, que nous appellerons Lucille*, va alors se tourner vers l'un de ses collègues en lui racontant que ses tarifs DM ont augmenté et que cela représente un surcoût de 2 200 euros. Voici la réponse de son collègue : « Salut Lucille*, en effet, j'avais informé mon DR de cette difficulté : les prix ont augmenté bien naturellement, car les fournisseurs reversent les RFA au siège. C'est très problématique, car cela concerne les fonds publics. J'ai averti Linda* d'être vigilante sur le sujet au niveau du coût des denrées. En effet, nous allons changer de prestataire en approvisionnement. J'imagine qu'ils vont avoir la même logique : augmenter les prix pour reverser au siège des remises, et laisser notre budget à l'identique. Je suis prêt à parier qu'ils vont avoir la même réponse. À noter que le niveau d'exigence sur les denrées est monté d'un cran. Ils nous prennent vraiment pour des brêles. »

La nouvelle politique de Korian était assez officielle pour que le groupe l'affiche lors de l'une de ses réunions régionales. Par le biais d'un tableau comparatif (que m'a transmis et a analysé Samuel Royer), les dirigeants expliquent qu'avant la fusion l'ex-Korian dépensait, pour ses 11 653 lits, un montant total de dispositifs médicaux de 6,85 millions d'euros, soit un ratio moyen par lit de 587 euros. Dans le même temps, Médica, pour un nombre de lits quasi similaire (11 710), dépensait seulement 1,1 million d'euros, soit 93 euros par lit. C'est-à-dire qu'il touchait six fois moins d'argent public. L'objectif du groupe était-il que la nouvelle structure parvienne, rapidement, aux mêmes ratios que l'ex-Korian, en puisant au maximum dans les dotations publiques afin de recevoir, à la fin de l'année, le plus possible de RFA ?

Korian, Orpéa, même combat ? J'ai contacté le groupe par l'intermédiaire de leur directeur des relations presse. Après plusieurs jours de réflexion, ils ont accepté de me rencontrer afin de répondre à mes interrogations. Dans un premier temps, Korian prévoyait un entretien avec leur directeur du service « achat ». Mais, prenant conscience de la sensibilité du sujet, ils ont finalement opté pour le directeur général France, Nicolas Mérigot. Un ancien du secteur des laboratoires entré dans le groupe Korian en octobre 2016. Un homme qui n'est pas du genre à se laisser importuner très longtemps. Et qui terminera notre entretien, lassé de mes questions, en lançant son stylo sur la table et en criant : « Ça suffit ! »

Lorsque je demande à M. Mérigot si le groupe Korian avait mis en place des RFA sur les produits de santé, il m'opposera un non franc et massif. « Les fournisseurs ne reversent aucun euro à la fin de l'année au siège du groupe », me répète-t-il plusieurs fois. Ce n'est qu'à ma troisième demande qu'il se montre plus précis : « Korian facture des prestations aux fournisseurs dans le cadre de son travail de référencement. Les fournisseurs sous-traitent avec une unique centrale de référencement la discussion avec nos 400 établissements. Et ils paient ce service à Korian. Korian émet des factures en France soumises à TVA à ce titre. Cela n'a rien à voir avec des remises. » M. Mérigot insiste pendant de longues minutes pour me dire que tout cela est un non-sujet, que cela ne concerne pas l'argent public, mais des contrats de prestation de services réalisés entre deux entreprises de droit privé. Son groupe va s'occuper pour le compte de ses fournisseurs de la gestion de la non-conformité des produits, des recours, des litiges. Il m'affirme également que son groupe fait bénéficier aux autorités de financement de ses négociations de volume et leur fait donc faire des économies, que de toute manière depuis la réforme du CPOM (contrat pluriannuel d'objectifs et de moyens) les ressources de ses laboratoires ne sont pas liées à leurs dépenses, mais à l'état pathologique des résidents, et que, dans tous les cas, son groupe est contrôlé à de multiples reprises par les ARS, les conseils départementaux, la DGCCRF ou encore la Cour des comptes. Circulez, il n'y a rien à voir !

Le DG France de Korian refuse, en revanche, d'entrer dans les détails de ces contrats relevant du secret des affaires. Il refuse de me donner les montants des sommes concernées, de me dire s'il s'agit de sommes fixes ou de pourcentages. Il refuse également de me dire si un organisme a concrètement vérifié la réalité et l'ampleur des prestations réalisées par le groupe Korian pour le compte de ses fournisseurs.

S'agissant des revenus issus des contrats-cadres passés avec les laboratoires de biologie médicale, il me tient le même discours, m'expliquant que son groupe réalise pour le compte des laboratoires l'ensemble du travail pré-analytique (identification des personnes, prélèvement, étiquetage, première conservation) et qu'il est donc normal qu'il y ait un partage d'honoraires avec ces laboratoires. Lorsque je lui fais remarquer que les prestations en question, objets de ces facturations, sont réalisées par du personnel payé par de l'argent public, il marque un silence avant de répondre, hésitant : « Ces prestations sont forcément faites par une infirmière diplômée d'État, payée en partie par de l'argent public. Mais pas à 100 %. » Lorsque je lui indique, enfin, qu'il y a nécessairement un souci puisqu'il est question ici d'argent public et que, malgré les nombreux contrôles qu'il mentionne, un groupe comme Orpéa avait pu se retrouver condamné par la Cour de cassation pour avoir mis en place des ristournes dans ses contrats passés avec les laboratoires de biologie médicale, il me répondra ceci : « [Dans le cas d'Orpéa,] il n'y avait pas de contrepartie. Orpéa faisait payer le droit d'intervenir dans ses laboratoires. C'était un droit de présentation. » Avant d'ajouter : « Mais est-ce que la Caisse d'assurance maladie s'est portée partie civile ? Les ARS se sont-elles intéressées au sujet ? Non ! Si vous devez vous intéresser à ce sujet, remettez en cause le fonctionnement de l'ensemble du système. Mais ne vous intéressez pas à un acteur spécifique comme Korian qui se plie à la réglementation française. »

Ce qui est, malgré tout, à souligner, c'est que ces pratiques, semble-t-il imposées de différentes manières par les deux leaders du marché de la dépendance, ne sont pas utilisées par nombre de gestionnaires d'Ehpad privés et que tous les fournisseurs ne sont pas prêts à les accepter. J'ai notamment eu l'occasion de discuter, par téléphone, avec le dirigeant de la Plateforme médicale, un fournisseur de matériel médical (pansements, produits d'hygiène, gants, collecteurs de déchets, seringues...). « Vous savez, le système entier fonctionne comme cela. Alors on fait avec, affirme-t-il. Il y a deux groupes qui sont très avancés. Ce sont les deux plus gros : Korian et Orpéa. Mais c'est extrêmement grave, vous savez. C'est pour cette raison qu'on n'a jamais travaillé avec Orpéa. Ils nous demandaient des choses inacceptables. Et ce n'est pas pour rien que leurs quatre principaux fournisseurs n'ont jamais changé en vingt ans. Vous savez, le forfait “Soins” est payé par l'État. Et là, vous vous retrouvez avec un système de rétrocessions très très important. Moi, je leur ai dit que j'avais une famille, des boîtes, que j'étais responsable-gérant. Donc non, je ne rentrais pas dans leur combine. » Il accuse : « On me demandait de surfacturer pour payer les séminaires à l'étranger. Et de reverser des rétrocessions en veux-tu en voilà à la fin de l'année. Bah, j'ai dit non ! C'est pas mon truc. Je pense qu'il y a encore des gens qui ont quand même une éthique dans ce pays. »

Ce fournisseur m'indique, au cours de cette conversation enregistrée, que ces acrobaties comptables permettent, dans le cas d'Orpéa, de financer les séminaires annuels du groupe à l'étranger. Pour être parfaitement concret, l'argent public qui aurait dû servir à acheter des protections pour les résidents, ainsi que du matériel médical, serait, en fin de compte, utilisé pour régler des billets d'avion, des petits-fours et du champagne et des « guest stars » de la variété française.

Ces pratiques ne sont heureusement pas le fait de tout un secteur. D'après ce fournisseur, beaucoup d'autres grands gestionnaires privés n'ont pas recours aux RFA ou à des facturations de prestations de service. « Vraiment, il faut se rendre compte que les autres groupes ne demandent rien, reprend le dirigeant de la Plateforme médicale. Je suis allé voir LNA Santé, qui est le numéro quatre français. C'est à Nantes. Une très belle boîte. Le sujet n'est même pas abordé. J'ai les contrats. Il n'y a pas de RFA. Pareil pour Maisons de Famille, qui fait partie du groupe de la foncière Auchan, Mulliez. Il y a un argent dingue et un savoir-faire. C'est 0 % de RFA ! Rien. Il n'y a rien. Le groupe Le Cèdre, rien non plus. Il n'y en a que deux qui font cela. Et il y en a deux parce que leur taille fait qu'ils imposent leurs volontés à leurs fournisseurs et sûrement à leurs salariés. Vous savez, nous, on avait le marché des protections avant avec Korian. Eh bah, c'est passé chez Hartmann. De toute façon, les deux, Orpéa et Korian, sont "maqués" avec Hartmann. Le problème, il est clair. C'est sur les couches avec Hartmann, et sur les dispositifs médicaux avec Bastide. C'est un scandale ! Un vrai scandale. On est mangés à cette sauce-là. »

Ce fournisseur m'aura permis de comprendre que, dans le secteur de la santé, ces pratiques sont un secret de Polichinelle. Tout le monde a l'air d'être au courant. Et chacun garde le silence. Par peur de perdre des clients.

Orpéa et Korian, par leur poids et leurs méthodes, inspirent un climat de peur. Les deux mastodontes français profitent, chacun à leur manière, au moins de manière indirecte, de l'argent public depuis des années. Et pour avoir réussi ce gigantesque tour de passe-passe, il leur a fallu des alliés de poids : des fournisseurs prêts à tout pour obtenir des marchés.

CHAPITRE 18
« C'EST DE LA FAUSSE FACTURE PURE ET SIMPLE »

Si vous avez bien suivi, les Ehpad sont financés en grande partie par de l'argent public, qui est utilisé à la fois pour payer les salaires des médecins et des soignants, et également pour se fournir en produits de santé. Les deux postes de dépenses les plus importants sont les protections, qui sont payées par les conseils départementaux via le forfait « Dépendance », et les dispositifs médicaux (lits, fauteuils roulants, etc.), qui sont payés par les agences régionales de santé via le forfait « Soins ». L'objectif des gestionnaires d'Ehpad, nous l'avons compris, c'est de ne jamais dépenser plus que le montant du forfait « Soins » alloué pour chacun de ces Ehpad, sinon ils seraient contraints de payer le surplus de leur poche. Mais il ne faut pas non plus dépenser moins, car les groupes se priveraient alors d'une partie des rétrocessions attendues.

Nous avons vu que, pour un Ehpad de 100 résidents, le forfait « Soins » est d'environ 70 000 euros. Si votre établissement ne dépense que 60 000 euros, les 15 % de RFA s'appliqueront sur cette somme. Et votre siège ne recevra que 9 000 euros de RFA au lieu des 10 500 envisagés. L'autre effet pervers des RFA, c'est donc d'inciter les gestionnaires d'Ehpad à dépenser le maximum d'argent public, à utiliser toute leur dotation « Soins », indépendamment des besoins de l'établissement. Puisque plus ils dépensent d'argent public, plus ils pourront percevoir de RFA. Combien de directeurs d'Ehpad du groupe Orpéa m'ont raconté cette pression constante de leur hiérarchie pour qu'ils dépensent l'intégralité de leurs forfaits « Soins » ? C'est l'un des éléments qui déterminent leur avenir au sein de l'entreprise. Et paradoxalement, un groupe comme Orpéa peut être perçu par certaines ARS comme un bon élève parce qu'il respecte au centime près sa dotation.

J'ai eu l'occasion de revoir plusieurs fois Pierre*, le commercial de Bastide qui m'avait révélé l'existence d'un taux de RFA de 15 % pour Orpéa. En plus de la mise en place de ces rétrocessions, il me décrira comment le groupe (et certains de ses concurrents) s'efforce de dépenser l'ensemble des dotations de chacun de ses établissements. Ainsi, chaque fin d'année, les commandes de matériel explosent, sans qu'il soit tout à fait certain de l'opportunité des demandes passées. « C'est vrai qu'ils n'aiment pas rester avec du budget, m'avoue-t-il. Alors, on reçoit des tas de commandes à la fin de l'année. Pour les intelligents fin novembre, et pour les plus cons le 24 décembre. Il y en a qui s'y prennent vraiment à la dernière minute. Et ce qui est impressionnant, c'est quand ils annoncent les sommes. Je peux recevoir un mail du type : "On a besoin de lits. On a 45 000 euros. Faites-nous une proposition." Là, on sait pertinemment que c'est pour écouler le forfait “Soins”. La commande est plus faite en fonction de l’argent qu’il reste que des besoins de l’établissement. » J’obtiendrai le même récit de la part d’un ancien DR de Bastide, présent dans le courant des années 2000.

Le groupe Bastide offre donc la possibilité à ses clients de mettre en place des RFA pour qu’ils puissent profiter, au moins indirectement, d’une partie de l’argent public. Et il leur permet de vider leur forfait « Soins » en acceptant toutes les commandes possibles et (in)imaginables, en fin d’année. Mais ce n’est pas tout. Pascal Brunelet, l’ancien directeur général délégué du groupe Colisée de 2005 à 2015, va me faire une révélation d’importance, qu’il accepte d’assumer en son nom, se disant prêt à témoigner en justice, si nécessaire. Pascal Brunelet me raconte qu’à la fin de l’année 2014 le groupe Colisée, dont il avait la charge, avait une provision dans ses comptes de l’ordre de 2 millions d’euros. C’est-à-dire que, sur l’ensemble des dotations publiques qu’il avait reçues pour sa cinquantaine d’Ehpad, il lui restait un solde de 2 millions d’euros. Pour Brunelet, c’était une bonne chose. Il estimait que ses établissements ne devaient dépenser que ce dont ils avaient réellement besoin et qu’en tant que gestionnaire d’Ehpad il avait la responsabilité de gérer correctement l’argent public qui lui était confié. Une vision que ne partageaient pas la plupart de ses concurrents. Il se souvient, notamment, d’une réunion au Synerpa, le Syndicat national des maisons de retraite privées, qui regroupe l’ensemble des acteurs de la filière : Orpéa, Korian, DomusVi, Emera ou encore Montana. « Lors de cette commission au Synerpa, me raconte-t-il, mon collaborateur expliquait aux différents participants qu'on faisait une provision chaque année de l'argent qu'on ne dépensait pas. Et clairement, lorsqu'il a dit ça, on a été regardés par certains de manière très bizarre. La plupart de nos concurrents ne comprenaient pas qu'un groupe privé ne dépense pas tout l'argent public qu'il avait reçu. Leur réaction m'avait marqué. »

Mais ce qui va encore plus le choquer se déroule quelques mois plus tard, au cours d'un déjeuner d'affaires avec l'un des groupes leaders du matériel médical. Nous sommes toute fin 2014. « Nous étions en deal avec eux depuis quatre ans. Et c'est la première fois qu'ils m'invitaient à déjeuner. Il y avait les dirigeants du groupe et le directeur commercial. Et là, ils m'ont fait une proposition insensée. Ils me disent : "Savez-vous ce que font certains de vos concurrents ?" Je leur réponds : "Non !" Et là, ils m'expliquent que si j'ai, par exemple, 500 000 euros ou 1 million d'excédent sur mes budgets dispositifs médicaux, ils sont en mesure de me fournir une facture de ce montant-là. En gros, ils me feront des factures correspondant aux montants des excédents pour chacun de mes cinquante établissements. Et en échange de ce service, ils prendront une commission sur le montant de chaque facture éditée. Je ne me souviens plus du pourcentage exact. C'était peut-être 4-5 %. C'est de la fausse facture pure et simple ! »

Les révélations de Pascal Brunelet, l'ancien directeur général délégué du groupe Colisée, sont particulièrement graves. Il affirme que l'un des principaux fournisseurs de produits médicaux en France propose à ses clients de mettre en place un système de fausses factures. Dans le but, encore une fois, de puiser autant que possible dans les dotations publiques.

Compte tenu de la taille de ce groupe et des volumes de marché occupés par ses nombreux clients, on peut imaginer que ces pratiques contribuent à creuser le déficit de la Sécurité sociale. Un trou qui atteignait 1,9 milliard d'euros en 2018 et qui a pu grimper jusqu'à 45 milliards d'euros en 2020 suite à la crise du Covid-19.

Je m'étonne, d'ailleurs, encore des défaillances des autorités de contrôle et de l'attitude de la DGCCRF (Direction générale de la concurrence, de la consommation et de la répression des fraudes) vis-à-vis de mon enquête. Même lorsque je leur ai révélé par téléphone que j'étais en possession d'un document attestant de détournements de l'argent public dans le secteur des Ehpad ainsi que de nombreux témoignages détaillant l'ensemble du système mis en place, ils refusèrent de me rencontrer.

Ce mur, ce silence de l'administration, plusieurs témoins de mon enquête l'ont constaté, amers. Une ancienne directrice de la région bretonne notamment avait essayé un temps d'alerter les autorités, en vain. Elle se tournera finalement vers moi…

CHAPITRE 19
UNE DIRECTRICE QUI RÉSISTE

La directrice que je m'apprête à retrouver s'appelle Alexandra Girelli. Elle a donné son accord pour que je divulgue son identité. Elle a depuis son expérience au sein d'Orpéa totalement quitté le secteur des Ehpad et travaille désormais comme responsable qualité de la restauration scolaire de sa ville. Le métier de directrice de maison de retraite lui plaisait, mais ce qu'en a fait Orpéa l'a dégoûtée pour de nombreuses années, de la même manière qu'Adnane Azzaoui à Neuilly-sur-Seine ou M. Adani* en banlieue parisienne. « Ce n'étaient pas les familles qui me posaient problème. Ni les salariés que je devais manager. Ce qui me rendait dingue, c'était le siège, m'expliquera-t-elle. Mais je pense qu'un jour je redeviendrai directrice de maison de retraite. Parce que j'aime profondément ça. Pas pour le privé, c'est certain. Pas pour Orpéa, c'est une évidence. »

Nous nous retrouvons dans l'arrière-salle d'un coffee-shop branché du centre-ville de Brest, au milieu de longues tables en bois et de fauteuils clubs. C'est une femme d'une quarantaine d'années, souriante et énergique. Elle arrive d'un pas décidé, en tailleur coloré, coiffure impeccable, dépose des sacs remplis de classeurs sur la table, et nous commençons à discuter. Alexandra Girelli a été recrutée comme directrice de la résidence du *Lys blanc*, à Brest, en octobre 2006. Elle le restera jusqu'en juillet 2015, soit près de neuf ans. Durant toutes ces années, elle a été sous la surveillance du directeur régional de la zone Ouest, l'un des piliers du groupe Orpéa. Un homme à la carrure de footballeur américain et au tempérament de feu, dont nous serons amené à reparler, présent depuis le début des années 2000 et toujours en poste aujourd'hui.

Alexandra Girelli est dès le début de son expérience Orpéa confrontée à ce qu'elle qualifie de « magouilles » du groupe. La première année passée au sein de sa résidence, cette ancienne contrôleuse de gestion va se montrer particulièrement bonne soldate et réaliser d'importantes économies sur le personnel, notamment sur les postes financés par la Ddass (direction départementale des affaires sanitaires et sociales) du Finistère. Sur ce fameux forfait « Soins » payé par l'Assurance maladie (donc par nous), il restait à la fin de l'année 2007 environ 100 000 euros d'excédent, ce qui n'est pas négligeable. « Le problème pour le groupe, c'était que la Ddass du Finistère, contrairement à d'autres Ddass, ne rigolait pas avec les excédents et reprenait, assez logiquement, les trop-pleins à la fin de l'année, me raconte Alexandra Girelli. Or, pour le groupe Orpéa, il était inenvisageable de rendre cet argent. Cela aurait voulu dire que la dotation accordée à cet établissement était trop importante et qu'elle pourrait donc être amenée à baisser dans les années à venir. »

Que va donc pouvoir faire Orpéa pour conserver cet excédent de dotation publique sans risquer de se faire attraper par les autorités ? En comptabilité, rien n'est impossible. Le groupe n'aurait pas hésité à demander à sa toute jeune directrice d'exploitation de facturer sur son établissement des aides-soignantes intérimaires utilisées par d'autres résidences du groupe. En 2007, plusieurs dizaines de milliers d'euros seraient ainsi passées en factures d'intérim sur la résidence du *Lys blanc*, à Brest, alors qu'elles concerneraient en réalité des aides-soignantes utilisées par la résidence *Les Rives Saint-Nicolas*, à Caen. Le tout avec la complaisance de l'une des principales agences d'intérim en France, qui avait l'avantage de ne pas être trop regardante sur les factures.

Orpéa expliquera à Alexandra Girelli que ces facturations permettaient d'aider une résidence moins bien dotée en budget « Soins » et étaient donc justifiées par la volonté du groupe d'assurer une qualité de prise en charge optimale des pensionnaires de toute la zone Ouest. Un argument qui volera en éclats quelques années plus tard. En 2011, le groupe va lui demander de faire exactement l'inverse. C'est-à-dire qu'Alexandra Girelli va se faire payer le salaire de plusieurs de ses aides-soignantes par le budget « Soins » de la *Résidence Choiseul*, située à Tours. « Le plus fou, c'est qu'ils ne vont pas recruter de nouvelles intérimaires pour ma résidence. Ils vont passer des aides-soignantes qui travaillaient déjà depuis des années pour moi d'un CDD à un contrat d'intérim. Cela va leur permettre de les faire facturer par une autre résidence. Mais ça va aussi gonfler honteusement le coût de ces soignantes pour l'Assurance maladie. En gros, une aide-soignante que vous prenez avec une agence d'intérim, c'est 50 % plus cher. »

Pour Orpéa, tous les moyens paraissent bons pour éviter de devoir reverser le moindre centime aux Ddass (puis aux ARS). Cela est d'autant plus choquant que les dotations allouées par ces organismes dépendent d'un budget régional et que, dans ces différentes situations, on transférait des budgets de la région Bretagne (Brest) à la région Normandie (Caen), puis de la région Centre-Val-de-Loire (Tours) à la région Bretagne (Brest). Le tout en grossissant inutilement le coût de chaque aide-soignante pour l'Assurance maladie. On peut se demander dans combien de résidences et pendant combien d'années ces manipulations comptables ont été ordonnées dans le but de conserver les excédents de dotations publiques allouées à chaque établissement du groupe Orpéa – qui n'a pas souhaité nous expliciter ces pratiques.

Alexandra Girelli s'est exécutée la première année, puis elle a eu la « chance » d'avoir, sur sa résidence, en décembre 2007, un important contrôle des services d'inspection de la Ddass, réalisé à la suite de nombreuses plaintes antérieures à son arrivée. Les inspecteurs ne parviendront pas à découvrir cette pratique, mais vont, en revanche, dénoncer le recours massif à des CDD, le caractère fluctuant des effectifs aides-soignants, le turn-over inquiétant au niveau de la direction (trois directrices se sont succédé avant l'arrivée d'Alexandra Girelli), ou encore un nombre d'escarres anormalement élevé chez les résidents. Certains de leurs commentaires sont particulièrement sévères : « Le nombre de décès survenant à l'issue d'un séjour de deux mois et moins et représentant plus de la moitié des décès est une situation anormale qui pose la question de la sélection des résidents pouvant être accueillis, et surtout celle de la qualité des soins dont ces patients en fin de vie ont pu bénéficier », ou encore, en conclusion : « Les conditions actuelles d'accueil peuvent être facteur de maltraitance. » Tous ces éléments ne vous rappellent-ils pas quelque chose ? Cela pourrait être un parfait résumé administratif de la situation décrite dans notre première partie consacrée à la résidence des *Bords de Seine*.

Les inspecteurs de la Ddass vont, au milieu de toutes ces dénonciations, constater que la résidence du *Lys blanc* réalise des séjours temporaires sans en avoir reçu l'autorisation, et la mettent en demeure de stopper cette pratique dans les six mois. « Après ce contrôle, Orpéa a compris que la résidence allait être sous surveillance attentive de la Ddass du Finistère et qu'il fallait se tenir à carreau, me résume Alexandra Girelli. Alors, ma hiérarchie m'a laissée tranquille pendant de nombreuses années et on n'a pas demandé à retoucher à mon budget "Soins". »

Cela n'empêchera pas pour autant le groupe de maintenir une pression financière constante, notamment sur le budget « Hébergement », payé cette fois-ci directement par Orpéa. Alexandra Girelli me montre un mail envoyé le 1er octobre 2010 par la secrétaire personnelle du directeur général en charge de l'exploitation du groupe – vous commencez à le connaître ! –, Jean-Claude Brdenk. Il est écrit : « Nous vous demandons de ne plus procéder à de recrutements de CDD sur la partie Hébergement et ce, jusqu'à instruction contraire de notre part. » La consigne ne souffre d'aucune exception : « toute demande parvenant au service Paie ne sera pas honorée ». Qu'est-ce que cela signifie ? « Cela voulait dire que l'on n'avait plus le droit jusqu'à la fin de l'année de remplacer l'ensemble des absences sur les postes financés par le groupe, c'est-à-dire les cuisiniers, les animateurs, les adjoints de direction, ou encore les secrétaires, assure Alexandra Girelli. Et ce alors même que les plannings étaient déjà affichés pour le mois à venir depuis le 20 septembre. » On a du mal à imaginer comment cela peut être rendu possible. Comment faire si votre cuisinier est malade ? Il faut bien que les résidents mangent. Comment faire si votre animateur a programmé de partir en vacances pendant une semaine, si votre homme d'entretien se blesse ? Il faut bien continuer à faire tourner votre résidence. Pourtant, le premier mail sera suivi d'un second, du directeur régional de la zone Ouest. Ce dernier aura le mérite d'être encore plus clair : « Les auxiliaires de vie sur l'hébergement ménage et nursing ne seront pas remplacées en CDD auxiliaire de vie jusqu'à nouvel ordre. Au nursing, les remplacements doivent s'effectuer par des AS (dotation "Soins"...). » On comprend, à travers ces mails, que le groupe souhaite réduire sa masse salariale en urgence et que, pour ce faire, il n'hésite pas à demander à ses directeurs d'utiliser des aides-soignantes (dont les salaires sont réglés à 100 % par l'argent public) à des postes normalement occupés par des auxiliaires de vie (dont « seulement » 30 % des salaires sont réglés par l'argent public).

D'après Alexandra Girelli, le groupe aurait été prêt à tout, cette année-là, pour contenir sa masse salariale au niveau national afin de pouvoir afficher les comptes les plus solides possible lors de la présentation annuelle de son rapport financier 2010. Le but de ces consignes était, d'après elle, de satisfaire l'actionnariat d'Orpéa. Jean-Claude Brdenk, Yves Le Masne et plus encore le docteur Marian savent que, pour que le groupe continue à se développer en France et à l'étranger, à racheter et à construire, il lui faut énormément de cash. Que la Bourse est un excellent moyen de financement. Et que la Bourse n'aime rien de plus que la gestion au cordeau.

Alexandra Girelli tient plusieurs années dans cet environnement de travail compliqué et souvent hostile. Les intimidations et les remarques déplacées de son directeur régional sont fréquentes. Elle en a d'ailleurs listé quelques-unes dans ses dossiers. Peu après son arrivée, il lui aurait expliqué que « ses salariées sont des chèvres, justes bonnes à frotter le sol ». Quelques mois plus tard, il aurait traité sa secrétaire de « buse ». En 2014, alors que la fille d'Alexandra Girelli était malade et qu'elle avait dû s'absenter pour s'occuper d'elle, il le lui aurait reproché vertement : « J'ai été suffisamment tolérant avec le fait que vous soyez mère. » Elle m'assurera d'ailleurs qu'il se montrait particulièrement intolérant avec les directrices mères de jeunes enfants. Deux de ses collègues de la même région auraient ainsi été licenciées pour faute grave, avec le consentement du groupe, alors qu'elles étaient enceintes ou de retour de congé maternité. Finalement, en 2015, Alexandra Girelli décide de démissionner, épuisée moralement et physiquement. Elle reconnaît à Orpéa, et elle insiste pour le dire, une vraie politique de qualité, avec la rédaction de nombreux protocoles et un contrôle détaillé, réalisé annuellement, de chaque résidence. Mais, malheureusement, les exigences financières du groupe avaient raison de tout le reste. Rien n'était plus important que le TO et le NOP, le taux d'occupation et la marge.

Alexandra Girelli, comme M. Adani*, me racontera, enfin, qu'elle avait commencé à comprendre, après plusieurs années, que le groupe Orpéa percevait des remises de fin d'année de la part de certains de ses fournisseurs. Elle s'en est plainte dans son mail d'adieu au groupe en indiquant qu'elle ne comprenait pas pourquoi les rétrocessions d'une société chargée du linge des pensionnaires ne parvenaient pas jusqu'à sa résidence. Sous-entendu, qu'il était inacceptable que ces sommes soient envoyées directement au siège et incompréhensible que les directeurs n'aient aucune information sur l'objet, le montant et le taux de ces RFA, alors qu'une partie du budget dont elle avait la charge venait de l'Assurance maladie. Dans ce mail d'adieu, elle se plaignait également que le groupe Orpéa ait commencé à mettre en place des commissions pour l'ensemble des intervenants extérieurs présents en Ehpad : les coiffeurs, les kinés ou encore les laboratoires. L'impôt Orpéa…

CHAPITRE 20
LA DÎME ORPÉA

Le groupe Orpéa n'est jamais à court d'idées pour maximiser ses revenus et satisfaire son actionnariat. Un Ehpad est là pour « cracher » autant d'argent que possible, comme nous le résumait Patrick Métais, l'ancien directeur médical du groupe. Je vais découvrir, au fil de mon enquête, qu'en plus de ses revenus issus de l'hébergement (payé par les résidents) et de la marge réalisée sur la dotation publique, le groupe a encore réussi à trouver, dans les années 2010, de nouvelles sources de profits : taxer les intervenants extérieurs. Il en existe de trois sortes : les coiffeurs, les kinésithérapeutes et les laboratoires. D'ordinaire, ils interviennent en Ehpad ponctuellement et réalisent des services de manière indépendante de la structure dans laquelle ils opèrent. Mais le groupe Orpéa, lorsqu'il est devenu l'un des mastodontes du secteur, a décidé de manière brutale et unilatérale de changer les règles du jeu et de percevoir une « dîme ».

Plusieurs directeurs m'ont raconté ce basculement, notamment Alexandra Girelli, l'ancienne directrice de la résidence du *Lys blanc* à Brest. Depuis des années officiait dans sa résidence une coiffeuse dont elle était tout à fait satisfaite. En contrepartie de la mise à disposition d'un local et de l'eau courante, cette dernière versait un loyer modeste d'environ 800 euros par an et faisait bénéficier les résidents de l'Ehpad de tarifs relativement bon marché. Les négociations étaient menées localement et en bonne intelligence, et tout le monde était gagnant. Mais, en octobre 2013, le directeur régional d'Alexandra Girelli lui intime l'ordre de mettre un terme à cet accord et de renvoyer sa coiffeuse. En remplacement, elle devra traiter avec l'une des collaboratrices du groupe Avantif, qui vient de signer un accord-cadre avec le groupe Orpéa. Accord qui prévoyait, bien évidemment, le versement de RFA ; une fois qu'on a compris le principe, on tente de le mettre à toutes les sauces. Finalement, la coiffeuse ne fera pas l'affaire, pas plus que le groupe Avantif. Et Orpéa, quelques mois avant le départ d'Alexandra Girelli, à l'été 2015, lui demandera de proposer un nouveau deal à son ancienne coiffeuse : la mise en place d'une redevance de 10 %, accompagnée de 50 euros de frais fixes mensuels. Après avoir tâtonné au départ, le groupe trouve aux alentours de 2017 un nouveau réseau de coiffeurs assez motivé et organisé pour mettre en place un système de ristournes satisfaisant.

C'est l'entreprise Freesia qui emporte le marché. Un ancien directeur adjoint de la résidence Orpéa de Bagneux me raconte les conséquences immédiates de ce changement : « Du coup, juste après avoir signé cet accord, ils ont augmenté les tarifs de manière dingue, m'explique-t-il, encore remonté. Je pense qu'on était genre à 30 euros pour une coupe classique. Et là, c'est passé directement à 50 euros.

Bien sûr, ils ont fait un coup de propre dans le salon. Mais tout le monde s'en foutait. En revanche, les familles se plaignaient de cette augmentation de prix si brutale. Et elles étaient coincées. Il fallait bien que leurs parents aillent chez le coiffeur et ils n'allaient pas les changer d'Ehpad pour ça. » Les deux conséquences principales de la mise en place de cette « dîme » sur le chiffre d'affaires des coiffeurs sont assez claires : une augmentation des prix pour les résidents et la mise à l'écart de petits coiffeurs indépendants pour de grands groupes structurés. C'est tout un système économique qui se modifie au profit des plus grosses entreprises.

Cet ancien directeur adjoint de la résidence Orpéa de Bagneux me racontera qu'il est arrivé exactement la même chose aux kinésithérapeutes, une profession indispensable aux personnes âgées, qui souffrent souvent de troubles de la motricité. Là encore, en tant que praticiens de santé libéraux, ils avaient l'habitude d'intervenir dans les Ehpad sans véritablement rendre de comptes, utilisant la plupart du temps les chambres des résidents pour leurs consultations. Et puis, dans le courant des années 2010, le groupe a commencé à exiger qu'ils paient, eux aussi, une redevance de 10 % minimum, estimant qu'il leur faisait bénéficier d'une clientèle et que cela avait un prix. Mais, cette fois-ci, la mise en place de cette « dîme » est plus problématique, puisque les consultations des kinésithérapeutes sont remboursées par la Sécurité sociale. Orpéa, là encore, profite indirectement d'une partie de l'argent public. Si de nombreux kinés ont accepté le deal, considérant que la clientèle d'Orpéa en valait la chandelle, d'autres se sont lassés au fil des années. L'un d'entre eux, officiant dans le sud de la France et payant depuis des années des taux de redevance supérieurs à 10 %, préparait à l'automne 2020 un dossier avec son avocat pour attaquer cette pratique.

Le troisième intervenant extérieur présent dans les Ehpad est le plus important : il s'agit du laboratoire de biologie médicale. Tous les Ehpad de France sont rattachés à un laboratoire qui vient régulièrement effectuer des prélèvements, notamment sanguins, des résidents, et facture ses interventions à la Sécurité sociale en utilisant la carte Vitale de ces derniers. Au risque de me répéter, ces laboratoires intervenaient, eux aussi, sans rendre de comptes à Orpéa. La direction d'un Ehpad choisissait de confier l'ensemble des prélèvements à un même laboratoire, souvent le plus proche, dans un souci d'efficacité, et le laboratoire en question faisait en sorte de répondre rapidement à chacune des demandes de l'établissement. C'était un partenariat gagnant-gagnant qui ne coûtait rien à personne.

Mais, au fil des années, Orpéa s'est mis dans la tête que ses pensionnaires lui appartenaient et qu'il n'était pas normal que d'autres en profitent gratuitement. Si des laboratoires voulaient prélever ses pensionnaires, il faudrait désormais payer. C'est ainsi qu'en 2014 le service « achat » du groupe a décidé de lancer des appels d'offres partout en France pour mettre en place des partenariats avec des laboratoires prêts à payer. En Bretagne, le laboratoire Ty Bio décide de répondre à cet appel d'offres pour quatre structures du groupe : les cliniques des Glénan et de Kerfriden, le centre de rééducation fonctionnelle de Tréboul et l'Ehpad du *Lys blanc* dirigé par Alexandra Girelli. En mai 2014, leur candidature est retenue et un bon pour accord est signé. Mais le laboratoire va rapidement déchanter. Le groupe Orpéa lui demande en effet, dans un second temps, de prendre à sa charge le matériel informatique des différentes résidences et de payer une redevance qui n'apparaissait pas dans le contrat initial. Dans un courrier du 19 novembre 2014, le dirigeant de ce laboratoire se plaint de cette modification des termes du premier contrat : « Il apparaît que le contenu de ces projets en termes de redevance ne répond plus à la même approche que ce qui a été négocié : les redevances sont des sommes fixes et non un pourcentage correspondant à un coût réel des services et des prestations rendus au laboratoire. » Le laboratoire refuse de régler les factures de RFA qui lui ont été envoyées, notamment celle de la clinique des Glénan, qui s'élève à plus de 11 000 euros pour quatre mois d'activité, soit 20 % de leur chiffre d'affaires. Le courrier est adressé à une ancienne directrice internationale du groupe Servier, responsable du secteur pharmacie au sein du service « achat » du groupe Orpéa.

Quelques mois après cette affaire, de la même manière que pour les coiffeurs, le service « achat » d'Orpéa change de stratégie et choisit de mettre en place des contrats-cadres au niveau du siège avec les leaders du secteur de la biologie médicale, seuls capables d'accepter de tels taux de RFA (entre 20 et 30 %). Dans le document que m'a transmis Mme Anna*, l'ancienne salariée du service « achat » d'Orpéa, apparaît un second tableau, en bas de page, listant, cette fois-ci, les rétrocessions versées par les laboratoires pour l'année 2016. Les deux principaux groupes sont Cerballiance, qui rétrocède près de 900 000 euros (dont 280 000 euros pour la seule région Bretagne et 350 000 euros pour ses activités sur la Côte d'Azur), et Unilabs, qui verse, lui, 771 000 euros de RFA. Apparaît également le groupe GIE Labco Gestion, qui doit une facture de RFA de plus de 200 000 euros. En tout, pour la seule année 2016, qui semble être la première année de la mise en place nationale de ces RFA pour les laboratoires, plus de deux millions d'euros ont été reversés au profit du groupe Orpéa.

Ce qui est particulièrement intéressant dans cette affaire, c'est que, pour une fois, les autres acteurs du marché ne vont pas se laisser faire. À la suite de cet appel d'offres lancé en 2014 pour une centaine des établissements du groupe Orpéa, les principaux syndicats de laboratoires décident de saisir la justice. Ils défendent l'interdiction totale de ristournes (ou commissions) sur les examens de biologie médicale. Ils vont obtenir une première décision en référé devant le tribunal de Paris, confirmée par la cour d'appel, avant que la Cour de cassation ne tranche définitivement dans un arrêt du 9 juin 2017. Les juges considèrent que le « paiement de redevances à des établissements sanitaires et médicaux sociaux » n'est autorisé « qu'à la condition que celles-ci constituent exclusivement une contrepartie des prestations fournies pour la réalisation de tels examens ». Or, estiment-ils, en l'espèce, les termes de l'appel d'offres sollicitaient une « redevance » de « manière abstraite » sans que les « services rendus » soient ni « connus, ni chiffrés, établissement par établissement ». La Cour de cassation apparente donc cela à une ristourne et estime que l'appel d'offres lancé en 2014 est illégal. C'est un camouflet pour Orpéa, qui s'est battu durant près de trois ans pour obtenir gain de cause. Mais cette décision ne va pas mettre, pour autant, un arrêt définitif aux pratiques du groupe. Le service « achat » d'Orpéa va seulement devoir modifier les termes des contrats et lister des contreparties claires à ces redevances : le fait, par exemple, que les prélèvements soient réalisés non pas par les salariés des laboratoires, mais par le personnel des Ehpad et cliniques du groupe Orpéa. Se pose ensuite la question des contrôles : est-ce que des autorités administratives sont allées vérifier ces trois dernières années que ces contreparties étaient réellement assurées ? À ma connaissance, les agents de la DGCCRF ne s'en sont pas chargés.

Dans tous les cas, ce système des RFA modifie profondément les relations entre les Ehpad du groupe et les laboratoires. Alors qu'ils étaient, durant plus de vingt ans, indépendants des structures dans lesquelles ils opéraient, ils se retrouvent désormais d'importants pourvoyeurs de fonds d'Orpéa. C'est aussi, on l'a vu, tout un système économique qui se transforme au détriment des structures indépendantes. J'aurai par téléphone le dirigeant d'un petit groupe de labos des Bouches-du-Rhône, Sambourg Laboratoire. Il me racontera avoir perdu ces dernières années plusieurs marchés repris par de grosses structures : « On travaillait avec l'Ehpad *La Bastide des Oliviers*, à Vitrolles, appartenant au groupe Orpéa. On a perdu le marché vers 2015. Même chose pour l'Ehpad *Les Alpilles* appartenant au groupe Korian. On a perdu le marché il y a six mois alors qu'on travaillait avec eux depuis plus de vingt-cinq ans, qu'on était appréciés des médecins et du personnel et que l'Ehpad était à cinquante mètres de notre laboratoire, ce qui nous permettait d'assurer les urgences. Virés du jour au lendemain ! Parce que le groupe avait décidé de mettre en place un accord-cadre au niveau national avec des RFA. Et qu'il n'y a que trois ou quatre groupes de laboratoires en France qui sont capables d'accepter ce deal. » Il poursuit : « Vous savez, on est l'un des derniers labos indépendants des Bouches-du-Rhône. On est désormais entourés à 95 % par des grands groupes financiers. Tout ce système participe à la financiarisation de l'économie. On est en train de tuer la biologie libérale. »

Une fois encore, Orpéa a réussi à imposer sa loi aux acteurs du secteur en instaurant le paiement d'une « dîme » pour avoir le droit de profiter de ce qu'il considère être sa clientèle. Le groupe Korian aurait commencé à suivre les traces de son principal concurrent. Et l'on en vient à s'interroger sur l'activité première des deux principaux gestionnaires d'Ehpad en France : la prise en charge de personnes âgées vulnérables ou la gestion de tous les revenus connexes que celles-ci permettent de générer ?

CHAPITRE 21
LE PUZZLE ENFIN RECONSTITUÉ

Grâce à ces nombreux témoignages d'anciens directeurs, d'anciens hauts responsables d'Orpéa, de membres du service « achat », de DG de grands groupes privés concurrents, d'anciens salariés de Bastide, de dirigeants de laboratoires ou de plateformes de vente de produits médicaux, j'ai enfin pu obtenir une image claire du système visant à se financer au moins indirectement par de l'argent public qui semble avoir été mis en place par Orpéa, lié aux produits de santé que ses établissements consomment au quotidien. C'est une avancée majeure dans mon enquête. Plusieurs de ces témoins qui ont bien voulu me raconter l'envers du décor se sont engagés à me suivre en cas de suites judiciaires. C'est le cas de Pascal Brunelet, l'ancien directeur général délégué du groupe Colisée, ou encore de Patrick Métais, l'ancien directeur médical France d'Orpéa.

Pour la première fois, grâce aux divers témoignages recueillis, j'ai pu dépasser le stade du constat et comprendre que derrière cette maltraitance en Ehpad, dont les reportages télévisés, les mouvements de grève des soignants et les cris d'alerte des familles se font l'écho depuis de nombreuses années, il n'y a pas seulement des dysfonctionnements, mais des méthodes contestables, des pratiques dont la régularité devrait être appréciée par la justice.

Pour la première fois, j'ai eu accès à des documents financiers internes qui prouvent ces pratiques de rétrocessions, qui listent des fournisseurs, des taux de remises et des montants. Les sommes concernées sont considérables. Si l'on additionne les montants reversés par les groupes Bastide et Hartmann, principaux pourvoyeurs de fonds d'Orpéa, par les autres fournisseurs payés par l'argent public, tels que AD3, Arianel, Bulle de linge, Praticima, ainsi que les fonds reversés par les laboratoires Unilabs, Cerballiance et GIE Labco Gestion, on obtient environ sept millions d'euros pour la seule année 2016. Et l'on peut imaginer que ce montant évolue chaque année dans les mêmes proportions que la croissance du groupe. Depuis 2008, date de la réintégration des dispositifs médicaux dans le forfait « Soins » subventionné par les ARS (avant, ces produits, excepté les protections, étaient réglés directement par l'Assurance maladie et ne pouvaient donc pas faire l'objet de RFA de la part des groupes privés), il est possible d'estimer que le montant de ces rétrocessions appliquées sur des dotations publiques et reversées au profit du siège avoisine la centaine de millions d'euros pour le seul groupe Orpéa.

De manière plus globale, c'est toute la gestion de l'argent public versé à ces grands groupes qui pose question. Et si j'ai pu obtenir des preuves tangibles de ces pratiques concernant les produits de santé, il me manque toujours des pièces indispensables du puzzle en ce qui concerne la gestion de la masse salariale, et notamment des postes financés par l'argent public : infirmiers, aides-soignants, médecins... Ce point me préoccupe depuis des mois. De nombreux directeurs de résidence Orpéa m'ont expliqué qu'ils n'avaient pas le nombre de postes correspondant à leur dotation. Beaucoup suspectaient qu'une partie de l'argent public qui leur avait été versé n'ait pas été dépensée, sans pouvoir le prouver puisqu'on leur interdisait de communiquer avec les autorités de tutelle, les ARS et les conseils départementaux, et qu'ils n'avaient pas accès à l'ensemble des comptes de leur résidence. De mon côté, j'ai pu glaner au fil des mois les chiffres internes d'une petite dizaine d'Ehpad Orpéa, conservés par des directeurs assez courageux pour me les transmettre. Malheureusement, je n'ai jamais réussi à avoir accès aux déclarations annuelles effectuées auprès des autorités de tutelle concernant ces établissements. Il ne m'était donc pas possible de faire un comparatif et de découvrir d'éventuels écarts entre ce qui avait été déclaré et les sommes réellement dépensées. Toutes les agences régionales de santé contactées ont refusé de me communiquer ces documents, s'appuyant sur le secret des affaires (une notion instituée dans le droit français, après un vif débat et l'opposition de nombreuses ONG et organisations de journalistes, par une loi de 2018 qui permet de protéger les informations « sensibles » des entreprises).

Avec le soutien de Fayard et l'expertise de leur avocat, Me Christophe Bigot, j'ai décidé de faire un recours auprès de la Commission d'accès aux documents administratifs (CADA), en septembre 2019, concernant le refus de l'ARS Île-de-France de me transmettre un certain nombre d'informations sur les comptes d'emploi des *Bords de Seine*, à Neuilly-sur-Seine, ainsi que ceux d'une autre résidence de la région parisienne. La CADA est chargée de veiller à la liberté d'accès du grand public aux documents administratifs et de régler les litiges entre les particuliers et l'administration. Elle se donne un délai d'un mois pour rendre un avis. Malheureusement, là encore, j'ai pu constater qu'il existait un gouffre entre la théorie et la réalité, et que l'administration française était trop souvent défaillante. J'ai effectué cette demande le 3 septembre 2019. Le 3 octobre, je n'avais aucun retour. Pas plus en novembre ou en décembre. Il m'aura fallu attendre le 2 mars 2020, soit six mois, pour obtenir une réponse. Elle fut décevante : la CADA donnait raison à l'ARS Île-de-France concernant toutes les informations occultées dans les conventions tripartites des *Bords de Seine* qu'elle m'avait envoyées. En revanche, elle obligeait l'agence régionale de santé à me transmettre les conventions tripartites de l'autre résidence de banlieue parisienne que j'avais réclamées et que j'attendais depuis des mois. Cela fut fait quelque temps plus tard, là encore avec la suppression d'un grand nombre d'informations essentielles. Dans tous les cas, on me refusait, avec la bénédiction de la CADA, tout accès aux déclarations annuelles des Ehpad, à ces fameux comptes d'emploi si précieux pour mon enquête. Malgré mon insistance, le recours à une autorité administrative indépendante, je demeurais encore et toujours bredouille. Mais cette enquête m'aura appris qu'il ne faut jamais lâcher, jamais perdre espoir. Quand toutes les portes d'une maison sont closes, il est toujours possible d'y entrer. Par une fenêtre mal fermée, un trou de souris, peu importe. L'important, c'est d'y parvenir.

Je décidai alors de me tourner vers les conseils départementaux, eux aussi destinataires des comptes d'emploi des résidences, qu'ils cofinancent. J'essuyai, bien évidemment, à nouveau, plusieurs refus, notamment de la part du conseil départemental des Hauts-de-Seine, alors présidé par Patrick Devedjian, décédé depuis. Mais je continuai mes demandes et mes efforts furent, enfin, récompensés après des mois et des mois d'entêtement. C'est le conseil départemental de Gironde qui fut le premier à me répondre favorablement. Ses équipes furent sensibles au sens de mon enquête et acceptèrent de me rencontrer à Bordeaux, dans leurs locaux.

J'eus rendez-vous avec deux femmes à poigne : la chargée de mission du Pôle autonomie ainsi que la responsable des inspections. Elles écoutèrent poliment ce que j'avais à leur dire. Elles m'expliquèrent alors que, si elles n'avaient jamais constaté de fraudes lors de leurs contrôles, certains comportements de grands groupes privés les avaient marquées. Lorsque je leur révélai la pratique des RFA mise en place par Orpéa sur les produits de santé, et notamment les protections des pensionnaires que le conseil départemental finance, elles furent sidérées de l'ingéniosité du système et choquées qu'il puisse exister. Elles me confirmèrent que leurs contrôles n'étaient pas assez poussés pour aller jusqu'à l'analyse des contrats passés entre les gestionnaires d'Ehpad et leurs fournisseurs, que leurs services n'avaient accès qu'aux factures des achats, et encore fallait-il qu'ils en fassent la demande : « Nous recevons les comptes d'emploi, chaque année. Nous les analysons. Et si c'est nécessaire, nous demandons des informations complémentaires, par mail ou par téléphone, me résuma la responsable des inspections. Mais, la plupart du temps, notre contrôle se limite à lire les documents que l'on nous envoie, et à les valider. Nous n'effectuons de contrôles plus poussés qu'en cas de signalement ou si nous sommes au courant de plaintes de familles. »

Cette femme me confirma également que, s'agissant d'Orpéa et d'autres grands groupes privés, ses services ont pris, depuis quelques années, l'habitude de ne plus communiquer directement avec les directeurs des résidences. Ils ont été invités, plus ou moins fermement, à échanger directement avec la responsable de la tarification des établissements médico-sociaux. C'est elle qui représente les résidences du groupe auprès des autorités de tutelle et défend, si besoin, les comptes d'emploi envoyés chaque année. Ce mode de fonctionnement est en soi problématique : les ARS et les conseils départementaux acceptent que les sièges des grands groupes comme Orpéa verrouillent la communication, que les directeurs d'établissement, pourtant les plus à même de connaître les besoins d'une résidence et d'alerter sur d'éventuelles carences, sortent du jeu. Ils acceptent qu'une seule personne soit garante de la conformité de centaines de déclarations d'Ehpad. Du pain bénit pour tous les groupes privés. Cette responsable des inspections du conseil départemental de Gironde m'expliqua également que, si elle n'avait jamais eu connaissance d'interventions de personnes haut placées pour protéger un groupe, il lui était arrivé plusieurs fois d'effectuer des inspections inopinées dans des Ehpad en ayant la désagréable sensation que le groupe en question avait été prévenu, et que tout avait été « nettoyé » pour l'occasion.

Ces deux femmes, conscientes des faiblesses des contrôles effectués par leurs services et ceux des ARS, accueillirent donc mon enquête avec bienveillance et me proposèrent rapidement de m'aider en me laissant accéder à toutes les archives dont j'aurais besoin. Une attitude tout à fait opposée à celles des agences régionales de santé et de la CADA. Je leur dressai donc la liste des documents qui m'intéressaient et repartis avec le sentiment du travail accompli. Je touchais enfin au but.

Deux semaines plus tard, je repris le train pour Bordeaux. On me conduisit dans une salle discrète et on me remit plusieurs kilos de documents imprimés et reliés. Cela comprenait l'ensemble des déclarations annuelles de 2008 à 2015 de la résidence Orpéa *La Chêneraie*, située à Bordeaux, et anciennement dirigée par une certaine Carmen Menjivar. Cette femme que vous serez amenés à découvrir par la suite me transmettra les documents comptables internes au groupe pour ces mêmes années afin de pouvoir comparer les chiffres du groupe et ceux annoncés dans les comptes d'emploi remis aux autorités de tutelle. Dans ces documents que je découvrais pour la toute première fois, on retrouve une rapide présentation de l'établissement, le taux d'occupation réalisé l'année en question, les comptes d'emploi détaillés avec le nombre de personnes salariées durant cette année pour chacun des postes financés : auxiliaires de vie (ASH) subventionnées à

30 % par le conseil départemental, aides-soignants (AS/AMP) à 30 % par le conseil départemental et à 70 % par l'ARS, le psychologue à 100 % par le conseil départemental et les infirmiers, médecins, psychométriciens à 100 % par l'ARS. On retrouve également le récapitulatif de l'ensemble des dépenses en produits de santé financés par l'argent public. Et ensuite, le groupe Orpéa fait ses calculs, annonce un excédent ou un déficit par rapport au budget qui lui a été alloué pour l'année en question, et va jusqu'à proposer une affectation à cette somme. Ce sont des documents déterminants, car ils détaillent l'ensemble des dépenses et des recettes d'une résidence par rapport aux postes financés par l'argent public durant une année.

Me voilà donc avec des centaines de pages à analyser et à comparer. Pas question de vous détailler l'ensemble des écarts ou des incohérences que j'ai relevés ; ce serait long et fastidieux. En revanche, je peux révéler que les déclarations transmises aux autorités de tutelle ne sont pas conformes aux chiffres indiqués dans les documents internes au groupe et que les risques de fraudes sont importants. En réalisant de nombreux calculs, j'ai découvert un écart de près de 60 000 euros entre les dépenses déclarées en 2008 et les sommes réellement dépensées par l'établissement cette année-là. Cela porte notamment sur le nombre d'aides-soignants embauchés. Le groupe a affirmé avoir employé 10 postes d'aides-soignants ; en réalité, ils n'étaient que 7,5 (dont 2,5 ETP en formation). Les directeurs qui m'ont accompagné tout au long de ces derniers mois avaient donc vu juste : Orpéa utilise bien sa masse salariale comme variable d'ajustement au détriment de l'argent public.

Ces chiffres sont alarmants sur deux points. Le premier concerne le niveau de prise en charge des pensionnaires : alors que 13 postes d'aides-soignants avaient été budgétés et financés par les autorités de tutelle pour cette résidence de 40 pensionnaires, il n'y a eu, en réalité, que 5 postes d'aides-soignants diplômés salariés durant cette année (plus 2,5 postes d'aides-soignants en formation). Comment le personnel peut-il travailler sereinement dans de telles conditions ? C'est presque la moitié de ce qui avait été prévu et budgété. Le deuxième point concerne la gestion de l'argent public : ces éléments nous montrent que l'écart entre ce qui est déclaré et les documents internes peut rapporter plus de 50 000 euros par an, sur une seule résidence – de taille modeste qui plus est.

Il est alors important de se souvenir qu'Orpéa possède près de 350 établissements en France, dont 220 Ehpad, que les dotations sont annuelles et que les risques de distorsions sont donc incalculables. Il m'est impossible de mesurer précisément l'ampleur de ces écarts. Mais il est possible qu'ils soient massifs.

Pour m'en convaincre, je vais réaliser le même travail comparatif concernant *La Résidence d'Or*, située à Montmorillon, dans la Vienne, où là encore j'ai pu obtenir des documents internes au groupe. Un établissement de gamme 1 de grande taille, avec 125 lits et un taux d'occupation de près de 95 %. Il me faudra un peu plus de temps et mener de plus âpres négociations pour obtenir ces précieux comptes d'emploi de la part du conseil départemental de la Vienne. Mais, avec le soutien de la responsable de la communication, j'y parviendrai. En février 2020, je vais recevoir par mail le compte d'emploi de cette résidence pour l'année 2014, et je vais pouvoir le comparer avec les documents internes.

S'agissant de cette résidence, je découvre un écart encore plus important entre ce qui a été déclaré par Orpéa et la réalité des chiffres internes au groupe. Cette année-là, Orpéa a déclaré sur la partie « Soins » un excédent de 48 501 euros. C'est surprenant, car normalement les groupes sont tenus de rembourser aux ARS les sommes non dépensées, surtout lorsqu'il s'agit de plusieurs dizaines de milliers d'euros. Je montrerai d'ailleurs ce document à Pascal Brunelet, l'ancien directeur général délégué de Colisée, qui, au départ, ne comprendra pas bien la stratégie d'Orpéa, sachant que le groupe est géré de telle sorte qu'il n'y ait jamais rien à rendre aux autorités de tutelle. Mais nous allons rapidement comprendre le pourquoi du comment. Une nouvelle fois, grâce à un tour de passe-passe génial, Orpéa parvient à être gagnant sur tous les tableaux.

Dans ces documents internes, je relève que, sur les 1 342 477 euros budgétés par l'ARS d'Aquitaine pour *La Résidence d'Or* en 2014, Orpéa n'a pas dépensé 1 293 976 euros comme cela est mentionné, mais seulement 1 201 200 euros, soit un écart de plus de 90 000 euros, ce qui est colossal ; c'est plus de 10 % de son budget ARS. Et de nouveau, l'écart se situe au niveau des postes d'aides-soignants. Le groupe affirme avoir salarié 19,53 ETP d'aides-soignants sur la section « Soins » pour une masse salariale de 678 693 euros.

En réalité, il n'a utilisé que 17,12 ETP d'aides-soignants sur la partie « Soins », pour un total de 576 200 euros (+ 0,42 auxiliaire de vie faisant fonction pour 12 000 euros). Comme pour la résidence *La Chêneraie*, à Bordeaux, le groupe a biaisé dans l'Ehpad de Montmorillon sur près de deux postes et demi d'aides-soignants et les économies réalisées avoisinent, cette fois-ci, les 85 000 euros. À cela, il faut ajouter un écart de plusieurs dizaines de milliers d'euros concernant les dépenses en dispositifs médicaux. Résultat : on arrive à la fin de l'année à un écart de plus ou moins 130 000 euros entre ce qui avait été budgété et ce qui a été réellement dépensé. Comment gérer un tel excédent vis-à-vis de l'agence régionale de santé ? Comment le groupe va-t-il s'en sortir sans rendre cet argent qu'il n'a pas dépensé ? La méthode se décompose en deux parties.

Tout d'abord, nous avons pu le constater à travers l'analyse de ces documents internes, le groupe va réussir à neutraliser, grâce à ses services comptables, environ 85 000 euros en augmentant le nombre de postes d'aides-soignants salariés. Pour le reste, c'est du grand art. Orpéa annonce un excédent de 48 501 euros aux autorités de tutelle, ce qui le fait passer à la fois pour un bon gestionnaire et un groupe honnête (puisqu'il avoue un excédent important). Mais, croyez-le ou pas, il trouve une astuce de dernière minute pour garder cet argent. Il annonce aux autorités de tutelle, dans ce compte d'emploi 2014, qu'il a prévu, pour cette résidence, de poursuivre l'informatisation de son dossier de soins en développant un logiciel informatique (NETSoins). Huit modules sont censés être mis en place pour un coût total de 66 900 euros ! Et Orpéa propose à l'ARS de régler l'addition en piochant dans son excédent de dotation. Voilà comment effacer en un tour de main plus de 130 000 euros d'excédent !

Cela m'aura pris des mois et des mois, mais cela valait la peine de tout tenter pour obtenir ces comptes d'emploi. Ils sont la démonstration qu'Orpéa entretient le flou vis-à-vis des autorités de tutelle et conserverait une partie de l'argent public qui lui a été versé pour payer les postes de soins. Un dernier témoignage atteste d'ailleurs que cette pratique est récente, qu'elle est organisée au plus haut sommet et qu'elle fait partie de l'ADN du groupe. C'est une ancienne assistante du directeur de la division Île-de-France d'Orpéa qui me fait des révélations en ce sens. C'est lui qui était chargé du bon respect des consignes du groupe par les directeurs d'Ehpad. Les familles des *Bords de Seine*, et notamment la fille de Mme Rousselle*, se plaignaient de son comportement et du peu d'égards qu'il manifestait au sujet des dysfonctionnements de la luxueuse résidence de Neuilly-sur-Seine. La femme que je vais rencontrer a travaillé pour Orpéa au début des années 2000. Le groupe n'était pas encore l'empire qu'il est aujourd'hui, mais il venait de faire son entrée en Bourse et entamait sa transformation d'un modèle artisanal et presque familial en un système industrialisé. Cette ancienne salariée a vécu les années de mutation, d'abord en tant qu'assistante RH, puis en tant qu'assistante du directeur de la division Île-de-France. Dès ma prise de contact, elle a accepté de me raconter les nombreuses pratiques douteuses dont elle avait été témoin à ces deux postes. Cette femme que nous appellerons Claire* travaille désormais au sein d'une communauté catholique qui gère, entre autres choses, des Ehpad, et elle ne souhaite pas apparaître sous son nom. Elle a néanmoins accepté que j'enregistre nos échanges. Elle me raconte qu'aux alentours de l'année 2004 les autorités de tutelle de l'époque avaient décidé de réaliser un contrôle de la résidence Orpéa *Saint-Jacques*, située dans le 13e arrondissement de Paris. En une phrase, elle me résume la philosophie du groupe, qu'elle a découverte lors de cette inspection : « Il y a les documents qu'on va présenter à l'ARS. Et ce qu'il se passe réellement. Ce sont deux choses bien différentes. »

Le directeur de la division Île-de-France est alerté de ce contrôle par la directrice de l'époque, une historique du groupe récemment partie à la retraite. C'est aussitôt le branle-bas de combat au siège d'Orpéa. Il prévient immédiatement Claire*, son assistante, et lui demande de les aider à préparer le contrôle : « Il fallait qu'on ressorte les contrats de tous nos salariés, qu'on reconstitue les plannings et qu'on s'assure que ça collait avec les financements qu'on avait reçus de l'ARS pour qu'on n'ait pas à rendre d'argent. Ça nous a pris pas mal de jours de tout reconstituer. Et… ce n'était peut-être pas forcément la réalité. »

Le directeur de la division Île-de-France a demandé à ses équipes de « reventiler » les heures du personnel, d'en transférer de la partie « Hébergement » vers la partie « Soins » afin de réévaluer les postes d'aides-soignants financés par l'argent public : « On a dû réécrire des contrats de travail, certifie cette ancienne assistante, rajouter des heures, repositionner les uns et les autres comme ça aurait dû être, et on a reconstitué de A à Z les plannings. À l'époque, c'était facile de tout réécrire. Je me souviens que c'était la directrice qui s'était occupée de refaire les plannings. Et moi, je m'occupais des contrats. » Claire* débarque alors tout juste dans l'univers des Ehpad. Elle va s'exécuter sans broncher, tout en comprenant que ce qu'on lui demande de faire n'est pas tout à fait dans les clous : « Apparemment, il avait l'air de maîtriser parfaitement ce type d'opérations, me raconte-t-elle. Ce qui n'était pas mon cas. Il se justifiait auprès de moi en me disant qu'on ne faisait que basculer des heures d'une partie à l'autre, qu'on n'augmentait pas le nombre d'heures total. Mais, concrètement, ça changeait tout puisqu'on faisait payer par de l'argent public des dépenses d'hébergement que le groupe aurait dû prendre à sa charge. » En effet, ça change tout. Orpéa peut faire payer par l'argent public des postes qu'il aurait dû financer et prend quelque liberté avec le quota de postes de soins correspondant à ses obligations.

Le contrôle se passera sans encombre et les autorités de tutelle, une fois de plus, n'y verront que du feu.

Quelles leçons peut-on tirer de l'ensemble de ces éléments, de ces comptes d'emploi et de ces témoignages ? J'en retiens au moins trois. La première est que, une fois de plus, il semble qu'on soit en présence d'un système institutionnalisé et mis en place au plus haut niveau du groupe Orpéa. Comprenez bien qu'à la minute où le directeur de la division Île-de-France est prévenu d'un contrôle inopiné des comptes d'une résidence, il alerte sa hiérarchie. Tout laisse à penser que cette ventilation du nombre d'heures entre les postes d'hébergement et les postes financés par l'argent public serait une technique pensée et validée au plus haut sommet du groupe. Ce n'est donc pas au personnel soignant ou aux directeurs d'établissement qu'il faut s'en prendre en cas de dysfonctionnements constatés dans un Ehpad, mais bien à la haute direction du groupe Orpéa. C'est elle qui est à l'origine de ces méthodes douteuses qui n'ont pas seulement des conséquences financières, mais surtout des impacts désastreux sur le bien-être de dizaines de milliers de pensionnaires dans toute la France et sur les conditions de travail de milliers d'aides-soignants, d'auxiliaires de vie, de médecins. On comprend alors plus facilement pourquoi le groupe Orpéa a tant de mal à fidéliser son personnel et pourquoi le secteur des Ehpad privés se plaint d'importantes difficultés de recrutement. En plus d'être mal payé, le personnel se retrouve, comme on peut le voir, en sous-effectif, à devoir travailler avec encore moins de moyens que ce qui avait été alloué par les autorités.

La deuxième leçon que l'on peut tirer est une conséquence directe de la première : c'est un mythe qui s'effondre, un mensonge éhonté qu'on entend depuis des années ; les dirigeants d'Orpéa et d'autres grands groupes privés se plaignent régulièrement de ne pas recevoir assez d'argent public, qu'on leur finance un nombre trop restreint de postes de soins, que cela explique en partie les dysfonctionnements dont les médias se font l'écho. Comment peut-on se plaindre de la faiblesse des moyens alloués, du nombre insuffisant de postes financés par l'argent public, lorsqu'on ne dépense pas tout cet argent, lorsqu'on salarie dans ses établissements encore moins de personnel que ce qui avait été prévu et budgété ?

La troisième leçon nous pousse à nous interroger sur l'évolution de la réglementation en matière de financement et de contrôle des Ehpad privés. Je vous l'ai déjà dit, depuis 2002, chaque résidence signe une convention tripartite avec le conseil régional et son ARS pour déterminer les sommes qui seront allouées à l'Ehpad, et le nombre de postes qu'il est tenu de salarier en contrepartie. Ce système a volé en éclats à partir de 2017 avec la mise en place progressive des CPOM. Désormais, ce n'est plus un seul établissement qui signe cette convention avec les autorités de tutelle, mais un groupement de plusieurs établissements appartenant à la même entreprise et situé dans la même zone géographique. Cette évolution de la réglementation s'est faite sous l'impulsion des dirigeants des groupes privés, Orpéa en tête, qui réclamaient une plus grande liberté dans l'utilisation des fonds publics qui leur étaient alloués chaque année. Ces groupes ont à présent le droit de basculer certaines sommes d'un établissement à un autre, en fonction de leurs besoins. Et les contrôles se sont considérablement allégés puisque les autorités de tutelle ne s'intéressent plus véritablement au nombre de postes salariés, mais simplement au montant global des dépenses. On ne réfléchit plus en termes d'ETP, mais de masse salariale. L'idée, c'est de faire confiance, de se dire que les autorités ont alloué une somme déterminée pour tel ou tel établissement en fonction de sa capacité d'accueil et de ses particularités, et qu'il peut la dépenser comme il l'entend, qu'il sait mieux que personne ce dont ses pensionnaires ont besoin. C'est une idée séduisante sur le papier : les autorités de tutelle réduisent considérablement leur charge de travail et les groupes privés ont plus de marge de manœuvre. Mais, malheureusement, cela ne peut fonctionner que si les groupes en question ont des comportements vertueux. Comprenez que s'il m'a fallu des mois pour réussir à contrôler la bonne utilisation de l'argent public en fouillant les comptes d'emploi d'une résidence, cela me serait tout bonnement impossible s'agissant d'un groupement de résidences ! Mon enquête ne pourrait tout simplement pas exister. Ou alors il faudrait que l'ensemble des six ou des huit directeurs d'un groupement d'Ehpad Orpéa aient tous la volonté, en même temps, de parler à un journaliste et de lui transmettre des documents internes.

À un moment où ces groupes privés génèrent des chiffres d'affaires de plus en plus importants, où les scandales se font de plus en plus réguliers, où l'épidémie du Covid-19 souligne les fragilités d'un secteur tout entier, l'État a pris le pli d'aller vers un allègement de ses contrôles. Le dernier rapport, remis en mars 2019, par Dominique Libault à l'ex-ministre de la Santé, Agnès Buzyn, en préparation de la loi « grand âge et autonomie », ne déroge pas à cette règle. Il préconise, notamment, que les conseils départementaux ne s'occupent plus du financement et du contrôle des Ehpad privés, que cette prérogative revienne uniquement aux agences régionales de santé. Lorsque je vois comment elles ont accueilli mon enquête, je me dis que nous avons du souci à nous faire.

À ce point de mes investigations, je comprends que je commence à en savoir beaucoup trop sur les coulisses peu reluisantes de ce secteur et notamment sur les secrets du leader mondial de la dépendance. Je vais vite comprendre également qu'on ne me laissera pas poursuivre mes recherches sans réagir.

CHAPITRE 22
LE SYSTÈME SE DÉFEND

Le groupe Orpéa, alerté par des dizaines d'anciens ou d'actuels collaborateurs, commence, lui aussi, à comprendre l'objet de mes recherches. Et s'en inquiète. En juin 2019, la directrice de la communication France du groupe, Claire Dubuisson, me contacte sur mon portable pour obtenir des informations sur mon enquête. Un peu plus d'un mois plus tard, en plein cœur de l'été, c'est la responsable communication Monde, Brigitte Cachon, qui m'appelle, à la demande des dirigeants du groupe. Elle se montre, dans un premier temps, extrêmement mielleuse, puis tente de savoir pourquoi je m'intéresse au secteur des Ehpad, ce que je recherche, pourquoi j'ai contacté tel directeur, tel médecin coordinateur, quel est le but de tout cela. De manière très surprenante, elle me propose de venir directement au siège d'Orpéa, à Puteaux, pour rencontrer des responsables de l'entreprise. C'est très inhabituel, car le groupe ferme en général toutes ses portes aux journalistes d'investigation. Quelques mois plus tôt, la réalisatrice du reportage d'*Envoyé spécial* a pu faire les frais de cette politique. Julie Pichot avait proposé à Orpéa de filmer, pour son documentaire, dans l'un de ses 350 établissements, laissant à l'entreprise la possibilité de choisir n'importe lequel. Le groupe avait refusé tout comme il avait refusé de répondre à ses questions. Et le jour de la diffusion du reportage sur France 2, Orpéa avait intenté une action en référé pour en interdire la diffusion, ce qui est rare. Les entreprises demandent parfois à visionner une séquence pour la flouter ou à diffuser un communiqué en entrée de reportage. Mais très rarement une interdiction totale de diffusion. Le juge du TGI de Nanterre, en l'espèce, a considéré que le film pouvait être diffusé le soir même. Cela n'aura pas suffi à Orpéa, qui envoya dans l'après-midi un huissier dans les locaux de la société de production du documentaire pour leur signifier que le groupe faisait appel de cette décision. Orpéa sera débouté en fin de journée et le reportage sera diffusé sur France 2 et regardé par plus de 2,7 millions de téléspectateurs.

Pourquoi, cette fois-ci, le groupe Orpéa propose-t-il à un journaliste de venir à son siège rencontrer ses dirigeants ? Sont-ils à ce point inquiets ? Je ne le saurai jamais.

J'explique à cette directrice de la communication que je suis en déplacement en province et que je n'ai pas prévu de repasser, dans l'immédiat, par Paris. Brigitte Cachon me répond alors qu'elle part au milieu de la semaine suivante en vacances et que cela serait bien que je lui réponde d'ici là. Trois jours plus tard, sans réponse de ma part, elle passe à la seconde phase. À cette époque, je n'ai pas encore contacté les éditions Fayard et mène cette investigation pour un grand quotidien national.

Brigitte Cachon est le genre de femme qui pense que la meilleure défense, c'est l'attaque ; Orpéa ne l'a sûrement pas choisie pour rien. Elle ne va pas hésiter à appeler la rédaction avec laquelle je collabore pour se plaindre de mon enquête. Elle leur raconte que je me fais passer pour un journaliste du quotidien, que je refuse de rencontrer les responsables d'Orpéa, que je mène une enquête à charge, que tout cela n'est pas déontologique, etc. Des arguments fallacieux. Je n'ai jamais refusé de rencontrer des responsables d'Orpéa et j'ai bien l'intention de leur donner la parole, mais c'est au journaliste de savoir quand le moment est venu de dévoiler ses cartes et d'engager une discussion avec les dirigeants de l'entreprise sur laquelle il enquête. Non seulement il faut avoir rassemblé assez d'éléments pour poser des questions pertinentes et précises, mais il faut que vous ayez pu obtenir toutes les preuves et les témoignages dont vous aviez besoin. Parce qu'il y a toutes les chances que, en apprenant précisément les éléments sur lesquels vous enquêtez, le groupe vous mette ensuite des bâtons dans les roues. C'est d'ailleurs ce qui se passera dans les mois suivants.

À la suite de ces accusations musclées formulées par la directrice communication d'Orpéa, j'ai droit à un coup de téléphone du rédacteur en chef de ce grand quotidien, qui me demande un certain nombre d'explications avant de décider de maintenir la publication de mon enquête, rassuré par la manière dont je la mène. Dans les minutes qui suivent, je passe à mon tour un coup de fil à Brigitte Cachon pour lui expliquer que ce sont de drôles de méthodes et que je ne me laisserai pas intimider. Hautaine, très sûre d'elle, elle m'explique alors que j'aurais dû accepter le rendez-vous proposé par le groupe, que je n'aurais alors pas eu d'ennuis. Elle va ensuite pendant de longues minutes, et avec un entrain certain, s'amuser à piétiner mon travail et mes reportages précédents, m'expliquant que, de toute manière, je suis un journaliste habitué aux sujets racoleurs. Je lui demande alors à quels reportages elle fait référence. Pense-t-elle à celui effectué en Algérie, en 2014, sur l'opposition à Bouteflika ? À mon reportage en Iran sur les figures contestataires féminines ? À mon reportage en Israël-Palestine sur les enfants du conflit ? Elle me répond, avec un aplomb invraisemblable, que mon dernier papier pour *M, le magazine du Monde* sur l'homosexualité en Ehpad était tout de même très « surprenant ». Elle souffle ensuite le chaud et le froid, m'indiquant que des responsables du groupe sont toujours disposés à me rencontrer, puis m'expliquant que je travaille sur un sujet très complexe et qu'il ne faudrait surtout pas que je commette la moindre erreur, sans quoi le groupe n'hésiterait pas à m'attaquer. Elle fait, en réalité, son travail de directrice de la communication assez maladroitement, pensant contenir un journaliste en rabaissant son travail et en le menaçant. C'est, bien souvent, l'effet inverse qui se produit.

En coulisses aussi, Orpéa s'active. Plusieurs de mes sources me font faux bond du jour au lendemain, de manière inexplicable. M. Adani*, par exemple, que j'ai vu durant quatre longs entretiens avec Laurent Garcia, et qui m'a transmis des informations et des documents extrêmement sensibles, ne veut plus entendre parler de moi et demande même que je n'utilise plus les éléments dont il m'a fait part. Des directeurs qui étaient d'accord pour me rencontrer annulent la veille du rendez-vous. D'autres, notamment une historique du groupe, partie il y a peu à la retraite, m'avouent qu'ils ont été prévenus de mon appel par de hauts dirigeants de l'entreprise et qu'il ne leur sera pas possible de me répondre. Orpéa aurait même licencié une salariée des *Bords de Seine*, pensant à tort qu'il s'agit de l'une de mes sources. Le groupe aurait également demandé aux membres de son puissant service informatique de renforcer la sécurité de ses logiciels, craignant que des salariés ne puissent avoir la mauvaise idée de sortir des documents internes à l'entreprise. Le groupe a mis plusieurs mois à se rendre compte de l'ampleur de mon enquête. Mais, lorsqu'il a compris, il s'est transformé, en quelques jours, en bunker.

Du côté des institutions, je fais face, de manière très surprenante, au même mouvement de recul. J'ai le sentiment d'être perçu, en tant que journaliste, comme un adversaire ou, tout du moins, un gêneur, plutôt que comme un allié. Chaque fois, j'explique à ces institutions que j'enquête sur de potentielles fraudes à l'argent public et que c'est donc un travail qui les concerne et les intéresse en tout premier lieu. Mais il n'y a rien à faire. S'agissant des ARS, c'est le service minimum. Et encore.

Après m'être insurgé contre le fait qu'ils refusent de me communiquer le moindre élément concernant les dotations accordées chaque année aux *Bords de Seine* et à l'établissement de M. Adani*, et après avoir insisté encore et encore pendant de longues semaines, l'ARS Île-de-France a cédé et m'a envoyé les fameuses conventions tripartites de ces deux établissements qui sont censées résumer les sommes qui lui sont allouées et le nombre de postes financés. Malheureusement, les pages plus intéressantes ont été supprimées et des passages entiers ont été effacés. L'ARS s'est retranchée derrière son service juridique et l'application du paragraphe relatif au secret des affaires. Le groupe Orpéa étant un groupe privé, l'administration française n'aurait pas le droit de me communiquer un certain nombre d'éléments financiers le concernant. C'est incroyablement protecteur et arrangeant pour les groupes privés. Cela signifie qu'il est tout à fait impossible pour un journaliste de vérifier si le groupe a utilisé correctement l'argent public qui lui a été versé et si les informations qu'il transmet à l'administration correspondent bien à celles affichées dans ses documents internes. Le directeur de la communication de l'ARS Île-de-France, David Heard, m'avouera par téléphone que lui-même avait été étonné de voir que tant d'éléments avaient été effacés des documents qu'on avait bien voulu me communiquer…

J'ai aussi contacté l'ARS Nouvelle-Aquitaine afin d'obtenir les conventions tripartites et les comptes d'emploi de trois résidences Orpéa, notamment *La Chêneraie*, à Bordeaux, en expliquant à mes différents interlocuteurs que je souhaitais vérifier la bonne utilisation de l'argent public. J'ai demandé également à rencontrer le directeur général de l'ARS Nouvelle-Aquitaine de l'époque, Michel Laforcade. Et de nouveau, j'ai fait face à un mur. Après plusieurs conversations téléphoniques, une chargée de la communication me répondra par mail que les documents que je demandais devaient être caviardés d'un certain nombre d'éléments avant de m'être transmis et que la charge de travail était trop lourde et ma date de bouclage trop proche, qu'il n'était donc pas possible de me transmettre quoi que ce soit. Pas une seule page ! Pas une seule information ! Je les rappellerai pour leur indiquer que je n'avais pas de date de bouclage et que je pouvais donc attendre plusieurs semaines. Rien n'y fera. Ce fut un non ferme et définitif. Et personne au sein de l'administration ne souhaitera me rencontrer.

Il faut croire que ces fonctionnaires de l'ARS ne sont pas très sensibles à la question de l'utilisation de l'argent public par les Ehpad privés. Je vais m'en offusquer par mail, ce qui ne va pas du tout plaire à l'administration. Quelques mois plus tard, j'apprendrai, interloqué, que des membres de l'ARS ont contacté le groupe Orpéa pour les tenir au courant de l'objet de mon enquête, se plaignant au passage d'avoir été victimes de pressions de ma part. N'est-il pas surprenant que des autorités administratives dont le rôle premier est de veiller à la bonne utilisation de l'argent public se montrent si réticentes à transmettre des éléments à un journaliste qui travaille sur ces questions et aillent jusqu'à mettre en péril son enquête en informant le groupe sur lequel il travaille ?

Il y a eu plus grave encore, une intervention en haut lieu qui me donna l'impression que c'est tout un secteur qui est protégé. Un responsable de Korian m'apprendra, quelques jours avant mon interview programmée avec le directeur général France, qu'une personnalité politique de premier plan avait téléphoné à l'un des cadres du groupe pour les dissuader de me rencontrer, lui expliquant que mon enquête allait faire beaucoup de bruit, et qu'il valait mieux ne pas répondre à mes questions. Je tiens à signaler, et c'est tout à l'honneur des dirigeants de Korian, que, malgré ce coup de fil, notre rendez-vous a été maintenu. Cet homme politique était à ce point sensible aux intérêts du leader français de la dépendance qu'il contacta une seconde fois le groupe, quelques jours après mon entrevue avec Nicolas Mérigot, pour savoir comment l'entretien s'était passé. Plus que jamais, je me tiens sur mes gardes, échaudé par ces relations opaques entretenues entre la haute administration française, le monde politique et les groupes privés du secteur de la dépendance.

J'ai également tenté de rencontrer des responsables de la DGCCRF pour savoir si des enquêtes avaient été menées par le passé, de la même manière que dans la grande distribution, sur la mise en place de RFA par de grands groupes privés d'Ehpad, notamment avec des fournisseurs payés par l'argent public. Je leur ai indiqué que je souhaitais les voir et discuter des éléments que j'avais en ma possession. Durant trois mois, je passe des coups de téléphone au responsable de la communication de la DGCCRF, à raison d'une ou deux fois par semaine. Cet homme me promet sincèrement, à chaque appel, de faire tout son possible pour avoir un retour la semaine suivante. Mais les jours, les semaines et les mois passent, sans qu'il arrive à obtenir le moindre élément de réponse ; tout juste m'expliquera-t-il, un jour, qu'à sa connaissance la DGCCRF n'avait encore jamais enquêté sur les RFA dans le secteur des Ehpad. Mais que cela relève, effectivement, de sa compétence.

Chaque fois que j'ai obtenu des éléments déterminants dans cette enquête, que ce soit sur la gestion de l'argent public, la mise en place de remises de fin d'année ou encore l'optimisation de la masse salariale, cela s'est fait uniquement grâce à l'aide d'anciens ou d'actuels salariés d'Orpéa, bien souvent apeurés, qui avaient tous le sentiment de lutter seuls contre un groupe puissant. Un groupe qui a su longtemps tenir ses troupes en utilisant, je m'apprête à le découvrir, des méthodes pour le moins discutables.

PARTIE 3

LES SALES MÉTHODES

CHAPITRE 23
« LES 27 SACRIFIÉS »

Plus les mois passent, plus je me rends compte des dégâts causés par le groupe sur son personnel. Via LinkedIn ou en utilisant le réseau de mes sources, je suis entré en contact avec des dizaines d'anciens salariés du groupe, dont un grand nombre d'anciens directeurs d'Ehpad. Toutes les personnes avec qui j'ai pu échanger m'ont fait part de leur anxiété à l'idée de parler du groupe Orpéa, de leurs craintes quant aux méthodes que le groupe pourrait utiliser à leur encontre, des séquelles qui ont suivi leur expérience dans l'entreprise. On me raconte les séances de psychanalyse, le recours à des anxiolytiques, les tentatives de suicide, les années de chômage, le temps qu'il a fallu pour se reconstruire... De l'aide-soignante au directeur d'établissement, du salarié du siège au directeur médical du groupe. C'est une donnée qu'il va falloir prendre en compte : il y a parmi toutes ces sources potentielles des âmes blessées.

Je vais pouvoir le constater en me rendant à Agen à la rencontre d'un regroupement de plusieurs anciens directeurs et directrices d'Ehpad particulièrement meurtris. La plus courageuse d'entre eux s'appelle Carmen Menjivar et a dirigé durant plus de cinq ans l'Ehpad *La Chêneraie* à Bordeaux, l'un des établissements dont j'ai pu obtenir les comptes d'emploi. Dans son premier message de réponse à ma prise de contact, elle se montrera particulièrement vigilante en me demandant, par écrit, la garantie de son anonymat, en cherchant à connaître l'objectif et la finalité de mon enquête, en exigeant d'avoir mes questions en amont. Lorsque je lui répondrai que je souhaite parler, entre autres sujets, des pratiques d'optimisation salariale mises en place par le groupe Orpéa sur les postes financés par l'argent public, des marges arrière, de la politique RH ou encore de la création d'un syndicat interne, elle baissera la garde immédiatement et me répondra ceci : « Pour tout vous dire, vous nous avez "volé" notre idée : nous sommes plusieurs directeurs et adjoints à vouloir écrire un livre sur eux depuis quelques années. Quand souhaitez-vous que l'on se rencontre ? »

Cela me rassure que d'anciens cadres d'Orpéa aient réfléchi un temps à prendre la plume, qu'ils aient été prêts à témoigner. Mais quelle est donc cette bande d'anciens directeurs réunis par la même force : la volonté de dénoncer les agissements d'un groupe ? Carmen et ses collègues font partie des victimes de cette fameuse « vague d'épuration » évoquée par l'ancien directeur des *Bords de Seine*, M. Millard*, en fin d'entretien. Souvenez-vous, il évoquait l'histoire de 27 directeurs « démissionnés » en quelques mois par la direction générale d'Orpéa pour illustrer le fait que le groupe était une machine de guerre et qu'il n'avait peur de rien ni de personne...

L'histoire de ces « 27 sacrifiés » est bien réelle, qui a servi pendant longtemps à calmer les ardeurs de certains salariés d'Orpéa qui auraient pu être tentés de fouiller d'un peu trop près dans la comptabilité ou d'être trop regardants sur les méthodes du groupe. Pour être plus précis, Carmen en a dénombré 24 (elle comprise) à avoir été « éjectés » du jour au lendemain par le groupe entre le 1er septembre 2013 et le 1er septembre 2014, sur la seule région Aquitaine, qui comprend, en tout, 26 résidences Orpéa.

On me confiera cette fameuse « liste noire » des départs, qui a notamment aidé Carmen Menjivar à gagner son procès aux prud'hommes contre le groupe. Elle est déstabilisante : on peut y lire que l'ancienne directrice de Nérac a fait un burn-out, que l'ancienne directrice d'Agen a été placée en arrêt maladie à la suite d'un harcèlement moral, tout comme la directrice de Villeneuve-sur-Lot. Même chose pour l'ancienne directrice de la résidence d'Ustaritz, qui a ensuite été licenciée. Celle de Sainte-Terre a pris une retraite anticipée, ne supportant plus les agissements du groupe. Carmen Menjivar a, elle, été licenciée pour faute grave. Tout ça en une seule année et sur une seule région. Cela permet de se rendre compte de la brutalité de la politique RH mise en place par le groupe et du peu de considération de la direction générale pour ses directeurs d'établissement, qui semblent être à la fois des pions et des fusibles.

Carmen Menjivar est d'accord pour m'en dire davantage sur son histoire et les agissements du groupe, et nous décidons d'organiser un rendez-vous avec une petite dizaine d'anciens directeurs qui se disent prêts à témoigner. Plus le rendez-vous approche, plus les désistements se font nombreux. Au matin du jour J, il n'y a plus que cinq directeurs disposés à me rencontrer. Et lorsque la porte de l'appartement que j'ai loué à Agen pour les accueillir en toute discrétion s'ouvre, je découvre qu'ils ne sont plus que trois. Carmen Menjivar, un petit bout de femme qui ne s'en laisse pas conter, et deux de ses anciens collègues, qui préfèrent témoigner de manière anonyme, car ils sont en procès avec le groupe.

Tous trois sont prêts à témoigner, mais semblent pétrifiés à l'idée que le groupe Orpéa ait pu leur tendre un piège. Il faut tout de même savoir qu'un système visant à surveiller le personnel de plusieurs de ses Ehpad et cliniques a été mis en place à partir de 2010 ; trois employés d'une société de surveillance (Groupe Synergie Globale) ont ainsi été embauchés pendant plusieurs mois comme brancardier ou agent d'accueil afin d'établir des rapports sur des salariés du groupe. Une affaire révélée par le magazine *L'Expansion* en 2012 et reprise par *Le Canard enchaîné* en 2014, avant un article de *Mediapart* en 2015 qui révélait qu'Orpéa avait ensuite proposé à la CGT un « deal » à quatre millions d'euros pour éviter une plainte. « Deal » qui sera, finalement, refusé par le syndicat.

Sachant cela et connaissant le groupe depuis maintenant quelques mois, je peux imaginer combien l'expérience Orpéa vécue par ces trois directeurs a pu être traumatisante. Je vais donc m'employer pendant de longues minutes à les convaincre de ma bonne foi en leur racontant mes expériences professionnelles, en leur montrant ma carte de presse, ainsi que le contrat que j'ai signé avec Fayard. Alors que, rassérénés, ils commencent à me raconter leur histoire, je comprends que cela va bien au-delà de ce que j'imaginais. Tous les trois me racontent, de concert, qu'en septembre 2013 un nouveau directeur régional Aquitaine a été promu. Avec une mission bien précise : « couper des têtes ». Les leurs comprises...

Comme le raconte la « liste noire » d'Aquitaine, les têtes vont, effectivement, tomber les unes après les autres avec une efficacité de guillotine, en moyenne deux par mois. Et la méthode utilisée par Orpéa que vont me décrire ces trois anciens directeurs est digne d'un polar.

Carmen Menjivar est convoquée par son nouveau directeur régional, en août 2013, avant même qu'il ait pris son poste, et écope d'un avertissement pour des congés pris à un moment inadéquat. Elle sait, à ce moment-là, que ses jours dans l'entreprise sont comptés. Quelques mois plus tard, un audit est organisé sur sa résidence. Elle est prévenue l'avant-veille et l'audit est programmé sur site un jour où elle doit être absente. Les résultats, contrairement aux années précédentes, sont étonnamment mauvais. Et l'assistante du directeur régional vient lui remettre, quelques jours plus tard, un courrier l'informant de sa mise à pied immédiate. Carmen doit rendre ses clefs, son badge, toutes ses affaires professionnelles. L'assistante du DR va jusqu'à réquisitionner ses carnets de notes et fouiller dans son sac à main. Son ordinateur est lui aussi pris d'assaut. « Je vous assure, c'était dingue. Alors que je me débattais contre l'assistante pour récupérer mon sac, je voyais la souris de mon ordinateur bouger toute seule, ouvrir ma boîte mail, supprimer des mails et supprimer tout un tas de documents. Des fenêtres s'ouvraient puis se refermaient. Je n'y croyais pas ! » Carmen, sous le choc, est priée de quitter la résidence, sans délai. « Ils m'ont raccompagnée jusqu'à ma voiture, assure-t-elle. Tout était désactivé. Je ne pouvais même pas sortir. Ma carte de parking ne marchait plus. Le téléphone était déjà coupé. Je n'étais pas arrivée dans ce parking que tout était déjà fini. »

Ce qui va se passer les heures suivantes est encore plus brutal, à en croire son récit : « Mes salariés, dont j'étais très proche, m'ont appelée pour me dire qu'une nouvelle directrice les avait réunis l'après-midi de mon départ. Elle leur a annoncé qu'ils allaient tous être convoqués dans les deux jours. Et qu'il faudrait témoigner… Et effectivement, ils ont été convoqués et ceux qui n'ont pas témoigné contre moi ont eu des misères. Soit ils ont été licenciés pour faute, soit on leur a mis une telle pression qu'ils ont fini par démissionner. Cette "directrice nettoyeuse" s'est ensuite enfermée dans la salle de réunion avec mes dossiers et elle en est ressortie avec des sacs-poubelle remplis de documents passés à la déchiqueteuse. »

Le scénario décrit par Carmen Menjivar me laisse sans voix. Qu'entend-elle par « directrice nettoyeuse » ? C'est l'un de ses anciens collègues qui me répond. « Le groupe a une méthodologie, témoigne-t-il. Et il fait régulièrement appel à des "directeurs nettoyeurs". Ils vont fouiller vos ordinateurs, nettoyer ce qui doit être nettoyé, préparer des attestations pour les prud'hommes, retourner votre personnel. Vous n'êtes même pas encore parti de votre résidence qu'ils ont déjà tout retourné. Dans mon cas, ce sont trois "directeurs nettoyeurs" qui ont débarqué, en pleine nuit, à 2 heures du matin, au sein de mon établissement. Une aide-soignante les a surpris en train de fouiller dans une chambre. Et elle a d'ailleurs accepté de me faire une attestation de ce qu'elle a vu. »

Le récit de ces trois anciens directeurs est précis, détaillé. Il sera d'ailleurs corroboré par un certain nombre d'éléments. Mais quand même, des « directeurs nettoyeurs » ! Je n'en reviens pas… Et pourquoi donc décider de « sortir » aussi brutalement une vingtaine de directeurs qui n'étaient, *a priori*, pas de mauvais éléments puisque le groupe les avait laissés aux commandes, pour certains, depuis de nombreuses années ? Carmen Menjivar a dirigé pendant près de six ans la résidence *La Chêneraie* et ses collègues ont été à la tête de leurs établissements pendant encore plus longtemps. Ce directeur régional avait comme mission de faire partir « les irréductibles Gaulois ». « C'est le surnom que notre région avait », me répondront-ils. Selon eux, ils étaient des directeurs trop expérimentés et trop « grande gueule ». Il leur arrivait de s'opposer aux consignes du groupe, que ce soit sur la gestion de l'incontinence, des dispositifs médicaux, sur l'optimisation de la masse salariale ou les politiques d'admission. Ils n'étaient, tout simplement, pas dans le moule Orpéa. Et ils savaient, semble-t-il, trop de choses. Que savaient-ils, justement ? Avaient-ils conscience, au moment où ils étaient directeurs, que le groupe Orpéa faisait de la marge sur de l'argent public ? « On se souvient parfaitement des séminaires luxueux organisés par Orpéa auxquels on a été conviés, me répondent-ils en chœur. Trois avions étaient affrétés, chaque année, pour convoyer les cadres dans des lieux de rêve. On est partis faire la fête à Faro au Portugal, à Marrakech, à Dubrovnik, à Mykonos en Grèce. Et à chaque fois, c'était grandiose. Le groupe payait les plus grandes stars pour se produire devant nous : on a eu droit à Patrick Bruel, aux Gipsy Kings, à Messmer le magicien, ou encore à Mika. Il fallait bien financer tout ça. Et on savait que les fournisseurs reversaient de l'argent qui servait à ça. On n'a jamais eu de preuves. Mais les commerciaux de Bastide et Hartmann nous en parlaient régulièrement… »

Ces trois directeurs étaient donc au courant, eux aussi, qu'Orpéa avait mis en place des contrats-cadres avec ses fournisseurs et que l'entreprise était susceptible de recevoir des rétrocessions à la fin de l'année. Ils me confirmeront ce jour-là une information supplémentaire, déjà évoquée par le directeur de la Plateforme médicale et par Patrick Métais, l'ancien directeur médical de Clinéa : la destination de cet argent. Les rétrocessions serviraient à payer, entre autres choses, les séminaires organisés tous les ans par le groupe. Pour Orpéa, ces séminaires sont capitaux. L'objectif affiché est de faire corps, d'insuffler l'esprit d'entreprise, la gagne Orpéa. Les membres de la direction générale, Le Masne et Brdenk en tête, y annoncent les chiffres – toujours bons – de l'année écoulée, félicitent publiquement les directeurs qui ont obtenu les meilleurs résultats sur leur résidence et donnent les grandes directives pour l'année à venir. Il s'agit de répéter inlassablement les exigences du groupe tout en faisant rêver ses troupes : donner envie à ses premières lignes, à ses directeurs, de se donner corps et âme pour grimper les échelons un à un et espérer obtenir, à chaque nouveau palier, une part plus importante de ce gâteau Orpéa dont la richesse les dépasse et les fascine : 1,95 milliard de CA en 2014, 2,8 milliards en 2016, 3,9 milliards en 2020. Qui dit mieux ?

Ces séminaires sont des événements sur lesquels Orpéa ne souhaite absolument pas communiquer. On peut le comprendre : le groupe s'efforce chaque jour, sur chaque ligne comptable, de réaliser les économies les plus importantes possible. De tout le secteur des Ehpad, c'est sûrement l'entreprise qui va le plus loin dans l'optimisation de ses coûts. Et chaque directeur sait que c'est sa capacité à dégager des économies au groupe qui va déterminer son avenir dans celui-ci.

Les centaines de directeurs d'Ehpad et de clinique invités sont d'ailleurs priés de ne pas publier sur les réseaux sociaux de photos de ces festivités. De fait, ils sont, pendant ces deux jours, particulièrement gâtés : le groupe pose ses valises dans les plus beaux spots européens, paie les plus grandes stars pour se produire devant eux et multiplie les activités. Alexandra Girelli, la directrice de l'établissement de Brest, me racontera lors de l'une de nos interviews qu'Yves Le Masne lui-même, le directeur général du groupe, s'était vanté lors du séminaire 2014 que le groupe avait dépensé un million d'euros cette année-là. Il ajoutera, me dit-elle, qu'il fallait remercier les fournisseurs d'Orpéa.

Ce n'était donc pas un secret ; le DG, lui-même, en plein séminaire, mentionnait l'existence et le rôle de ces RFA (je lui aurais volontiers laissé le soin d'expliquer tout cela, mais... silence radio côté Orpéa). Dans l'assemblée, parmi les directeurs, ils étaient alors peu nombreux à comprendre ce que cela signifiait et encore moins à imaginer que, parmi ces fournisseurs auxquels Yves Le Masne faisait référence, une partie était payée grâce à l'argent public. Seuls les plus expérimentés tiquaient. Seuls les hauts dirigeants du groupe et les responsables du service « achat » savaient précisément. Les autres se contentaient d'apprécier le spectacle et de reprendre une coupe de champagne. À la santé de l'Assurance maladie !

CHAPITRE 24
DES FOUS EN EHPAD

Mon tour de France Orpéa se poursuit et, à chaque nouvelle rencontre, je ne manque pas d'être étonné par ce que je découvre et ce que j'entends. Mon prochain voyage me conduit dans la Vienne et me promet d'autres révélations.

J'ai rendez-vous à Poitiers avec une ancienne directrice adjointe de l'Ehpad *La Résidence d'Or*, situé à Montmorillon, qui a passé plus de trois ans chez Orpéa. Écœurée par les pratiques du groupe, elle a fini par démissionner et travaille désormais comme directrice chez DomusVi, le numéro trois du secteur. Chez Orpéa, elle gérait un établissement de grande taille, 125 lits, à environ 2 000 euros par mois. Les dysfonctionnements dont elle va me faire part – l'optimisation de la masse salariale, la réduction des coûts sur les protections et les dispositifs médicaux, les pratiques de remplissage –, nous commençons à les connaître et à comprendre que ce sont des pratiques apparemment généralisées sur l'ensemble du territoire français. Ce qu'elle va me faire découvrir, c'est que dans les établissements de gamme 1, les moins chers du groupe (sans être bon marché pour autant), ces pratiques sont amplifiées et les conséquences plus graves encore. Parce que les familles osent moins se plaindre. Parce que les répercussions médiatiques potentielles semblent moins dommageables. Parce que nous sommes en province, dans de petits départements. Parce que, peut-être, les autorités de contrôle y sont moins regardantes.

Cette ancienne adjointe que nous appellerons Sophie Borlin* a à peu près mon âge, une trentaine d'années, ce qui nous permet de parler rapidement de manière fluide et amicale. En débarquant chez Orpéa, elle a perdu sa naïveté en quelques semaines. Il était d'abord et toujours question de TO (taux d'occupation), de CRJ (coût repas journalier par résident) et de NOP (marge). La première directrice qu'elle a accompagnée était d'ailleurs devenue obsessionnelle et ne parlait plus que de cela. « Elle voulait tellement atteindre le taux de remplissage maximum qu'elle en devenait dingue, me raconte Sophie Borlin*. Elle nous disait : "Si vous n'êtes pas au maximum, vous êtes des nuls ! Si vous ne remplissez pas à 100 %, même un de moins, ce n'est pas acceptable !" Et vu qu'elle n'était jamais à 100 %, elle était toujours contrariée et se dénigrait elle-même : "De toute façon, je suis nulle. Je n'arriverai jamais à avoir les 100 % !" Elle répétait ce qu'on lui disait dans les réunions régionales. Je trouvais ça ridicule ! On faisait de notre mieux. Mais, à un moment, on ne va pas aller kidnapper des personnes âgées et les obliger à aller dans notre Ehpad. D'ailleurs, je lui disais parfois : "Sinon, vous prenez un camion. Vous faites le tour de la ville et puis vous ramassez les vieux que vous croisez dans la rue." Je la faisais rire quand même. J'essayais de détendre un peu l'atmosphère. Mais elle ne pensait qu'à ça. »

Comme beaucoup, cette directrice qu'a accompagnée Sophie* essaie de faire de son mieux, de suivre à la lettre les consignes du groupe Orpéa. Elle veut être une bonne élève, être félicitée par sa hiérarchie. Elle a peur, aussi, pour son poste. « Elle essayait de se mettre bien avec des personnes importantes du coin, me raconte Sophie*. C'est normal. Elle allait voir des assistantes sociales, des cadres de santé, et elle leur donnait des bouteilles de champagne que le groupe nous avait envoyées. Chaque fin d'année, le siège nous faisait livrer des caisses de champagne, en nous disant de les offrir aux personnes utiles, aux prescripteurs, pour qu'ensuite ils se tournent vers nous quand ils auraient une personne âgée à placer. »

Cette pratique, assez répandue dans le milieu, ne choquait pas fondamentalement Sophie*. Pour elle, cela fait partie du jeu : se faire connaître et entretenir de bonnes relations avec le milieu médical avoisinant. En revanche, il y a une pratique de remplissage qui l'a toujours écœurée, c'est celle qui consistait à accueillir tous les profils, à ne jamais dire non, quitte à prendre des risques pour la sécurité du personnel et des pensionnaires. « Je vous en ai déjà parlé au téléphone, me dit-elle. On faisait entrer beaucoup de personnes relevant de la psychiatrie, des gens qui étaient schizophrènes – j'ai vu leur dossier médical. J'étais choquée. Schizophrènes, troubles bipolaires, agressivité... » Parmi ces personnes, peu étaient réellement âgées. « Elles avaient souvent entre 60 et 70 ans. Et le médecin coordinateur de la résidence validait. Parfois, il disait qu'on était face à des cas psychiatriques et que c'était très limite. Mais la directrice, elle lui mettait tellement de coups de pression. À la fin, il disait : "OK, on accepte." Et je peux vous dire qu'il y avait au moins une vingtaine de personnes qui n'étaient pas du tout adaptées à la vie en Ehpad, à l'époque où j'étais directrice adjointe. »

Selon elle, près d'un cinquième de ses résidents étaient inaptes au séjour dans son Ehpad. « C'était environ 20 % de personnes handicapées mentales ou physiques, jure-t-elle. Des personnes qui n'ont pas du tout un profil à aller en Ehpad. L'équipe médicale arrivait à les stabiliser. Mais il y en avait qui avaient des pics de colère, qui faisaient des crises. Les autres pensionnaires se plaignaient beaucoup. Ils disaient qu'il y avait des résidents qui n'avaient rien à faire dans l'Ehpad. Et une fois, il y a eu un monsieur avec des troubles psychiatriques qui était en unité protégée avec les Alzheimer. Et il est entré dans la chambre d'un de ses voisins et il lui a mis des coups de chaussure sur la tête. La victime a eu des séquelles. » Anomalie encore plus gênante : les « cas » n'étaient pas forcément affectés aux unités protégées (UP) : « Je dirais qu'il y en avait la moitié en UP et l'autre en unité classique. En unité classique, il y avait aussi un monsieur qui faisait peur à tout le monde. Il était très grand et il avait vraiment un regard de psychopathe. Une fois, il a voulu me mettre un coup. Quand je le croisais, il me disait : "Je vais te tuer. Je vais te mettre un coup de canne. Tu vas comprendre ta douleur." Il tenait des propos extrêmement violents. Lui, il aurait pu tuer quelqu'un. Il avait trois montres à son bras. Et il ne fallait surtout pas toucher ses montres. Il y a même une soignante qui s'est fait attraper par le col et soulever par l'un de ces cas psychiatriques... À force, on a été fichés comme l'Ehpad qui acceptait tous les cas psy. Par Henri-Laborit, c'est un hôpital psychiatrique à Poitiers. Ils envoyaient tout le monde sur notre résidence. Dès qu'ils étaient pleins, les suivants, c'était pour nous. »

Cette politique de remplissage qui consistait à accueillir même des cas psychiatriques non adaptés à la vie en Ehpad, Sophie* n'est pas la première à m'en parler. Plusieurs directeurs ou cadres de santé m'en ont fait part. Toutes les résidences Orpéa n'allaient, évidemment, pas aussi loin que celle de Sophie*. Cela dépendait de la force de caractère du directeur, du taux d'occupation de l'établissement, de la pression exercée par le directeur régional. Ni Alexandra Girelli à Brest, ni Carmen Menjivar à Bordeaux ne se sont abaissées à de telles pratiques. Mais qu'en est-il de leurs successeurs, moins expérimentés ? Le système vous y pousse, constamment, insidieusement. Si votre TO baisse trop fortement, votre directeur régional vous passera un tel savon que vous irez courir immédiatement vers l'ensemble des prescripteurs de votre département. Si vous ne réglez pas le problème rapidement, que vous avez peur de perdre votre poste, que votre force de caractère n'est pas assez grande, que vous êtes un jeune directeur en plein apprentissage (ils sont de plus en plus nombreux chez Orpéa), alors, vous prendrez ce risque : vous écouterez votre TO plutôt que l'avis de votre médecin coordinateur. Et vous croiserez les doigts pour qu'il n'y ait pas de drame. Sachant que le groupe en a déjà connu. Certains ont été médiatisés, notamment par l'émission d'*Envoyé spécial*. C'est le cas de celui qui s'est déroulé à Agen, en décembre 2016. Une pensionnaire de 85 ans de la résidence *Les Magnolias* avait été battue à mort par l'une de ses voisines, atteinte de troubles psychologiques sévères. J'aurai l'occasion de rencontrer son fils, avocat, qui près de trois ans plus tard attendait toujours des explications de la part de l'ARS et de la justice, ne cachant plus sa colère ni son dégoût.

D'autres drames ont eu lieu dans toute la France sans que les médias nationaux en aient fait état. Par exemple, cet « incident » qui s'est déroulé à L'Isle-d'Espagnac, à quelques encablures d'Angoulême. En 2017, deux résidents Alzheimer d'un Ehpad Orpéa ont été violemment agressés par un troisième. L'une des deux victimes en a gardé d'importantes séquelles. La seconde est morte huit jours plus tard d'une hémorragie interne. Les familles n'ont eu droit à aucune excuse de la part de la direction générale d'Orpéa. J'ai eu l'occasion d'avoir longuement par téléphone la femme du pensionnaire décédé, Mme Jeanneau. Elle m'a confié sa profonde détresse. « Ce qu'a vécu mon mari est scandaleux, me confiera-t-elle. Je me suis rendu compte que l'Ehpad manquait de personnel. Il n'y avait qu'une jeune femme de 20 ans pour s'occuper de tout l'étage des Alzheimer. Et l'homme qui a agressé mon mari n'avait rien à faire là. Il était dangereux. Ils l'ont d'ailleurs placé quelques jours plus tard dans un hôpital psychiatrique. J'ai bien pensé à porter plainte, mais j'avais peur qu'ils s'en prennent au personnel de la résidence. Ils ont d'ailleurs viré la directrice alors qu'elle n'y était pour rien. Pour trouver les responsables, il faut monter beaucoup plus haut. Ce sont les dirigeants de l'entreprise, qu'il faudrait attraper. »

La direction d'Orpéa ne fait pas grand-chose pour endiguer le phénomène. Le groupe a instauré depuis de nombreuses années un système de primes pour ses directeurs, qui les incite à faire tout, et parfois n'importe quoi, pour remplir leur établissement et avoir le meilleur NOP possible. Plusieurs directeurs que j'ai rencontrés m'ont transmis les documents régissant les modalités de ces primes. Elles répondent à la fois à des critères de qualité et à des critères financiers. Mais vous comprenez assez clairement que l'aspect financier est le nerf de la guerre, puisque, si vous remplissez les exigences qualité du groupe sans respecter les paramètres de gestion, vous ne toucherez que 600 euros au maximum par semestre. Soit 1 200 euros par an. En revanche, et c'est là que cela commence à devenir intéressant, la prime passe à 3 500 euros si vous atteignez les objectifs de chiffre d'affaires exigés par le groupe et si vous avez contenu votre masse salariale, à 5 000 euros si vous cumulez les exigences de CA + NOP ou MASS + NOP, et à 6 000 euros si vous additionnez CA + NOP + MASS. Enfin, vous pouvez également toucher un bonus annuel pouvant aller jusqu'à 6 000 euros, accompagné d'un bon pour un voyage de 4 000 euros, si votre NOP est supérieur de 20 % à celui de l'année précédente. Sachant qu'un directeur est embauché à 3 500 euros brut par mois chez Orpéa, et que ces primes peuvent représenter jusqu'à 18 000 euros par an, soit cinq mois de salaire en plus, on peut imaginer que la carotte attire même les chevaux les plus récalcitrants.

À côté de ces audits internes, le groupe a mis en place, depuis 2000, des enquêtes de satisfaction pour les résidents et leurs familles. C'est un élément fondamental sur lequel la direction d'Orpéa s'appuie lorsque le groupe est publiquement décrié, expliquant que plus de 90 % des résidents et de leurs proches se déclarent satisfaits de la qualité de leur prise en charge. Sauf que, là encore, la réalité est un peu moins rose. Cette ancienne directrice adjointe d'Ehpad me raconte que bien souvent les résultats sont « embellis » par une partie du personnel. Tous les établissements de France reçoivent les questionnaires vers septembre/octobre et ont environ deux mois pour les faire remplir par leurs pensionnaires et les retourner. Le hic, c'est que les directeurs d'Ehpad ont beaucoup de mal à les faire remplir et à atteindre le taux de participation plancher d'environ 60 %. Ils connaissent également les enjeux soulevés par les résultats du questionnaire et ne sont pas prêts à perdre leur place. Résultat : Sophie* me confie que, dans sa résidence, une partie de ces questionnaires, qui sont anonymes, n'étaient pas remplis par des familles ou par leurs proches, mais par des membres de la direction de l'établissement : directeur, directeur adjoint, secrétaire, tout le monde s'y colle ! Selon elle, entre 10 et 20 formulaires (sur la centaine renvoyée) étaient rédigés par des membres du personnel, en toute discrétion.

Sophie* ne sera pas la seule à évoquer cette pratique. Un autre directeur adjoint d'Île-de-France me racontera mot pour mot le même procédé, ajoutant que son directeur régional était au courant et qu'il l'encourageait : « Il nous disait : “Vous en remplissez quelques-uns pour être tranquilles.”

Si on savait que, dans la catégorie accueil, on était un peu faiblards, on essayait de se remettre quelques bons points. C'est une chaîne. Si le directeur a de bons résultats, son directeur régional sera récompensé, et ainsi de suite. Tout le monde a intérêt à avoir de bons résultats. Alors tout le monde laisse faire... Vous savez, on n'est pas dupes ! C'est un énorme groupe, avec un service informatique très performant. Ils pourraient créer une appli ou un portail Internet en deux secondes, pour que les familles remplissent l'enquête de manière sécurisée. Mais ils préfèrent rester au papier. Ce n'est pas pour rien ! » Dans cette course aux bons points, chaque région avait sa technique. Dans le Nord, un collaborateur important du groupe me racontera qu'il avait assisté plusieurs fois à des scènes hallucinantes où une directrice d'Ehpad conviait des familles triées sur le volet à venir boire une coupe de champagne et manger des petits-fours dans son bureau, puis les invitait, entre deux gorgées, à remplir les questionnaires, sous son œil vigilant. Les directeurs d'Ehpad se retrouvent dans une position intenable. D'un côté, ils doivent afficher les meilleurs résultats possibles. De l'autre, ils dégradent les conditions de prise en charge.

Sophie Borlin* m'assure que, pour répondre aux exigences financières du groupe, elle ne remplaçait pas les postes en unité protégée, qu'il y avait une personne en moins la nuit, soit deux au lieu de trois pour une résidence de 120 lits occupés, avec un étage Alzheimer, et qu'il y avait quatre postes d'aides-soignantes qui n'étaient pas pourvus. « Pour ces postes-là, on n'avait même pas mis d'annonce ! Car on nous interdisait de recruter. Alors qu'on avait l'argent de l'ARS pour le faire. » Résultat, à la fin de l'année, à force de faire des économies sur les postes de soignants, il y avait un excédent très important sur la dotation « Soins ». « Ça nous arrivait souvent de faire plus de 10 000 euros d'économie par mois sur la masse salariale financée par l'ARS. Et en fin d'année, on pouvait avoir un excédent de dotation de plus de 100 000 euros ! »

Effectivement, quelques semaines plus tard, Sophie* prendra le risque de me confier un certain nombre de documents comptables internes au groupe et je pourrai vérifier la réalité de ces chiffres. En 2014, la résidence avait fait, rien que sur son budget « Soins », plus de 140 000 euros d'économie, soit plus de 10 % de l'argent versé par l'Assurance maladie. Est-ce que l'ARS Nouvelle-Aquitaine acceptait cela ? Était-elle seulement au courant ? Le groupe Orpéa transmettait-il les bons chiffres ?

Avant de quitter Sophie Borlin* après plusieurs heures de discussion, il me reste une question à lui poser. Est-ce qu'elle vit la même chose aujourd'hui chez DomusVi, où elle est directrice ? C'est un groupe privé, le numéro trois du secteur, avec plus de 200 établissements en France. Cela me paraît donc pertinent de comparer son expérience au sein de deux géants du secteur. « J'ai, chez DomusVi, le nombre d'aides-soignantes qui a été autorisé par les autorités de tutelle. Contrairement à Orpéa, où je voyais que ce n'était pas le même nombre que celui indiqué dans la convention tripartite. Aujourd'hui, je n'ai pas trois ou quatre postes en moins. » Tout est dépensé. Pire, selon Sophie : « Je fais même des déficits. » Le cauchemar d'Orpéa…

CHAPITRE 25
CAMILLE CONTRE L'EMPIRE

J'ai pu ressentir, durant ces mois d'investigation, le climat de violence intrinsèque à cette société. Une violence diffuse, sournoise, destructrice. D'anciens hauts dirigeants de l'entreprise, comme Patrick Métais, me racontaient l'état psychologique dans lequel le groupe les avait plongés. Des salariés du siège m'ont avoué avoir fait des tentatives de suicide durant leurs années Orpéa. Des cadres infirmiers, comme Laurent, ont détaillé le turn-over incessant. D'anciens directeurs, comme Carmen Menjivar, ont décrit des méthodes de licenciement choquantes. Des délégués CGT, comme Guillaume Gobet, ont raconté, par le menu, les pressions et les menaces dont étaient, selon eux, victimes leurs camarades, mais aussi les licenciements perçus comme abusifs, les conventions collectives *a minima*, les arrangements avec le droit du travail... Tous ces témoignages m'ont permis de me rendre compte qu'à côté des pratiques mises en place par Orpéa pour remplir ses établissements, profiter d'une partie de l'argent public ou encore optimiser sa masse, le groupe avait instauré des méthodes pour maîtriser son personnel, voire le contrôler.

Ce système de « contrôle », je vais pouvoir en mesurer toute l'ampleur et surtout le documenter, grâce à une rencontre déterminante. En plein milieu de mon enquête, je vais apprendre qu'une jeune femme, alors en alternance au sein du service RH d'Orpéa, cherche à entrer en contact avec un journaliste pour lui livrer des éléments importants sur le fonctionnement du groupe. Cette jeune femme s'appelle Camille Lamarche. Elle a décidé d'apparaître en son nom dans ce livre et de faire face à l'empire Orpéa, en justice s'il le faut.

Lors de notre première rencontre, je la retrouve dans une brasserie touristique située à quelques pas de la place de la République à Paris. Elle est déjà assise lorsque j'arrive. C'est une jeune femme aux apparences trompeuses. Très propre sur elle, un look passe-partout – crinière brune, long manteau beige, lunettes on ne peut plus classiques –, un regard doux et un sourire discret. Elle a 29 ans et du courage à revendre.

Camille a intégré le service des ressources humaines d'Orpéa, en alternance, en octobre 2018, environ sept mois avant notre rencontre. Et chaque jour, elle est indignée par le spectacle auquel elle assiste et auquel elle participe, bien malgré elle. Cela a commencé le jour même de son entretien d'embauche, qui a été mené par le chef de son service. Les questions qu'il va lui poser, ce jour-là, lui permettent de mesurer, instantanément, la violence de la politique RH développée au sein d'Orpéa. « Franchement, c'était dingue, affirme-t-elle. Il m'a quand même sorti : “Est-ce que vous comprenez bien la gestion de risque ? Est-ce que vous comprenez qu'il vaut mieux perdre 30 000 euros aux prud'hommes que de continuer à garder un salarié gênant dans l'entreprise ?" Il me sort ça, comme ça. Et moi, qu'est-ce que je peux répondre à ça ? Il m'a aussi balancé : "Est-ce que cela vous choque qu'on licencie quelqu'un sans motif ?" Ou encore : "Est-ce que cela vous choque qu'il y ait des organisations syndicales avec lesquelles on discute et d'autres avec lesquelles, par principe, on ne discute pas ?" Le mec était en roue libre. Honnêtement, je suis sortie de là en me disant : "Mais ils sont sérieux ?" »

À peine a-t-elle quitté le siège d'Orpéa que Camille appelle son père, dépitée, en lui racontant ce qu'elle vient de vivre et en lui expliquant qu'elle ne mettra jamais plus les pieds dans cette entreprise. Quelques jours plus tard, après avoir obtenu le poste, elle se ravise et décide de tenter l'expérience. Camille doit trouver une alternance pour valider un master en droit social. Son projet, à terme, serait de faire de la défense salariale. Et elle se dit que le service RH d'Orpéa est peut-être un lieu propice pour se rendre compte de certaines dérives et aiguiser son caractère. Mais, ce jour-là, elle n'imagine pas l'ampleur de ce qu'elle va découvrir.

Ce qui la marque, dès les premiers jours de sa prise de poste, c'est le dédain dont fait preuve le service RH d'Orpéa vis-à-vis du petit personnel et des syndicalistes de la CGT. Elle évoque un mépris de classe particulièrement violent : « Franchement, c'est au sein de ce service que j'ai pu sentir pour la première fois l'ampleur de la fracture sociale en France, m'explique-t-elle. Pour mes collègues, les mecs de la CGT, ce sont des clodos qui puent, qui ne se lavent pas, qui n'ont pas de dents. Franchement, c'est de ce niveau-là. Tous les jours, il y a des blagues dans mon service, du genre : "Ah, M. Untel, tu le sens avant de le voir." On se croirait dans une cour d'école. Ça fuse en permanence, style : "De toute manière, un cégétiste, on met dix personnes autour d'une table, tu le repères direct. C'est celui qui a des chaussures trouées, des vêtements moches et un tee-shirt *No pasarán*." Moi, cette violence-là, elle me pèse. On a le droit de ne pas avoir le même combat, de ne pas partager les mêmes valeurs, sans mépriser l'autre, sans l'insulter. »

La jeune femme se débat dans cet environnement de travail particulier, qui use de manières pour le moins particulières : « Le DRH du groupe, il veut que tu sois en flippe en permanence. Un jour, un junior lui a dit bonjour dans un couloir d'un ton un peu trop confiant. Le lendemain, il était viré. Et dans le service, c'était acté par tout le monde qu'il avait été dégagé à cause de ça. Je ne sais pas si tu imagines le degré de folie, mais ils sont allés jusqu'à privatiser les chiottes hommes de tout notre étage pour le DRH. Du coup, les mecs sont obligés d'aller pisser chez les filles. C'est hallucinant ! Un matin, t'as un nouveau du service international qui n'était pas au courant et qui est allé pisser chez les mecs. T'avais tout le service qui ne parlait que de ça : "Putain, c'est chaud, ce qu'il a fait. Faudrait peut-être qu'on le prévienne." Franchement, ce sont des fous ! »

La suite est beaucoup moins anecdotique et surtout bien moins drôle. Des consignes strictes auraient été passées concernant les profils admis au sein de ces équipes : « Un matin, il y a la meuf du service recrutement qui déboule dans notre bureau, me certifie Camille. Et elle se met à gueuler : "Putain, c'est impossible de recruter pour votre service [les relations du travail]. Les salaires sont tellement bas qu'il y a déjà huit personnes sur dix qui ne me rappellent pas quand je leur donne la rémunération. Et quand j'ai enfin trouvé une meuf qui accepte, qui est sympa et qui a tous les critères pour le poste, on me dit que c'est pas la peine de la rappeler parce qu'ici on ne veut pas de Noirs et pas d'Arabes. Je fais comment, putain ?" Moi, j'étais scotchée quand elle est ressortie. » Orpéa, dûment contacté, n'a pas souhaité répondre à cette assertion. Camille Lamarche m'informe que le service RH d'Orpéa est composé d'une trentaine de salariés et qu'il n'y a qu'une seule personne issue de la diversité : « La seule qui est rebeu, c'est Latifa*. Mais elle est rentrée par un autre circuit et, surtout, elle n'est pas du tout typée. »

La jeune employée dit avoir été tellement choquée par ce qu'elle a entendu dans son service et ce qu'on lui a demandé de faire qu'elle s'est mise à enregistrer, à leur insu, des conversations entre ses collègues ou entre son boss, un des responsables de la politique sociale du groupe, et la DRH France d'Orpéa. Il faut dire qu'elle occupe une place stratégique qui lui permet de tout entendre : son bureau est situé à moins de deux mètres de celui de son N+1, qui est la cheville ouvrière de la politique sociale de l'entreprise. Elle a tout à fait conscience des risques. Mais sa volonté de révéler au grand jour les dérives d'une société qui se vante à longueur de communiqués de défendre des valeurs de bienveillance, d'entraide et de respect, sera plus forte que ses peurs. À bien des égards, Camille s'est comportée comme une lanceuse d'alerte. Son témoignage et les enregistrements qu'elle va me transmettre nous offrent une plongée rare au sein du service des ressources humaines de l'une des plus grosses sociétés françaises. Préparez-vous, cela prend parfois aux tripes. Mais ne détournez pas le regard. Cette politique a fait beaucoup de dégâts humains. Et continue à en faire, chaque jour.

Le service RH d'Orpéa est divisé en six services : la formation, le recrutement et les études RH, qui sont trois services non stratégiques, puis le contentieux, les relations collectives du travail et enfin les relations individuelles du travail, dont fait partie Camille Lamarche. Elle se charge, avec ses collègues, de la gestion administrative des contrats, c'est-à-dire de rédiger les contrats de travail et les avenants, et de gérer les périodes d'essai et les demandes de congés parentaux. Elle est en contact avec les directeurs des Ehpad du groupe et se rend compte régulièrement de son approche très singulière du droit du travail. Elle me raconte, notamment, que le groupe Orpéa ne reprend quasiment jamais l'ancienneté de ses salariés, que ce soit lors du rachat d'un établissement déjà pourvu en personnel ou lors d'un passage en CDI d'un salarié interne, que le groupe a une interprétation très personnelle de la réglementation concernant l'indemnisation des heures supplémentaires, ou encore qu'il a comme politique affichée de licencier au maximum pour faute grave, peu importe si le salarié a commis ou non des manquements : « On vire quasiment toujours les gens pour faute grave, accuse-t-elle. Parce que, quand tu les vires pour faute grave, tu ne leur dois pas leurs indemnités de licenciement. Et, bien sûr, on ne s'emmerde pas : on leur fait une mise à pied immédiate et on ne leur paie pas leur période de mise à pied. C'est tout bénef' ! Tout ça a été pensé et calculé. Ça revient moins cher au groupe de payer plein pot les peut-être 10 % de personnes qui iront jusqu'aux prud'hommes que de payer à tout le monde ce qu'on leur doit. Ils s'en foutent, des contentieux. Ils en perdent à la pelle. Mais tout ça est budgétisé. Et c'est encore plus simple depuis les ordonnances Macron [signées en 2017, elles mettent en place un plafonnement des indemnités accordées aux prud'hommes en cas de licenciement abusif]. Désormais, il y a un barème et on sait à l'avance le maximum que ça peut coûter à la boîte. » Résultat, le groupe est inondé de contentieux.

Camille Lamarche me rapporte qu'il y en a quasiment un par jour, soit environ 300 par an, selon les estimations de ses collègues du service. Tous ne terminent pas aux prud'hommes, mais les affaires s'accumulent. J'ai d'ailleurs pu le constater à travers les récits de mes sources. Elles sont nombreuses à avoir été licenciées pour faute grave, et pour un certain nombre à être allées aux prud'hommes. Carmen Menjivar, notamment, la directrice de l'Ehpad *La Chêneraie*, à Bordeaux, a été sortie brutalement du groupe avant de saisir la justice et de gagner son procès. Patrick Métais également. Laurent Garcia aussi. La liste est sans fin. Et j'ai pu la continuer en accumulant un certain nombre de décisions prud'homales dans lesquelles le groupe avait été condamné pour licenciement abusif. J'ai également obtenu d'autres témoignages de directeurs ou de directrices d'Ehpad Orpéa dont je n'ai pas pu raconter l'histoire dans cette enquête, mais qui m'ont rapporté, eux aussi, qu'ils ont été licenciés pour faute grave. C'est le cas de l'ancienne directrice de l'Ehpad Orpéa de Nancy, qui a été récemment sortie du groupe à la suite d'une grève du personnel dans son établissement, et qui me racontait, en pleurs, l'avalanche de manquements fallacieux qu'Orpéa lui avait mis sur le dos dans sa lettre de licenciement : « C'était du genre : "N'arrive pas à s'orienter dans l'établissement." Ou encore : "N'est pas capable de se rappeler le nom du personnel." Oui, c'est sûr qu'avec le turn-over et le nombre d'embauches en CDD, évidemment que je ne me rappelais pas tous les noms. » Elle dit être restée sur le carreau durant plus d'un an, bourrée d'antidépresseurs, incapable même de me parler au téléphone. Il faut dire que, dans son cas, ce n'est même pas l'appât du gain qui avait poussé le groupe à agir de la sorte : « Je n'avais qu'un an d'ancienneté dans cette boîte, m'avait-elle raconté. Donc ils n'auraient pas payé plus cher en me licenciant normalement. Ils ne gagnaient rien à faire cela. Ils l'ont fait juste pour me détruire, pour me faire peur », a-t-elle le sentiment.

« Détruire ». « Faire peur ». Combien de fois ai-je entendu ces termes ? Le groupe sait que, en se comportant de la sorte, il va intimider les moins téméraires et les dissuader d'aller en justice. Alors peut-être que ce livre, que ces lignes serviront à d'anciens salariés du groupe qui n'ont pas osé aller au bout de leur démarche. Peut-être se diront-ils qu'ils ne sont pas les seuls à avoir vécu cela…

CHAPITRE 26
MARILYN MONROE ET CLARK KENT

Ma lanceuse d'alerte va également me confirmer une pratique dont j'avais déjà connaissance, mais dont je ne mesurais pas l'ampleur : le recours massif et très discutable à des CDD, sous des motifs les plus divers : « accroissement temporaire d'activité », « dans l'attente de l'embauche en CDI du titulaire du poste » ou encore en remplacement d'un salarié fictif. « Les faux CDD de remplacement, j'en vois passer toutes les semaines, me raconte la jeune alternante. J'en ai fait au moins une vingtaine depuis que je bosse pour le groupe. Et il y a des directeurs qui font absolument n'importe quoi. Il y en a un, la dernière fois, qui au lieu de mettre des noms lambda de personnes fictives à remplacer, genre Pierre Durand, s'est amusé à mettre des noms de stars, style : Marilyn Monroe ou encore Clark Kent. C'est complètement débile ! Le mec, il risque de se prendre 150 000 boules par l'Urssaf de redressement sur ses CDD. »

Grâce à l'un des nombreux enregistrements clandestins réalisés par Camille Lamarche, j'ai pu mesurer l'ampleur du système. On y entend la DRH France et le responsable des relations du travail échanger à propos de cette problématique, qui semble prendre de plus en plus d'envergure.

« Bon, je viens de regarder, sur le mois de juin, les CDD pour accroissement temporaire d'activité et remplacement en attente de l'embauche d'un salarié, et on est à plus de 2 000, explique la DRH, un brin inquiète.

— Et sur les 2 000, combien sont en réalité des remplacements de salariés absents ? réagit son N-1, tout aussi soucieux.

— Je n'ai même pas regardé les CDD de remplacement. Là, j'ai juste regardé pour les CDD dans l'attente de l'embauche du titulaire ou accroissement temporaire d'activité. Et il n'y en a aucun de vrai. Enfin, il y en a 99 % qui sont faux.

— L'attente du CDI, je pense qu'on peut tous mettre la tête à couper que… le CDI, il n'existe pas, poursuit le RRH.

— Oui, bien sûr !

— Enfin si, il existe peut-être, mais il a déjà été embauché 25 fois. Euh… parce qu'on a déjà utilisé son nom 25 fois.

— Ben oui, c'est ce qu'on a fait sur *Port-Royal* ! »

S'agissant de cette politique relative au contournement du droit du travail, il y a une règle fondamentale que tous les membres du service RH se doivent de respecter : le cloisonnement. Camille Lamarche me rapporte qu'elle et ses collègues doivent tout mettre en œuvre pour qu'il y ait une frontière parfaitement étanche entre le siège du groupe et ses établissements. Tout d'abord, ce n'est jamais Orpéa qui donne consigne à ses directeurs d'Ehpad ou de clinique de mettre en place ces CDD irréguliers ou de commettre des irrégularités : « C'est un peu plus vicieux que ça, avance la jeune femme. Ce n'est pas le groupe qui le leur demande. Le groupe, la seule chose qu'il demande à ses directeurs, c'est de faire du chiffre. Mais il leur demande de faire des chiffres qui ne sont pas réalisables. Il fait peser sur le directeur et son directeur régional une pression financière telle qu'en réalité ils n'ont pas le choix. Ils doivent pouvoir optimiser leur masse salariale et donc avoir recours à des CDD. » Ensuite, bien sûr, le groupe se protège, en permanence : « Moi, on va me demander d'écrire un mail à l'attention du directeur et de le prévenir que ce n'est pas légal, et qu'il y a un risque contentieux, détaille la jeune alternante. L'idée, c'est de préserver à tout prix les intérêts du groupe, du siège, et qu'on ne puisse jamais faire remonter la responsabilité d'une fraude aux dirigeants de l'entreprise, et notamment à Yves Le Masne, son DG. En cas de contrôle de l'Inspection du travail, le service RH se dédouane aussitôt et fait peser la responsabilité d'éventuels manquements à la loi sur le directeur de l'Ehpad contrôlé. »

Une source précieuse m'a transmis les rapports de centaines de contrôles d'établissements Orpéa réalisés par l'Inspection du travail. Je vous prie de croire qu'elle a pris beaucoup de risques pour cela et que les fichiers transmis ont été, pour moi, une inépuisable source d'informations. J'ai pu notamment constater que régulièrement, dans ses réponses à l'Inspection du travail, le groupe charge ses directeurs d'Ehpad et de clinique, les accusant d'avoir été mal organisés, d'avoir commis des erreurs dans la rédaction des contrats ou encore d'avoir été négligents. Et lorsque la situation devient trop tendue, le directeur en question est éjecté et le service RH d'Orpéa explique alors aux inspecteurs que la résidence a fait peau neuve, qu'une nouvelle direction a été mise en place, que le changement, c'est maintenant ! Les directeurs des résidences Orpéa sont des fusibles que le groupe active dès que la situation est en surchauffe, dès qu'un contrôleur s'approche d'un peu trop près. Et la plupart du temps, le procédé fonctionne. Les directeurs martyrs, bien malgré eux, sauvent l'empire.

Non-reprise de l'ancienneté, non-paiement des heures supplémentaires, utilisation massive de CDD, licenciements sans cause réelle et sérieuse : la liste que rapporte Camille est impressionnante. Mais il y a un autre domaine dans lequel Orpéa est passé maître, et qui choque tout particulièrement cette jeune alternante, c'est la façon d'appréhender les relations avec les syndicats. Camille Lamarche va notamment me rapporter l'histoire de cette femme qui a été exclue du groupe en un claquement de doigts. L'histoire se déroule en octobre 2018, deux semaines à peine après la prise de poste de Camille. La directrice de la résidence *Klarène,* située à Tournan-en-Brie, en Seine-et-Marne, prévient le service RH qu'elle a convoqué une certaine Clarisse*, l'une de ses aides-soignantes, afin de lui infliger un avertissement à la suite d'un incident survenu quelques jours plus tôt. Clarisse* se rend à cette convocation et donne un certain nombre d'explications à sa directrice. Elle a décidé, comme la loi le permet, de venir assistée d'une déléguée syndicale CGT. En faisant cela, elle pensait se protéger. En tout cas, le service RH réclame la tête de Clarisse*. Les faits qui lui sont reprochés ne sont plus le sujet. La seule chose qui compte désormais, c'est qu'elle ait osé se présenter à son entretien assistée d'une déléguée CGT. La directrice de la résidence tente de s'opposer à ce licenciement et indique au service RH qu'un simple avertissement est suffisant. Mais rien n'y fait : le 22 novembre 2018, Clarisse* se voit notifier par lettre recommandée son licenciement.

Quelques mois plus tard, Camille Lamarche, lors d'une discussion avec son manager à propos de son avenir dans l'entreprise, va oser lui faire part de son malaise concernant certaines méthodes du groupe et évoquer, avec lui, le cas de cette femme. Elle va, une fois encore, réussir à enregistrer cette discussion et me la transmettre.

« Je vais te donner un exemple qui m'a fait de la peine, débute Camille, sans sourciller, face à son boss : Valérie* a licencié une personne, alors que j'étais là depuis trois semaines, parce qu'elle s'était fait accompagner par la CGT. Tu vois, là, je me dis : "Ça, c'est une limite..." Elle a spontanément proposé à la directrice de faire ça. Et ça, je ne sais pas si je pourrais le faire. »

Son supérieur lui répond, un brin professoral :

« Non, mais dis-toi une chose : c'est qu'il n'y a pas de fumée sans feu ! lâche le manager. À la base, cette personne-là, elle a quand même été convoquée à un entretien, donc ce n'était pas pour rien. Il y avait un sujet. Mais c'est bien que tu sois honnête et que tu me racontes ça. C'est important. On ne fait pas ça tous les quatre matins non plus. Mais c'est vrai que sur un site où l'on sait qu'il y a des élus problématiques, on réagit. Tu te souviens de Kéline Sivadier ?

— Oui, c'est la préparatrice en pharmacie qui vous avait causé des soucis.

— Exactement ! Et qui ne devrait plus être là depuis bien longtemps, d'ailleurs. Eh bien, tu vois, cette personne constitue clairement une menace pour l'entreprise. Parce qu'elle va appeler à débrayer ou des trucs comme ça. Parce que c'est le mot d'ordre de la CGT. Eh bah, tu vois, demain on doit convoquer quelqu'un en entretien préalable. Si jamais cette personne vient assistée de Kéline Sivadier, elle est licenciée d'office. On ne cherchera même pas à savoir si on aurait pu la sauver ou pas. Peu importe que ses explications soient plausibles ou non. À un moment donné, cette personne est, peut-être, une Kéline en puissance. Parce qu'elle a décidé de se faire assister par la CGT, alors qu'elle aurait pu choisir un délégué du personnel Arc-en-ciel. »

Camille est totalement dégoûtée par les propos de son manager. Qui insiste.

« Cela peut faire partie du jeu, Camille, reprend-il, nonchalamment. Il faut estimer qu'il y a un risque, évidemment. Si on estime qu'il n'y a pas de risque, ben voilà !... Encore une fois, je sais que cela peut paraître choquant, mais je ne sais plus si j'avais utilisé la citation – je sais que je l'utilise souvent : "Je est un autre." Il y a toi, ce que tu peux penser, et puis il y a l'intérêt supérieur de l'entreprise.

— Je sais bien... Je ne dis pas que je ne vais pas le faire. Mais ça va me peser, tu vois, répond la jeune femme, tentant, tant bien que mal, de mesurer ses propos et de contenir sa colère.

— Du coup, prends le temps de cette maturation, de cette digestion, de cette réflexion, lui répond son supérieur. Et moi aussi, je vais réfléchir de mon côté. Je pense que tu peux être quelqu'un de bien sur ton poste. Mais c'est vrai que ce dont tu me fais part, il ne faut pas que cela devienne un élément qui te frustre ou qui devienne un point de blocage, parce que ce sera un problème. Et si demain on décide de s'engager ensemble, il ne faut pas que cela puisse être un problème. Il faut que je puisse me dire… Je ne veux pas faire de toi un assassin en puissance. Mais il faut que je puisse me dire, comme je peux me le dire avec Valérie* : "Je ferme les yeux !" »

Cela a le mérite d'être clair. « Assassin en puissance »… Les termes utilisés, même par la négative, sont extrêmement forts. Le groupe Orpéa surveille, comme le lait sur le feu, chaque employé qui risquerait de passer du mauvais côté de la barrière. Instantanément, ils deviennent des ennemis à abattre. Mais cela va bien plus loin. Pour être certain de tenir son personnel, d'éviter de trop virulentes revendications ou des grèves du personnel, Orpéa a compris qu'il fallait tenir les syndicats. Pas seulement via d'obscures négociations avec des élus FO ou CFDT, comme peuvent le faire, parfois, certaines grosses sociétés françaises ; il y aurait toujours un risque. Non, Orpéa fait beaucoup plus fort. Le groupe a décidé de participer à la création d'un syndicat et de mettre toutes les chances de son côté.

CHAPITRE 27

ARC-EN-CIEL, SYNDICAT FAIT MAISON

« Quand j'étais plus jeune, mon grand-père me racontait toujours une histoire où il avait bourré les urnes, juste après la guerre. J'aurais bien aimé être là ! En même temps, c'est ce que je fais maintenant ! »

Les propos que me rapporte Camille Lamarche – toujours elle – proviennent, une fois de plus, de son boss, qui est notamment en charge de gérer la politique sociale du groupe Orpéa. Il fait ici référence au syndicat Arc-en-ciel et aux dernières élections des délégués du personnel, un enjeu de taille pour l'entreprise. Sûrement n'avez-vous jamais entendu parler du syndicat Arc-en-ciel. C'est normal, c'est ce qu'on appelle un syndicat maison. Il n'est pas relié à une fédération ou à une confédération, comme la CFDT, la CGT ou FO, n'a pas de statuts nationaux ou d'instances centralisées, et n'existe, *a priori*, nulle part ailleurs. C'est un syndicat créé de toutes pièces au sein du groupe, au début des années 2000. L'idée vient du grand manitou des RH qui ne supportait plus de devoir livrer bataille contre des « rouges » et de devoir faire face à des grèves du personnel soignant remonté contre ses conditions de travail. Cet ancien de l'industrie métallurgique a voulu transposer un vieux procédé utilisé jadis dans des secteurs très durs et conflictuels, par quelques entreprises peu scrupuleuses de la métallurgie ou de l'automobile ; un monde où ça tapait dur, où ça sentait la sueur, le monde du travail à la chaîne et des hauts-fourneaux. Un univers très éloigné des blouses blanches, des fauteuils roulants et des lotos du samedi soir. Le DRH d'Orpéa a profité de dissensions internes dans plusieurs syndicats pour approcher d'anciens représentants FO ou CFDT. Et il leur aurait proposé un pacte : s'ils étaient d'accord pour créer un syndicat apolitique et conciliant avec la direction, le groupe leur assurait des canaux de discussion privilégiés, ainsi que des aides non négligeables. La bande des anciens « gauchistes » a accepté et a monté Arc-en-ciel, sous l'œil vigilant du DRH. Une jeune syndiquée, aide-soignante de formation, a pris les rênes du syndicat et n'en a plus bougé depuis lors.

Camille Lamarche est surprise, peu de temps après son arrivée chez Orpéa, de retrouver cette responsable du syndicat Arc-en-ciel déambuler dans les couloirs du service RH comme si elle était chez elle ou parler à tu et à toi au téléphone avec son manager et grand chef d'orchestre de la politique sociale de l'entreprise. Puis elle comprend, au fil des semaines, que l'indépendance de ce syndicat pose question. Elle me raconte, dans le détail, de quelle manière ses collègues du service des relations collectives du travail supervisent ce syndicat, depuis le siège d'Orpéa. « Je les ai vus faire leurs calendriers de déplacements, s'occuper de leurs billets de train, écrire leurs tracts. Ils les envoient sur le terrain, les conseillent, donnent les informations à leurs élus avant qu'elles ne soient publiées pour qu'Arc-en-ciel puisse faire semblant d'avoir obtenu quelque chose qui était déjà prévu... ce genre de choses. » *A priori* une sacrée entorse aux règles. « Ils mettent les moyens de la boîte au service d'un syndicat ! »

Les délégués du personnel Arc-en-ciel sont-ils encore des contre-pouvoirs face à la direction, la caisse de résonance des réclamations des salariés ? Ou, au contraire, la prolongation du service RH, le cheval de Troie du groupe, au milieu de ses troupes ? Alors qu'ils doivent, normalement, avoir une indépendance financière totale, Orpéa aurait largement favorisé leur implantation sur l'ensemble du territoire. Le groupe prendrait notamment à sa charge leurs frais de déplacement, le plus discrètement possible, comme le confirmera son manager lors de l'une de ses nombreuses discussions avec la bien curieuse Camille.

« Sans préjuger de ce qu'il y aurait dans les comptes de ce syndicat, on peut imaginer, vu ce que tu me dis, qu'il n'y aurait pas de frais de déplacement ? lui demande Camille Lamarche, au début de l'enregistrement.

— Peu, répond-il, sobrement.

— Peu, vu que la majorité est prise en charge ?

— Peu, peu. Oui, oui, après, effectivement, ça peut être un sujet, mais bon...

— Comment ça se passe du coup ? renchérit-elle. Ce sont les directeurs des résidences qui prennent leurs billets de train ?

— Oui. »

Son interlocuteur sait pertinemment qu'ils évoquent là un sujet sensible et ne souhaite pas développer davantage. Mais elle va le relancer afin d'obtenir plus de détails.

« Oui ?

— Oui. Il y a tellement de réunions et tout ça, que deux billets de plus ou deux billets de moins... tu vois ? explique son manager. Ça passe par l'agence de voyages. Et entre tous les trajets qui sont faits, les gens qui vont en formation, les gens qui participent à une réunion de-ci de-là...

— C'est noyé dans la masse, quoi, termine l'alternante.

— Totalement, totalement ! » conclut le RH.

Ces délégués Arc-en-ciel se déplaceraient dans les résidences aux frais du groupe et en coordination avec le service RH. Ils ne seraient pas là pour répondre aux revendications du personnel, mais pour afficher du dialogue social. L'idée, c'est de faire penser aux salariés d'Orpéa qu'un syndicat est à leur écoute et qu'il peut leur apporter des solutions. Sachant que, dans le même temps, la CGT est totalement marginalisée par la direction, qui refuse de rencontrer ses membres et de réagir lorsqu'ils se mobilisent.

Prenons un exemple très concret. La lanceuse d'alerte me raconte que le personnel soignant d'un Ehpad se plaignait depuis plus d'un mois et demi de ne pas avoir reçu les vestes polaires Orpéa alors qu'on était en plein hiver et qu'ils souffraient du froid. Le groupe a finalement commandé les polaires au moment qu'il estimait opportun, puis a fait envoyer un délégué Arc-en-ciel sur place. Ce dernier a rencontré la directrice de l'Ehpad et, en sortant de son bureau, il a pu expliquer au personnel que le problème était résolu. Une semaine plus tard, ils recevaient leurs équipements. Et selon

Camille, le même procédé peut s'appliquer dans des cas de demandes d'augmentation salariale localisées : envoyer un délégué Arc-en-ciel pour écouter les demandes du terrain, puis répondre ensuite positivement aux revendications. Pour Orpéa, c'est une technique triplement efficace : cela permet de marginaliser encore plus les syndicats traditionnels, qui donnent l'impression de ne servir à rien ; cela donne du poids à un syndicat qui n'imposera jamais aucun rapport de force avec la direction ; enfin, et surtout, ça donne l'image d'un groupe ouvert au dialogue social, à l'écoute de ses salariés. Alors qu'en réalité Orpéa leur concède le minimum du minimum.

« Ils arrivent à n'avoir quasiment aucune augmentation annuelle des salaires, assure encore Camille Lamarche. Et il y a l'accord sur l'intéressement, qui est ridicule. Cette année, les salariés sur l'intéressement à la participation, ils ont touché 750 euros. Pour ceux qui étaient là à temps plein. Quand on voit les chiffres de cette entreprise, c'est juste une blague. Ce syndicat maison leur permet de donner le minimum en faisant croire aux gens qu'on fait des trucs pour eux et qu'on est des gens sympas. C'est comme ça qu'on achète la paix sociale », clame-t-elle.

Cela ne s'arrête pas là, à des questions financières. Il semble y avoir plus grave. Les salariés peuvent se retrouver totalement seuls face à leur hiérarchie, sans garantie que leurs droits soient respectés. Nous avons vu, avec l'exemple de Clarisse*, que le fait qu'elle se soit rendue à sa convocation assistée d'une déléguée CGT a pu lui coûter sa place. Il faut savoir que venir en compagnie d'une déléguée Arc-en-ciel vous fait, également, prendre un risque majeur. Mais pour des raisons tout à fait opposées. Carmen Menjivar, l'ancienne directrice de la résidence *La Chêneraie*, à Bordeaux, en a fait les frais. Elle me racontera que, lors de son entretien préalable à licenciement, elle avait tenu à venir assistée d'une déléguée Arc-en-ciel, pour ne pas se retrouver seule face à deux figures imposantes du groupe : son directeur régional et son directeur de division, réputé pour son tempérament fiévreux. Effectivement, l'entretien qui se déroule en 2014 se passe très mal. On lui reproche un certain nombre de faits dont elle ne s'estime pas responsable. Elle se défend, sans baisser la tête, accuse le groupe de lui avoir tendu un piège. Le directeur de division manque d'en venir aux mains, puis quitte la pièce, menaçant, en lui expliquant qu'elle ne retrouvera plus jamais de travail dans le secteur. On va ensuite lui interdire l'accès à son ordinateur et tenter de récupérer ses affaires personnelles, notamment son carnet de notes. Face à tant de violence, Carmen demande à la déléguée du personnel qui l'a accompagnée de faire une attestation ou tout du moins un compte rendu de la réunion, qui pourrait lui être utile aux prud'hommes. La déléguée du personnel aurait refusé, sans plus d'explications. Lorsque je demande à Carmen qui était cette déléguée du personnel, elle me répond qu'il s'agissait de la grande cheffe du syndicat Arc-en-ciel. Était-elle venue pour défendre les intérêts d'une salariée ? Ou, au contraire, pour faire un compte rendu de la situation au service RH ? À trois contre un, Carmen n'avait aucune chance.

Si les élus CGT risquent leur poste en permanence chez Orpéa, ceux d'Arc-en-ciel bénéficient, eux, d'un certain nombre d'avantages. « On va les aider à obtenir une formation ou une mutation, par exemple, m'informe Camille Lamarche. S'ils sont intéressés par un poste, on fait en sorte qu'ils l'obtiennent. Et ça va assez loin. On a déjà viré une directrice régionale, alors qu'elle avait de bons chiffres, parce qu'elle ne respectait pas la politique sociale du groupe. Elle donnait les postes à qui elle voulait, plutôt qu'aux gens qui nous intéressaient en termes de politique sociale. »

Certains élus Arc-en-ciel ont même obtenu des sommes d'argent ou des augmentations de salaire. C'est le cas de « la boss » du syndicat. Elle aurait obtenu, en 2014, une indemnité de 2 500 euros, ainsi qu'une augmentation de sa rémunération mensuelle de 300 euros, des sommes substantielles pour cette aide-soignante de formation. Mais, pour offrir de tels avantages, il a fallu mettre en place un cadre contractuel afin d'éviter d'éveiller les soupçons de l'Inspection du travail.

Pour ce faire, le DRH du groupe aurait eu l'idée de rédiger un protocole d'accord transactionnel visant à réparer les erreurs d'Orpéa vis-à-vis de l'aide-soignante. Dans ce document que j'ai pu obtenir, il est dit que la responsable d'Arc-en-ciel a demandé à être mutée, en 2012, dans une autre résidence, que son directeur régional n'a jamais répondu à ses demandes, que l'aide-soignante estime que ce refus est lié à ses mandats de représentante du personnel, et qu'il faut donc la dédommager pour ce préjudice. Voici un extrait de ce document : « Madame X rappelle qu'elle avait déjà interpellé l'entreprise, à l'occasion des négociations sur le dialogue social, rappelant les nombreux exemples dont elle avait eu connaissance tendant à démontrer, si ce n'est une discrimination à l'encontre d'Arc-en-ciel, au moins un favoritisme à l'égard des autres syndicats représentatifs (FO, CGT, et CDFT). » Coup de maître de la part du DRH d'Orpéa, qui laisse penser, dans ce document, que son entreprise avantage les syndicats traditionnels, à l'instant même où il rémunère la responsable de son syndicat maison. C'est le monde à l'envers. Le seul hic, c'est que j'ai eu l'occasion de rencontrer l'ancienne directrice de la résidence où officie cette aide-soignante depuis près de trente ans, à Villeneuve-sur-Lot. Elle m'a affirmé n'avoir aucun souvenir de la moindre demande de mutation.

Le groupe ne semble reculer devant rien pour défendre ses intérêts. Il sait tout ce que ce syndicat maison lui a apporté depuis près de vingt ans. C'est notamment grâce à lui qu'il a pu contenir sa masse salariale au maximum et satisfaire ainsi aux exigences de ses précieux actionnaires, tout en évitant d'importants mouvements de grève, ce qui est fondamental pour son image. Alors, quand les élections des délégués du personnel ont lieu tous les quatre ans, ils sont nombreux chez Orpéa à s'investir pour faire gagner les élus Arc-en-ciel.

Dans le groupe, on a développé une conception toute singulière des valeurs démocratiques et des principes qui sous-tendent une élection. Camille va avoir l'occasion de s'en rendre compte puisque, au moment où elle débarque dans l'entreprise, nous sommes en pleine période électorale. Les élections professionnelles du comité social et économique, la nouvelle instance représentative du personnel, ont lieu en juin 2019, et le service RH s'active, chaque jour, pour mobiliser ses troupes. Le DRH du groupe est le grand ordonnateur des actions mises en place durant cette période cruciale. Mais c'est le responsable des relations du travail, le supérieur de Camille Lamarche, qui est, chaque jour, dans l'opérationnel. Un matin, l'intrépide Camille Lamarche l'interroge sur la manière dont le scrutin est organisé.

« Ne prends pas pour acquis ce qui se passe ici, lui explique le RRH. C'est l'ADN d'Orpéa. Les autres boîtes ne font pas nécessairement pareil. Tu as des boîtes qui font des élections professionnelles… C'est-à-dire qu'elles font des élections. Elles convoquent des gens à une réunion, font un protocole d'accord préélectoral, définissent un calendrier. Elles font des votes par correspondance, normalement !

— Du coup, c'est propre à Orpéa, cette volonté de… piloter ? fait la jeune femme.

— C'est propre à ici. Mais, en vérité, toutes les entreprises devraient le faire, parce qu'elles devraient y voir leur intérêt, justement. Au lieu de se dire : "Je jette une pièce et je vois de quel côté ça tombe." Il faut avoir un peu de courage, c'est sûr. C'est aussi une prise de risque. Si demain certains à la tête de l'UNSA ou d'Arc-en-ciel pètent un câble et balancent tout… C'est sûr qu'on prend des risques, mais, après, on est prudents. »

Chez Orpéa, il semble que le concept même d'une élection soit problématique. Car une élection libre et démocratique, c'est par définition accepter une inconnue, un risque. Alors, pour minimiser le risque et mettre toutes les chances de leur côté, certains dirigeants chez Orpéa ne vont reculer devant rien. Camille Lamarche me raconte que, durant ces mois de période électorale, elle a dit avoir entendu ses collègues téléphoner à des dizaines de directeurs d'Ehpad pour leur demander de prolonger les contrats de tel ou tel employé en CDD, dont ils pensaient qu'il votait « correctement ».

Il se trouve aussi que des directeurs ont été amenés à accueillir chaleureusement les relais Arc-en-ciel dans leur établissement en leur prêtant, par exemple, un local pour qu'ils prêchent la bonne parole, ce qui n'était pas proposé aux candidats CGT ou CFDT. Le service RH va également faire marquer des points de dernière minute au syndicat maison en lui permettant de remporter des victoires artificielles. À quelques semaines de l'élection, Arc-en-ciel affiche des tracts dans toutes les résidences où il réclame une prime exceptionnelle d'anniversaire pour tous les salariés d'Orpéa, au moment où le groupe fête ses trente ans d'existence. D'après Camille, cette affiche a été rédigée non pas par le syndicat, mais par son manager. Quelques jours plus tard, la direction réagit, comme par magie, positivement et annonce une prime exceptionnelle allant de 100 à 250 euros, pour tous les salariés ayant au moins un an d'ancienneté. Une fois de plus, le personnel a pu remarquer que le syndicat Arc-en-ciel obtenait des résultats rapides et concrets.

Pour le service RH, ces soutiens financiers et tactiques apportés au syndicat maison sont essentiels. Mais ils ne sont pas suffisants pour être certain de l'emporter massivement. Alors, les équipes du service RH vont intervenir concrètement. Ce n'est pas, précisément, du bourrage d'urnes, comme l'évoquait le manager de Camille en parlant de son grand-père, mais nous n'en sommes pas loin.

Camille me rapporte au moins deux dysfonctionnements majeurs lors de la dernière élection professionnelle. Le premier concerne le vote par correspondance. Un certain nombre de salariés, qui ne travaillent pas le jour du vote, ont la possibilité de voter par correspondance. Le groupe, comme la loi l'exige, envoie alors le matériel de vote en courrier recommandé à ses salariés absents. Mais, dans le lot, plusieurs centaines ne vont pas arriver à destination, soit parce que le salarié en question a changé d'adresse entre-temps, soit parce qu'il y a eu une erreur de rédaction. Les collègues de Camille auraient alors appelé les directeurs des résidences de ces salariés, les uns après les autres, afin de leur demander l'adresse correcte. Mais, très rapidement, la conversation aurait glissé vers un autre sujet. Les membres du service RH auraient questionné les directeurs pour savoir si les salariés en question votaient « correctement » ou s'ils étaient, au contraire, des sympathisants CGT. Et le matériel de vote n'arrivera pas toujours à destination. Dans l'un des enregistrements que j'ai en ma possession, on entend le supérieur de Camille lui avouer qu'environ 10 % des courriers mal adressés n'ont pas été renvoyés à leurs destinataires.

Le second dysfonctionnement a lieu au sein même du siège d'Orpéa, au 12 rue Jean-Jaurès, à Puteaux, au cinquième étage de l'imposant bâtiment du groupe. Nous sommes à quelques jours du scrutin. Les délégations syndicales se sont retrouvées sur place afin de mettre leur profession de foi dans les enveloppes qui seront envoyées aux votants du troisième collège, particulièrement sensible pour l'entreprise puisqu'il s'agit des représentants des cadres. L'ensemble des enveloppes est ensuite entreposé dans des bacs et les membres du service RH n'ont plus qu'à ajouter les adresses des salariés concernés par le troisième collège et à envoyer les enveloppes. Sauf que cela ne va pas se passer comme prévu. « On est face à ces grands bacs, affirme la lanceuse d'alerte, et là, il y a un membre de la direction des ressources humaines qui débarque et demande à un certain nombre de personnes, notamment cinq RRH, d'enlever les professions de foi CFDT d'un certain nombre d'enveloppes. Elle a dit : "On le fait pour que le message soit clair !" L'idée, c'était de faire comprendre à certains directeurs et à certains salariés du siège ce qu'ils devaient voter. Ils ont fait ce qu'ils avaient à faire, puis deux de nos collègues qui avaient participé à cette magouille sont entrés dans mon bureau avec toutes les professions de foi qui venaient d'être enlevées, et ils nous ont dit, à ma collègue et à moi : "Est-ce que vous pouvez les ramener chez vous et les jeter à la poubelle chez vous parce qu'on ne veut pas que toutes les professions de foi se retrouvent dans les poubelles des RH ?" » Contacté, Orpéa n'a – comme toujours – pas accepté de répondre à ces accusations, formulées pourtant par un témoin non anonyme, digne de foi, et étayées par des documents ou enregistrements.

Prolongation des contrats de travail des salariés votant « correctement », soutien financier et tactique aux élus Arc-en-ciel, élimination d'un certain nombre de votants par correspondance, suppression des professions de foi des syndicats indésirables, chez Orpéa certains semblent être passés maîtres dans l'art d'aborder une confrontation électorale. Et les manœuvres évoquées vont se révéler payantes. L'élection a lieu le 25 juin 2019 et le résultat est sans appel : Arc-en-ciel obtient près de 60 % des suffrages exprimés (4 118 voix). En deuxième position, très loin derrière, la CGT obtient seulement 15 % des voix. Puis viennent l'UNSA (12 %) et la CFDT (9,5 %). Le groupe est aux anges ! Le voilà les mains totalement libres, sans contre-pouvoir efficace pendant quatre années de plus.

CHAPITRE 28

« CAMILLE, NE LÈVE PAS LES YEUX ! »

Alors que nous échangeons avec Camille Lamarche, chaque semaine, depuis près de deux mois, elle va me laisser, un matin du mois d'août 2019, un message paniqué. Je ne comprends pas tout, mais il est question de taupe, du service informatique et de mon enquête. Aurait-elle été découverte par Orpéa ? Je commence à m'inquiéter.

C'était ma plus grande crainte : que le groupe comprenne que nous sommes en contact avant qu'elle n'ait terminé son alternance. L'imaginer coincée au siège, obligée de faire face, seule, à un groupe aussi dur qu'Orpéa, à des personnalités aussi brutales que celles de certains des hauts dirigeants, cela m'effraie. Elle n'a que 29 ans. C'est sa toute première expérience professionnelle. Et je ne sais pas jusqu'où ils seraient capables d'aller… La licencier ? Ce serait logique. La menacer de la poursuivre ou de contacter ses futurs employeurs ? C'est envisageable. La contraindre à signer des documents pour l'empêcher de témoigner ? Un classique. Je sais qu'ils chercheront, dans tous les cas, à l'intimider. Même si elle a du caractère et une personnalité solide, je n'ai absolument aucune envie de lui imposer cela. Toute la journée, j'essaie de la joindre, sans succès. En milieu d'après-midi, je vais simplement recevoir un texto ; elle m'indique qu'elle ne peut pas me parler pour le moment, que le siège d'Orpéa est en ébullition et qu'elle a peur de se faire démasquer. Je tente de garder mon calme, mais ne peux m'empêcher de m'inquiéter pour elle.

Mon enquête passe au second plan. Bien sûr, si le groupe découvre nos échanges, il ne va pas manquer de s'appuyer sur ces éléments pour menacer mon éditeur et tenter de faire stopper l'enquête, en justice s'il le faut. Mais je ne veux pas y penser : ma priorité, c'est que Camille se sorte de là, indemne. Les heures passent et je n'ai toujours aucune nouvelle. Finalement, en début de soirée, son numéro s'affiche sur mon téléphone. Je réponds, avec une légère appréhension. Elle vient juste de quitter les locaux d'Orpéa. Elle me raconte que la journée a été particulièrement stressante. Même si elle garde le sourire, sa voix est chevrotante. Il faut dire qu'elle vient d'avoir la peur de sa vie : la DRH France d'Orpéa a débarqué dans leurs bureaux, hors d'elle, en expliquant qu'un journaliste était à leurs trousses et qu'elle avait reçu pour consigne de tout verrouiller : « Elle était très remontée, affirme Camille Lamarche, encore essoufflée. Elle est arrivée en disant : "Cette histoire de journaliste, ça prend des proportions impossibles. Maintenant, on est obligés de sortir des gens qui sont de bons éléments de politique sociale pour se protéger. Il va falloir prendre de grandes mesures, tout laver à grande eau, pour être sûr que tout soit blindé avant que ça sorte, qu'on ait viré les personnes, qu'on ait tout cadenassé avec des conventions, des accords écrits où on leur a filé de la thune, pour qu'ils ferment leur gueule." »

La direction d'Orpéa serait-elle en train de perdre son sang-froid ? Elle vient de demander le licenciement d'une ancienne cadre infirmier des *Bords de Seine*, pensant, à tort, qu'elle communiquait avec moi. Comme elle était une proche d'Arc-en-ciel, la patronne du syndicat maison a tenté de les en dissuader, en vain. Le responsable des relations du travail lui a expliqué que ce n'était pas la peine d'insister, que cette fois l'ordre ne venait pas de ses services, mais de tout en haut, et qu'il ne pouvait plus rien faire pour elle. « Tout en haut », cela signifie : le DRH du groupe et Yves Le Masne, le directeur général délégué du groupe. Le fondateur d'Orpéa, Jean-Claude Marian, a sûrement, lui aussi, été mis au courant de mon enquête, car sa publication pourrait impacter l'image du groupe et il n'y a rien de plus important pour lui. D'abord, parce qu'Orpéa est son bébé. Ensuite, parce qu'à cette époque le docteur Marian possède encore plusieurs centaines de millions d'euros d'actions Orpéa. Et qu'il n'a aucune envie de voir son magot s'évaporer. Jean-Claude Brdenk, le directeur général délégué en charge de l'exploitation, qui a un œil sur tout, a lui aussi été l'un des premiers à avoir été mis au courant de l'étendue de mon enquête. Et sans que je puisse être certain que cela ait un lien avec mon travail, dans lequel son nom est largement cité, j'apprendrai deux mois après cette alerte sa démission du groupe Orpéa, après vingt-trois ans de bons et loyaux services.

J'ai désormais la confirmation que les plus hautes instances du groupe suivent de près mon travail et sont en train de tout faire pour le saboter. Non seulement elles préparent leur défense, mais j'ai le sentiment qu'elles réfléchissent aussi à leur riposte. On va sûrement commencer à rassembler des attestations de salariés afin de dénigrer mon travail et les témoignages que j'ai pu obtenir. Ces gens pourraient également être tentés de faire signer des accords de confidentialité à un certain nombre de cadres ou anciens cadres du groupe ; ils l'ont déjà fait par le passé.

Camille Lamarche me raconte ensuite que la DRH France a téléphoné, devant elle, au service informatique d'Orpéa. Elle a donné comme consigne d'être extrêmement vigilant et de limiter, désormais, les accès des directeurs d'établissement au strict nécessaire. Elle a également demandé s'il serait possible, au moment de la parution de l'enquête, de savoir qui a fait quoi, qui a ouvert tel logiciel, qui a imprimé tel document : en bref, de retracer les potentielles fuites. La DRH France a ensuite avoué qu'ils craignaient qu'il n'y ait une taupe au sein de leurs services. L'alternante était à moins de deux mètres d'elle et ne savait plus où se mettre : « La DRH disait qu'il fallait qu'ils soient prêts, qu'il fallait faire hyper attention, et qu'ils seraient hyper sélectifs, désormais, pour leurs recrutements au RH, parce que c'était *touchy*, qu'ils avaient peur d'être infiltrés. Du coup, moi, j'étais en train de me décomposer. Je me disais : "Camille, ne lève pas les yeux de ton ordinateur !" »

Malheureusement pour eux, et heureusement pour cette enquête, cette fois-ci le groupe Orpéa a une longueur de retard. Cela fait déjà plusieurs mois que Camille enregistre en cachette leurs conversations et plusieurs semaines qu'elle me les a transmises.

De mon côté, je commence, moi aussi, à être sur mes gardes. Je ne deviens pas parano, mais je me mets à imaginer que la direction du groupe me fait suivre ou écoute mes conversations téléphoniques. D'autant qu'au même moment deux de mes sources principales vont me faire des révélations fracassantes à propos des méthodes qu'Orpéa emploie pour démolir ceux qu'il estime être des adversaires.

Vous souvenez-vous de Claire*, la femme qui m'a révélé s'être occupée de trafiquer des contrats de soignants à la demande du directeur de la division Île-de-France, pour parvenir à passer un contrôle des autorités de tutelle ? Avant d'être son assistante, il se trouve qu'elle a été l'assistante personnelle du DRH d'Orpéa. C'était il y a plus de quinze ans, mais elle en garde encore un souvenir vif et douloureux : « C'était un homme très dur, qui vous mettait la pression direct, me jurera-t-elle. Il m'a quand même dit le jour de mon arrivée que son plus grand plaisir, c'était de faire pleurer ses assistantes, qu'il avait poussé la dernière au départ et que j'avais intérêt à être solide si je voulais durer dans ce groupe. » Claire* tiendra moins de deux ans sur ce poste. Mais, durant cette période, elle va avoir l'occasion d'assister à des pratiques d'un autre temps qu'elle va accepter de me raconter, lors d'un long entretien, en sachant que j'enregistre ses déclarations.

« À l'époque, le DRH d'Orpéa était le directeur des affaires sociales, débute-t-elle de sa voix chaude. Il sortait de l'UIMM et il s'inspirait de leurs méthodes. L'UIMM, c'est le syndicat patronal de la métallurgie. C'est un monde très dur, très conflictuel. Il n'y a pas de pitié ! On écrase ! Il venait de là et ne s'en cachait pas. Je me souviens qu'un jour, alors qu'il était assis à son bureau, il me balance, en me montrant les placards derrière lui : "Là, j'ai tous mes dossiers noirs !" Et il se vantait : "De toute façon, il n'y a personne qui ira regarder dans mes placards. Il n'y a que vous, moi et notre directrice juridique." C'étaient des dossiers sur des salariés. Il avait dressé la liste noire des salariés du groupe et avait constitué des dossiers sur eux. Avec ça, il avait des moyens de pression sur certains salariés. Y en a certains qui à force de faire des trucs limites pour lui ne pouvaient plus se retourner contre le groupe. On les tenait. »

Je tente alors d'imaginer ce DRH, en costard-cravate et col blanc, en train de jouer les barbouzes dans un groupe dont la mission première est d'assurer le bien-être de dizaines de milliers de personnes vulnérables. Il y a là un hiatus difficile à expliquer. Évidemment, le docteur Marian, le fondateur d'Orpéa, a choisi, lui-même, sa garde rapprochée. Il sait que l'intéressé n'est pas un enfant de chœur. Et sûrement l'a-t-il choisi, précisément, pour cette raison. Une autre affaire a beaucoup marqué son ancienne assistante : « Il y avait un problème avec un délégué du personnel sur la clinique du 13e arrondissement de Paris. À *La Villa Montsouris*, je crois. C'était un représentant CGT. Et le DRH n'arrivait pas à mettre la main dessus, à le manipuler comme il manipulait les syndicalistes FO. Et donc, il a décidé de lui mettre un détective privé sur le dos. Ce détective privé avait pour mission de le suivre dans tous ses déplacements, qu'ils soient professionnels ou privés. C'était en 2003, peu de temps après mon arrivée. Je me souviens que les résultats de cette enquête lui avaient permis de faire pression sur le délégué syndical pour obtenir ce qu'il voulait. Et dans mon souvenir, il a ensuite réussi à le faire sortir du groupe. » Et l'ancienne secrétaire d'asséner : « Il avait fait passer cette enquête dans les comptes du groupe pour une étude menée par un syndicat dont il était très proche. C'était pour qu'il n'y ait aucune preuve que le groupe Orpéa ait employé un détective privé, aucune trace dans nos comptes. Le syndicat s'était chargé de payer le détective privé – je crois me souvenir que c'était une agence en Bretagne – et nous, on les remboursait en leur réglant une pseudo-étude sur un dossier RH quelconque. »

Un stratagème qui aurait été utilisé à deux reprises, au moins. « Il n'avait pas eu d'autre choix que de m'en parler. Il avait fallu qu'il me fasse travailler sur le dossier. Mais je me souviens qu'il m'avait dit : "Ce coup-là, c'est motus ! C'est un truc qui n'est vraiment pas propre." » *L'Express* puis *Mediapart* ont révélé, en 2014, que des comédiens avaient été payés pour infiltrer la CGT. Cette femme m'apprend, aujourd'hui, que cela irait encore plus loin. Une surveillance aurait eu lieu, non seulement au travail, mais aussi – et ce serait bien plus grave – dans l'intimité des salariés, dans leur vie privée. Selon elle, il ne s'agissait pas simplement de prendre le pouls du climat social, mais bien de constituer des dossiers sur un certain nombre de salariés afin d'obtenir des moyens de pression pour les manipuler ou les sortir du groupe.

Ces méthodes mises en place pour « tenir » le personnel du groupe ne s'arrêteraient pas là...

CHAPITRE 29
« LES NETTOYEURS »

Un ancien directeur d'Ehpad va m'apporter un tout dernier témoignage, d'une rare intensité.

J'ai déjà évoqué ma rencontre avec trois directeurs de la région Aquitaine. Carmen Menjivar de l'Ehpad *La Chêneraie*, à Bordeaux, et ses collègues avaient tous trois été éjectés du groupe de manière plutôt expéditive. Ils m'avaient rapporté avoir été victimes de « directeurs nettoyeurs », m'expliquant pour l'une qu'on avait « nettoyé » son ordinateur, broyé un certain nombre de documents et incité des salariés à faire des attestations douteuses, pour l'autre que des « nettoyeurs » avaient été surpris, en plein milieu de la nuit, au sein de la résidence, par une aide-soignante.

À l'époque, même si je n'avais aucune raison de mettre en doute leur parole, j'avais bien du mal à concevoir qu'un groupe de cette envergure se livre à ces méthodes. Mais, au fil des mois, j'ai obtenu d'autres témoignages concordants et mes doutes se sont dissipés. Je me suis donc mis, progressivement, sans trop y croire, à la recherche de l'un de ces « directeurs nettoyeurs ». J'imaginais mal un homme qui avait été prêt, quelques années plus tôt, à s'adonner à ce genre d'actes avoir changé du tout au tout, au point d'être aujourd'hui disposé à se livrer à un journaliste, en prenant qui plus est le risque d'impliquer son ancien employeur. Mais sait-on jamais… Après tout, les repentis existent.

Après des mois de recherches infructueuses, je reçois un coup de fil d'une ancienne directrice d'Orpéa de la région bretonne, qui m'aide régulièrement dans mon enquête. Elle m'annonce que l'un de ses anciens collègues souhaiterait me rencontrer. Elle m'indique qu'il a travaillé plusieurs années pour le groupe, qu'il sait beaucoup de choses et qu'il est prêt à vider son sac. Cet homme, c'est Samuel Royer. Le jeune père de famille qui me fera également des révélations sur la manière dont le groupe Korian se serait mis à imiter Orpéa, en instaurant des RFA sur les produits de santé. Comme je l'ai déjà indiqué, avant de travailler pour Korian, il a passé près de six ans chez Orpéa, expérience qui le hante encore aujourd'hui. Je vais me rendre deux fois chez lui, dans son petit pavillon de La Chapelle-sur-Erdre, près de Nantes.

Samuel Royer me fait visiter son logement, me décrit les poissons de son gigantesque aquarium d'eau de mer, évoque longuement son nouveau métier : la photographie de mariage. En l'écoutant, j'ai du mal à concevoir qu'un homme aussi simple et chaleureux ait pu être par le passé ce qu'il nomme, lui-même, un « directeur nettoyeur ». Mais son témoignage, sans concession pour lui-même, ses aveux, l'analyse qu'il a développée avec le temps, me permettent de comprendre comment il a pu basculer, à un moment de sa vie, et devenir un être froid et cynique.

Samuel Royer débarque chez Orpéa en mai 2005, en tant que neuropsychologue. Il travaille à mi-temps pour la résidence *Les Maraîchers*, au Mans, pendant plus de deux ans. Un jour, le directeur de la région Ouest lui offre une cigarette sur le parking de la résidence, puis l'invite à déjeuner. À la fin du repas, ce directeur régional sort un trousseau de clefs et lui fait une annonce surprenante : « Il me dit : "Tu vois ces clefs, là ? Ce sont les clefs d'une résidence. Je veux que tu diriges la maison de retraite d'Alençon." » À l'époque, Samuel Royer n'a que 31 ans, aucune qualification de directeur d'Ehpad, aucune formation pour ce type de poste, aucune notion des tâches qui lui incomberont. Il hésite. Le directeur régional revient à la charge les jours suivants. Finalement, Samuel Royer accepte, estimant que c'est une opportunité à saisir. Il devient donc, sans jamais l'avoir demandé, directeur d'Ehpad, sous la surveillance étroite de son directeur régional. Savez-vous qui est cet homme ? L'ancien directeur de la région Ouest, l'homme fort du groupe Orpéa. Celui qui accepte de se salir les mains. Celui qu'Alexandra Girelli, l'ancienne directrice de Brest, comparait à un joueur de football américain, tant sur le plan du physique que par sa mentalité. Un homme qui partage avec d'autres membres de la direction, notamment Jean-Claude Brdenk, le goût des batailles, de la stratégie, de l'affrontement. Samuel Royer fait donc ses premiers pas de directeur sous la supervision du directeur régional, qui devient rapidement son mentor. Les premières semaines, le jeune directeur est totalement dépassé. Il doit apprendre à gérer des pannes de machines à laver, des plaintes de familles, le planning du personnel, l'ambiance en cuisine. Il fait un reporting quotidien à son directeur régional, écoute ses conseils, répond à ses consignes et assimile rapidement : le NOP, le taux d'occupation, les prescripteurs, la gestion de la masse salariale, les demandes d'autorisation. Il rencontre Jean-Claude Brdenk à Paris, qui lui conseille de faire des *to do list* pour ne pas se perdre dans cette montagne administrative. Il se rend compte, très rapidement, du rôle qu'on lui a assigné : « Les anciens directeurs, ils géraient vraiment leur boutique, m'expliquera-t-il. Ils avaient un chéquier. Ils pouvaient faire des achats sans autorisations. Ils pouvaient embaucher, licencier. Ils avaient des pouvoirs. Moi, je fais partie d'une nouvelle génération de super-secrétaires, en réalité. Nous sommes devenus des gamins assistés qui n'ont pas droit d'aller pisser sans demander une autorisation en trois exemplaires. Le pouvoir avait migré vers le siège. La différence, elle est là ! »

Des gamins assistés, prêts à tout pour se faire bien voir par leur hiérarchie et surtout, contrairement aux directeurs plus expérimentés, totalement malléables. Samuel Royer se donne corps et âme pour le groupe et, au bout de trois mois, il parvient à prendre ses marques et à faire tourner convenablement sa résidence. Le directeur régional, satisfait de son nouveau poulain, lui propose de s'occuper d'une seconde résidence qu'Orpéa vient d'acquérir, à Saint-Pierre-du-Bosguérard, près de Rouen. Samuel Royer accepte et devient alors ce qu'on appelle, poliment, « un directeur d'appui ». Son travail consiste à gérer de front plusieurs établissements pendant un laps de temps assez court.

Ce sont en général des Ehpad qui vont mal, soit parce qu'un directeur a été licencié, soit parce qu'il y a eu des incidents graves avec des pensionnaires, soit parce qu'Orpéa vient de racheter un établissement en crise à un autre groupe. La mission du « directeur d'appui » consiste, officiellement, à redresser ces résidences. Sauf que la réalité est bien moins rose. Et Samuel Royer va le découvrir dès son premier jour dans ses nouvelles fonctions. Voici sa version des faits : « Le directeur m'appelle et me dit : "J'ai besoin de toi. On vient de racheter une boîte. Ce sont des ploucs et on va les dresser !" C'est vraiment le jargon qu'il utilisait, me détaille Samuel Royer. Il me dit ensuite : "Tu vas m'accompagner sur place. Je passe te chercher demain matin. Tu te mets en costume noir et tu ne dis rien !" C'est pour les impressionner. Il m'explique que c'est une mise en scène. Et pour moi, c'est très clair : on est là pour faire une descente. » Je commence, doucement, à saisir l'idée. « On est quatre dans mes souvenirs. Le directeur régional, moi et deux autres gars dont un certain Michel*, qui avait l'habitude de ces coups. Le mec était réputé pour avoir viré 17 employés d'une résidence en à peine trois mois. C'était son fait d'armes. On débarque avec la voiture du directeur : une belle berline noire, vitres teintées, et tout. On arrive en *men in black*, très clairement. C'est ça ! Tu es là pour faire peur. Avec la voiture teintée, le costume noir, les lunettes noires… Tu es dans une mise en scène. Tu es au cinéma ! Il commence par aller voir la cadre de santé, vu qu'il a viré le directeur quelques jours avant. Il se rend ensuite au secrétariat parce que c'est le centre de l'information de la résidence, donc il faut le verrouiller aussi. Il se balade ensuite dans les couloirs, va en cuisine, parce qu'il y avait eu des problèmes en cuisine. Il fait ensuite une réunion avec tous les salariés. Mais il ne leur donne aucune information. L'idée, c'est juste de leur dire : "On vient d'acheter votre résidence. Maintenant, c'est chez nous !" On est venus pisser sur l'établissement pour montrer notre territoire. C'est ça l'idée ! »

Samuel Royer ne s'en offusque pas, alors. « Ce n'est pas très flatteur pour moi ce que je vais dire, mais ça m'amuse parce que je suis comme ça à l'époque. C'est notre job, donc on doit le faire le mieux possible. Il y a un sentiment de force, de puissance. Quand on arrive là, on est des tueurs ! Personne n'a le droit de nous dire quoi que ce soit. Tu es le chef suprême ; tu arrives sur le site et c'est limite si on ne va pas te baiser les pieds. Il y a quelque chose de malsain. Il n'y a pas de contre-pouvoir, pas d'autorité. Il n'y a rien. La justice, le pénal, ça n'existe pas. On est dans la toute-puissance. À l'époque, je suis jeune. Je découvre ça. Et c'est waouh ! »

Alors que l'on discute depuis un long moment, la femme de Samuel Royer, Fanny, est venue s'asseoir sur le rebord du canapé, à quelques centimètres de nous. Elle sait qu'il livre, là, une part sombre de lui-même. « Le directeur régional, il y va progressivement, poursuit-il. Il m'a accompagné lors de ma première mission et m'a bien mis dans la tête qui étaient les gentils et qui étaient les méchants. Les méchants, c'étaient les syndiqués de la CGT ou ceux qui ouvraient leur gueule. Ensuite, deux semaines plus tard, il me confie ma première mission solo, en m'expliquant que je suis mûr, que je suis prêt. C'est un manipulateur et un stratège comme je n'ai jamais vu dans ma vie. Il veut me faire franchir des paliers pour me faire changer progressivement. » Sa nouvelle mission ? « Virer l'infirmière de la résidence ! assure mon témoin. Mais pas de n'importe quelle manière. Le directeur régional me dit : "Tu vas sur place. Tu la fais bosser comme une malade toute la journée. Puis, quand elle est bien épuisée, en fin de journée, tu la vires !" Elle va se donner à fond toute la journée. Et le soir, je vais lui annoncer qu'elle est virée. Il y a vraiment une volonté destructrice derrière tout ça. L'idée, c'est de la soumettre avant de la sortir pour la casser psychologiquement. C'est quelqu'un qui n'osera plus jamais porter plainte. On l'a mise hors jeu ! »

Le soir, chez lui, le « nettoyeur » commence à se sentir mal. « Oui, je ne suis pas très bien. Je ne suis pas très à l'aise avec ce que je viens de faire, parce qu'il n'y a rien de légitime. Là, on est dans la pure exécution, sans préavis, sans sommation. On m'envoie faire le sale boulot. Tu es un peu un assassin : tu as une cible que tu ne connais ni d'Ève ni d'Adam. Tu l'exécutes et tu repars. »

Samuel Royer est troublé. Mais il va continuer, malgré ses remords, les missions de ce type les mois et les années suivantes. Trois mois plus tard, le directeur régional le fait encore monter en grade en lui attribuant la gestion d'une troisième résidence, située au Mans. Il doit, cette fois-ci, rattraper un lancement raté. Lors de son arrivée, il se retrouve nez à nez avec sept inspecteurs issus de l'ARS, de la médecine du travail, de l'Inspection du travail ou encore du conseil général, la totale. Les autorités de tutelle ont été obligées de sortir le grand jeu après de graves incidents.

Il doit, en plus, faire face à la colère de familles et à la souffrance du personnel – un chef cuisinier aurait notamment menacé de se suicider. Une fois de plus, Samuel Royer est envoyé pour nettoyer les lieux, sortir les éléments indésirables, remettre le personnel au garde-à-vous.

Il ne se rappelle plus le nombre exact de licenciements qu'il a effectués dans les trois résidences dont il s'occupait, mais il en évoque plusieurs dizaines, avec des pointes à un licenciement par mois. S'il estime que certains étaient justifiés, la majorité d'entre eux étaient abusifs, selon lui. « On pouvait me demander de licencier pour des choses anodines, accuse-t-il, légèrement ému. C'était vraiment du délit de sale gueule. C'étaient des trucs de fou, genre une personne qui passe dans le couloir et qui en le voyant lui dit : "Ah, c'est vous le directeur régional !? Vous savez, on n'a pas beaucoup de changes par ici." Lui, il répondait : "Ne vous inquiétez pas, on va vous en trouver." Puis il faisait quelques mètres, se tournait vers moi et, toujours en gardant son sourire, il me disait : "Tu la vires !" Et c'était terminé. Je l'ai virée. Je crois que c'était à la résidence d'Alençon. »

Il a d'autres souvenirs du même type : « Il y a une aide-soignante qui fait sa pause sur le parking. C'était à l'Ehpad des *Sablons*. La femme s'appuie sur la voiture du directeur régional. Ça l'a rendu fou et il m'a demandé de la virer ! Il y a aussi eu le cuistot. Il m'a demandé de le virer parce qu'il avait mal mangé. Il avait trouvé que la nourriture n'était pas bonne ce jour-là. C'était aussi con que ça. Il me demandait de virer des gens parce que leur tête ne lui revenait pas ou parce qu'ils avaient eu un geste maladroit. »

Je suis soufflé par la violence et l'arbitraire de ces consignes, mais encore plus par la rapidité de la transformation de ce jeune directeur. En quelques mois, grâce à cette formation accélérée, Orpéa est parvenu à faire de ce psychologue de formation un tueur au sang froid. Je vais d'ailleurs lui demander quelle perception il a, aujourd'hui, de l'homme qu'il était à cette époque. « Tu n'as plus de sentiments, en réalité, me répond Samuel Royer. C'est-à-dire que je pense que j'aurais pu quasiment être capable d'exécuter quelqu'un, pour de vrai, sans rien éprouver. J'étais une coquille vide, vraiment. »

Syndicalistes, employés, il vire à tour de bras. « Oui, ils étaient tous de la merde pour moi. Je pensais comme mon directeur régional. Je vivais comme lui. J'étais rentré dans son délire. Cet homme, il était fan de César et, dans sa tête, il vivait dans la Rome antique. Il nous parlait de batailles qu'on allait gagner, de défense de notre territoire, de soldats. Je me souviens qu'en réunion régionale, très souvent, il balançait la même histoire aux directeurs qui n'avaient pas exécuté ses ordres. Il leur demandait : "Vous savez d'où vient le terme *décimer* ? Ça vient des Romains. On les alignait. Ils étaient dix. Et le dixième, on lui tranchait la tête. Donc, vous allez dans cette résidence et vous tranchez une tête. Comme ça, ça donnera un exemple et les autres iront retourner travailler." Franchement, on était dressés. Et quand tu vois un cégétiste par exemple, tu vois rouge direct ! Tu n'as qu'une envie, c'est de le virer. Tu es dressé pour ça. J'étais dressé pour ça. »

Samuel Royer répond aux ordres, le doigt sur la couture, pendant près de quatre ans. Il intimide.

Il nettoie. Il élimine. Sans broncher. Et puis, en 2010, c'est la cassure. Alors qu'il sait que sa femme est à l'hôpital, en train d'accoucher, Samuel Royer est obligé de se rendre, immédiatement, dans un établissement pour régler un problème. Il s'exécute, mais quelque chose vient de se rompre en lui : « Stratégiquement, ça a été une erreur, me raconte Samuel Royer, les mâchoires serrées. Il avait quelqu'un qui lui était voué corps et âme et il a été trop loin. La famille, c'est sacré. On ne touche pas. »

Dans les mois qui suivent, Samuel Royer reprend progressivement ses esprits et se montre de plus en plus critique vis-à-vis de la politique du groupe. Il finit par démissionner en avril 2011. Mais il lui faudra encore quelques années avant de se retrouver totalement. « Tu as mis du temps à te réhumaniser », lui murmure sa femme. Samuel Royer opine : « Pour te dire, Victor, ce fameux groupe Médica que j'ai rejoint ensuite, ils ont hésité à me recruter parce que je venais d'Orpéa. Ils m'ont dit : "Nous, les gens d'Orpéa, on n'en veut plus parce que vous avez perdu toute votre humanité." »

Plusieurs fois, pour évoquer la violence de son expérience chez Orpéa, Samuel me parlera de « lavage de cerveau », de choc post-traumatique. Après avoir été transformé en bourreau, il est devenu l'une des nombreuses victimes du groupe. Alors que je viens de le quitter et que je suis dans le train pour Paris, je ne peux m'empêcher de me demander combien de « directeurs nettoyeurs » ont été ainsi formés. Combien de missions ont-ils remplies ? Combien de cibles ont-ils atteintes ? En trente ans, les chiffres doivent être vertigineux. Je ressens alors un besoin urgent de savoir si ces méthodes étaient connues des cadres importants du siège, si elles étaient validées par la haute direction ou si le formateur était un loup solitaire, un employé par trop zélé qui avait mis en place ses propres méthodes pour redresser les établissements dont il avait la charge. Il se trouve que j'ai la chance d'avoir, parmi mes sources, un ancien haut responsable du groupe, l'incontournable Patrick Métais, l'ancien directeur médical de Clinéa. À peine arrivé chez moi, je vais saisir mon téléphone et lui passer un coup de fil. Il est plus de 22 heures, mais j'ai besoin de savoir. « Orpéa avait, effectivement, des "directeurs nettoyeurs", me dit-il. Il y en avait sur les Ehpad et côté cliniques. On les connaissait tous. Ils étaient envoyés sur une résidence et ils détruisaient tout. »

Je n'en reviens pas. L'ancien directeur médical de ce groupe était, lui aussi, au courant. « Un établissement avait des résultats non satisfaisants pendant trois mois et Brdenk donnait l'ordre d'éliminer le directeur, m'assure mon interlocuteur. Ou alors, il y avait un mouvement du personnel dans un Ehpad, ça ulcérait Brdenk, et, dans la foulée d'un Comex, il demandait qu'on envoie les "nettoyeurs" s'occuper du directeur en charge. » Il fallait, dit-il, « tuer et enlever les traces ! C'est-à-dire virer le directeur. Et nettoyer les bureaux pour que le pauvre gars n'ait rien pour se défendre ou pour salir le groupe. Les nettoyeurs vidaient les ordinateurs. Ils prenaient les disques durs. Ils partaient avec tout. Oui, ils vidaient les ordinateurs en cinq secondes. L'entretien préalable au licenciement était fait la plupart du temps sur le parking. Le type arrivait le matin, tôt, avec sa petite voiture. Les nettoyeurs étaient déjà là, sur le parking, en train de l'attendre. Et le type ne rentrait même pas dans son bureau. Ils étaient passés le matin de bonne heure dans son bureau, avaient ramassé les photos des gamins, le stylo-plume… et ils avaient tout mis dans un carton. Ils lui balancent le tout, sur le parking, en disant : "C'est bon, tu as toutes tes affaires. Tout est là !" Et dans la foulée, tous ses mails avaient été nettoyés. Si je peux vous raconter ça dans le détail, c'est parce que j'ai assisté un jour à l'une de leurs actions. C'est le boss de Clinéa qui m'avait demandé de l'accompagner. C'était très violent ».

Il y aurait eu, ensuite, les « réunions de chasse », m'annonce Patrick Métais d'un ton dépité. « Jean-Claude Brdenk et compagnie se retrouvaient avec les fameux "directeurs nettoyeurs" autour d'une table d'un restaurant chic parisien et ils débriefaient leurs sales coups », accuse-t-il. Il y a assisté, un jour. « C'était dans un restaurant de la Défense, à quelques pas du siège. On était en 2010-2011. Il y avait Jean-Claude Brdenk, Yves Le Masne et le DRH. Il y avait également deux "directeurs nettoyeurs" et moi. L'un des directeurs nettoyeurs disait : "Il faut que je te raconte comment j'ai niqué l'autre, ce connard de la maison de retraite machin. Ça a été un coup de cuillère à pot. J'ai fait comme ci, comme ça. Je l'ai dégagé en deux secondes." C'était d'une violence… Tout le monde se marrait, Brdenk le premier. Il leur disait : "Tu as été vachement bon ! C'est excellent, ce que tu as fait." C'était vraiment insupportable à entendre. »

Je comprends mieux maintenant tous ces témoignages d'anciens salariés du groupe, à tous les niveaux, qui m'évoquent une violence destructrice sans pouvoir la définir précisément, qui m'avouent avoir traversé des mois de dépression, recouru à des anxiolytiques, voire ayant commis des tentatives de suicide. Plusieurs cas de suicide m'ont été remontés par des élus CGT. Le dernier remonte à novembre 2020, en pleine pandémie de Covid-19. Une aide-soignante s'est donné la mort, suite, semble-t-il, aux pressions qu'elle subissait.

D'innombrables vies auraient été broyées depuis plus de trente ans, en toute impunité…

PARTIE 4

EN TOUTE IMPUNITÉ

CHAPITRE 30
LES CONTRÔLES BIDON

Après ces mois d'enquête, après avoir découvert l'étendue des dérives dénoncées par les anciens du groupe Orpéa, une interrogation majeure me taraude : comment un groupe de cette ampleur a pu ne jamais être inquiété, et ce, pendant plus de trente ans ?

Un certain nombre d'ex-salariés m'ont raconté le sentiment d'impunité qui émanait des plus hautes instances d'Orpéa. Camille Lamarche, notre juriste du service RH, m'expliquera que si son supérieur, un des responsables de la politique sociale du groupe, n'avait pas hésité à être cash dès son entretien d'embauche, puis à lui livrer de si précieux détails sur les pratiques douteuses au sein d'Orpéa, c'est parce qu'il se sentait « intouchable ». Samuel Royer, l'ex-directeur « nettoyeur », me racontera, lui aussi, qu'il y avait chez son directeur régional et ancien mentor un sentiment de « toute-puissance » difficile à expliquer. Patrick Métais, l'ancien directeur médical de Clinéa, est sûrement celui qui l'a le mieux mesuré. « Vous savez, travailler pour Orpéa, c'était incroyablement grisant ! me dira-t-il quand j'évoquerai ce sujet avec lui. Vous êtes sur l'autoroute à 130 km/h. Il n'y a personne. Et là, vous vous dites, je vais faire une petite pointe à 200. Personne ne pourra venir me choper. Cela fait un bien fou ! Eh bien, Orpéa, c'était exactement ça. C'est-à-dire que vous vous dites, là, est-ce qu'avec cette clinique qui est à Pétaouchnok, je peux gagner beaucoup de blé ? Bien sûr ! Alors, on y va ! On achète l'établissement. On réduit le personnel. On remplit les chambres au max. On baisse les budgets partout. Et on explose les compteurs ! Vous vous rendez compte que vous êtes seuls au monde et que personne ne viendra jamais vous emmerder. Vous n'imaginez pas à quel point le sentiment d'impunité est ancré dans ce groupe. Et s'il était si ancré, c'est parce qu'on avait des soutiens solides. »

Patrick Métais m'explique dans le détail, et pendant de nombreuses et longues discussions, pour quelles raisons selon lui le groupe se sentait à ce point intouchable. Il a occupé un poste clef dans le dispositif Orpéa, au cœur du système. Il a géré les embauches et les licenciements dans la branche Clinéa du groupe, a mis en place un certain nombre de pratiques d'optimisation, a supervisé les contrôles des autorités de tutelle ou des services de l'Assurance maladie. Il a participé aux réunions de travail les plus confidentielles de la direction et aux dîners les plus intimes. Il connaît tous les secrets de cette entreprise à qui il s'est dévoué corps et âme entre janvier 2004 et octobre 2011. Après de longues hésitations, il s'est décidé à livrer ces éléments à visage découvert et à assumer ses propos en justice le cas échéant.

C'est grâce à lui que j'ai pu percer le tout dernier mystère Orpéa. Peut-être le plus explosif.

D'après l'ancien directeur médical de Clinéa, la première raison qui explique que le groupe s'en sorte si bien tient à la rareté des contrôles. Patrick Métais me confie que les autorités de tutelle réalisaient, à son époque, une visite de conformité quelques semaines après l'ouverture des cliniques. Un contrôle qui se passait, en général, sans encombre, le groupe faisant en sorte que tout soit en règle durant les premiers mois d'existence de ses nouveaux établissements. Et ensuite, plus rien ou presque. Patrick Métais me raconte qu'il pouvait se passer des années sans que les inspecteurs de l'État reviennent sur place. Durant les huit ans qu'il a passés chez Orpéa, il n'a eu à gérer qu'une dizaine de contrôles tout au plus pour la cinquantaine de cliniques qu'il supervisait. « Pour qu'un nouveau contrôle soit planifié sur nos établissements, il fallait que les ARH aient reçu des plaintes des familles de pensionnaires. Sinon, nous étions tranquilles comme Baptiste », affirme-t-il. Ce qui peut paraître plus choquant encore, c'est que les contrôles qui faisaient suite à ces plaintes n'étaient jamais réalisés par surprise. Le directeur de l'établissement en question était, en général, prévenu par les autorités de contrôle (l'ARS et le conseil départemental) un mois et demi ou deux mois à l'avance, et le groupe avait donc tout le temps de « préparer » le contrôle à venir. Difficile dans ces conditions d'espérer découvrir de potentielles fraudes…

La seconde raison qui explique ce sentiment d'impunité tient, selon Patrick Métais, à la

« défaillance » des contrôles réalisés. Les inspecteurs des Ddass (directions départementales des affaires sanitaires et sociales ; ensuite remplacées par les ARH puis les ARS) se faisaient totalement « balader ». Il n'y a pas d'autre mot. Nous avons déjà pu découvrir, grâce au témoignage de l'ancienne assistante du directeur de la division Île-de-France, comment le groupe arrivait à modifier les plannings et les contrats de travail de ses salariés, en amont des contrôles, afin de se mettre en conformité avec ses obligations. Patrick Métais va, lui, me raconter combien, de son point de vue, « égarer » les contrôleurs pouvait être un jeu d'enfant. Il me citera notamment l'exemple d'une inspection menée aux alentours des années 2006-2007, à Schiltigheim.

Dans cette petite ville d'Alsace, le groupe possède une importante structure comprenant un Ehpad, une clinique de longue durée, ainsi qu'une clinique de soins de suite. « En Alsace, c'était une atmosphère très particulière. Contrairement à bien d'autres régions, la Ddass n'était pas du tout favorable à Orpéa, m'indique Patrick Métais. Il n'était donc pas possible de négocier avec eux. Le seul moyen était donc de les "pipeauter". On avait les mêmes soucis qu'ailleurs : une carence en personnel, surtout les aides-soignants. Et des patients en trop. On dépassait la capacité autorisée dans notre convention. Et c'est moi qui devais faire en sorte que ça passe lors du contrôle. » Pendant plusieurs semaines, Métais aurait donc fait en sorte que ça « passe » en ajoutant de faux dossiers de soignants qui n'avaient jamais travaillé pour cet établissement. « Je me souviens d'avoir passé des nuits entières avec le directeur à contrôler que les plannings et les dossiers de personnel correspondent bien. Et le jour J, tout était parfaitement clean. Le contrôleur pouvait tirer n'importe quel dossier, ça matchait. Il y avait vraiment une double comptabilité. Il ne pouvait rien voir. »

Le jour J, Patrick Métais prend donc l'avion serein pour se rendre à la clinique de Schiltigheim et superviser le contrôle. Il se lève à 4 heures du matin, embarque vers 6 heures, atterrit à 8 heures, s'engouffre dans un taxi, ses dossiers sous le bras. À 9 heures, il vérifie une toute dernière fois avec le directeur de la clinique que tout est en ordre. Puis, quelques minutes avant l'arrivée des contrôleurs, il lui reste une dernière manipulation à effectuer. Il va, confesse-t-il, monter dans les chambres de la clinique de soins de suite (clinique du Ried) pour récupérer un petit groupe de personnes âgées et les descendre au rez-de-chaussée afin de les conduire dans le hall d'accueil de la maison de retraite de l'Aar, située dans le même complexe et appartenant aussi à Orpéa. Elles y resteront le temps du contrôle. Ni vu ni connu, en à peine un quart d'heure, la clinique contrôlée est repassée sous le seuil de capacité autorisée. Les chambres illégalement occupées auraient été vidées de leurs occupants, qui ont été transférés dans une autre structure du groupe qui ne dépend pas des mêmes organismes de contrôle (le millefeuille étatique est une aubaine pour Orpéa).

« À ce moment-là, je suis prêt, me raconte Patrick Métais, hilare. Je serre ma cravate en attendant les deux donzelles de l'ARH. Je les accueille avec un grand sourire. On leur propose un café. Je leur donne les documents qu'elles demandent et je leur fais faire le tour du propriétaire. Et là, c'est magique : comme par hasard, pile ce jour-là, on a prévu un atelier fantastique pour les résidents avec un kiné qui fait des trucs avec des ballons, et tout le bazar. C'est que du flan, mais ça marche. Les contrôleurs repartent de là en disant : "On a beau dire, le privé, c'est quand même vachement bien." Et pendant ce temps-là, il y a trois soignants qui n'étaient pas en place et une tripotée de personnes âgées qu'on était allés planquer dans l'Ehpad. C'est quand même fou quand j'y repense ! »

À l'issue du contrôle, comme chaque fois, Métais prend son téléphone et appelle le grand manitou, Jean-Claude Brdenk, qui tient à être mis au courant heure par heure de l'avancée des inspections. « Tout s'est bien passé ! Ils n'y ont vu que du feu », lui annonce le directeur médical de Clinéa. Puis il raccroche. L'affaire est pliée ; le système d'optimisation des coûts peut perdurer, sans qu'Orpéa soit inquiété. Et il ne reste plus que les commentaires outrés publiés sur Internet par d'anciens patients ou d'anciens salariés pour alerter sur les nombreuses anomalies affectant cette résidence. Sur Google Avis, la clinique du Ried obtient ainsi, à l'heure où j'écris ces lignes (septembre 2021), une note catastrophique de 1,7 sur 5 étoiles (d'après 39 commentaires). Voici le genre d'avis que l'on y trouve : « Mention -10 à cette clinique qui ne mérite pas même une étoile. Les patients sont à peine traités comme des êtres humains » (septembre 2020) ; « Clinique à fuir absolument… à moins de vouloir hériter rapidement… soins inappropriés, sédation pour tous jusqu'au surdosage, maltraitance » (octobre 2019) ; « Maman est tombée en plein milieu de la nuit dans cette clinique. Personne ne venant à son secours, elle a dû appeler le 15 ! » (2018) ; « Établissement avec des conditions de travail horribles, une cadence et un stress au travail de fou. Intérimaires très mal payés, deux fois moins qu'ailleurs » (2018) ; « Comment un établissement comme celui-ci peut encore être ouvert ? C'est une honte. Un patient tombe et on le laisse par terre toute la nuit » (2017)... Il semble y avoir un monde entre l'expérience vécue par ces anciens pensionnaires de la clinique du Ried et l'image laissée aux inspecteurs de la Ddass.

La question du contrôle des Ehpad et des cliniques est absolument centrale. Que ce soit l'Inspection du travail, les agents des autorités de tutelle ou ceux de l'Assurance maladie, ils ne sont tout simplement pas au niveau pour faire face à la force de frappe et à l'ingéniosité de ces grands groupes privés qui sont, eux, totalement conscients de leur « supériorité ». Pour Patrick Métais, « si tu veux gagner du fric, la santé, c'est un secteur formidable. Ça brasse des milliards d'euros et tu as des moyens de truander absolument considérables ». J'ai eu l'occasion d'en discuter avec un ancien directeur général adjoint du groupe Korian, leader du secteur en France. Ce médecin de formation est un homme très influent dans le domaine de la dépendance, souvent missionné par les ministres de la Santé pour rédiger des rapports et proposer des pistes de réforme. Lorsque j'évoquerai ces ratés avec lui, il me répondra ceci : « Les contrôles, c'est une question de fond. C'est le sujet ! Est-ce que les tutelles, est-ce que les agences régionales de santé ont les capacités et les moyens de contrôler des groupes comme Korian ou Orpéa ? Est-ce que l'État est capable, une fois de temps en temps, de faire une descente avec une équipe-choc qui sait lire entre les lignes, fouiller la comptabilité d'un groupe ? Est-ce qu'ils ont la puissance d'expertise pour le faire ? Je ne parle pas d'un flicage malsain, mais juste de vérifier la bonne utilisation de l'argent public ? Aujourd'hui, clairement non ! Il faudrait qu'ils embauchent des anciens du secteur, qui sont les seuls capables de savoir où il faut aller fouiner. Il faudrait des autorités de contrôle indépendantes et beaucoup plus de moyens. » Un ancien directeur d'ARH, de la région Midi-Pyrénées, Pierre Gauthier, que je rencontrerai dans son fief de Montauban, ne dira pas autre chose : « Il est clair que l'État ne contrôle pas sérieusement les établissements de santé. Si des groupes n'embauchent pas le nombre de soignants prévu, on ne peut rien faire. Regardez : pour l'ensemble de notre département, on n'a aujourd'hui que deux inspecteurs. Ils sont débordés, croyez-moi ! Je peux vous dire qu'en ce moment ils s'occupent des vaccins. Et qu'ils n'ont absolument pas le temps de vérifier des tableaux de conformité. Et encore moins des contrats de travail. On n'a jamais donné aux ARH (puis aux ARS) les moyens correspondant aux missions qu'on nous a confiées. » Le constat est sans appel et provient de deux sommités du secteur de la santé. L'État ne fait pas le poids face aux principaux gestionnaires d'Ehpad et n'a absolument pas les moyens de s'assurer de la bonne utilisation de l'argent public alloué à ces groupes.

Côté Ehpad, les inspections sont légèrement plus fréquentes qu'en clinique et cela grâce à l'existence de deux autorités de contrôle distinctes : l'ARS d'un côté et les conseils départementaux de l'autre.

Mais l'impuissance de l'État est tout aussi problématique. J'ai eu la chance de rencontrer un chargé de mission du conseil départemental des Hauts-de-Seine qui m'a fait part de son désarroi, me donnant l'exemple d'un établissement que nous connaissons bien – *Les Bords de Seine* –, dont il a suivi les derniers contrôles. Ce contrôleur, que nous appellerons Yves Manin*, me racontera que le conseil départemental avait eu vent, depuis plusieurs années, de dysfonctionnements au sein de ce prestigieux établissement, mais qu'il aura fallu attendre que les filles de Neuilly-sur-Seine, Mme Rousselle* et Mme Guidon en tête, fassent leur révolution pour que les choses bougent enfin. Alerté par ces familles, *Mediapart* avait décidé de mener l'enquête et c'est sa publication fin janvier 2018 qui entraînera le déclenchement d'un contrôle moins d'un mois plus tard, le conseil départemental ne voulant sans doute pas se trouver en porte-à-faux face à la presse. Ce chargé de mission me fera part d'un autre élément surprenant. Quelques jours avant de lancer le contrôle, le conseil départemental avait contacté l'ARS Île-de-France pour mettre en place un contrôle conjoint, mais, à sa grande surprise, il ne reçut aucune réponse de l'agence. Face à ce silence, celui-ci fut donc obligé de lancer un contrôle limité de l'Ehpad des *Bords de Seine* puisque ses agents n'ont pas le droit de s'intéresser aux dossiers médicaux ou encore à l'organisation des soins, compétences exclusives de l'ARS. Pour compenser ce handicap de départ, les agents du conseil départemental se montreront très volontaires ; ils ne préviendront la résidence que la veille du contrôle, de façon à limiter d'éventuelles mesures de « nettoyage » susceptibles d'être mises en place par le groupe. J'ai eu accès à leur rapport, il est particulièrement sévère : les agents notent des ratés au niveau des appels malades, un nombre de CDD anormalement élevé, un turn-over inquiétant au niveau de la direction ou encore des dysfonctionnements au niveau des chariots-repas. La responsable du Pôle solidarité du conseil départemental des Hauts-de-Seine notifie un certain nombre d'injonctions à Orpéa pour que des mesures de correction soient rapidement mises en place. Mais Yves Manin* m'explique que tout cela est vain, puisque, en cas de non-respect, le conseil départemental ne peut quasiment rien faire : « Je vais vous apprendre quelque chose, me dira-t-il, fier de lui. Comme par hasard, il y a eu un nouveau contrôle ce matin, juste avant notre rendez-vous, à la suite de vos nombreuses sollicitations auprès du conseil départemental… Et lors de ce contrôle, on a pu constater que, si certains points avaient été améliorés, pour d'autres, il ne s'était absolument rien passé. Mais on ne peut rien y faire si un Ehpad ne respecte pas nos injonctions ! C'est la limite de notre travail. On a très peu de marge de manœuvre pour contraindre un groupe privé à prendre des mesures. On ne peut pas mettre d'amende. Ce n'est pas prévu. La seule option qu'on a, c'est de retirer l'autorisation d'exploitation de l'établissement. Mais, pour cela, il faudrait qu'un contrôle poussé soit réalisé par l'ARS et qu'il démontre que les résidents sont en danger. Ce qui a très peu de chances d'arriver… »

Patrick Métais va plus loin et me révèle qu'il arrivait que certains contrôles, pourtant annoncés et programmés par les ARS, soient, mystérieusement, annulés à la dernière minute. L'une de ces annulations l'a particulièrement marqué par son caractère opaque et incompréhensible.

« Je me souviens d'un contrôle à la clinique de La Garenne-Colombes, en banlieue parisienne, où pour une fois on avait été prévenus très tard par l'ARH [ancêtre de l'ARS], me détaille-t-il par téléphone. Et de façon claire, on n'était pas en règle. Je me souviens qu'il y avait un kiné qui dépassait le cumul d'heures autorisé et qu'il y avait, comme ailleurs, des manipulations au niveau du personnel. On ne respectait pas les quotas exigés par l'ARH Île-de-France. On n'avait pas assez de personnel et on avait envoyé des fiches de postes bidon aux autorités de tutelle. Et je savais que ce contrôle allait mal se passer. Brdenk nous avait dit que c'était impossible qu'on donne le moindre centime d'amende à l'ARH. Il avait, comme d'habitude, gueulé en Comex : "Vous vous démerdez, mais je ne veux rien savoir !" Je savais qu'il fallait "pipeauter", mais cette fois-ci je n'arrivais pas à trouver la solution. Je n'avais pas assez de temps. Et les fraudes étaient trop importantes. » Coincé, Patrick Métais dit s'en être ouvert à son supérieur : « Je suis arrivé devant lui et je lui ai dit : "Je sais que je vais me faire tuer par Brdenk, mais ce contrôle, je n'arriverai pas à le passer. C'est trop juste !" Et puis, il m'avait répondu, froidement : "Puisque tu n'es pas capable de t'en dépêtrer tout seul, je m'en occupe !" Une semaine plus tard, je l'ai recroisé dans les couloirs. Et là, il m'a dit, tout fier de lui : "Patrick, tu n'as pas été doué avec ton affaire de La Garenne-Colombes. Moi, en cinq minutes, je t'ai réglé le problème. J'ai fait ce qui était nécessaire." Il avait réussi à faire annuler le contrôle de l'ARH. C'est quand même très fort ! »

Patrick Métais suspecte le patron de Clinéa d'avoir fait appel à « sa grande amie », selon ses mots. « À cette époque, elle était chargée de mission à l'ARH Île-de-France. Elle avait un poste absolument central. C'était une directrice territoriale. Et ce qui est assez clair, c'est qu'on s'entendait très bien avec elle. » Et Patrick Métais de rire de bon cœur…

Cette directrice a, à l'époque, une bonne trentaine d'années. C'est une fonctionnaire de l'État brillante et réputée. Cette thérapeute de formation a fait des études en psychothérapie comportementale avant de rejoindre les rangs prestigieux de l'École des hautes études en santé publique (EHESP), l'une des trois grandes écoles de la fonction publique avec l'ENA et l'INET. On y forme les futurs cadres supérieurs administratifs et techniques de la santé publique. À sa sortie, elle est titularisée médecin inspecteur de santé publique, puis rejoint, dans la foulée, l'ARH Île-de-France. Elle est notamment chargée de veiller au bon fonctionnement des cliniques de son périmètre. Et le moins qu'on puisse dire, c'est que, à cette époque, tout le monde n'avait pas droit à sa mansuétude. En octobre 2006, à la suite d'un contrôle des médecins inspecteurs de la direction départementale des affaires sanitaires et sociales (Ddass), elle annonçait la suspension pour deux mois de l'activité de la clinique privée de la porte d'Italie, à Gentilly (Val-de-Marne). En cause : des insuffisances du circuit du médicament, des dysfonctionnements au niveau de la stérilisation et des carences en personnel. Cette suspension est une mesure radicale qui obligeait la clinique à déposer un nouveau dossier d'autorisation auprès de la commission exécutive de l'ARH Île-de-France et qui, finalement, entraînera sa fermeture, en raison des difficultés financières que cette suspension avait causées. Le groupe Orpéa, lui, n'a jamais eu à subir un tel sort. Aucune de ses cliniques n'a jamais dû stopper ses activités à la suite d'un contrôle des inspecteurs de l'État. Ni celle de Schiltigheim, ni celle de La Garenne-Colombes, ni aucune autre.

Patrick Métais m'assure que le dirigeant de la branche « cliniques » d'Orpéa et cette directrice déjeunaient ensemble presque chaque mois et partageaient des informations de première importance. L'un était pourtant à la tête de l'un des plus grands gestionnaires de cliniques privées en France. Et l'autre était une fonctionnaire de l'État chargée, entre autres missions, de contrôler les cliniques privées : étrange mélange des genres... Le manège durera pendant plusieurs années, puis, en juin 2010, peu de temps après la transformation des ARH en ARS et l'arrivée à la tête de l'ARS Île-de-France de Claude Évin, la directrice quitte brusquement les services de l'État. Mais l'intrépide inspectrice n'est pas partie pour rien : un poste l'attend. Quelques jours plus tard, devinez par qui elle sera embauchée ? Le groupe Orpéa... Ce transfert du public vers le privé, qu'on appelle un « pantouflage », n'est pas illégal. Mais il se doit de répondre à un certain nombre de critères. Ce transfert était d'autant plus sujet à caution que l'ancienne fonctionnaire ne s'occupait pas seulement de superviser les contrôles. Sa mission principale était de traiter les demandes d'autorisation de nouvelles cliniques pour une grande partie de l'Île-de-France. Pour Orpéa, comme pour Korian ou Colisée, comme pour tous les principaux gestionnaires privés en France en fait, les autorisations de création de nouveaux établissements sont le nerf de la guerre. Ce n'est pas compliqué : plus ils en obtiennent, plus ils font grossir leur groupe, plus ils deviennent riches. « Un dossier de création d'établissement qui passe, c'est le jackpot assuré à tous les coups ! » me résumera Patrick Métais. Et c'est dans ce domaine central et extrêmement sensible des créations d'établissements que le groupe Orpéa a su nouer, dans le plus grand secret, des relations déterminantes avec des poids lourds institutionnels, mais aussi des figures politiques de premier plan.

CHAPITRE 31

« JE TE FILE 1,5 MILLION D'EUROS ! »

La première chose à savoir, c'est qu'en France nous ne sommes pas dans un système libre de création d'établissements de santé. Si, demain, l'idée vous prenait d'ouvrir un Ehpad ou une clinique de soins de suite et de réadaptation en Île-de-France ou en Auvergne, vous ne pourriez pas le faire, même après avoir obtenu les financements nécessaires. Contrairement à des pays comme la Grande-Bretagne, l'Allemagne ou l'Espagne, nous sommes dans un secteur réglementé ; il vous faudrait présenter un projet détaillé auprès des autorités de contrôle et d'un certain nombre d'organismes afin d'obtenir, après une procédure, un agrément. Ce système a un certain nombre de vertus. Si l'on se place du point de vue de l'État, il en possède au moins deux : tout d'abord, cela permet de faire en sorte que l'offre de structures de santé corresponde le plus possible aux besoins de la population, en tenant compte des spécificités de chaque région (nombre de personnes âgées, évolution démographique, état du parc hospitalier...). Cela permet également de contrôler assez finement le niveau des dépenses publiques : l'État ne sera amené à financer que les établissements qu'il a autorisés, et ce, pour un nombre de lits prédéfini.

Pour ce qui est des gestionnaires privés d'Ehpad et de cliniques, c'est également un système très avantageux. Cette procédure d'autorisation crée, nécessairement, une importante « barrière à l'entrée », c'est-à-dire un obstacle pour les nouvelles entreprises qui souhaiteraient investir ce marché fort lucratif. Et donc une protection pour les entreprises déjà présentes. Il faut des moyens importants, de l'expérience, des contacts et une organisation structurée pour être en capacité de répondre aux exigences des autorités de tarification. Des groupes comme Orpéa ou Korian possèdent, aujourd'hui, des équipes étoffées d'une dizaine de personnes dont le seul travail consiste à établir des dossiers de demande d'autorisation. Un petit groupe privé indépendant, une association de médecins, n'aura, évidemment, pas la même force de frappe. Second avantage à noter : lorsque ces grands gestionnaires privés ont obtenu une nouvelle autorisation de création d'établissement, ils sont assurés d'avoir accès à une clientèle importante et savent qu'ils seront confrontés à une concurrence limitée. En effet, l'ARS et les conseils départementaux vont, normalement, octroyer un nombre restreint d'autorisations correspondant plus ou moins précisément aux besoins de la commune dans laquelle le nouvel établissement créé va opérer. Si ces organismes ont bien fait leur travail, une fois que l'autorisation a été accordée, le taux d'occupation annuel de la résidence ne devrait pas passer sous la barre des 95 %. Voilà pourquoi Patrick Métais parle de jackpot assuré en cas d'obtention d'un agrément : l'État, par cette autorisation, octroie un fonds de commerce avec une clientèle assurée pour des années, voire des décennies, ainsi que l'assurance de subventions annuelles représentant près de 40 % du CA d'une résidence (et non 25 à 30 % comme l'affirmait le fondateur d'Orpéa sur le plateau de BFM Business). Dans quel autre secteur une entreprise peut-elle rêver d'un environnement économique si amical ?

L'autre point essentiel qui rend ce secteur aussi profitable pour les grands groupes privés, c'est que cet agrément si protecteur est totalement gratuit. L'État ne leur demande rien en échange, alors même que cette autorisation leur rapporte beaucoup d'argent. Qui a décidé que ces agréments seraient gratuits ? Pour quelles raisons ? Personne n'a jamais été en mesure de me l'expliquer clairement. Sûrement cela pouvait-il avoir du sens au début des années 1990, quand les groupes privés sont apparus pour pallier les insuffisances de l'offre publique d'Ehpad et qu'ils ne bénéficiaient pas encore de subventions pour faire fonctionner leurs établissements. Mais, depuis, le secteur s'est professionnalisé, les établissements privés bénéficient de dotations publiques de plus en plus importantes et les profits des grands gestionnaires ont, littéralement, explosé. Toujours est-il que ni Orpéa, ni Korian, ni DomusVi, ni aucun groupe privé n'a jamais payé le moindre centime à l'État en contrepartie des centaines d'autorisations d'exploitation qui leur ont été accordées, et ce malgré les milliards qu'ils engrangent chaque année.

Aucun des ministres de la Santé qui se sont succédé depuis les années 1990 n'a jamais pensé à remettre en cause ce système, soit en décidant de le libéraliser totalement, soit en mettant en place une redevance en échange de l'octroi de ces agréments. Cela n'aurait pourtant rien de farfelu. C'est d'autant plus envisageable que certains DG de grands groupes privés sont allés jusqu'à le réclamer. C'est le cas de Jean-François Vitoux, aujourd'hui à la tête du groupe associatif Arpavie. Cet énarque qui a été, entre 2010 et 2015, directeur général de DomusVi, le troisième groupe privé commercial, a écrit une tribune remarquée dans *L'Opinion* en mars 2018. Après avoir taclé ses principaux concurrents, toujours prompts à se plaindre du montant des subventions qui leur sont accordées – « Il est trop facile, certains en font profession depuis vingt ans, de réclamer toujours plus d'argent public » –, il expliquait dans cette tribune qu'il existait plusieurs solutions pour « dégager des ressources internes au secteur ». L'une d'elles consisterait à instaurer une redevance résiduelle de 0,5 à 3 % sur le chiffre d'affaires des Ehpad en contrepartie de l'autorisation qui leur avait été accordée et qui les protégeait si efficacement de la concurrence. Un système de redevance qui pourrait générer, selon lui, au bas mot, près de 250 millions d'euros par an. Jean-François Vitoux, que j'ai eu l'occasion de rencontrer dans ses bureaux d'Issy-les-Moulineaux (Hauts-de-Seine), m'apprendra que cette tribune n'a entraîné, à sa grande surprise, aucune réaction de la part de la ministre de la Santé de l'époque, Agnès Buzyn, qui avait pourtant de quoi se féliciter que l'une des figures du secteur propose une telle contribution.

Cette surprenante générosité de l'État vis-à-vis des grands gestionnaires d'Ehpad privés n'est pas le principal problème. Ce système d'agrément qui permet au secteur économique de fonctionner si sereinement pourrait avoir du sens si les modalités d'attribution de ces précieuses autorisations s'appuyaient uniquement sur des critères de qualité. Malheureusement, c'est loin d'être le cas. Des hommes clefs du secteur de la dépendance, d'anciens DG des principaux groupes privés français, des apporteurs d'affaires, des spécialistes du marché des autorisations, m'ont raconté à quel point le jeu a été truqué, et ce depuis trente ans, évoquant des jeux d'influence, des affaires de délits d'initié, de la corruption, des pots-de-vin, ou encore une mainmise du milieu politique extrêmement discutable.

Dans cette course effrénée, plusieurs techniques étaient utilisées par les groupes privés pour obtenir ces si précieuses autorisations. L'une d'elles consistait à faire appel à des sociétés de conseil (ou plutôt de lobbying), voire à des apporteurs d'affaires. Des personnes qui, officiellement, faisaient profiter de leur expertise technique pour constituer des dossiers d'autorisation de création d'établissement bien ficelés. Elles étaient censées savoir dans un périmètre donné ce que cherchaient les conseils départementaux, quels seraient les montants des dotations allouées, quels terrains étaient à vendre… Autant d'informations cruciales permettant à un groupe d'avoir de l'avance sur ses concurrents et, finalement, de constituer le meilleur dossier.

En réalité, ces apporteurs d'affaires faisaient bien plus que cela. Ils faisaient profiter les groupes privés de leur carnet d'adresses. Ils avaient des amis haut placés dans l'administration ou la politique qui avaient des autorisations à donner et qu'il suffisait de bien guider. Ils étaient une petite dizaine sur tout le territoire français à être capables d'activer des leviers de pouvoir à tout moment. Des gens de l'ombre, bien introduits, mais très discrets, qui ont activement participé à l'essor de nombreux groupes privés français.

J'ai eu la chance de rencontrer l'un d'eux après des mois de recherches. Un homme totalement atypique, gringalet, bavard comme pas possible, rigolard... Originaire de Charleville-Mézières, aujourd'hui basé au Luxembourg, il a rendu bien des services à Orpéa. Il a accepté de me parler pour deux raisons principales : d'abord parce que les pratiques du groupe le heurtent depuis plusieurs années. Ensuite, parce que, au moment où je l'ai rencontré, Orpéa lui devait près d'un million d'euros de factures non payées. Il m'a parlé très librement, sans aucun filtre, sans même me demander d'anonymiser son témoignage, qu'il assume donc totalement. Il s'appelle Jean-François Rémy. Nous avons passé de longues heures à discuter de cette face sombre du secteur dans ses bureaux luxembourgeois ou dans des salons feutrés d'hôtels prestigieux du nord de la France.

Jean-François Rémy rencontre pour la toute première fois le docteur Jean-Claude Marian en 1998, au moment où le groupe Orpéa affronte de graves difficultés financières. « Cela n'a duré que quelques minutes, se rappelle-t-il. Marian cherchait de l'argent, 50 millions de francs dans mes souvenirs. Il n'en trouvait plus du côté français et voulait savoir si je pouvais lui trouver des lignes de crédit au Luxembourg. Sauf que le Luxembourg était plutôt un pays de gestion de fortune qu'un pays de prêts. Je lui ai dit que ce ne serait pas possible et la discussion s'est arrêtée là. » C'est seulement quelques années plus tard, en 2003, qu'il va véritablement débuter sa collaboration avec Orpéa. « J'ai le maire de ma commune (Charleville), un copain, qui m'appelle en m'expliquant qu'il faut que j'aille voir le conseil général. Ils voulaient construire des Ehpad et cherchaient des groupes pour les gérer. Je me rends donc au conseil général des Ardennes, je discute avec tout le monde. Et je leur explique que je connais plusieurs groupes privés que ça pourrait intéresser. Le lendemain, j'appelle la secrétaire de Marian pour lui dire que j'ai des affaires pour son patron. Et quelques heures après, Marian me rappelle. Je lui dis : "Bonjour docteur, je vous ai contacté parce que je sais qu'à Charleville, dans les Ardennes, on va construire plusieurs Ehpad. Je me suis dit que ça pourrait vous intéresser." Il me répond du tac au tac : "Ça m'intéresse, bien sûr ! Je suis preneur. Vous vous occupez de quoi exactement ?" Je lui explique alors que je connais bien le président du conseil général et le vice-président, qui est aussi le responsable du Pôle santé du département. »

Peu de temps après, Jean-François Rémy se rend avec Patrice Groff, le premier vice-président du conseil général des Ardennes, à Paris, au siège d'Orpéa, pour rencontrer le docteur Marian et discuter de ce projet d'Ehpad. En un claquement de doigts, le groupe va obtenir son autorisation et monter sa première maison de retraite à Charleville-Mézières. La résidence s'appellera

Patrice-Groff, en hommage à cet élu du conseil général, mort quelques mois seulement avant son ouverture, en 2009. Jean-François Rémy vient de découvrir le métier d'apporteur d'affaires. Il est là pour mettre en relation Orpéa avec les décideurs politiques qu'il connaît, pour fluidifier les discussions et faire en sorte que le groupe obtienne ce qu'il veut de la part des conseils départementaux. « Je m'occupe de tout. Le cœur de mon boulot, c'est d'obtenir des autorisations. Mais je négocie tout pour eux, le nombre de lits autorisés, le pourcentage de lits à l'aide sociale qu'ils seront obligés d'avoir, le prix de journée… Tout ! »

À travers cette discussion, je comprends comment l'État s'est couché devant les grands groupes privés. Normalement, les conseils départementaux (et les Ddass) doivent, au moins depuis 2002, poser un certain nombre de conditions aux groupes privés en échange de ces agréments qui leur permettent d'obtenir des financements de leur part et de gagner beaucoup d'argent. L'idée centrale est que ces Ehpad, en grande partie financés par l'argent public, soient accessibles au plus grand nombre. Et pour cela, l'État peut agir sur deux leviers : le nombre de lits réservés aux bénéficiaires de l'aide sociale et le prix de journée. Disons que, pour qu'un Ehpad soit « démocratique » dans un département pauvre comme celui des Ardennes, il faudrait réserver au minimum cinq lits pour les bénéficiaires de l'aide sociale et fixer un prix de journée se situant entre 60 et 70 euros, ce qui ferait entre 1 800 et 2 100 euros par mois pour les futurs pensionnaires de la résidence. Mais, grâce à Jean-François Rémy et les élus du conseil départemental, Orpéa s'en est tiré à très bon compte. Le groupe n'aura pas à réserver le moindre lit aux bénéficiaires de l'aide sociale (ce qui est une bonne chose pour le groupe, car les tarifs pratiqués sont, logiquement, moins intéressants) et pourra fixer un prix de journée de 80 euros, ce qui fait près de 2 400 euros par mois, un montant bien supérieur à la moyenne des pensions de retraite des habitants du département.

« Je leur ai aussi trouvé le terrain, reprend Rémy. Ça ne leur a quasiment rien coûté. Ça appartenait au conseil départemental. Ils ont vendu à Orpéa deux hectares sur les hauteurs de Charleville avec une vue magnifique pour 40 000 euros. Cet Ehpad ne leur a finalement rien coûté. Autorisation gratuite, terrain quasiment gratuit. Et ensuite, ils ont dû faire six millions d'euros de travaux, pas plus. C'est un Ehpad à la revente qui valait plus de 10 millions. Je leur en ai obtenu beaucoup, des bonnes affaires. »

Orpéa paie sa première commission à Jean-François Rémy, et une longue collaboration débute alors entre l'homme d'affaires du nord de la France et le groupe en pleine phase de croissance. Pendant près de quinze ans, M. Rémy va les faire bénéficier de son large carnet d'adresses : des maires, des députés, des membres de conseils généraux, des chefs de cabinet ministériel… Tous proches du pouvoir en place à l'époque, membres de l'UMP (devenue LR) pour la plupart. Ils vont lui permettre d'obtenir des autorisations pour Orpéa ou encore faciliter des rachats de petits groupes indépendants ou d'établissements, débloquer tout un tas de situations gênantes.

Un jour, aux alentours de 2005, c'est l'un des principaux responsables du développement d'Orpéa qui appelle Jean-François Rémy pour lui expliquer que le groupe est bloqué dans une affaire de rachats de maisons de retraite. Orpéa vient de négocier la reprise de deux résidences situées à Grasse et à Chartres, appartenant à la congrégation des Petites Sœurs des pauvres, mais des élus locaux, notamment un député-maire d'Eure-et-Loir, refusent de signer l'autorisation de transfert de lits de ce groupe associatif vers le privé. Jean-François Rémy récupère un certain nombre d'informations auprès d'Orpéa et se met au travail. Le lendemain, il passe un coup de fil à l'un de ses amis, ancien député des Ardennes, qui est alors conseiller de Renaud Dutreil, ministre de Chirac. Ce dernier écoute, lui explique que les élus en question sont membres de l'UMP et qu'il va s'en occuper. Il contacte alors le sénateur du coin, lui aussi élu de droite, et lui demande son aide. Ce dernier appelle à son tour les élus réfractaires, les réunit autour d'une table et règle l'affaire en moins de temps qu'il n'en faut pour le dire. Dix jours plus tard, le docteur Marian est invité à signer la convention de cession et de transfert de lits. Les Ehpad des Petites Sœurs des pauvres sont à lui ! C'est aussi simple que cela. À cette époque, dans le secteur des Ehpad et des cliniques, la clef était d'avoir des relations dans le monde politique.

Jean-François Rémy et ses amis de droite vont aider le groupe Orpéa à plusieurs reprises. À la fin des années 2000, le groupe veut construire un établissement en Bretagne, tout près de Guérande, mais les producteurs de sel s'opposent à la construction de cette résidence située à quelques pas des marais salins. Rémy active son réseau et, cette fois-ci, c'est un élu du coin, secrétaire d'État en activité, qui serait intervenu pour régler le problème. Il aurait organisé une réunion entre le docteur Marian et les saliniers et débloqué la situation.

Une autre fois, au cœur de la crise financière de 2008, le groupe, toujours à la recherche d'argent, se plaint que les banques ne prêtent plus et bloquent son expansion internationale. À nouveau, Rémy est appelé à la rescousse. Il va en deux coups de téléphone réussir à faire inviter Orpéa à l'Élysée, dont Nicolas Sarkozy est alors locataire. Il va s'y rendre avec Jean-Claude Marian, un habitué des lieux, et Yves Le Masne, et leur faire bénéficier d'une entrevue avec Boris Ravignon, alors conseiller de la présidence (et, bien sûr, originaire des Ardennes). Un accès qui n'a rien de répréhensible mais qui pourrait se révéler utile. « Marian était déjà venu. Il m'a dit : "Monsieur Rémy, on a l'habitude. Les conseillers de l'Élysée, on les appelle comme ça. À droite, à gauche." Mais bon, il était quand même bien content d'être là, le docteur. Il en a profité pour faire du lobbying. Il a demandé à Boris de transmettre au président de la République un document qu'il avait préparé sur la création d'une cinquième branche de la Sécurité sociale consacrée à la prise en charge des frais de santé liés à la dépendance. Il ne perdait aucune occasion de pousser l'État à mettre plus d'argent dans le secteur. » Jean-François Rémy n'est pas en mesure de savoir si le document est bien parvenu jusqu'au Président.

Lui et ses camarades de l'UMP vont régler pendant quinze ans tous les petits et les gros tracas d'Orpéa. Mais, surtout, ils vont permettre au groupe d'obtenir des autorisations de création d'Ehpad. C'est en partie grâce à la droite française que le groupe va se développer si vite et si fort, devenir l'empire qu'il est aujourd'hui, et que le docteur Marian, Brdenk et Le Masne vont faire fortune. Jean-François Rémy et ses amis vont notamment faire en sorte qu'Orpéa obtienne une clinique SSR de 120 lits à Charleville-Mézières, un Ehpad de 70 places à Revin, un autre de 84 lits à Vouziers, toujours dans le département des Ardennes, ou encore des lits supplémentaires pour les maisons de retraite du groupe situées à Nice. Chaque fois, c'est jackpot pour Orpéa ! Et Jean-François Rémy touche, lui, ses commissions de « conseiller technique ».

« C'est Yves Le Masne, le DG d'Orpéa, qui décidait de notre commission, affirme-t-il. Généralement, ça se passait dans son bureau entre lui et moi. Ou alors avec le directeur de son développement. Ils me demandaient de sortir. Ils discutaient cinq minutes et puis ils m'annonçaient une somme. Et, en général, je disais oui parce qu'on était bien payés. Le minimum que j'ai eu, c'est 200 000 euros pour une vingtaine de lits. En général, ça représentait plusieurs centaines de milliers d'euros. Mais ça pouvait monter beaucoup plus haut. » En témoigne selon lui cette anecdote : « On est au tournant des années 2000-2010. L'État est en train de changer les règles d'obtention des autorisations : désormais, c'est un système d'appel d'offres. Donc c'est beaucoup plus compliqué d'avoir ce que l'on veut. Et puis il n'y a quasiment plus aucune autorisation à donner. Les conseils départementaux ont déjà filé trop d'agréments et la Sécurité sociale n'arrive pas à suivre et à tout financer. Donc, franchement, ça devient quasiment impossible d'obtenir de nouvelles autorisations en France. J'ai rendez-vous avec Yves Le Masne qui, comme tout le monde, cherche à tout prix à avoir encore plus de lits, malgré les nouvelles règles du jeu. Et là, bravache, il me met au défi. Il me balance : "Si tu me trouves 80 ou 85 lits avec une autorisation qui me permet de démarrer immédiatement, je te file 1,5 million d'euros !" Je les ai eus, ses 85 lits ! Ils n'en revenaient pas chez Orpéa, mais je les ai eus. » C'est à Vouziers, une petite commune située à quelques kilomètres de Charleville, que Jean-François Rémy va leur proposer ce nouveau projet. « Je savais qu'ils avaient besoin d'un Ehpad dans ce coin. J'ai appelé mes potes du conseil général. Ils m'ont dit : "Vas-y, fonce ! On soutiendra le projet." Et on a eu l'autorisation. Il y a juste eu le préfet des Ardennes qui ne voulait pas signer. Mais ils lui ont un peu forcé la main, et il a fini par accepter. »

Orpéa va obtenir son autorisation et rémunérer, comme prévu, Jean-François Rémy. Le montant de la commission est colossal et la direction générale va devoir faire preuve d'ingéniosité pour qu'il n'attire pas trop l'attention dans les comptes du groupe. « Ils avaient tout un tas de manip' pour embrouiller leurs commissaires aux comptes, soutient Jean-François Rémy. Cette fois-là, la facture avait été divisée en deux et on m'avait viré l'argent sur deux sociétés distinctes, une au Luxembourg et une en Suisse. Ça n'avait aucune logique économique, mais ça les arrangeait. Alors j'ai laissé faire. Il m'a été demandé de monter une entreprise au Luxembourg et Orpéa a racheté 49 % des parts avec ces 700 000 euros. Vis-à-vis des commissaires aux comptes, c'était beaucoup plus présentable. Ce n'était pas une facture de "conseil technique", mais une prise de participation dans une société. Enfin, dans tous les cas, je peux vous dire que, quand j'ai reçu l'argent, j'ai fait la fête ! »

La fête, en tout cas, Jean-François Rémy l'a célébrée, et pas qu'un peu. L'un des témoins principaux de ce livre, le docteur Patrick Métais, qui m'a suivi tout au long de cette enquête, était à ses côtés ce jour-là. Pour la petite histoire, après avoir été directeur médical de Clinéa, la branche « cliniques » d'Orpéa, durant des années, le groupe l'a nommé responsable du développement pour le nord de la France et le Luxembourg et l'a envoyé travailler aux côtés de Jean-François Rémy, à Luxembourg. L'expérience a duré moins d'un an, mais elle lui aura permis d'assister à quelques scènes d'anthologie.

Patrick Métais me confirme que début 2011, peu de temps après son arrivée, Jean-François Rémy a reçu un virement d'Orpéa de plus de 700 000 euros, et en a bien profité. « Il était comme un fou. Il y avait son chauffeur qui l'attendait dehors et il m'a dit : "Tiens, on va se faire une petite virée !" Et là, sur un coup de tête, on part en direction de la Belgique et on se rend à Arlon, un petit patelin situé le long de la frontière avec le Luxembourg. On a débarqué chez un concessionnaire BMW. Jean-François Rémy a regardé plusieurs modèles et on est ressortis, quelques minutes plus tard, avec deux bagnoles. Il s'est acheté une grosse berline hors de prix pour lui et il a acheté un SUV pour moi. Je n'en revenais pas... Quelques jours plus tard, on a fait une descente chez Mac. On a pris des ordinateurs de bureau, des ordinateurs portables, des iPad, un iPhone. Ils achetaient ça comme si c'étaient des petits pains. C'est là où vous comprenez le fric que ça peut rapporter, le business des Ehpad. Les gens n'imaginent pas ce que ce secteur génère comme cash… »

Les autorisations, qui, il faut le rappeler, sont censées être gratuites, ont donné lieu pendant plus de dix ans à un marché d'achats et de reventes assez opaques avec des commissions qui auraient appelé elles-mêmes des rétrocommissions. Lorsque j'évoquerai cette problématique avec l'ancien ministre de la Santé, Claude Évin, il se montrera particulièrement circonspect, m'expliquant que les ARH puis les ARS veillaient au grain et qu'il fallait que les autorités de tutelle valident ces transferts d'autorisation. Mais ce n'est pas vrai. L'ancien directeur ARH de Midi-Pyrénées, Pierre Gauthier, me le confirmera : l'agence régionale de santé n'avait pas son mot à dire dans le cas d'un rachat d'établissement par un autre groupe. La plupart du temps, ses services l'apprenaient d'ailleurs après coup et ne pouvaient que constater leur impuissance à encadrer ce marché extrêmement juteux. Chez Orpéa, l'une des figures du développement du groupe, salarié de l'entreprise depuis près de vingt ans, a, lui aussi, comme d'autres, profité largement de ce business. En plus d'un salaire confortable, de primes annuelles de plusieurs dizaines de milliers d'euros, il a touché d'obscures commissions lors de rachats d'établissements effectués par Orpéa. « Il était l'un des plus anciens de la boîte et on lui laissait tout faire. Clairement, il se goinfrait trop et il n'était pas discret, me précise Jean-François Rémy, qui a longtemps travaillé avec lui. Il avait touché lors de rachats d'établissements près de La Rochelle et il se vantait que le vendeur lui ait payé sa piscine chauffée et un téléviseur de chez Bang & Olufsen à 25 000 balles. Il racontait ça à tout le monde. Il se baladait dans un coupé Maserati. C'était du grand n'importe quoi. »

Mais, à force de jouer avec le feu, on se brûle.

En novembre 2013, la police débarque au petit matin au siège d'Orpéa, puis perquisitionne le domicile de Jean-François Rémy : « Ils ont débarqué à quatre chez moi. Deux inspecteurs des impôts de Marseille, un inspecteur de Charleville et un OPJ [officier de police judiciaire] », me détaille l'apporteur d'affaires. Les policiers enquêtaient sur une affaire d'évasion fiscale qui impliquerait directement l'un des cadres les plus importants d'Orpéa, l'un des principaux responsables du développement du groupe. « Il a déconné, résume crûment Jean-François Rémy. Lors du rachat de deux Ehpad dans le sud de la France, quelques années plus tôt, il a partagé une commission énorme de 2,5 millions d'euros avec un autre apporteur d'affaires. 500 000 euros sont partis en Espagne et deux millions ont été virés sur le compte d'une société offshore, située en Suisse, qui appartenait à ce cadre d'Orpéa. Sauf que les douanes ou Tracfin les ont grillés. Et moi, je me suis retrouvé mêlé à tout cela parce que j'étais là le jour où ils sont allés régler leurs petites affaires en Suisse. Je peux même vous dire le nom de la banque où ils sont allés, c'était la BSI [Banque suisse italienne]. C'est moi qui les ai déposés, alors je sais. Mais je n'ai rien à faire dans cette histoire. J'ai touché zéro. Je ne faisais même pas partie du deal. J'étais en Suisse pour une autre affaire et on m'a juste demandé de les déposer en voiture à la banque. »

À l'époque, Yves Le Masne, le DG d'Orpéa, est furieux d'avoir vu débarquer la police au siège. Heureusement, l'affaire ne s'est jamais ébruitée jusqu'à aujourd'hui. Mais ce n'est pas bon pour l'image du groupe. Il engueule son responsable du développement, le met au placard pendant quelque temps, mais passe très rapidement l'éponge. Malgré la gravité des faits, ni Yves Le Masne ni le docteur Marian n'auront l'idée de licencier cette figure du développement d'Orpéa. Il est bien trop important pour le groupe. Et il sait bien trop de choses. Au moment où je prendrai contact avec le principal intéressé et qu'il informera le groupe de mes recherches à son sujet, Orpéa décidera de s'en séparer. Il est vrai aussi que ses ennuis judiciaires sont loin d'être terminés. Sept ans après cette première perquisition, l'enquête se poursuit et prend de l'ampleur. Deux semaines après ma première rencontre avec Jean-François Rémy, sa maison a été perquisitionnée. L'affaire s'est même étendue jusqu'à Patrick Métais, qui m'appelle un soir, totalement survolté : « Victor, j'ai été contacté par des inspecteurs de police. Ils sont sur les traces d'Orpéa. Une enquêtrice de la sous-direction de la lutte contre la criminalité organisée et la délinquance financière mène des investigations sur des affaires de commissions et d'évasion fiscale. Et elle veut me rencontrer. » Après plusieurs reports liés à la crise du Covid-19, son audition aura lieu à l'été 2020 à Nice et durera une journée entière. « L'enquêtrice était très bien informée. Elle connaissait tous les dirigeants d'Orpéa en charge du développement. Elle m'a posé de nombreuses questions sur le mis en cause. Elle voulait notamment savoir quelle voiture il conduisait. Ça m'a intrigué qu'elle me demande ça. Je lui ai répondu : une Maserati ! Mais elle connaissait déjà la réponse. Elle voulait connaître son rôle exact au sein d'Orpéa. J'ai compris qu'ils enquêtaient sur des affaires de commissions et de rétrocommissions liées à des rachats d'établissements par Orpéa. Ils m'ont notamment posé beaucoup de questions sur les Ehpad d'Orpéa dans les Ardennes et sur le développement du groupe en Chine. Ils suspectent que certains montages financiers seraient mis en place pour dissimuler de l'argent issu d'opérations réalisées par le groupe. Ils m'ont également posé des questions sur Yellowstone. »

Le magazine *Challenges* va faire état de cette affaire, alors que je suis en pleine rédaction de ce livre, en octobre 2021. D'après le magazine, le Parquet national financier aurait lancé des perquisitions dans le cadre d'une enquête préliminaire pour complicité de fraude fiscale et blanchiment aggravé, visant le groupe Orpéa. Contactée par *Challenges*, la direction assure que le groupe et ses dirigeants ne sont pas concernés et affirme que selon les éléments dont il dispose, il n'y a eu aucune rétrocommission. L'article mentionne le rachat d'un Ehpad dans les Bouches-du-Rhône pour un montant de près de 9 millions d'euros via des sociétés offshore, et évoque une suspicion de rétrocomissions, pour un montant éventuel de plus de deux millions d'euros. Précisément le montant cité par ma source, Jean-François Rémy, un acteur clef de ce dossier. À la suite de la publication de cet article, le cours de bourse d'Orpéa a plongé de près de 10 % avant de réduire une partie de ses pertes. Et plusieurs interrogations demeurent. Certaines sociétés reliées à Orpéa seraient particulièrement intrigantes, notamment la société française Yellowstone SAS, dont le nom est revenu plusieurs fois au cours de mon enquête… Elle a été utilisée dans le cadre de plusieurs achats de résidences par Orpéa, notamment à Charleville-Mézières. J'ai pu découvrir après de très longues recherches (qui m'auront amené à contacter des membres du Consortium international des journalistes d'investigation) qu'elle était directement reliée à plusieurs autres sociétés Yellowstone qui avaient toutes comme point commun d'être domiciliées dans des paradis fiscaux : en Suisse (Yellowstone SA), au Luxembourg (Yellowstone SA) ou encore à Chypre (YSWG Yellowstone Worldwide Group Ltd). Chaque fois, le nom de l'apporteur d'affaires d'Orpéa, Jean-François Rémy, apparaît. Et à partir de 2016, Orpéa va se retrouver lié encore plus directement à ces entreprises. En effet, le groupe, à cette date, rachète discrètement la société Yellowstone SAS montée par Jean-François Rémy, modifie sa dénomination et nomme Yves Le Masne, le DG d'Orpéa, à sa tête. Elle figure, aujourd'hui, au milieu des très nombreuses SCI appartenant à l'empire Orpéa – qui n'a pas voulu m'éclairer sur ce point non plus.

Des apporteurs d'affaires comme Jean-François Rémy, il y en avait une petite dizaine en France, prêts à faire bénéficier les groupes privés de leur carnet d'adresses. J'ai eu l'occasion d'en rencontrer un second à la fin de mes recherches. Un ancien patron de la santé française reconverti dans ce business de l'ombre. Un homme qui a eu l'occasion de travailler pour tous les groupes, de Colisée à DomusVi, en passant par Korian. Il m'a raconté des histoires similaires, m'expliquant que dans ce secteur tout était politique et que l'une des clefs du succès était d'avoir un carnet d'adresses fourni.

Les deux techniques les plus utilisées sur le marché pour contourner les règles durant cette période déterminante (2002-2010) auraient été de recourir à des pots-de-vin (ce que m'ont confirmé plusieurs DG de grands groupes privés d'Ehpad) ou de faire appel à des apporteurs d'affaires (ou à des sociétés de conseil). Dans les deux cas, le système des autorisations était totalement perverti. Avec des apporteurs d'affaires, nous n'étions pas à proprement parler dans des scandales de corruption politique. En effet, les hommes politiques qui ont aidé Orpéa à obtenir ces autorisations ou qui ont facilité des rachats d'établissements n'auraient, *a priori*, rien reçu en échange de leur soutien. Mais cela n'en faisait pas une technique saine pour autant. Les intermédiaires, eux, ont touché gros, plusieurs centaines de milliers d'euros, voire plusieurs millions d'euros, pour chaque transaction. Des commissions qui ont pu, on l'a vu, entraîner un système complexe de rétrocommissions et nécessiter des montages financiers particulièrement troubles. Dans tous les cas, quel que soit le procédé, les petits groupes, les indépendants, les associations, n'avaient absolument aucune chance d'émerger dans ce système. Ils n'avaient ni les contacts ni les ressources suffisantes pour faire face à leurs concurrents. Ces témoignages nous permettent de mieux comprendre comment, en France, certains grands groupes privés auraient émergé si vite et seraient devenus des empires d'une telle puissance. Et pourquoi, aujourd'hui, tout le secteur français de la dépendance (Ehpad et cliniques) se trouve concentré dans les mains d'un très petit nombre d'acteurs. Un tel système aurait privilégié à bien des égards les sociétés les plus grosses et les moins vertueuses. Plus un groupe avait la capacité et la volonté de nouer des contacts dans le milieu politico-administratif, plus il pouvait espérer se développer rapidement. Et à ce petit jeu à un milliard d'euros, Orpéa a toujours été le meilleur. Et de très loin. C'était la spécialité du docteur Jean-Claude Marian : s'entourer de gens de pouvoir.

CHAPITRE 32

« LES LITS DE CANCÉRO, C'EST CE QUI RAPPORTE LE PLUS »

Orpéa, en plus de son réseau d'apporteurs d'affaires, a entrepris de nouer des relations directes avec des membres de la haute administration française de la santé et plus précisément avec des figures importantes des agences régionales de santé. Nous avons déjà eu l'occasion de faire la connaissance d'une importante chargée de mission de l'ARH Île-de-France embauchée par le groupe Orpéa une semaine seulement après son départ de la fonction publique.

Patrick Métais, l'ancien directeur de la branche « cliniques » d'Orpéa, nous a détaillé les liens étroits qu'elle entretenait avec le groupe les années précédant son embauche, alors qu'elle était à un poste si stratégique pour Orpéa. Mais Patrick Métais m'apprendra que la véritable plus-value de cette haute fonctionnaire se situait ailleurs.

Elle était en charge, à l'agence régionale de santé d'Île-de-France, de tous les dossiers de demandes d'autorisation de création de clinique, un poste absolument déterminant. Pour résumer, dans le secteur des cliniques, les conseils départementaux n'entrent pas dans le jeu, car ils ne sont pas financeurs. Les agences régionales de santé sont donc les seules autorités de délivrance de ces précieux agréments. Le processus de sélection est légèrement différent de celui des Ehpad. Tout d'abord, tout part d'un appel à projets lancé par l'administration (un système qui sera mis en place bien plus tard pour les maisons de retraite) : l'ARS Île-de-France va, par exemple, annoncer le 10 septembre 2007 qu'elle compte financer une clinique de soins de suite dans le sud de Paris. Les candidats intéressés auront alors trois mois pour déposer leur dossier.

Ces dossiers seront ensuite traités et classés par ordre de préférence par une chargée de mission de l'ARH – en l'occurrence, celle qui rejoindra ensuite Orpéa –, qui mettra en avant les points faibles et les points forts de chaque projet en termes d'investissement, de nombre de soignants, d'emplacement, de nombre de lits demandés... Ces dossiers seront ensuite envoyés au Crosms (un organisme composé de membres de la société civile), qui sera chargé de donner son avis. Et c'est au bout l'ARS qui prendra la décision finale et délivrera l'autorisation. Si ce processus de sélection semble assez élaboré à première vue, Patrick Métais me racontera que, dans les faits, l'ARH se rangeait souvent à l'avis du Crosms, qui suivait, lui-même, les indications données par les chargés de mission de l'ARH qui avaient instruit le dossier. Cette haute fonctionnaire était donc au début et à la fin de toutes les demandes d'autorisations de cliniques en Île-de-France, et ce, à une époque particulièrement cruciale pour le secteur ; elle fut chargée de mission à l'agence régionale de santé d'octobre 2004 à juin 2010, en pleine période de boom des agréments. J'ai transmis à cette ancienne fonctionnaire une liste de questions précises pour lui donner l'occasion de s'expliquer, mais elle n'a pas répondu à mes sollicitations.

À cette époque, Patrick Métais était directeur médical de la branche « cliniques » d'Orpéa. À ce titre, il participait à l'élaboration de l'ensemble des dossiers rédigés par le groupe. Il était donc aux premières loges, dans les coulisses de toutes les demandes d'autorisation, et il a pu mesurer pendant plusieurs années l'intérêt de cette fonctionnaire pour le développement du groupe Orpéa. « Il y avait un déjeuner environ une fois par mois, affirme-t-il. Et clairement, il y avait une collusion. Masson rentrait de ces déjeuners ravi. Il appelait direct Brdenk, puis il me disait : "Ils vont financer une clinique de soins de suite à Asnières ! Alors, tout le monde se met sur le coup et on prépare vite un bon dossier pour Asnières." On se mettait au boulot et on pouvait faire tout le travail de terrain et de *relationship* avant que l'appel d'offres pour la clinique d'Asnières-sur-Seine ne soit public. On était les premiers à aller voir les médecins du coin et à leur faire signer des papiers pour qu'ils collaborent avec nous. On était les premiers à se mettre à la recherche d'un terrain approprié et, croyez-moi, c'est fondamental dans les grandes villes comme Paris parce que c'est très dur à trouver. Nos aides nous donnaient un avantage considérable sur nos concurrents. On avait clairement une longueur d'avance et, grâce à elle [la fonctionnaire], on était certains d'avoir le meilleur dossier au moment de l'ouverture de l'appel d'offres. »

Les accusations formulées par Patrick Métais ne sont pas anodines. Visant la fameuse fonctionnaire, il insiste : « Très clairement, elle nous donnait des informations précieuses avant qu'elles ne soient rendues publiques. On savait combien de lits il fallait demander, quelle quantité de personnel il fallait proposer. Ce sont des éléments très sensibles et déterminants dans un dossier. Quand vous êtes initié, vous gagnez plus ! Vous savez exactement ce que l'ARS veut. »

Ce manège que dénonce Patrick Métais aurait duré selon lui près de cinq ans, entre 2005 et 2010. « À l'époque, je voyais cette collusion d'un œil tout à fait positif, confie-t-il. C'était vraiment un sentiment de toute-puissance. On nous donnait les 50 mètres d'avance qui permettent de gagner à tous les coups. Et c'est vraiment dans les Hauts-de-Seine (l'un des départements les plus riches de France et donc les plus intéressants pour le groupe) que je l'ai le plus ressenti. On a obtenu en quelques années une liste impressionnante d'autorisations : Asnières-sur-Seine ! Suresnes ! Rueil-Malmaison ! La Garenne-Colombes ! On remportait les marchés les uns derrière les autres comme si c'étaient des promenades de santé. Alors que les autres, comme Korian, se ramassaient la gueule. »

Si l'on en croit Patrick Métais, ce lien privilégié avec l'administration va non seulement permettre au groupe Orpéa de recevoir des autorisations d'ouverture de cliniques en lui obtenant des informations confidentielles, mais le périmètre de ces autorisations était particulièrement intéressant pour Orpéa : « À partir de 2008, il y a eu des spécialisations au niveau des cliniques SSR. À côté de vos lits polyvalents, vous pouviez notamment avoir une part de vos lits consacrée à la prise en charge du système nerveux, une autre pour les problèmes cardio-vasculaires. Une autre pour les problèmes respiratoires. Et entre ces différentes spécialisations, il y a des différences de tarifs considérables. On pouvait obtenir des spécialisations particulièrement intéressantes financièrement. Je me souviens notamment que, sur la clinique de Boulogne, on s'en est bien sortis sur la répartition des lits entre les lits polyvalents, les lits de gériatrie et les lits de cancéro. Les lits de cancéro, c'est ce qui rapporte le plus. Et on en a obtenu pas mal. Le groupe était ravi. La clinique est devenue une machine à cash : elle faisait un million d'euros de chiffre d'affaires par mois ! »

En 2010, les règles du jeu changent drastiquement. Les ARH, qui étaient, à l'époque, des structures de taille modeste, peu organisées, vont se transformer en agences régionales de santé. Leur champ d'activités s'élargit, le nombre de personnels augmente considérablement. Ces autorités de contrôle deviennent bien plus « professionnelles ». C'est là que l'inspectrice décide de quitter l'administration, à la surprise générale. Comme indiqué précédemment, elle va aussitôt rejoindre le groupe privé qu'elle connaît si bien, sans que l'administration décide de contrôler les modalités de ce départ. Orpéa peut se féliciter d'avoir remporté une prise de choix très facilement. Pour le groupe et le patron de Clinéa, cette embauche est un formidable outil pour l'avenir de l'entreprise. Cette recrue de choix dispose d'un carnet d'adresses bien rempli, d'un excellent réseau au sein de l'administration. Elle connaît tous les *process*, sait exactement ce que les ARS ou les Crosms attendent. « Elle a été embauchée dans le groupe au moment où j'y travaillais encore, me raconte Patrick. Nous nous sommes croisés souvent au siège d'Orpéa. Elle avait un poste très particulier. Elle était conseillère technique du patron de Clinéa. Je dirais qu'elle faisait plus des prises de contact que de l'analyse de dossiers. Elle répondait à des questionnements du style : comment on peut joindre untel ? Elle faisait clairement un travail de lobbyiste. Et je peux vous dire que le groupe était particulièrement conciliant avec elle. Elle avait des horaires de travail très souples. Elle était absolument ravie parce qu'elle avait le temps de monter à cheval. Elle passait des journées entières à faire du cheval. »

Cela fait, aujourd'hui, plus de dix ans que cette ancienne fonctionnaire de l'État travaille pour le groupe Orpéa à un haut poste stratégique de sa branche « cliniques ».

Convaincre des hauts fonctionnaires de la santé française de passer dans le privé alors qu'ils sont encore en poste est l'une des spécialités du groupe Orpéa. En février 2014, c'est un cadre de l'ARS Nord-Pas-de-Calais, délégué territorial de l'Artois, qui vient grossir les rangs du groupe moins d'un mois après son départ de la fonction publique. Il deviendra, lui aussi, chargé de mission auprès du patron de Clinéa, en charge du développement. Jean-François Rémy, apporteur d'affaires d'Orpéa, a eu l'occasion de travailler plusieurs fois avec lui à la demande du groupe : « On me l'avait mis dans les pattes pour qu'on puisse avancer sur des dossiers en Moselle, me lancera-t-il au cours de l'un de nos rendez-vous. Je me souviens qu'il était très ami avec la députée européenne de la Moselle. De toute façon, son boulot, il était très clair : il ne faisait que du lobbying politique. C'était son job ! Et je sais que le groupe avait prévu de le nommer bras droit du patron. Mais il s'est vautré sur un dossier de rachat de clinique et Orpéa l'a finalement jeté comme une merde. » Cet ancien cadre de l'ARS Nord-Pas-de-Calais va ensuite ouvrir sa propre société de conseil, dont l'objectif est sans ambiguïté : « Accompagner les investisseurs dans l'acquisition d'établissements (MCO, SSR, Ehpad) et dans leur développement ». Il proposait ses services pour aider les gestionnaires à obtenir des autorisations. Mais, de nouveau, la réussite ne sera pas au rendez-vous, et l'intéressé, après une escapade de cinq ans dans le privé, va revenir taper à la porte de la fonction publique. En 2015, il redevient chargé de mission auprès de l'ARS Bourgogne-Franche-Comté. Le mélange des genres entre public et privé est à son apogée.

Si peu de gens étaient au courant des liens précis qui unissaient le groupe Orpéa à plusieurs cadres d'agences régionales de santé, ils étaient nombreux dans le secteur à s'étonner de la facilité déconcertante avec laquelle le groupe était capable d'obtenir des agréments, que ce soit dans le secteur des Ehpad ou dans celui des cliniques. On m'a notamment rapporté que l'ancien DG de Korian, de 2005 à 2009, Guillaume Lapp, se serait plaint régulièrement de ne pas jouer à armes égales avec son principal concurrent dans cette course effrénée aux autorisations. Un ancien membre du directoire de Korian me confirmera que son groupe avait été obligé de se développer par des rachats de groupes (comme l'ex-Médica) plutôt que grâce à l'obtention de nouvelles autorisations. Il m'expliquera qu'il savait que le groupe Orpéa avait constitué un réseau impressionnant dans le milieu politico-administratif. Il me racontera également que son principal concurrent avait monté une cellule de développement particulièrement mystérieuse et efficace. Il me parlera d'une « machine de guerre ». Cette fameuse cellule du développement, Patrick Métais en faisait partie. Elle se réunissait une fois par mois et était composée de membres extrêmement influents.

CHAPITRE 33
« LE PRÉFET A RÉGLÉ LE PROBLÈME »

Nous pénétrons là dans le saint des saints, la pièce la plus opaque et la plus sensible du groupe Orpéa, réservée à un tout petit nombre d'élus. Il m'aura fallu bien des efforts pour parvenir à y pénétrer et à en extraire ses secrets les plus inavouables.

Au sein d'Orpéa, deux commissions se réunissaient chaque mois. La première, le Comex, dont on a déjà parlé, était présidée par Jean-Claude Brdenk et s'intéressait à l'exploitation. Il s'agissait d'abord de vérifier que tous les établissements du groupe rapportaient toujours autant d'argent. La seconde, la « commission développement », était présidée par Jean-Claude Marian, le fondateur d'Orpéa. Le développement du groupe a toujours été le domaine de prédilection du docteur Marian.

Le but de cette fameuse « commission développement » était de passer en revue, chaque mois, les différents projets du groupe Orpéa. Le « boss » tenait entre les mains un document de quelques pages listant une cinquantaine de projets de création et de reprise d'Ehpad ou de cliniques dans toute la France et les reprenait un à un pendant près de quatre heures. Il demandait aux différents intervenants présents autour de la table quelles démarches avaient été mises en œuvre pour obtenir telle autorisation ou concrétiser tel rachat et surtout quels étaient, le cas échéant, les points de blocage. Autour de la table, une petite dizaine de personnes participait aux discussions. Il s'agissait de la garde rapprochée du docteur Marian : Yves Le Masne, bien sûr (le DG du groupe), Jean-Claude Brdenk (le DGE), le patron de Clinéa, le directeur du développement, l'apporteur d'affaires du groupe, la directrice médicale d'Orpéa, ou encore Patrick Métais, qui était responsable médical chez Clinéa. Mais ce n'est pas tout. Patrick Métais me révèle que, à côté de cette équipe dirigeante salariée du groupe, trois poids lourds de la vie politique française ont participé plus ou moins directement au développement du groupe Orpéa.

Le premier de ces collaborateurs de l'ombre est un préfet. Sachant qu'il est décédé aujourd'hui et qu'il n'a donc pas les moyens de se défendre, j'ai décidé de ne pas citer son nom. Sachez simplement que cet homme est issu de la célèbre « promotion Mendès France » de l'ENA, et qu'il aurait été particulièrement utile au groupe dans les années 2000. Patrick Métais m'assure l'avoir vu participer à au moins quatre « réunions développement ».

« Marian débarquait avec deux ou trois personnes extérieures au groupe, dont ce préfet. Il avait vraiment la tête du haut fonctionnaire : les cheveux impeccablement plaqués sur le crâne, un visage assez froid, hautain. Et je me souviens qu'il était toujours extrêmement élégant. Il portait des costumes croisés sur mesure absolument sublimes. On sentait que ce n'était pas n'importe qui. Ce monsieur ne se mettait d'ailleurs jamais avec nous. Il rentrait avec Marian et allait s'asseoir sur une chaise près de la porte, bien à l'écart. »

Dès que la conversation abordait certains blocages, le même manège se répétait, à en croire Métais. « Quand Marian sentait que le groupe ne pourrait pas y arriver seul, il se levait et allait discuter avec le préfet. Clairement, il lui donnait une mission. Il était là pour lever un certain nombre de blocages. Le préfet intervenait quand il y avait des blocages au niveau politique. Par exemple, un maire qui ne voulait pas d'Orpéa dans sa commune. Ou alors si l'ARS refusait de nous donner une autorisation. Il avait un carnet d'adresses absolument considérable et était là pour dénouer des situations un peu tendues. Je me souviens aussi qu'il était intervenu une fois dans le cadre de manifestations d'usagers. Une association s'opposait au rachat d'un établissement par Orpéa. Et il était intervenu pour calmer le jeu. Marian disait au préfet : "Vous faites le nécessaire !" et, à la réunion suivante, la plupart du temps, le problème était réglé. On ne savait pas ce qu'il avait fait. Mais il avait levé le blocage. Ce préfet était en relation directe et exclusive avec Marian. On ne le voyait apparaître que de temps en temps dans ces réunions, récupérer une mission, puis disparaître aussi vite. Pendant longtemps, je ne connaissais même pas son nom. On disait simplement entre nous : "Le préfet a réglé le problème", et c'est tout. »

Patrick Métais n'est pas la seule de mes sources à avoir évoqué le rôle de ce préfet. L'apporteur du groupe dans le nord de la France, Jean-François Rémy, a lui aussi eu l'occasion de le croiser. « Je savais qu'Orpéa avait des appuis politiques un peu partout, assure-t-il. Il y avait notamment un préfet qui aidait le groupe à obtenir des autorisations. Je l'ai croisé lors d'inaugurations d'établissements et, une fois, au siège. Son boulot, c'était d'organiser des réunions politiques pour trouver des solutions dans des situations bloquées. »

Si un préfet peut se révéler très utile, une ex-ministre, c'est encore plus recherché.

CHAPITRE 34
« ELLE BOSSAIT CLAIREMENT POUR NOUS »

Le deuxième collaborateur de l'ombre du groupe Orpéa est une femme. Et pas n'importe laquelle. Il s'agit d'une ancienne ministre de la Santé, une « juppette », comme certains avaient surnommé à l'époque, et avec une condescendance misogyne, les huit femmes membres du premier gouvernement d'Alain Juppé : Élisabeth Hubert. Son expérience en tant que ministre de la Santé publique et de l'Assurance maladie fut brève puisqu'elle n'a exercé ces hautes fonctions que durant six petits mois, entre mai et novembre 1995. Mais elle fut profitable puisque Mme Hubert réussira quelques années plus tard à se reconvertir dans le privé en devenant notamment directrice générale des laboratoires Fournier (de 1997 à 2004). Depuis le milieu des années 2000, elle est l'un des fers de lance de l'hospitalisation à domicile et l'une des figures incontournables du monde de la santé, membre d'un nombre incalculable d'organismes : présidente de la Fédération nationale des établissements d'hospitalisation à domicile (Fnehad), présidente de HAD France, membre du Haut Conseil pour l'avenir de l'assurance maladie, membre du Haut Comité de l'évaluation de la condition militaire, administratrice de plusieurs laboratoires. Et j'en passe.

Ses compétences et son réseau sont encore aujourd'hui très recherchés. En 2020, dans le cadre de la pandémie du Covid-19, Élisabeth Hubert a ainsi été nommée présidente du Conseil scientifique consultatif pour la souveraineté sanitaire, un programme national bénéficiant d'un budget de 750 millions d'euros, financé par une vingtaine d'assureurs et des investisseurs institutionnels.

En parallèle à toutes ces activités à résonance publique, Mme Hubert a développé depuis 2005 une activité de conseil en stratégie et en organisation dans le domaine de la santé. Patrick Métais m'apprendra qu'Orpéa a été l'un de ses clients et que, là encore, la mission qu'on lui avait confiée était d'aider le groupe à obtenir des autorisations, cette fois-ci dans le secteur de l'hospitalisation à domicile.

« L'ARH décide d'autoriser un certain nombre de lits d'hospitalisation à domicile dans une région donnée, détaille Métais. Elle ouvre une fenêtre d'appel à projets. Vous postulez, vous faites un dossier. Et que le meilleur gagne ! Vous devez détailler le personnel que vous allez embaucher : médecins, infirmiers, aides-soignants. Vous devez dire quelles pathologies vous allez gérer : les cancers, les AVC, le col du fémur. Vous devez expliquer l'organisation des soins que vous allez mettre en place, les relations que vous allez tisser avec les médecins traitant du secteur. Là encore, c'est une "cash machine". Parce que c'est de la T2A, de la tarification à l'activité. Et si vous vous souvenez bien, chez Orpéa, on est très forts pour valoriser intelligemment nos interventions. »

C'est ici qu'intervient Mme Hubert. « Elle a clairement bossé pour nous, affirme Métais. Elle avait un contrat avec Orpéa. Je me souviens notamment d'un dossier auquel j'avais participé pour obtenir des lits du HAD près de Rouen, avec l'ARH de Normandie. C'était un petit dossier d'une vingtaine de lits, mais Orpéa s'était battu pour l'obtenir. Et le patron de Clinéa nous avait demandé, une fois que le dossier était terminé, de l'envoyer à Élisabeth Hubert. Elle s'occupait de regarder que notre dossier soit correct, sachant qu'elle est l'une des meilleures spécialistes du HAD en France. Elle connaissait exactement les attentes de l'ARS, les mots-clefs à utiliser, les points à mettre en avant. Elle nous renvoyait le dossier avec les corrections et ensuite on l'envoyait à l'ARH. Elle était très utile au groupe. »

Rien d'illégal pour autant. « Je pense que Mme Hubert, contrairement à d'autres qui aidaient Orpéa, faisait en sorte de ne pas trop prendre de risques, d'être dans les clous, croit savoir Métais. Mais elle est quand même le symbole d'un problème de fond qui touche le système de santé français. Une ancienne ministre de la Santé qui devient conseil en stratégie de grands groupes privés comme Orpéa tout en étant présidente de fédérations et de comités d'intérêt général et en possédant elle-même plusieurs établissements de HAD, tout cela est quand même très problématique. Il y a une confusion très forte entre public et privé. »

Élisabeth Hubert a créé en 2005 sa société de conseil Aliagis. Son succès a été immédiat puisque dès 2006 elle affiche un chiffre d'affaires de 250 000 euros. Et quinze ans plus tard, sa petite entreprise ne connaît toujours pas la crise : son chiffre d'affaires variant, selon les années, entre 170 000 et 300 000 euros.

Mon enquête m'aura permis de découvrir que Mme Hubert a également travaillé avec le groupe Médica, avant qu'il ne fusionne avec Korian. Cette fois-ci non pas en tant que consultante, mais en tant qu'associée, le groupe Médica ayant décidé à l'époque de devenir majoritaire dans sa société HAD France. Lors de cette « association », qui a duré de 2010 à 2014, l'ancienne ministre de la Santé a obtenu coup sur coup cinq établissements de HAD. Cinq établissements qui sont, aujourd'hui, dans l'escarcelle de Korian.

À l'heure où Mme Hubert a été chargée d'une mission d'une importance capitale en pleine pandémie de Covid-19 et où elle doit gérer une enveloppe de 750 millions d'euros consacrée à la recherche et au développement d'infrastructures de santé, il n'est pas inintéressant de savoir que, lors de sa carrière dans le privé, elle a collaboré avec les deux principaux gestionnaires d'Ehpad privés français.

J'aurai l'occasion de discuter de ces différents éléments avec Mme Élisabeth Hubert lors d'une interview sur Zoom réalisée en juillet 2021. L'ancienne ministre de la Santé me confirmera les éléments rapportés par Patrick Métais. Elle reconnaîtra avoir réalisé une mission de consultante pour Orpéa dans les années 2000, à la demande de Jean-Claude Marian, le fondateur du groupe. Elle me confiera également le prix de son intervention : « J'étais payée environ 2 500 euros par jour, ce qui est le tarif classique des consultants de ce niveau de la plupart des cabinets de conseil. » Mme Hubert, consciente de la sensibilité du sujet, insistera sur plusieurs points : « C'est la seule et unique fois que j'ai travaillé pour Orpéa. Et le groupe n'a pas obtenu l'autorisation demandée, preuve que mon statut d'ancienne ministre n'était pas si utile. » Lorsque je lui demande si son travail s'était borné à donner des conseils et à relire le dossier rédigé par les équipes d'Orpéa ou si elle avait pu jouer de son poids politique et appeler des membres de l'administration, Mme Hubert me répondra alors ne plus se souvenir : « C'était il y a quinze ans. Vous vous souvenez de ce que vous faisiez il y a quinze ans ? C'est possible comme ce n'est pas possible. Je n'en sais strictement rien. Si jamais j'ai contacté quelqu'un, cette personne n'a manifestement pas été sensible à mon influence... »

Son influence dans le secteur, elle est pourtant la première à la reconnaître. « Je pense que des gens bien intentionnés ont dû vous dire que l'hospitalisation à domicile, c'était Élisabeth Hubert. Et qu'effectivement, sans mes appuis, on ne peut rien obtenir. Ce qui est assez vrai ! Mais je le fais pour la défense de mes adhérents de la Fnehad, que je préside bénévolement. Point ! Oui, vingt-cinq ans après, des membres de l'administration m'appellent toujours "Madame la Ministre". Mais que voulez-vous que j'y fasse ? Que je procède à une opération de chirurgie esthétique, que je change de nom ? » Ce qui est certain, c'est que, dans ce dossier précis, Mme Hubert n'a pas œuvré pour l'un de ses adhérents de la Fnehad et que son intervention n'a pas été gratuite.

L'ancienne ministre de la Santé terminera notre entretien par ces propos des plus directs : « Je voudrais simplement vous dire une chose : soyez précis dans ce que vous écrivez, qu'il n'y ait pas de sous-entendus. Je suis parfois un peu procédurière... »

Des anciens cadres d'ARS, un ancien préfet, une ancienne ministre de la Santé : décidément, Orpéa et son fondateur le docteur Marian savaient s'entourer. Mais, dans ce jeu sensible auquel se livrait le groupe pour obtenir le plus d'Ehpad et de cliniques possible, il reste une carte que nous n'avons pas encore soulevée : l'un des grands atouts et l'une des grandes fiertés du docteur Marian.

CHAPITRE 35
« J'APPELLE L'ASSUREUR ! »

Patrick Métais attendra que l'on se connaisse un peu avant de me faire cette ultime révélation. La première fois qu'il fera référence à cette figure politique par téléphone, il se montrera prudent, m'expliquant seulement qu'Orpéa avait réussi à nouer des relations jusqu'au sommet de l'État, avec une figure de premier plan. Il m'invitera un soir à allumer ma télévision et à regarder un programme dans lequel l'homme auquel il faisait référence devait normalement lancer sa campagne à l'élection présidentielle de 2022.

Nous étions le 19 septembre 2019, près de neuf mois après le début de mon enquête. France 2 lançait sa nouvelle émission politique *Vous avez la parole*. Je regardai aussitôt un teaser de l'émission sur mon portable et fus stupéfait de découvrir le visage de l'invité phare de cette première : Xavier Bertrand ! L'ancien ministre de Nicolas Sarkozy, l'ancien assureur de Saint-Quentin, le président de région tout-terrain, deux fois ministre de la Santé (2005-2007, puis 2010-2012), crédité à l'automne 2021 de plus de 15 % d'intentions de vote pour l'élection présidentielle de 2022, prêt à revêtir la casaque de la droite républicaine...

« Vous comprenez maintenant, Victor, pourquoi on se sentait tout-puissant chez Orpéa ? On avait le ministre de la Santé de l'époque dans notre poche, avance Métais. Qu'est-ce que vous voulez de plus ? Au-dessus, il ne reste que Dieu. Et encore, pas sûr qu'il nous aurait été aussi utile. »

Xavier Bertrand a en effet été la personne la plus influente de France dans le secteur de la santé, et plus particulièrement de la dépendance, durant près de dix ans. Il a été aux commandes de ce ministère presque sans interruption de 2004 à 2012. D'abord en tant que secrétaire d'État chargé de l'Assurance maladie à partir du 31 mars 2004, puis ministre de la Santé de juin 2005 à mars 2007 sous la présidence de Jacques Chirac. Et ensuite, après l'élection de Nicolas Sarkozy, en mai 2007, en tant que ministre du Travail, des Relations sociales, de la Famille et de la Solidarité. Poste qu'il occupera jusqu'en mai 2012 excepté son incursion de deux ans comme secrétaire général de l'UMP (décembre 2008-novembre 2010). Il a donc été l'homme fort de la santé durant la période la plus déterminante du secteur de la dépendance : les années 2002-2010, où le marché des autorisations d'Ehpad et de cliniques a littéralement explosé.

Patrick Métais me racontera qu'il a mis un certain temps à se rendre compte du rôle joué par Bertrand dans le développement du groupe Orpéa. Il est vrai qu'un très petit nombre de personnes était au courant, et que son nom n'était jamais cité. Ni par Jean-Claude Marian, le fondateur du groupe. Ni par Yves Le Masne, le directeur général. Ni par Jean-Claude Brdenk, le directeur général délégué en charge de l'exploitation du groupe. Par personne, en fait. « Je n'ai pas "tilté" tout de suite, déclare aujourd'hui Métais. Je ne sais pas si j'étais con ou totalement naïf. Mais plusieurs fois en réunion, Marian a dit : "OK, j'appelle l'assureur !" en parlant d'un dossier tendu qu'il fallait débloquer. Et pendant un certain temps, j'ai cru que Marian appelait vraiment un assureur, genre la Macif ! Mais ça n'avait aucun sens. Alors un jour, je suis allé voir le patron de Clinéa, et je lui ai posé la question. J'ai vraiment mis les pieds dans le plat et, à sa réaction, j'ai tout de suite compris que c'était un sujet sensible. Il m'a répondu : "Patrick, l'assureur, c'est Xavier Bertrand ! Marian le connaît depuis très longtemps. Et il nous rend parfois service." Et la conversation s'est arrêtée là. »

À en croire le témoignage de l'ancien directeur de Clinéa, Xavier Bertrand ne s'est jamais rendu à aucune commission de développement. Mais régulièrement, en pleine réunion, le docteur Jean-Claude Marian aurait laissé échapper un commentaire permettant à ceux qui étaient au courant de comprendre que le ministre de la Santé de l'époque allait être informé d'un dossier. « Je crois que la première fois que j'ai compris que Bertrand intervenait dans un dossier, c'était pour un projet d'Ehpad dans le nord de la France, affirme Patrick Métais. On est en réunion développement. On parle du projet de maison de retraite untel. Marian dit : "Ça avance bien ?" On dit : "Oui, le dossier avance bien. Il a été retenu par le conseil général." Il répond : "OK, très bien ! Suivant !" Il prend son tableau et passe à l'autre maison de retraite. Et là, quelqu'un dit : "Sur ce dossier, on est complètement coincés. Je n'y arrive pas. Le conseil général bloque. L'ARS ne veut pas de nous. On nous a traités de marchands de soupe." Et là, il y a Marian qui sort la tête de son dossier et qui dit : "OK, je m'en occupe !" Il prend son stylo. Il met un rond autour du projet en question et on passe au sujet suivant. Et c'est à la réunion suivante qu'on apprend que le dossier est réglé. Les affaires spéciales, c'est Marian qui s'en charge. Personne d'autre. Et il y a au moins une affaire spéciale à chaque réunion, sur la cinquante d'affaires qu'on passe en revue. »

D'après Patrick Métais, Bertrand est... l'assurance tous risques du groupe : « Quand il n'y avait vraiment plus d'autres solutions, alors Marian faisait appel à Bertrand. C'était la solution de dernier recours. Mais, avec celle-là, on était presque sûr que ça passait. Je pense que, plus encore que sur les autorisations, Bertrand nous aidait à être financés. »

Il faut comprendre le contexte. Pendant toute une période, dans le courant des années 2000, les conseils généraux et les ARH pouvaient valider des autorisations de création d'Ehpad sans avoir encore les financements de l'Assurance maladie. « Et il fallait attendre deux, trois, quatre ans pour être financés, reprend Métais. La clef dans ces années-là, c'était vraiment le financement et la place de votre projet dans l'arrêté de classement. Tout notre boulot, c'était de nous retrouver en haut de la liste. Et le ministre avait clairement le pouvoir de débloquer des crédits ou d'accélérer des financements. Le patron de Clinéa me le disait ou Marian le sous-entendait. Il disait : "J'appelle qui il faut", ou encore : "J'appelle l'assureur !" Je ne sais pas si tout le monde comprenait autour de la table, mais c'est évident que les principaux responsables du groupe étaient au courant. Je savais que Marian avait un accès direct au ministre. Il avait son 06 et déjeunait régulièrement avec lui. Je peux même vous dire précisément où ça se passait. Ils allaient bouffer à la *Closerie des Lilas*. »

Patrick Métais ne sera pas le seul à me raconter ces déjeuners en ville qui réunissaient régulièrement le patron du groupe Orpéa et le ministre de la Santé de l'époque, et dont l'existence n'a en soi rien de répréhensible. L'un des plus importants analystes financiers de la place de Paris qui a suivi le secteur des maisons de retraite pendant plus de cinq ans pour une très grosse banque me confirmera les propos de Patrick.

À la suite de ces révélations, je décidai de contacter Roselyne Bachelot, qui a été elle-même ministre de la Santé sous Nicolas Sarkozy (de 2007 à 2010). Je me rendis chez elle le 8 janvier 2020 et nous discutâmes pendant plus de deux heures. Mme Bachelot, alors ministre de la Culture d'Emmanuel Macron, m'affirma qu'elle n'était en rien au courant des liens susceptibles d'unir Xavier Bertrand au groupe Orpéa. Mais elle me révéla durant cet entretien trois informations essentielles.

La première concerne la délimitation du portefeuille ministériel de Xavier Bertrand durant les années Sarkozy. Mme Bachelot a été nommée ministre de la Santé et des Sports le 18 mai 2007 et le restera jusqu'en novembre 2010, soit plus de trois ans et demi. Mais ce que l'on ne sait pas forcément, c'est qu'elle ne s'occupait pas des questions liées au grand âge, à la dépendance, aux maisons de retraite. Tout un pan de la santé lui avait été refusé, ce qui l'avait mise, à l'époque, hors d'elle. « On m'avait dit : "Vous n'avez pas le médico-social, ça reste chez Xavier Bertrand", qui était alors ministre du Travail. Je trouvais ça stupide parce qu'on me demandait dans le même temps de faire une réforme, la loi « Hôpital, patient, santé et territoire » de 2009, qui a pour but justement de décloisonner le système de santé. Et on ne me donnait pas toutes les clefs pour le faire. » Roselyne Bachelot comprenait si peu cette décision qu'elle décida d'en parler à son Premier ministre, François Fillon, qui ne voulut rien entendre. Xavier Bertrand, ministre du Travail et des Solidarités, garda donc ses prérogatives sur le secteur de la dépendance.

Le deuxième point est bien plus problématique. Roselyne Bachelot, désormais ralliée à Emmanuel Macron, accuse son ancien collègue du gouvernement Sarkozy d'avoir usé de pratiques électoralistes alors qu'il était ministre de la Santé : « Xavier m'a fait un de ces coups... Du Xavier tout craché ! Il y a eu deux grands plans de financement à l'époque. Le plan "Hôpital 2007" et le plan "Hôpital 2012". Le plan hôpital 2012 couvrait la période où j'ai été ministre de la Santé. On dressait une liste de tous les établissements de santé que l'État allait financer durant cette période. Sauf qu'en 2007, avant même l'élection de Nicolas Sarkozy, Xavier a envoyé des lettres sans qu'il y ait aucune étude des dossiers à des tas d'élus en leur disant : "Je vous ai retenu dans le cadre du plan hôpital 2012." Quand je suis arrivée au ministère, tous les financements étaient attribués. Il a attribué ces financements n'importe comment, sans aucune étude des dossiers. Il a envoyé des lettres de confirmation qui ne valaient absolument rien sur le plan administratif. » L'objectif recherché est clairement affiché. Les dossiers sont triés. Choisis. « De manière tout à fait électoraliste, confirme Mme Bachelot. C'est Xavier ! C'est-à-dire qu'il avait autorisé des projets soutenus par des gens qu'il estimait importants, de grands élus susceptibles de voter pour Nicolas Sarkozy. Il écrivait des choses du style : "J'ai retenu la rénovation de l'hôpital machin" dans l'espoir d'amadouer l'élu en question. Il avait notamment écrit à des maires centristes. J'ai tout changé. C'est-à-dire que l'on a réinstruit les dossiers. Et on a évidemment attribué les subventions de l'État en fonction de critères de qualité, de l'urgence, de l'opportunité. Il y avait des conditions à respecter pour obtenir ces financements. » Conclusion peu amène de l'ancienne ministre de la Santé (qui était alors ministre de la Culture) : « Xavier Bertrand m'a pourri le plan "Hôpital 2012", pourri de chez pourri. »

La dernière révélation de Roselyne Bachelot permet de mettre en lumière les pouvoirs discrétionnaires dont jouit un ministre de la Santé en France. « Il y a une tradition qui veut qu'il y ait une certaine part des autorisations de création d'établissements de santé qui reste entièrement à la main du ministre, m'avoue-t-elle. Et pour être précis avec vous, elle s'appelle la "liste du Ministre dans le secteur sanitaire". Vous pouvez la retrouver dans les archives du ministre s'il veut bien vous y donner accès. Mais pas dans les archives du ministère. » Le ministre de la Santé s'arroge un pouvoir discrétionnaire. « C'est vraiment à sa discrétion. Moi, je ne me cassais pas la tête. Je demandais aux différentes directions de santé de me faire des propositions. Ce n'est pas moi qui choisissais. Mais peut-être que d'autres faisaient différemment… », rapporte Mme Bachelot.

Voilà une information de première importance dont je n'avais encore jamais entendu parler. Les ministres de la Santé français ont à leur disposition un pouvoir totalement discrétionnaire qui est celui d'établir, chaque année, une liste d'établissements de santé à financer en dehors du cadre officiel des plans de financement. Y avait-il des établissements de santé appartenant au groupe Orpéa dans cette liste ?

Seules les archives de Xavier Bertrand, à l'époque où il était ministre de la Santé, pourraient nous l'apprendre.

Bien évidemment, j'ai contacté Xavier Bertand pour obtenir sa version des faits et lui donner la possibilité de répondre aux différentes interrogations soulevées par les témoignages de Patrick Métais, l'ancien directeur médical de Clinéa, et de Roselyne Bachelot, l'ancienne ministre de la Santé. Mon premier mail date du 9 juillet 2021 et était destiné à son attachée de presse des Hauts-de-France. Après de nombreuses sollicitations par mail, par téléphone ou par messagerie privée à différents membres de son staff et à lui-même, je réussis finalement, en octobre 2021, à entrer en contact direct avec celui qui était alors encore le candidat à la présidentielle le plus crédible de la droite.

Je lui transmis alors, par mail, une série de 16 questions précises et lui donnai, sur les conseils de Me Bigot, l'avocat de Fayard, un délai raisonnable de près de deux semaines pour y répondre par mail ou pour organiser une rencontre.

Voici une partie de ces questions :

1. Monsieur Bertrand, avez-vous été amené à rencontrer les dirigeants du groupe Orpéa, et notamment le docteur Jean-Claude Marian ?
2. Si oui, dans quels cadres ? Et à combien de reprises ?
3. Si oui, à quand remonte votre première rencontre avec les responsables de ce groupe et où a-t-elle eu lieu ?
4. Les dirigeants du groupe Orpéa, notamment le docteur Jean-Claude Marian, ont-ils déjà sollicité votre aide, à l'époque où vous étiez ministre ou à une autre période de votre parcours politique ?
5. Avez-vous été amené à aider le groupe Orpéa d'une manière ou d'une autre ? Dans le cadre de l'obtention d'une autorisation de création d'établissement de santé ? Dans le cadre du déblocage du financement d'un établissement de santé ou en agissant sur des classements de futurs établissements à financer ?
6. Est-il exact que, lorsque vous étiez ministre de la Santé, vous aviez le droit d'accorder, de manière discrétionnaire, un certain nombre d'autorisations de création d'établissements de santé, via la « liste du Ministre dans le secteur sanitaire » ?
7. Avez-vous été amené, via cette liste, à donner des autorisations à des gestionnaires privés d'Ehpad et de cliniques ? Si oui, lesquels ?

8. Seriez-vous d'accord pour nous donner accès à vos archives de ministre de la Santé afin de nous donner la possibilité de consulter les différentes listes que vous avez pu rédiger ?
9. Avez-vous été amené à intervenir dans des processus d'autorisation de création d'établissements d'Ehpad et de cliniques ? Que ce soit en agissant sur des ARS ou sur des présidents de conseils départementaux ?
10. Des maires vous ont-ils déjà sollicité pour favoriser tel ou tel dossier ? Selon nos informations, l'un d'entre eux aurait réclamé à un gestionnaire privé une contrepartie (en l'occurrence une caisse de grands crus) en échange de votre intervention. Avez-vous été mis au courant de cette affaire ?
11. Est-il exact que, dans le cadre du plan « Hôpital santé 2012 », vous ayez pu être amené à envoyer, en 2006-2007, des lettres de confirmation de financement à des élus, alors même que les dossiers concernés n'avaient pas été traités et validés par l'administration ?
12. Si oui, pour quelles raisons ?

Xavier Bertrand me répondra ceci :

« Monsieur,

« Je fais suite à votre message et à votre liste de 16 questions.

« Je constate tout d'abord que vous me dites travailler sur ce sujet "depuis plusieurs années", mais que vous ne me laissez finalement que peu de temps pour répondre à des questions sur des sujets anciens et divers, ce qui est problématique au regard du respect effectif du contradictoire que vous appelez de vos vœux.

« Vos divers questionnements relatifs au sujet, si combien important, de l'accueil des personnes âgées et malades dans des établissements spécialisés appellent de ma part les observations suivantes :

« Lorsque j'étais ministre de la Santé et des Solidarités de 2005 à 2007, la politique médicosociale était dévolue en priorité à monsieur Philippe Bas, ministre délégué à la Sécurité sociale, aux Personnes âgées, aux Personnes handicapées et à la Famille. En tant que ministre de tutelle de monsieur Bas, j'ai été bien évidemment amené à donner des orientations et des impulsions, en lien avec les membres de mon cabinet, sur ce type d'activités à une époque où il existait un manque criant de places. Je rappellerai simplement que selon les prévisions de l'époque, alors que le nombre de personnes de plus de 85 ans était resté stable entre 1995 et 2005, en raison du déficit de naissances lié à la Première Guerre mondiale, ce nombre devait quasiment doubler dans les dix prochaines années, passant de 1 100 000 personnes en 2005 à 1 900 000 en 2015. C'est d'ailleurs ces prévisions qui ont donné lieu au plan "Solidarité grand âge" présenté en 2006. L'objectif de ce plan était de créer 93 000 places nouvelles dans les Ehpad, les Ssiad. Je vous joins à cet effet les liens vers 2 rapports qui viennent illustrer mes propos :

https://www.cnsa.fr/documentation/version_def_chiffrescles2010_24-9.pdf

https://www.cnsa.fr/documentation/plan_solidarite_grand_age_2008.pdf

« Si j'ai déjà rencontré monsieur Jean-Claude Marian, comme je rencontrais à cette époque de nombreux acteurs du monde de la santé et du monde médico-social, il n'est pas un ami et je n'entretiens aucune relation spéciale avec lui.

« Vous utilisez à de nombreuses reprises dans vos questions le terme d'"aide" qui aurait pu être apportée au groupe Orpea. Il n'est pas question d'aider qui que ce soit, mais de faire en sorte que les projets présentés aboutissent dans le strict respect des procédures et en lien étroit avec les élus et les collectivités territoriales, notamment départementales pour la question du financement.

« Ce que vous appelez "liste du Ministre" n'était qu'un simple processus mis en place avec la CNSA destiné à relayer les demandes des élus que reçoit tout ministre et destiné à financer des places dans un Ehpad ou à boucler un budget de construction, jamais de financer intégralement un établissement, ce qui aurait été impossible sans les contreparties des collectivités, en particulier des départements.

« [...] »

Voici ce qu'on pourrait appeler une réponse de Normand. Ou plus précisément, en l'occurrence, de Picard. M. Bertrand débute en expliquant que, à l'époque où il fut ministre de la Santé, il manquait un nombre criant de places en Ehpad et qu'il y avait donc urgence à en créer. Il raconte ensuite qu'il a rencontré le docteur Jean-Claude Marian, comme d'autres responsables du monde médico-social. Il ne réfute pas avoir soutenu des projets présentés par le groupe Orpéa, mais affirme que cela s'est fait dans le strict respect des procédures.

Il ne répond précisément à aucune question : par quels biais a-t-il été sollicité ? À la demande d'élus issus de la majorité et proches du groupe Orpéa ? Par l'intermédiaire d'apporteurs d'affaires ou directement par le fondateur d'Orpéa au cours de déjeuners privés ? De quelle manière est-il intervenu ? En contactant des directeurs d'ARS ou des présidents de conseil départemental ? En intervenant sur les arrêtés de classement de futurs établissements à financer ? En utilisant la « liste du Ministre » évoquée par Roselyne Bachelot ? Et quid des accusations formulées par l'ancienne ministre de la Santé concernant le plan « Hôpital santé 2012 » ? Ces réponses nous permettraient de savoir si, oui ou non, l'ancien ministre de la Santé a eu des relations privilégiées avec le leader mondial de la dépendance, comme le défend l'un des anciens hauts cadres dirigeants du groupe Orpéa. Elles nous permettraient également de savoir si celui qui rêvait de devenir le prochain président de la République a « pourri » le plan « Hôpital santé 2012 », comme me l'a affirmé sa successeure, Roselyne Bachelot.

Afin d'aller au bout de mon travail d'enquête, je formulai alors à son intention une nouvelle série de questions, lui donnai un délai supplémentaire de deux semaines pour répondre afin de donner toute sa place au contradictoire, lui proposai de nouveau une rencontre et lui demandai une nouvelle fois s'il serait d'accord pour que je consulte les fameuses « listes du ministre » rédigées à son époque. Je ne reçus aucune réponse à ce dernier mail.

CHAPITRE 36

L'AISNE, RAMPE DE LANCEMENT D'ORPÉA

D'après le témoignage de Patrick Métais, les relations entre Xavier Bertrand et le fondateur d'Orpéa pourraient remonter à très loin. Les deux hommes se seraient rencontrés pour la première fois dans le courant des années 1990. C'est le « boss » d'Orpéa, Jean-Claude Marian lui-même, qui fera le récit de cette rencontre auprès de sa garde rapprochée.

Nous sommes dans un restaurant gastronomique du 7e arrondissement de Paris, à la fin des années 2000. Le docteur Marian a privatisé une salle au premier étage avec vue sur la tour Eiffel pour accueillir ses fidèles lieutenants. Patrick Métais a la chance de compter parmi les rares invités. Les plats s'enchaînent, le vin coule à flots, les langues se délient. Et le docteur Marian, pourtant habituellement peu disert, ne résiste pas au plaisir de raconter ses plus beaux faits d'armes. « Je me souviens parfaitement de ce dîner. C'était vraiment l'époque où j'avais l'impression d'appartenir à un club très fermé, débute Patrick Métais. J'étais invité aux séminaires d'hiver, qui n'acceptaient qu'une petite quinzaine de personnes. On allait dans les plus belles stations : Courchevel, Megève, Gstaad... On nous logeait dans les plus beaux hôtels et on nous régalait pendant une semaine. Et puis Marian organisait également, de temps en temps, ces dîners en ville dans des restaurants très prisés. Dans mes souvenirs, nous étions six ou sept. Il y avait un cadre du groupe qui s'opposait à moi sur un projet de clinique en Corse. » Sont présents également Jean-Claude Brdenk et d'autres cadres dirigeants d'Orpéa. Et puis... « C'est entre la poire et le fromage que le sujet Xavier Bertrand est arrivé sur la table, poursuit Métais. Marian a parlé de ses premiers Ehpad, du développement du groupe dans le département de l'Aisne, et a évoqué sa rencontre avec ce tout jeune politique qui, à l'époque, n'était même pas député. Et à un moment, Marian a dit : "Je lui ai payé les plantes vertes qu'il avait dans sa salle d'attente." Rien d'illégal en soi, mais une bonne intuition. Brdenk a répliqué : "Si j'ai bonne mémoire, monsieur Marian, vous n'avez pas payé que les plantes vertes !" avec un sourire en coin, l'air de dire : "Vous avez eu du nez !" Puis Marian a répondu : "Tout à fait ! Si on n'avait pas été là, il n'aurait jamais pu aller plus loin." Marian et Brdenk nous confessaient qu'ils avaient aidé financièrement ce tout jeune politique. » Et Patrick Métais souligne : « Ce que je peux vous dire, c'est qu'ils ont obtenu un nombre important d'Ehpad dans l'Aisne. »

Si le groupe Orpéa a officiellement ouvert sa première maison de retraite en Charente-Maritime en 1989, son premier gros coup, qui va véritablement le faire changer de catégorie, s'est déroulé dans l'Aisne au début des années 1990. Le groupe, ne possédant alors qu'une petite dizaine d'établissements dans toute la France, va obtenir, en quelques mois, la gestion de sept Ehpad dans le département d'élection de Bertrand : à Saint-Quentin, Soissons, Fère-en-Tardenois, Château-Thierry, Beaurevoir, Hirson et Tergnier. Des établissements qui ont tous ouverts dans le courant des années 1990.

L'apporteur d'affaires d'Orpéa dans le nord de la France, l'incontournable Jean-François Rémy, avec qui je me suis entretenu à plusieurs reprises, me confirmera avoir été au courant des liens étroits qui existeraient entre le groupe et l'ancien ministre de la Santé. « Je savais qu'ils étaient très très bien avec Xavier Bertrand, certifie-t-il. Quand vous reprenez le nombre d'Ehpad et de cliniques qu'ils ont obtenus dans le département de l'Aisne, dans le 02, où Bertrand a fait sa carrière politique... Tout le monde le savait et tout le monde le disait. »

Une ancienne directrice d'Ehpad dans l'Aisne, salariée du groupe pendant une dizaine d'années, me confirmera avoir été témoin de la relation privilégiée que le groupe aurait entretenue avec Xavier Bertrand, cet enfant du pays qui a gravi, durant cette période, tous les échelons de la politique locale. D'abord militant RPR en 1982, il se fait repérer par Jacques Braconnier, sénateur de l'Aisne et maire de Saint-Quentin, qui lui donne des responsabilités à la mairie dès 1986 et le choisit comme assistant parlementaire un an plus tard. Xavier Bertrand devient ensuite conseiller municipal d'opposition de 1989 à 1995, adjoint au maire à partir de 1995, député, puis maire de Saint-Quentin entre 2002 et 2016 et président du conseil régional depuis 2016. « Je sais que Xavier Bertrand était adoré par notre directrice régionale. Elle parlait tout le temps de lui et l'accueillait en grande pompe. Et puis, je me souviens que lorsqu'on a inauguré la nouvelle résidence Orpéa de Saint-Quentin, la résidence *Quentin de La Tour*, Xavier Bertrand avait été accueilli comme le messie. Tous les officiels du groupe avaient fait le déplacement pour cette inauguration : Marian, Brdenk... Et on sentait que Bertrand était très proche d'eux. »

Les autorisations obtenues par Orpéa dans l'Aisne soulèvent des interrogations. Au-delà même de la question du nombre d'Ehpad qu'Orpéa a réussi à y obtenir en si peu de temps, ce sont les modalités de ces obtentions d'autorisation qui interrogent. Je me suis rendu de nombreuses fois dans ce département entre 2019 et 2021. J'ai visité chacune des villes où Orpéa a obtenu un Ehpad. Je suis allé sonner aux portes des mairies. J'ai demandé l'aide des archivistes. J'ai discuté avec nombre d'élus locaux, notamment l'ancien maire de Saint-Quentin (1995-2010), Pierre André. J'ai consulté les archives du département, à Laon, pendant des heures, réclamant qu'on ressorte des dizaines de bulletins officiels. J'ai réussi à retrouver la trace de la plupart des anciennes directrices d'Ehpad Orpéa. J'ai écumé le département de long en large et j'ai pu mettre au jour de nombreuses anomalies.

À une époque où le conseil général de l'Aisne refusait de nombreux projets de maisons de retraite et fermait beaucoup d'établissements existants, il a donné coup sur coup sept autorisations aux dirigeants d'Orpéa, dont trois le même jour, ce qui est tout à fait inhabituel. Ces demandes d'autorisation ont été formulées la plupart du temps non pas par Orpéa, mais par des associations ; en l'occurrence Agefrance et Médik' home. Ces deux entités n'avaient d'association que le nom et appartenaient déjà à l'ancêtre d'Orpéa, la société Serpaso. Plus surprenant encore, la plupart de ces établissements ont un curieux point commun : ils ont été financés et soutenus par la société HLM de Saint-Quentin, la Maison du CIL, un office particulièrement influent dans le département, réputé selon l'aveu même de l'ancien maire de Saint-Quentin, Pierre André, pour sa proximité avec de nombreux politiques locaux. Les maires des villes concernées n'ont pas eu leur mot à dire dans ces octrois d'autorisation de création de maison de retraite. Tout ou presque s'est joué à Saint-Quentin. Pour résumer : Orpéa a réussi à obtenir dans l'Aisne, au début des années 1990, sept Ehpad coup sur coup, dont une bonne partie a été financée par un office HLM. Pour le groupe, c'était une affaire en or. Non seulement l'autorisation est gratuite, mais, dans ce cas-là, ils n'ont pas eu à financer la construction de ces nouveaux Ehpad et, surtout, ils ont pu bénéficier de loyers très avantageux au tarif HLM. Que demander de plus ?

Aussitôt après avoir fait ces découvertes, je me suis demandé dans quelle mesure ces reprises étaient réglementaires. En effet, lorsqu'une société HLM, qui bénéficie par nature d'un certain nombre de subventions publiques, décide de financer un Ehpad et donc d'instaurer un loyer modéré, elle le fait pour que le gestionnaire de l'établissement – en général une association – puisse proposer les tarifs les plus bas possible et ouvrir une maison de retraite accessible à tous et notamment aux plus pauvres. Mais comment justifier qu'un gestionnaire privé, dont la première visée est le profit, puisse, lui aussi, bénéficier d'un loyer modéré ? De réponse satisfaisante, je n'en obtiendrai pas du côté du premier concerné : la Maison du CIL. La société HLM de Saint-Quentin a fusionné en 2018 avec un autre office, Logivam, pour devenir le groupe Clésence. J'ai contacté son service de presse en mars 2020, mais je n'ai rien obtenu de leur part. Dans un premier mail, le groupe m'a indiqué ne pas pouvoir apporter une suite favorable à ma demande, ne disposant plus des informations datant des années 1990. J'ai donc listé un certain nombre de questions d'ordre plus général dans ma seconde demande :

« Est-il fréquent que la Maison du CIL construise des Ehpad dont la gestion est ensuite confiée à des groupes privés ? »

« Y a-t-il, selon vous, un problème à ce que des Ehpad financés par un office HLM soient repris par un groupe privé ? »

« Est-ce qu'Orpéa a ensuite racheté ces établissements ou sont-ils toujours locataires auprès de la Maison du CIL ? »

La (non-)réponse de Clésence a été on ne peut plus claire : « Clésence ne souhaite pas donner suite à cette demande. Pour ce sujet, nous vous invitons à prendre contact directement avec le service communication d'Orpéa. » Dans le même temps, j'ai également commencé à contacter les mairies des différentes villes de l'Aisne dans lesquelles ces Ehpad sont situés, ainsi que des figures politiques de l'époque. Des démarches dont a été informé dans la seconde Orpéa et qui auraient fait paniquer les dirigeants du groupe, semble-t-il.

C'est à ce moment, en plein début de l'épidémie de Covid-19, que le groupe va tenter de me dissuader d'aller au bout de mes investigations. À peine deux jours après le début du confinement, le 18 mars, je reçois un drôle de mail de la part de la directrice de la communication du groupe, Brigitte Cachon, qui avait déjà pris, quelques mois plus tôt, un malin plaisir à dénigrer mon travail. Le voici, intégralement retranscrit :

« Monsieur Castanet,

« Nous recevons régulièrement depuis désormais un an des retours de tous ordres faisant état d'une enquête que vous menez, visiblement à charge, à l'encontre de notre Groupe en utilisant des méthodes relevant de l'intimidation ; par exemple en menaçant de dénoncer les personnes qui ne souhaitent pas vous répondre. Vous avez tenté de faire pression sur des salariés qui ont quitté notre Groupe ou changé de fonction depuis parfois plus de 8 ans, ou encore auprès de médecins, personnels de soin, directeurs d'établissements en France et à l'étranger ainsi que de certaines autorités de tutelle.

« Nous vous avons à plusieurs reprises, par mail et oralement, proposé de vous rencontrer pour répondre à vos questions et engager les échanges. Sans succès puisque vous n'avez jamais accepté ce dialogue. Ce refus signe une volonté de nuire, contraire aux règles de déontologie journalistique.

« Vous vous obstinez encore ces derniers jours à contacter des personnes qui s'étonnent de votre démarche jusqu'à des sollicitations auprès de maires pour vérifier que nous obtenons des permis de construire pour nos établissements… D'autant plus dans une période où tout le monde – nos équipes, nos dirigeants, mais aussi les acteurs de santé et jusqu'au plus haut sommet de l'État – est engagé pour gagner une bataille. Non pas celle contre une investigation à charge, mais celle qui mobilise tous les talents, tout le courage, tout le dévouement que nous déployons pour protéger les plus fragiles contre l'épidémie de Covid.

« Une nouvelle fois, nous nous interrogeons sur ce qui anime vos recherches, et sur votre attitude systématique de dénigrement et de refus de tout dialogue quitte à détourner l'attention de dizaines de personnes d'un combat autrement plus important pour la santé des plus fragiles. »

Au-delà des accusations mensongères du groupe concernant mes méthodes, Orpéa souhaiterait-il voir, le temps de la crise sanitaire, tous les journalistes s'arrêter de travailler, notamment sur des sujets touchant à la santé et aux Ehpad ? C'est précisément durant ces périodes de crise que notre travail prend tout son sens. Les journalistes sont là pour remonter des alertes du personnel soignant, du monde médical, pour faire état de situations à risques, pour enquêter sur des dysfonctionnements au sein de l'appareil étatique ou dans le secteur privé. Pour informer, tout simplement.

Je ne manquerai pas de répondre à ce mail et de leur faire part de mon indignation.

CHAPITRE 37
UN COVID EN OR MASSIF

Nous étions au tout début de la crise du Covid-19, qui allait être particulièrement meurtrière pour les pensionnaires d'Ehpad (plus de 30 000 morts selon les données de Santé publique France). Le groupe savait que le secteur serait particulièrement scruté par les médias et il ne voulait clairement pas que je fouille plus profondément.

J'ai bien évidemment continué mon travail d'investigation et tenté d'obtenir des informations sur la manière dont le numéro un mondial de la dépendance a géré cette crise planétaire. Rappelons que cette pandémie est survenue de manière extrêmement brutale, personne n'était préparé à un tel tsunami, il est donc tout à fait compréhensible que des gestionnaires d'Ehpad aient mis un certain temps à s'adapter à cette nouvelle donne. Au surplus, il est souvent extrêmement difficile, lors de la survenue de cas d'infection ou de décès dans un Ehpad, de définir des responsabilités claires. Bien souvent, notamment au cours du premier confinement, les gestionnaires d'Ehpad (publics ou privés) ont manqué de tout : de masques, de gants, de blouses. L'État ne leur donnait pas les moyens d'assurer une prise en charge optimale de leurs résidents et délivrait des consignes parfois intenables.

Des directeurs d'Ehpad extérieurs au groupe Orpéa me contacteront presque quotidiennement durant cette période pour me faire part de leur détresse. L'un d'entre eux m'expliqua le dilemme moral auquel on l'obligeait à faire face : comme l'État manquait de tests, il n'avait le droit de réaliser que deux à trois dépistages pour toute sa résidence. Que devait-il faire ensuite des autres pensionnaires présentant des symptômes ? Soit il les confinait dans « l'aile Covid » de son bâtiment en prenant le risque de les contaminer, alors même qu'ils n'étaient peut-être pas positifs. Soit il les laissait dans l'aile saine en prenant le risque qu'ils contaminent les résidents non porteurs s'ils se révélaient positifs…

D'autres directeurs me raconteront que le SAMU, submergé d'appels, refusait parfois d'intervenir pour porter secours aux résidents les plus âgés présentant des signes de détresse respiratoire. Combien de directeurs d'Ehpad se sont sentis abandonnés par l'administration ? Les agences régionales de santé ont bien souvent manqué de clarté, de cohérence, voire d'humanité. L'appareil administratif français s'est mis en branle avec sa lourdeur habituelle et a passé beaucoup de temps à tenter de rattraper son retard.

Des situations chaotiques, des drames, beaucoup de gestionnaires d'Ehpad en ont connu. Le groupe Korian, numéro un français, a été particulièrement montré du doigt. Un certain nombre de ses Ehpad ont connu une surmortalité effrayante.

Au sein de la résidence *La Riviera* notamment, située dans les Alpes-Maritimes, 40 des 109 pensionnaires sont morts du Covid-19 en l'espace de deux semaines seulement. Au niveau national, le groupe Korian annonçait à la fin du premier confinement près de 700 décès dans ses 308 établissements français. Plusieurs familles de victimes ont d'ailleurs décidé de porter plainte contre le groupe pour « homicide involontaire », « mise en danger de la vie d'autrui » ou encore « non-assistance à personne en danger ». Elles reprochent à Korian des négligences au niveau de la communication, de la mise en place des gestes barrières, de la mise à disposition du matériel de protection ou encore de la réalisation des tests de dépistage. Des enquêtes sont en cours et le groupe Korian se défend de toute négligence.

Le groupe Orpéa s'est, lui, félicité à plusieurs reprises d'avoir été peu touché par la pandémie du Covid-19. Les dirigeants de l'entreprise ont activement communiqué sur le sujet afin de rassurer les marchés et de contenir les effets de cette crise sur la valorisation du titre. Des titres comme celui de Korian ont pu dévisser de près de 40 % en quelques semaines en raison de la pandémie. L'heure est donc à la communication : dans une interview donnée aux *Échos* en avril 2020, Jean-Claude Brdenk, le directeur général délégué en charge de l'exploitation d'Orpéa, affirmera que, sur les 80 000 résidents du groupe au niveau mondial, seuls 0,5 % avaient été testés positifs au Covid-19, et que le nombre de décès était similaire à celui de la même période en 2019. Il expliquera également que son groupe, habitué à la gestion des pandémies, avait pu anticiper la crise et mettre en place de nombreux protocoles pour assurer la sécurité de ses pensionnaires.

De fait, Orpéa a eu un coup d'avance sur les autres gestionnaires d'Ehpad et même sur l'État, s'agissant de la gestion de la crise du Covid-19. La raison est simple : le groupe possède depuis 2016 un établissement en Chine, dans la ville de Nanjing plus précisément. Pour l'anecdote, Orpéa a été la toute première entreprise étrangère du secteur à réussir l'exploit d'obtenir une licence d'exploitation d'Ehpad dans ce pays. L'État français n'a pas manqué de soutenir l'implantation du groupe. En janvier 2018, par exemple, lors de sa toute première visite présidentielle en Chine, Emmanuel Macron est venu accompagné d'une cinquantaine de chefs d'entreprise français, dont Yves Le Masne, le DG d'Orpéa. Pour le groupe, la Chine est un marché aux potentialités infinies. Dans sa résidence de Nanjing, par exemple, il propose des chambres à plus de 2 600 euros – une somme colossale pour le pays – et parvient à séduire une clientèle aisée. Mais au-delà de l'aspect financier, l'Ehpad de Nanjing, situé à quelques centaines de kilomètres de la ville de Wuhan où tout a commencé, a permis à Orpéa d'être informé précisément des dangers du Covid-19 bien avant tout le monde. Orpéa a pu rapidement prendre conscience de l'ampleur de la pandémie, activer une cellule de crise et mettre en place des mesures de protection efficaces. En France, le groupe a notamment décidé d'interdire les visites de famille dans ses établissements dès le 26 février, avant même que les agences régionales de santé n'édictent cette consigne.

Le groupe a également bénéficié d'un autre avantage de taille : sa relation privilégiée avec ses fournisseurs de dispositifs médicaux, notamment Bastide. Comme nous le savons, Orpéa est son plus gros client et celui avec lequel il a noué les relations les plus étroites. Et cette relation offre quelques privilèges en période de crise... On comprend mieux alors qu'Orpéa se soit vanté à de nombreuses reprises de disposer d'un stock de matériel de protection suffisant.

Toutefois, le groupe a beau répéter qu'il a tout mis en œuvre pour lutter contre la pandémie et qu'en définitive il a été très peu touché, la réalité serait, encore une fois, différente. Malgré toutes ces précautions et les stocks dont disposait Orpéa, on m'a remonté durant cette longue crise un certain nombre de dysfonctionnements inquiétants. Les élus CGT ont dû plusieurs fois user de leurs prérogatives en déposant des droits d'alerte au CSE (comité social et économique) du groupe, présidé par la DRH France, pour faire état de dangers graves et imminents en matière de santé publique. Les délégués syndicaux se sont plaints d'un manque important de masques FFP2, de tabliers jetables et de surblouses dans plusieurs Ehpad Orpéa, notamment aux *Terrasses de Mozart* à Paris, à la *Résidence Klarène*, située en Seine-et-Marne, ou encore aux *Bords de Seine*, la luxueuse résidence de Neuilly-sur-Seine, point de départ de ce livre. Ils ont également dénoncé une désorganisation et une dégradation des conditions de travail des employés du groupe. Las, ces droits d'alerte émis par la CGT ont tous été rejetés par le CSE d'Orpéa. Pour quelles raisons ? Grâce à la politique sociale du groupe évoquée précédemment, le CSE d'Orpéa est majoritairement constitué du syndicat maison Arc-en-ciel et de l'UNSA. Le groupe a donc peu à craindre de ses élus.

Orpéa est passé maître dans le contrôle de l'information. Et c'est un atout de taille en période de crise. Au-delà de ces alertes émises dans le vide, la CGT s'est plainte de ne pas avoir accès aux chiffres des contaminations au Covid-19 chez les employés et les pensionnaires du groupe. Guillaume Gobet, délégué syndical CGT, ancien cuisinier du groupe, a bien insisté auprès du CSE pour avoir accès à ces informations, en vain : « Ils ont refusé de nous donner le nombre de décès dans le groupe et le nombre de soignants touchés. Le groupe a décidé de tout verrouiller. Ils ne nous transmettent aucune info. » Il n'y a que dans les résidences où la CGT a des élus de proximité qu'elle a pu faire un décompte informel des personnes contaminées par le virus. Pour le reste, les élus CGT se posent tous la même question : est-ce qu'Orpéa a remonté fidèlement tous les cas de contamination aux autorités ?

Impossible à dire. Impossible à vérifier. Les autorités, en premier lieu les agences régionales de santé, n'ont, la plupart du temps, fait qu'enregistrer les déclarations des gestionnaires d'Ehpad, sans contrôler leur véracité. De plus, notamment lors du premier confinement, de très nombreux pensionnaires présentant des symptômes n'ont pu être testés. Il n'est donc pas certain qu'ils aient été répertoriés comme victimes du Covid-19. Tout dépend de la politique des groupes. *Le Monde* a publié un reportage instructif sur le sujet, fin avril 2020, titré « Les morts, les familles et le mur du silence ». Le journal décrit les stratégies de communication des gestionnaires d'Ehpad. Les journalistes ont contacté Orpéa pour connaître la réalité de ses chiffres. Le groupe a répondu qu'il dénombrait, à cette époque, 420 décès sur l'ensemble de la France, soit 1,5 % de ses résidents. Mais ces chiffres généraux cachent des situations locales tragiques que le groupe n'a pas détaillées. On pourrait notamment parler de la situation dramatique qu'a vécue l'Ehpad *La Résidence du Parc* située en Indre-et-Loire, où 9 pensionnaires sont décédés en quelques semaines. Plus grave encore : le quotidien espagnol *El País* a relaté l'état de chaos qui régnait dans l'une des résidences Orpéa de Madrid, au début de la crise. Le 26 mars 2020, l'Ehpad comptait 22 décès, un quart de ses salariés avaient déserté, et les résidents se plaignaient d'être livrés totalement à eux-mêmes. L'un d'eux, âgé de 89 ans, a même préféré s'enfuir de la maison de retraite avec l'aide de sa fille pour avoir une chance de vivre. Au-delà du drame, ce qui est particulièrement inquiétant, ce sont les réponses qu'a formulées le porte-parole d'Orpéa en Espagne lorsque le journaliste d'*El País* l'a interrogé : il expliquait que, sur les 22 décès enregistrés en quelques semaines, seul le premier avait été enregistré comme un cas confirmé de Covid-19. Les onze suivants ont présenté des symptômes du virus, mais n'ont pas pu être testés. Et les dix autres cas seraient, selon lui, des morts naturelles. Un cas confirmé sur 22 morts, c'est pour le moins problématique… Sachant qu'en moyenne un Ehpad comptabilise entre une et trois morts naturelles par mois.

Durant la crise du Covid-19, je recevrai également des alertes concernant notre chère résidence des *Bords de Seine*. La fille d'une pensionnaire, Mme Karsaklian, me parlera d'une série de faits assez étonnants : sa mère, qui présentait des symptômes du Covid-19, aurait été, début avril 2020, brutalement sortie des *Bords de Seine* et installée dans une clinique du groupe, sans même que la résidence l'en informe et lui demande son accord. Certains employés suspectent que cette méthode permet au groupe de minimiser l'impact de la pandémie en installant des personnes touchées dans d'autres structures. Elle y restera finalement un mois avant de retourner, le 3 mai, aux *Bords de Seine*. Et à la date de notre appel, le 19 mai 2020, sa fille n'avait quasiment aucune nouvelle : « Moi, aujourd'hui, j'imagine que ma mère est encore en vie. Mais je n'en suis pas certaine, me confiera cette femme, dépitée. Je ne peux pas lui rendre visite. J'appelle tous les jours sa chambre, mais ça ne répond pas. Et personne n'est capable de me donner des nouvelles de son état de santé. »

Cette crise a révélé, une fois de plus, le cynisme dont peuvent faire preuve Orpéa et ses dirigeants. Cet empire qui, il faut le rappeler, réalise un chiffre d'affaires de près de quatre milliards d'euros et possède plus de 900 millions d'euros de trésorerie. Cet empire qui roule sur l'or gris depuis plus de trente ans et, on l'a vu, a réalisé une partie de sa fortune grâce à l'argent public. Cet empire, pourtant, a été jusqu'à faire appel à la solidarité des Français pour faire face à la pandémie. Dans un tweet sidérant, Orpéa va notamment remercier l'association Over The Blues de lui avoir fourni plusieurs centaines de blouses faites à la main : « Couturiers et couturières, livreurs, donateurs de tissus, de nombreux acteurs se sont mobilisés pour venir en aide aux personnels de soins en confectionnant des blouses. Nous avons reçu les 100 premières, toujours accompagnées d'un dessin et d'un petit mot. Nous en attendons encore 1 500 ! Merci à eux et n'hésitez pas à les soutenir ! » Les associations, pleines de bonnes intentions, pensaient aider de petites résidences en difficulté. En réalité, elles servaient l'image d'un empire international qui ne s'est jamais aussi bien porté et affiche des résultats records : un milliard d'euros sur un seul trimestre ! Pas sûr qu'il ait besoin qu'on lui offre des blouses...

L'empire Orpéa est allé encore plus loin en laissant certains de ses directeurs d'Ehpad lancer des appels au bénévolat. En Belgique, par exemple, j'ai découvert que la résidence *Closière Cornet* avait demandé, sur les réseaux sociaux, l'aide de volontaires pour pallier le manque de personnel qui touchait l'Ehpad. Un appel qui, on pouvait le deviner, a débouché sur une polémique : certains internautes ne comprenant pas comment un si grand groupe osait solliciter des bénévoles. La directrice de l'établissement s'est alors défendue en expliquant que les volontaires en question n'étaient pas prévus pour remplacer du personnel manquant, mais pour réaliser des tâches simples, comme encadrer les appels vidéo des pensionnaires, une manière de décharger les équipes en place. Sauf que c'est faux : j'ai réussi à retrouver l'annonce déposée par la résidence sur Internet. Il est indiqué que l'Ehpad recherche des « personnes ayant un peu de temps à offrir pour [...] l'aide au repas, l'entretien, des tâches d'aide-soignant, l'animation ou encore la distribution de médicaments ». Au total, une dizaine de volontaires sont venus grossir les rangs du personnel de la résidence, gratuitement ! Le Covid-19 a parfois très bon dos...

Pendant que le groupe faisait appel à la solidarité et à l'engagement sans faille de son personnel, constitué de dizaines de milliers de collaborateurs, médecins, soignants, infirmiers, psychologues et autres, au sommet d'Orpéa, les dirigeants mettaient, eux, discrètement les voiles. Au revoir le légendaire trio Marian, Le Masne, Brdenk !

En pleine tempête du Covid-19, deux des trois principaux dirigeants vont choisir, brutalement, de quitter le navire Orpéa. Le premier à avoir franchi le cap est le fondateur du groupe, Jean-Claude Marian. Le docteur s'était déjà éloigné de son joyau quelques années plus tôt : en 2017, à 78 ans, il avait décidé de quitter la présidence du groupe pour se consacrer à sa vie privée. Mais, cette fois, celui qui reste toujours président d'honneur a décidé de franchir une nouvelle étape. Jean-Claude Marian a vendu le 21 janvier 2020 la totalité du solde de ses actions, soit 6,3 % du groupe, et empoché par la même occasion de quoi mettre sa famille à l'abri pendant plusieurs siècles : 456 millions d'euros !

Le Canard enchaîné ne manquera pas d'en faire un article quelques jours plus tard – « Un jackpot en Orpéa massif » –, dans lequel il s'étonnera, tout comme moi, de la date de cette vente, réalisée quelques jours seulement avant que le titre ne s'effondre. *Le Canard enchaîné* demandera également des explications au groupe et c'est Image 7, la célèbre entreprise de communication d'Anne

Méaux, qui se chargera de la réponse. Cette dernière, réputée pour ses clients politiques, notamment François Fillon, habituée aux situations de crise, expliquera au journal que tout cela relevait d'un pur hasard de calendrier et que cette vente était programmée depuis des mois. Ce qui est tout de même très surprenant, et que *Le Canard* ne mentionne pas dans son article, c'est que le 21 janvier 2020 très précisément, la veille de l'annonce de la vente, la direction d'Orpéa, prenant acte des dangers du Covid-19, a réuni une cellule de crise pour mettre en place des mesures de surveillance et de prévention. De manière évidente, le docteur Marian, qui était encore président d'honneur du groupe, a été informé de l'ampleur de la pandémie les jours précédant la vente de la totalité de ses actions.

Quelques mois plus tard, c'est le numéro deux du groupe, l'incontournable Jean-Claude Brdenk, qui décide d'emboîter le pas au fondateur et de quitter le groupe après y avoir travaillé plus de vingt-trois ans. Officiellement, son poste de directeur général en charge de l'exploitation n'avait plus de sens du fait de l'internationalisation d'Orpéa. Il se pourrait aussi que la crise que traverse le groupe l'ait fragilisé. Des plaintes de familles et de personnels liées à la pandémie de Covid-19 pourraient mettre en lumière de possibles dérives d'Orpéa, imputables à l'ancien *cost-killer*. En Espagne par exemple, les témoignages reçus par le quotidien *El País* concernant la résidence de Madrid évoquent des faits graves. Plusieurs employés ont affirmé au journal que le groupe aurait dissimulé des morts liés au Covid-19, qu'on ne leur fournissait pas assez de gants et de masques pour se protéger et que le groupe les avait obligés à se taire en les menaçant. Le quotidien espagnol va d'ailleurs publier une photo d'un cri d'alerte d'une aide-soignante rédigé au feutre noir sur un couloir de la résidence : « LES MORTS ET LES PERSONNES CONTAMINÉES SONT BEAUCOUP PLUS NOMBREUX ! AIDEZ-NOUS ! COVID-19 ». Des enquêtes sont actuellement en cours, qui pourraient déboucher sur des procès dans les années à venir.

Jean-Claude Brdenk décide donc de quitter le navire Orpéa à un moment particulièrement opportun. Mais l'ancien DGE ne va pas dire au revoir au secteur pour autant. Préparant son départ depuis déjà plusieurs mois, M. Brdenk s'est fait élire en mai 2020 vice-président du Synerpa, le premier syndicat des maisons de retraite privées. Il pourra donc continuer à influer sur le secteur de la dépendance et à collaborer avec le groupe Orpéa. Les journaux spécialisés lui prédisent d'ailleurs tous un bel avenir et affirment qu'il pourrait devenir l'un des consultants les plus demandés de la place de Paris.

CHAPITRE 38
L'ENQUÊTE QUI VALAIT 15 MILLIONS

Mon enquête est terminée.

Trois ans et demi de travail qui touchent à leur terme. Je n'aurais jamais pensé, en débutant mes investigations début 2019 sur les conseils du cadre infirmier Laurent Garcia, que cela prendrait une telle ampleur. J'étais parti pour faire état de cas de maltraitance dans un Ehpad luxueux de Neuilly-sur-Seine, *Les Bords de Seine*. Je pensais, assez classiquement, révéler des dysfonctionnements au niveau de la gestion du personnel, souligner la solitude des pensionnaires, le manque de moyens, la qualité laissant à désirer des repas, l'indigence des activités proposées aux résidents. Je pensais, somme toute, faire le constat amer mais classique des insuffisances du secteur. Je me suis finalement retrouvé à décortiquer strate après strate un système financier extrêmement sophistiqué, pensé au plus haut niveau, d'un empire devenu international, où tout paraît permis pour faire le plus grand profit !

J'ai découvert, incrédule, qu'Orpéa avait réussi le tour de force d'industrialiser le secteur de la dépendance, pourtant peuplé de corps, de chairs, de regards, de peaux, de bruits et de vies. Des dizaines de milliers d'hommes et de femmes ont été transformés en simples produits de consommation ; les personnes âgées, réduites à des chiffres ; les politiques de santé du groupe, à des équations budgétaires.

Chez Orpéa, les chiffres dominent et dirigent tout. Les comptables ont pris le pouvoir il y a une vingtaine d'années et pilotent désormais la vie de dizaines de milliers de personnes âgées dépendantes et vulnérables depuis leur siège de Puteaux. Des applications décident, à la place des directeurs de site, de ce qui est nécessaire au bien-être des pensionnaires. Combien de soignants m'ont-ils avoué avoir perdu le goût de leur métier ? Combien de directeurs m'ont-ils confessé que, submergés de tâches administratives et comptables, ils n'avaient plus le temps de s'occuper de leurs résidents ?

Ce groupe, leader mondial de la dépendance, est parvenu, via cette gestion comptable et ses puissants logiciels internes, à réduire ses coûts jusqu'à l'os, n'hésitant pas à faire des économies même sur l'argent qui ne lui appartenait pas. J'ai découvert qu'Orpéa optimisait sa masse salariale de manière drastique en supprimant des postes de soignants pourtant financés par l'argent public. En réduisant ses effectifs et en faisant de manière très contestable appel à des vacataires, ce groupe a pris le risque de détériorer la prise en charge de ses pensionnaires et d'imposer un environnement de travail continuellement dégradé à ses collaborateurs. Orpéa se serait également permis de récupérer, au moins indirectement, une partie de l'argent public qui est alloué chaque année à ses centaines de résidences par le biais d'un système sophistiqué de remises de fin d'année (RFA) appliquées sur les produits de santé. Des pratiques qui auraient rapporté plus de 100 millions d'euros au groupe et mis en danger des dizaines de milliers de personnes dépendantes et vulnérables.

Ces hommes et ces femmes se sont retrouvés, au soir de leur vie, à manquer de produits de santé et de protections, à devoir rester dans leurs couches souillées pendant plusieurs heures, à voir leur dignité bafouée. Toute ma vie, je me souviendrai du témoignage de Saïda Boulahyane me racontant la détresse de M. Krief jetant, ivre de rage, sa couche pleine contre les murs, de celui de Mme Mitsinkidès pleurant la mort de sa mère, Françoise Dorin, touchée par une escarre au sacrum, et de tant d'autres victimes de cette politique de réduction des coûts.

Mme Rousselle*, qui avait décidé de porter le combat pour sa mère en justice, a eu gain de cause contre le groupe : non seulement elle a obtenu 60 000 euros de restitution de pension, mais surtout 15 000 euros de dommages et intérêts, en réparation des préjudices corporel et moral subis par sa mère aux *Bords de Seine*. Dans une décision du 5 février 2019, le TGI de Paris a condamné le groupe pour des faits de maltraitance : « Le manque d'attention et l'insuffisance d'accompagnement, le défaut de surveillance et la carence dans l'administration des soins d'hygiène, corporels et médicaux, [...] ont nécessairement occasionné à Mme Rousselle* des souffrances d'ordre psychologique et physique... » L'affaire a fragilisé Orpéa, qui a décidé de faire appel de cette décision. À l'heure où j'écris ces lignes, le jugement en appel n'a toujours pas été rendu.

Le Défenseur des droits, à l'époque Jacques Toubon, a quelques mois plus tard remis un rapport accablant sur la gestion des *Bords de Seine*, soulignant un grand nombre de manquements. Il conclut notamment que plusieurs résidents « ont fait l'objet d'atteintes à leurs droits fondamentaux en raison de leur perte d'autonomie et ont subi des agissements ayant pour effet de porter atteinte à leur dignité et de créer un environnement hostile, dégradant et humiliant, ce qui caractérise l'existence d'une discrimination... ». Peu importe la dureté de la condamnation. Rien de tout cela n'aura touché le grand public. Et Orpéa a pu continuer sa politique de réduction des coûts, comme auparavant.

Chaque fois que je pense à ces hommes et à ces femmes dont la fin de vie a été si inutilement douloureuse, je me souviens que ces économies réalisées sur le dos des pensionnaires, notamment via le système des RFA, auraient permis à Orpéa d'organiser chaque année des séminaires hors de prix où le champagne coulait à flots et où l'on s'assurait de la docilité de centaines de directeurs d'Ehpad en leur offrant les plus grandes stars du moment...

J'ai découvert que cette politique avait été pensée et mise en place depuis le sommet de cette entreprise et que le personnel soignant ne pouvait être comptable de cette maltraitance « institutionnelle ». Trois hommes ont été les piliers de ce « modèle » : le docteur Marian, le fondateur d'Orpéa, Yves Le Masne, l'ancien contrôleur de gestion devenu DG, et Jean-Claude Brdenk, le *cost-killer* du groupe. Chacun avec ses mots et ses méthodes, ils ont dirigé l'entreprise dans la même direction : Brdenk comparant ses pensionnaires à des baskets, Marian parlant de « parcage de vieux » pour définir la mission de sa société et Le Masne, le financier, ne réfléchissant qu'en matière d'Ebitdar et de croissance. Ce groupe qui défendit, un temps, un modèle presque familial est devenu en trente ans un empire international riche de plus d'un millier d'établissements situés dans 23 pays, en Europe, en Amérique ou encore en Asie. Il a perdu son âme et sa mission première en cours de route, cherchant à maximiser sans cesse les revenus que peut générer sa docile clientèle. Les personnes âgées sont devenues un prétexte et un moyen pour récolter de l'argent public, taxer des métiers connexes comme les laboratoires, les kinés et les coiffeurs, obtenir des bâtiments premium dans les zones les plus dynamiques de France et réaliser de gigantesques plus-values immobilières.

Je m'interroge lorsque je constate que notre système a pu laisser prospérer une telle entreprise pendant de si nombreuses années. Orpéa n'a pas « seulement » siphonné de l'argent public au détriment de ses pensionnaires, il a également utilisé des méthodes contestables pour contrôler son personnel. En prenant quotidiennement des libertés avec la législation du travail. En favorisant la mise en place d'un syndicat maison. Et plus encore en utilisant des « directeurs nettoyeurs » afin d'éliminer les éléments qu'il estimait gênants.

Cette politique de la purge a fait des dégâts considérables : combien d'anciens salariés ont sombré dans la dépression, ont dû recourir à des antidépresseurs ou faire des années de thérapie pour se remettre sur pied ? Certains seraient même allés jusqu'au suicide. Ce modèle a été, sans nul doute, dévastateur pour les pensionnaires du groupe, mais aussi pour les milliers d'aides-soignants, d'infirmiers, de médecins, de directeurs qui y ont participé.

Comment a-t-on pu laisser faire cela ? Qui est responsable ? Nous tous, d'une certaine manière, pour avoir trop longtemps détourné le regard. Mais, au-delà de cette responsabilité collective, c'est l'appareil étatique, le système de santé français qui doit être questionné et remis en cause. Les agences régionales de santé, censées être les garantes de l'uniformisation de la qualité des soins sur tout le territoire, ont failli. Elles ont échoué à s'assurer que l'argent public dont elles étaient responsables était utilisé à bon escient, au bénéfice unique des résidents d'Ehpad et de cliniques. Elles ont échoué à garantir le bien-être de nos aînés placés en maisons de retraite. L'État n'a, tout simplement, pas fait le poids face à un grand groupe privé comme Orpéa. Ses agents, ses inspecteurs n'ont eu ni les moyens suffisants ni les compétences nécessaires pour réaliser des contrôles efficaces des grands gestionnaires d'Ehpad. Ils ont été aveuglés pendant des décennies par des groupes tout à fait conscients de leur supériorité. Je me souviens de ce bon mot de Patrick Métais, l'ancien directeur médical de Clinéa, évoquant la qualité d'un de ces contrôleurs de l'État : « S'il avait été aussi compétent que moi, il bosserait pour Orpéa ! »

Et Orpéa aura su jouer, comme personne, de cette « supériorité » du privé sur le public et aussi de la porosité de la frontière qui sépare ces deux mondes. J'ai découvert que le sentiment d'impunité qui émanait du groupe et de ses principaux dirigeants depuis des décennies s'expliquait par les liens qu'il aurait noués avec de hautes figures de l'administration française et des hommes politiques de premier plan. Afin d'obtenir des autorisations, mais aussi pour s'assurer une forme de protection, la commission de développement d'Orpéa, présidée par le docteur Marian, aurait réussi à s'allier des hauts fonctionnaires, un préfet, et jusqu'à un ancien ministre de la Santé. Le docteur Marian était tellement sûr de sa puissance et des liens qui l'unissaient à Xavier Bertrand qu'il osait lancer en pleine commission : « J'appelle l'assureur ! »

Enfin, j'ai découvert que le système des autorisations, les montants des subventions allouées aux Ehpad et les dispositifs de défiscalisation ont fait du secteur de la dépendance français le plus profitable du monde. Ce n'est pas un hasard si les leaders internationaux du secteur sont tous français. Ce sont les seuls à avoir bénéficié d'un environnement économique si bienveillant. Ce n'est pas non plus un hasard si, dans le palmarès *Challenges* des 500 plus grosses fortunes françaises, on ne trouve pas moins d'une dizaine de patrons d'Ehpad. Jean-François Gobertier, le cofondateur de GDP Vendôme, était 259e du classement 2020 avec près de 350 millions d'euros. Yves Journel, le patron de DomusVi, est, lui, 120e avec une fortune évaluée à 750 millions d'euros. Claude Cheton, le patron du gestionnaire Emera, est classé 316e avec 280 millions d'euros. Quelques places plus haut, on trouve le créateur du groupe Colisée, Patrick Teycheney, avec un patrimoine de 300 millions d'euros.

En très bonne position figure aussi le président de Domidep, Dominique Pellé : 144e fortune française avec 600 millions d'euros. Pour parfaire le tableau, mentionnons également les familles Mennechet et Péculier qui contrôlent les groupes de maisons de retraite Les Opalines et Les Jardins d'Iroise : 331e place du classement avec une fortune évaluée à 270 millions d'euros.

En observant cette liste, on ne peut que s'interroger. Y a-t-il déjà eu dans l'histoire économique de notre pays un secteur ayant engendré autant de multimillionnaires en si peu de temps ? Il n'est pas inutile de se rappeler que ces milliards d'euros concentrés dans les mains de quelques hommes sont en partie issus de dizaines de milliers de pensions de petits retraités français ainsi que des généreuses subventions publiques. On entend souvent que le système français, contrairement au modèle anglo-saxon, multiplierait les obstacles aux grandes fortunes. C'est tout l'inverse qui s'est produit ici. L'État a déroulé le tapis rouge aux gestionnaires d'Ehpad.

Dans la liste de *Challenges* recensant les 500 plus grosses fortunes du pays, devinerez-vous qui est le grand absent du secteur des Ehpad ? Le fondateur d'Orpéa, le docteur Marian. Lui qui y était entré en 2001 a brutalement disparu en 2018. Non pas parce que sa fortune a fondu, bien au contraire : rappelez-vous qu'il a touché presque un demi-milliard d'euros lors de la revente de ses dernières actions en janvier 2020. Mais parce que cette fortune était sûrement de plus en plus difficile à évaluer. Personne ne sait précisément ce que le docteur Marian possède aujourd'hui. Il a quitté depuis longtemps la France, est devenu résident belge et a multiplié les investissements à travers le monde.

La puissance de cette fortune, je vais avoir l'occasion de m'en rendre compte lors d'un ultime rendez-vous avec un analyste financier que j'appellerai Jean de Renom*, en janvier 2020. Un homme aux multiples facettes, proche du fondateur d'Orpéa. Un homme qui m'aura notamment permis de décrypter les comptes du groupe en m'expliquant par exemple que l'une des forces d'Orpéa se trouve à la ligne des « immobilisations incorporelles » de son bilan. Un actif évalué à plus de 2,25 milliards d'euros, dont près de la moitié correspondrait aux licences que l'administration française a accordées au groupe ces trente dernières années. Un chiffre colossal qui nous permet de mieux comprendre la valeur des liens qu'Orpéa a pu nouer avec des figures des milieux politiques et administratifs... Alors que nous nous retrouvons dans un bar du 16e arrondissement, pour un ultime rendez-vous, cet analyste financier va commencer par me poser un certain nombre de questions concernant Jean-Claude Marian, avant de me faire une incroyable proposition. Je retranscris ici des extraits de cette conversation que j'ai pris soin d'enregistrer de bout en bout, comme je l'ai fait avec son accord lors de l'ensemble de nos précédents rendez-vous.

« Il va falloir que vous vous protégiez. Je pense que ça commence à se savoir. Marian, lui, il est au courant... Alors, comment vous allez faire ? Vous êtes suivi via votre portable, vous le savez ? »

Jean de Renom* semble de plus en plus pensif. Il s'agite sur sa chaise. Puis me fixe droit dans les yeux. « Et s'il vous file 15 millions d'euros ? Je dis ça comme ça. Ça peut être une solution. »

Je marque un silence, stupéfait. Puis je me mets à réfléchir à la réponse que je vais faire à cet analyste financier. Je ne veux ni le braquer, ni mettre le doigt dans un engrenage que je n'assumerai pas. « Il faudrait déjà que je le rencontre… Mais… C'est lui qui vous a demandé de me faire cette proposition ? »

Il botte en touche : « Oh, non, non, non ! C'est moi qui essaie d'arranger les choses. Si ça peut bénéficier aux uns et aux autres… Mais est-ce que Marian peut avoir la garantie que vous n'allez pas publier ? Il faudrait qu'on mette un avocat sur le coup… Enfin, on va trouver un accord. On va aller le voir. On va se mettre d'accord sur 15 millions et puis voilà ! »

Est-ce le fondateur d'Orpéa qui a transmis cette proposition insensée à cet analyste financier dont il est si proche ? Est-ce Jean de Renom* lui-même qui a eu cette idée afin de protéger son ami ? Je ne le saurai jamais. Ce que je sais en revanche, c'est que cette proposition ne m'est pas parvenue à un moment anodin. Elle a eu lieu dix jours après que Marian a vendu ses actions et pile au moment où on me transmettait des informations sur les liens d'Orpéa avec le département de l'Aisne et le ministre de la Santé, Xavier Bertrand.

Ce que je sais également, c'est qu'il a déjà été proposé à d'anciens salariés des sommes d'argent dans le cadre d'accords de confidentialité, notamment un ancien directeur d'Ehpad que j'ai eu l'occasion de rencontrer. Ce que je sais aussi, c'est que cet analyste financier a été en contact à plusieurs reprises avec le docteur Marian dans les semaines précédant notre rencontre ; j'ai eu l'occasion de lire des mails échangés entre les deux hommes.

Si j'avais dit oui, j'aurais peut-être eu la chance de me rendre en Belgique, à Bruxelles, pour rencontrer Marian. Le fondateur d'Orpéa y possède deux hôtels particuliers dont l'un est uniquement réservé à ses œuvres d'art. Jean de Renom*, qui s'y est rendu plusieurs fois, me raconte y avoir vu des Soulages, des Picasso, ainsi que des œuvres monumentales exposées dans les jardins ; le docteur Marian serait, aujourd'hui, l'un des plus grands et des plus discrets collectionneurs d'art du continent européen. Pour entrer dans ce lieu unique, il m'aurait fallu montrer patte blanche. Deux gardes du corps font le guet à l'entrée. Ils auraient vérifié ma présence sur la « liste ». Et une fois qu'ils auraient trouvé mon nom, ils ne m'auraient pas ouvert immédiatement. Ils auraient, eux-mêmes, sonné à l'interphone. Une hôtesse de maison serait venue m'ouvrir et m'aurait fait passer un second interrogatoire. Enfin, après quelques minutes d'attente, le maître des lieux serait descendu de ses étages et m'aurait salué, d'un signe assurément très bref. Mais tout cela n'est que fiction. Bien évidemment, je n'ai pas donné suite à cette proposition. Sinon, vous ne seriez pas en train de lire ces lignes.

Alors que je mets un terme à cette enquête qui m'aura tenu en haleine pendant près de trois ans, je me mets à songer à la suite de cette aventure. Je sais que je dois me préparer, dans les mois qui viennent, à des passes d'armes violentes avec Orpéa et les principaux dirigeants de cette entreprise cités dans mon enquête. Le groupe n'est pas du genre à se laisser accuser sans réagir. Ils m'ont prévenu. Ils m'attaqueront sans doute, produiront des attestations de salariés, tenteront de salir mon nom et ma réputation, iront même jusqu'à expliquer que j'ai mis en péril le travail de leurs équipes lors de la pandémie du Covid-19.

Je sais de quoi ils sont capables. Durant ces années d'investigation, j'ai reçu des menaces plus ou moins directes, d'anciens salariés du groupe, et des DG de groupes concurrents m'ont conseillé de tout arrêter, de ne pas toucher à tel ou tel sujet. Des cadres d'Orpéa m'ont tendu des pièges en acceptant de me rencontrer pour me mitrailler de questions et prendre des nouvelles de mon enquête avant de me fausser compagnie. D'autres se sont brutalement murés dans le silence après m'avoir rencontré à plusieurs reprises et avoir partagé des documents et des informations confidentielles avec moi. Le groupe a tenté de faire stopper mon enquête et aurait licencié des salariés qu'ils suspectaient de m'avoir parlé. J'ai eu la désagréable surprise d'apprendre qu'un ancien ministre avait téléphoné à l'un des cadres de Korian, pour dissuader le leader français de la dépendance de me recevoir. Et, alors que je bouclais mon enquête, à la rentrée 2021, j'ai appris de deux sources différentes qu'une importante agence de détectives privés avait été mandatée pour obtenir des informations sur le contenu de ce livre.

Je sais donc que la joute qui m'attend ne sera pas de tout repos. Mais je sais aussi – et c'est le plus important – que je ne suis pas seul dans ce combat. J'ai été le porte-voix de centaines de personnes qui ne supportent plus de voir ce modèle destructeur prospérer. Des auxiliaires de vie, des aides-soignants, des infirmiers, des cadres de santé, des directeurs d'Ehpad, des familles de pensionnaires, des apporteurs d'affaires, des salariés du siège, des élus du personnel, des dirigeants de grands groupes privés, des fonctionnaires de l'État et d'anciens ministres de la Santé m'ont fait confiance et ont contribué, chacun à son échelle, à ce que cette enquête puisse voir le jour.

PARTIE 5

LES COULISSES D'UNE ENQUÊTE HORS NORME

CHAPITRE 39
L'INTERVENTION

Juillet 2021. Mes investigations touchent à leur fin. Pour les besoins de l'enquête, il me faut encore prendre contact avec Jean-Louis Borloo, une figure de la vie politique française, ancien patron de l'Union des démocrates et indépendants (UDI), passé par les fonctions ministérielles les plus prestigieuses : ministre de l'Emploi sous la présidence de Jacques Chirac, ministre de l'Économie et des Finances au sein du premier gouvernement de Nicolas Sarkozy, puis ministre d'État en charge de l'écologie de 2007 à 2010. Il accepte gentiment de me prendre au téléphone. Lors de ce coup de fil, je lui pose une série de questions. La conversation dure une bonne demi-heure. M. Borloo se montre, semble-t-il, sincèrement intéressé par mon travail. Il me demande des explications sur le contenu du livre. Sans lui donner aucune information précise, je lui détaille certains mécanismes financiers à l'œuvre et évoque une utilisation irrégulière de l'argent public. Il affirme qu'il n'est pas au courant, se dit révolté par ces pratiques et me souhaite plein succès dans ma démarche. « Je vous encourage à poursuivre votre travail », me lance-t-il avec vigueur. À la fin de notre discussion, il me demande si j'ai prévu de contacter les premiers concernés, à savoir les principaux gestionnaires d'Ehpad français. Je lui confirme que c'est l'un des fondements de mon métier que de respecter le principe du contradictoire.

C'est précisément durant l'été 2021 que je contacte les personnes et les entreprises mises en cause dans mon enquête : Orpéa, bien sûr, mais aussi Korian, Bastide, Hartmann... Mon rendez-vous avec le DG France de Korian est confirmé. Il est prévu pour le mardi 3 août 2021. Quelques jours avant, alors que je suis en vacances avec mes proches, un cadre important du groupe avec lequel je suis en lien depuis un certain temps m'appelle. « Vous savez que vous êtes sur écoute ? me demande-t-il gravement. Une personnalité politique de premier plan vient de nous appeler pour nous dire qu'il était au courant que nous avions accepté de répondre à vos questions. Il nous a déconseillé de le faire. Il a expliqué qu'il fallait se méfier de vous, que votre enquête allait faire scandale. Et qu'il ne fallait pas y participer. »

Intrigué, je lui demande alors de me donner le nom de l'auteur de l'appel. « C'est Borloo ! »

En l'occurrence, la fuite, si elle a eu lieu, ne vient pas d'une écoute mais tout simplement de ma conversation téléphonique avec Jean-Louis Borloo. Dans la foulée de notre échange, l'ancien ministre aurait contacté un cadre dirigeant du groupe Korian pour tenter de dissuader le groupe de me rencontrer. Il ne se serait pas arrêté là : selon ce témoin du premier cercle, M. Borloo aurait rappelé une seconde fois pour savoir si le rendez-vous s'était finalement tenu et ce qu'il s'y était dit. Je n'en reviens pas. Cet homme chaleureux qui me souhaitait du succès...

Cette figure politique, dont le parcours républicain doit logiquement l'amener à défendre l'intérêt national avant des intérêts privés, aurait pris le parti d'intervenir dans une enquête journalistique dénonçant une gestion irrégulière de l'argent public ? Pour quelles raisons obscures ? Quels liens peut-il bien entretenir avec ces grands groupes ? Sophie Boissard, la patronne de Korian, a été la directrice adjointe de son cabinet lorsqu'il était ministre de l'Économie en 2007. Et d'autres cadres du groupe ont eu l'occasion de collaborer avec lui – après tout, rien ne lui interdit d'avoir des rapports avec Korian. Mais est-ce que l'esprit de corps a pu jouer un rôle dans cette intervention ?

En octobre 2022, longtemps après la parution de mon livre, je téléphone une nouvelle fois à Jean-Louis Borloo pour lui faire part de ce témoignage. Il nie farouchement une quelconque intervention. « C'est complètement délirant. J'ai trouvé que c'était très bien que vous fassiez cette enquête, m'affirme-t-il. Je tombe des nues, comme vous. Je ne connais absolument pas ce milieu, mis à part pour avoir mis des membres de ma famille dans leurs établissements. Je n'ai bien évidemment appelé personne. » Mais alors, pourquoi aurait-on inventé pareille histoire ? Et surtout, comment ce cadre de Korian aurait-il pu précisément citer ce ministre que j'avais eu quelques jours plus tôt au téléphone ?

Retour à l'été 2021. Une sensation me gagne peu à peu : celle d'avoir mis les pieds dans un nid de vipères. La méfiance va devenir essentielle. Et encore, je suis loin, à l'époque, d'avoir pris en compte l'offensive des « communicants », ces professionnels de la gestion de crise dont raffolent les grands groupes industriels.

CHAPITRE 40

LES FUITES

« Bonsoir Victor, je voulais vous féliciter pour votre livre. C'est du costaud ! Franchement, chapeau bas. Je n'ai pas l'habitude de lancer des fleurs… Mais là, vous avez fait un travail de professionnel. Le chapitre où Bachelot balance les pratiques de son petit camarade Xavier Bertrand, c'est du très lourd. Et ce que vous révélez sur les marges arrière, ça va faire du bruit. »

Il est plus de 23 heures, ce soir de septembre 2021, lorsque je reçois cet appel. J'ai du mal à cacher mon étonnement. « Comment ça ? Comment connaissez-vous l'existence de ce chapitre ? Vous avez eu accès à mon manuscrit ? » Mon interlocuteur confirme. « Oui, j'ai eu accès à une version informatique. On m'a laissé lire quelques passages sur un écran. Mais ne vous inquiétez pas, les gens que j'ai rencontrés ne cherchent pas à vous nuire. Et moi, je vous appelle seulement pour vous féliciter. C'est du vrai journalisme d'investigation. Vous avez prévu d'aller au prochain Salon du livre ? »

Ce coup de fil a lieu quatre mois avant la publication des *Fossoyeurs*. À cette époque, à peine une dizaine de personnes sont dans la boucle : la P-DG de Fayard, Sophie de Closets, quelques salariés de la maison d'édition et une poignée de sources. Tous sont impliqués personnellement dans cette aventure et ont fait vœu de silence. Je leur fais surtout une confiance totale. Deux options sont sur la table. Soit une source a manqué de prudence et partagé ce document à la mauvaise personne, prenant le risque de se mettre elle-même en danger. Soit l'un de nous a été la cible d'une attaque informatique.

Quelques semaines plus tôt, j'ai appris qu'une société de surveillance avait été missionnée pour obtenir des informations sur le livre et essayer de limiter son impact. Mes échanges les plus sensibles se font à travers une messagerie sécurisée qui utilise le chiffrement des mails de bout en bout. Il me paraît difficile de hacker cette plateforme. En revanche, l'un de nos ordinateurs a pu être victime d'un assaut ciblé.

Si c'est le cas, les « pirates » sont-ils parvenus à récupérer d'autres documents ?

Tout cela est d'autant plus alarmant que mon interlocuteur n'est pas n'importe qui. L'homme a la voix rocailleuse et un corps d'ancien rugbyman. Il s'appelle Jean-Marc Plantade et n'est autre que le directeur de la communication du groupe Korian. Le premier gestionnaire d'Ehpad de France, directement mis en cause dans mon enquête, au même titre qu'Orpéa, a possiblement eu accès à mon livre plusieurs mois avant sa publication. Le sol se dérobe sous mes pieds… Je pense aux témoins, aux pressions qu'ils pourraient subir. Je crains une fuite qui viendrait habilement entamer l'impact de la publication. Les questions se bousculent dans ma tête : qui a réussi à récupérer mon manuscrit ? Pour quelles raisons ? Et pourquoi donc le directeur de la communication de Korian m'appelle-t-il pour me prévenir, tout en me félicitant ?

Tout cela est troublant. Et inquiétant.

Jean-Marc Plantade est un personnage singulier du secteur de la dépendance. Un ancien journaliste, qui fut notamment rédacteur en chef des pages économiques du *Parisien*. Un type fort en gueule devenu communicant et qui, désormais passé de l'autre côté de la barrière, n'hésite pas à renvoyer les journalistes dans leurs cordes lorsqu'il estime qu'ils font mal leur boulot. Un homme qui défend avec ardeur et conviction l'image de son groupe et celle de sa présidente, Sophie Boissard, et qui, dans le même temps, peut se montrer particulièrement sensible au sort des personnes âgées, plaidant régulièrement auprès de son employeur pour davantage de transparence.

Quelques mois plus tôt, par exemple, c'est lui qui a poussé le directeur France de Korian, Nicolas Mérigot, à me rencontrer. L'interview, je l'ai raconté, s'est mal terminée : M. Mérigot, agacé par mes questions répétées sur les marges arrière, niant toute mauvaise gestion de l'argent public, a brutalement jeté son stylo sur la table, entraînant mon départ. Au bout du compte, l'existence de ces rétrocessions parfaitement irrégulières est confirmée par les autorités peu de temps après la publication des *Fossoyeurs*. On apprend également, via un article du *Journal du Dimanche* (*JDD*) signé Anne-Laure Barret, que Claude Évin lui-même, alors patron de l'ARS Île-de-France, a alerté dès 2014 la secrétaire d'État (PS) en charge des personnes âgées, Laurence Rossignol. « Si les analyses s'avèrent fondées, le groupe Korian obtient des avoirs de la part de ses fournisseurs de dispositifs médicaux, ces avoirs venant en déduction de leurs dépenses mais sans être comptabilisés dans les comptes administratifs des établissements », écrit-il ainsi dans une note. Selon l'ancien ministre de la Santé (1988-1990), ces pratiques pourraient « faire système » et représenter près de 4,4 millions d'euros de perdus chaque année par l'Assurance maladie. À l'époque, au milieu du flot d'informations qui circulent, l'article du *JDD* ne rencontre pas l'écho qu'il mérite. Pourtant, il révèle que le patron de la plus importante agence régionale de santé ainsi que le gouvernement socialiste étaient au courant de ces pratiques opérées au détriment de l'Assurance maladie, des conseils départementaux, des soignants et surtout des pensionnaires. Et que, malgré cette alerte forte et documentée, il ne s'est rien passé. Les autorités ont sciemment laissé ce système perdurer. Cet article n'a en rien calmé l'impétuosité de M. Mérigot qui s'est même permis, les mois suivants, de me vilipender lors de réunions publiques.

Le directeur de la communication de Korian a emprunté, lui, une direction opposée. Moins de quatre jours après la publication des *Fossoyeurs*, en janvier 2022, Jean-Marc Plantade quitte ses fonctions, déménage, change de numéro de téléphone et de vie. Sophie Boissard, la P-DG de Korian, tente bien de le retenir, en vain. Jean-Marc Plantade vit désormais en Corrèze et multiplie les engagements associatifs.

Je n'ai jamais su si la direction générale de Korian avait pris connaissance des informations que leur directeur de la communication avait pu obtenir. Ce que je sais, en revanche, c'est que dans les mois qui ont entouré la sortie des *Fossoyeurs*, les choses se sont accélérées en coulisse. Des acteurs influents ont manœuvré dans l'ombre. Des sociétés d'intelligence économique ont été missionnées.

Des « journalistes » ont même prêté leur concours à cette étrange partie d'échecs souterraine.

CHAPITRE 41
UN DRÔLE DE « JOURNALISTE »

Janvier 2022. Une dizaine de jours avant la parution du livre, mon attachée de presse chez Fayard, Sandie Rigolt, m'appelle pour me prévenir de la réception d'un message suspect. Un homme affirmant être journaliste a eu vent de la parution d'un livre sur les Ehpad et souhaite en récupérer un exemplaire afin de pouvoir le chroniquer. L'attachée de presse refuse. Le journaliste, un certain Jean-Baptiste Giraud, revient à la charge à plusieurs reprises. La semaine suivante, voici ce qu'il lui écrit par texto : « Un de mes journalistes a rendez-vous à Montparnasse cet après-midi. Il m'a proposé de passer à l'accueil récupérer mon pli vu qu'il y a l'article du *Monde* qui est sorti, on gagne du temps ;) merci !!! » Sandie, fort heureusement, se montre inflexible : « Non, aucun livre ne sort de nos bureaux aujourd'hui… Désolée, il faudra encore un peu patienter. » Jean-Baptiste Giraud ne donnera plus de nouvelles. Mais je vais recroiser sa route, quelques mois plus tard, alors que l'onde de choc liée à la parution des *Fossoyeurs* ne cesse de se propager.

Un homme de pouvoir et de réseaux prend ainsi contact avec moi par l'intermédiaire d'une consœur. Proche de certains membres du conseil d'administration d'Orpéa, il serait prêt à livrer des informations de premier ordre. J'accepte de le rencontrer dans ses bureaux parisiens. Il ne souhaite pas que son nom ni même son âge soient divulgués. Tout juste puis-je mentionner qu'il s'agit d'un chasseur de têtes de haut niveau. Ses clients : les sociétés du CAC 40, les grandes familles d'industriels français. Pour elles, il se charge de dégoter la perle rare, soit des cadres dirigeants ainsi que des administrateurs indépendants. Il apporte aussi son expertise sur les questions de gouvernance ou de conformité. Celui que nous surnommerons Yves Le Baer* a été la victime de pratiques d'une violence inouïe. Il a mis du temps à s'en remettre et ne veut pas que son témoignage puisse causer du tort à ses proches, ni à sa société qui évolue dans un milieu où la discrétion est la règle.

L'histoire qu'il me rapporte commence quatre ans plus tôt, en 2018. La société Mars & Co vient de réaliser un audit approfondi d'Orpéa et préconise de profondes restructurations ; l'organisation du groupe n'est plus au niveau d'une société de cette envergure. Le service des ressources humaines est particulièrement montré du doigt. Les auditeurs considèrent qu'une entreprise de plus de 60 000 collaborateurs doit posséder une direction du développement RH chargée de mettre en œuvre la transformation sociale de l'entreprise et de valoriser les compétences des collaborateurs. Le DRH d'Orpéa, Bertrand Desriaux, est contraint de se conformer à ces nouvelles directives validées par le *board* (le conseil d'administration). Mais il compte bien le faire à sa manière. Il contacte donc Yves Le Baer*, qu'il connaît depuis les bancs de l'université, afin de lui confier un mandat : trouver la nouvelle directrice du développement RH d'Orpéa.

Le chasseur de têtes ne peut qu'être enthousiasmé par ce challenge de taille. Il déchante rapidement. « Je me suis retrouvé lors du premier brief avec Bertrand Desriaux et la DRH France, Christine Coffre, détaille-t-il. Et là, Desriaux m'explique d'entrée de jeu qu'il ne faut pas que la personne que je lui trouve soit meilleure que Christine, que c'est sa successeure et que tout cela est organisé depuis plusieurs années. » Yves Le Baer* a beau avoir plusieurs décennies d'expérience dans le secteur, il n'a jamais connu pareille situation ! Il poursuit : « Je me permets de lui répondre qu'avec tout le respect que je dois à la DRH France, ce n'est pas lui qui prendra la décision de la nommer à son poste mais le DG d'Orpéa. Et là, il me dit de manière très sèche que c'est lui qui décide, qu'il n'a pas de patron. Je ne sais pas si vous connaissez bien l'univers des grandes entreprises, mais à ce niveau-là, ça n'existe pas. En termes de gouvernance et de management, c'est n'importe quoi. » M. Desriaux, que j'ai contacté, n'a pas donné suite.

Yves Le Baer* hésite alors à poursuivre sa mission. Tout le sens de son travail est de trouver le meilleur candidat possible. C'est précisément pour cela qu'on le paie. Finalement, après plusieurs semaines de réflexion, il propose quatre profils, seulement des femmes, au DRH d'Orpéa. Ce dernier les rencontre lors d'entretiens individuels. Un nouveau souci de taille survient : « Parmi ces candidates, il y en avait une plutôt jolie, raconte le chasseur de têtes. Desriaux m'explique qu'elle est très bien, mais qu'il ne peut pas la prendre. Je lui dis que je ne comprends pas. Vous savez ce qu'il me répond ?! Que s'il prend cette femme, un membre de la direction générale va lui sauter dessus. Il me dit ça comme ça, littéralement, en me racontant qu'il enchaîne les dossiers de ce type à régler. J'étais scotché ! Mais c'est quoi, ce groupe ?! »

Yves Le Baer* ne sait plus quoi faire. Il envisage une nouvelle fois d'arrêter sa mission avant que l'une de « ses » candidates ne soit finalement retenue par le DRH d'Orpéa. Le chasseur de têtes l'appelle aussitôt et la met en garde. « J'ai été très clair avec elle. Mon rôle, c'est aussi de protéger mes candidats. Je lui ai dit que ce ne serait pas une mission facile. » La femme sélectionnée se dit prête à relever le défi. Fin 2018, elle rejoint Orpéa. « Elle a immédiatement surperformé, affirme Le Baer*. Elle parlait plusieurs langues, s'entendait bien avec les patrons des principales unités européennes. Trois mois après, elle a fait un retour d'expérience devant les membres du Comex où elle a impressionné tout le monde. Yves Le Masne (alors directeur général d'Orpéa) lui a confié une mission spéciale rien qu'à elle. Ça roulait. Et rétroactivement, je dirais que ça roulait trop bien. »

Car, au mois de février 2020, seulement un peu plus d'un an après sa prise de poste, la directrice du développement est virée *manu militari*. « Ce que vous racontez dans votre livre sur les licenciements massifs pour faute grave alors qu'il n'y a aucune faute, ça se passe de la même manière pour les très hauts postes, me confie Le Baer*.

Cette femme m'a appelé, en pleurs, et m'a raconté que deux colosses avaient débarqué quelques minutes plus tôt dans son bureau pour récupérer son badge et son téléphone professionnel. En un claquement de doigts, ils l'ont sortie de la boîte. »

D'après le chasseur de têtes, Bertrand Desriaux aurait pris la décision de la congédier quelques jours après qu'Yves Le Masne l'a promue.

Si ce licenciement en dit long sur la brutalité de l'ancienne direction générale d'Orpéa, la suite est encore plus éloquente. Yves Le Baer*, scandalisé, ne compte pas en rester là et contacte directement le DRH d'Orpéa. « Il ne répond pas à mes appels, alors j'envoie un texto en lui expliquant que je témoignerai du contexte tant au niveau de la justice que des actionnaires. La justice, il s'en fiche. Mais je pense que les actionnaires, ça l'ennuie beaucoup plus. » Le Baer* ne reçoit aucune réponse à son message. Quelques mois plus tard, il tient parole : au cours d'un déjeuner avec l'un des membres du conseil d'administration d'Orpéa, il révèle les détails de l'affaire. Son interlocuteur, représentant de la famille Peugeot, n'en revient pas : aux membres du *board*, on avait annoncé un départ pour « convenance personnelle ». Le chasseur de têtes retourne à ses activités en espérant qu'une issue sera trouvée. Quelques semaines après ce rendez-vous, une première alerte survient. Le Baer* se connecte au réseau social LinkedIn et découvre qu'un dénommé « Fu Rax » a regardé son profil. Cela n'a l'air de rien de prime abord ; on pourrait presque croire à une blague. Mais Yves Le Baer* a depuis compris le message : « Dans mon métier, on regarde tous les jours les gens qui ont consulté notre profil LinkedIn. Cela peut être des clients ou des candidats potentiels. Je tombe sur ce « Fu Rax », je vois qu'il n'a aucun contact, aucune info. Il est juste mentionné son lieu d'habitation en banlieue parisienne. Et c'est précisément là où je vis avec ma famille. Je me rends compte aujourd'hui que c'était un premier avertissement. » Un second suivra : un certain « Khupê la tet » consulte son profil LinkedIn peu de temps après. La menace se fait plus explicite.

Les mois passent ; Yves Le Baer* suit l'affaire au milieu d'autres dossiers. Il n'a plus de contacts avec la direction générale d'Orpéa. En avril 2021, une nouvelle découverte le stupéfie. En cherchant sur Internet, l'un de ses enfants tombe sur un site caché portant son nom : http://YvesLeBaer.net ! Il clique sur le lien et se retrouve face à un texte d'une violence rare intitulé : « La face cachée d'Yves Le Baer* ». Il y est décrit comme un « nouveau diable faustien », une personne immorale, égoïste et vaniteuse. Le pseudo-article évoque notamment ses prétendues pratiques avec les femmes, assurant que, pour accéder à des postes haut placés, « le passage dans son lit est un impératif ». Le chasseur de têtes prend peur. Qui peut bien lui vouloir du mal à ce point ? Il prévient aussitôt ses associés, contacte un avocat, porte plainte dès le lendemain et se paie les services d'un détective privé pour retracer l'origine de ce texte diffamatoire.

Le détective, que j'ai rencontré à plusieurs reprises depuis, se rend compte que l'attaque est bien plus sérieuse que Le Baer* ne l'avait imaginé au départ. Il met la main sur trois faux articles de presse évoquant tous les mêmes sujets : le milieu des chasseurs de têtes, le mouvement

#metoo, la personnalité prétendument obscure d'Yves Le Baer*. C'est un montage à la fois grossier et très sophistiqué qui a été mis en place pour détruire la réputation de cet homme. Les articles renvoient les uns aux autres ; ils sont publiés selon un calendrier minutieusement élaboré entre le 14 décembre 2020 et le 14 avril 2021. Des comptes Twitter ouverts par un ou des inconnu(s) ont même été créés pour l'occasion afin de relayer les articles. L'un d'eux, ayant ouvert un compte mi-décembre, s'est empressé pendant plusieurs jours de se créer un historique en relayant des tweets sur le thème du harcèlement au travail ou en s'abonnant à des comptes de personnalités engagées comme Tristane Banon ou Sandra Muller, créatrice du hashtag #balancetonporc. Le détective privé considérera dans son rapport que « la construction de ce compte Twitter a été réalisée par un professionnel, mandaté pour ce type de travail (volonté de nuire à l'individu cible) ».

Plus grave encore : un site de presse tenu par des journalistes français a hébergé l'un de ces pseudo-articles, lui conférant à la fois audience et respectabilité. Le site en question s'appelle Économie Matin. Il a été monté en 2013, publie une quinzaine d'articles par jour sur l'actualité économique du pays et affiche une rédaction d'une petite dizaine de personnes, dont des journalistes venant de Radio Notre-Dame, RMC, *Valeurs actuelles* ou *Causeur*. L'article visant Yves Le Baer* a été publié en décembre 2020. Il mentionne les affaires DSK ou Harvey Weinstein et renvoie aux papiers précédents. Il est signé d'une prétendue journaliste basée en Tunisie. Selon le rapport du détective que j'ai pu consulter, il s'agit d'un avatar. À la demande de Le Baer*, le détective privé contacte le patron d'Économie Matin pour en savoir plus. Le journaliste met un certain temps à répondre. Après discussion, il accepte de retirer l'article en question mais affirme qu'il n'a aucun moyen de savoir qui est l'auteur du papier. Pour le moins étrange... En tant que directeur, il engage sa responsabilité pénale pour l'ensemble des publications de son site.

Là où notre histoire prend une dimension supplémentaire, c'est lorsque je découvre le nom du journaliste en question : Jean-Baptiste Giraud ! Le même qui, dix jours avant la sortie des *Fossoyeurs*, avait réclamé en avant-première l'ouvrage à l'attachée de presse de Fayard. Voilà une nouvelle coïncidence des plus troublantes... Je m'empresse de me renseigner sur le parcours de ce journaliste atypique. Jean-Baptiste Giraud n'est pas un novice. Il a commencé sa carrière en 1994 à Radio France. Il a ensuite enchaîné les postes : animateur pour Radio Notre-Dame, rédacteur en chef du site Atlantico, chroniqueur entre 2015 et 2020 sur RTL et Sud Radio... Il a surtout une tendance assez marquée au mélange des genres. Il est tour à tour, et parfois en même temps, chroniqueur radio, auteur d'essais, patron de presse, directeur pédagogique d'une école de journalisme, coach en entreprise, fondateur d'une agence événementielle à Versailles... Peut-être possède-t-il encore d'autres casquettes !

Je contacte par téléphone ce « journaliste » multitâche. À la question de savoir s'il a collaboré avec le groupe Orpéa, il se montre hésitant : « Heuuu... mouais, répond-il, pris au dépourvu. Enfin, ça veut dire quoi, collaborer ?... Si vous me demandez si j'ai été rémunéré par ses dirigeants, je vous réponds non. » Je lui demande alors pourquoi il a tenté de récupérer mon enquête dix jours avant sa publication. Ses réponses sont multiples. C'est d'abord une démarche littéraire qui l'aurait poussé à contacter Fayard : « J'avais l'information en amont. Et comme c'est un sujet qui m'intéresse... Vous voyez, j'écris moi aussi des livres. On m'en a commandé un pour mars. Et je compte consacrer un chapitre à la question du grand âge. » Mais il y aurait également des raisons plus personnelles : « La question du placement en Ehpad va bientôt se poser pour mes beaux-parents. Donc oui, c'est un sujet qui me touche. Vous savez, dans notre métier, c'est compliqué de séparer le professionnel du privé. Là, par exemple, je dois faire un sujet sur les panneaux solaires. Et je suis personnellement concerné parce que j'ai des panneaux solaires. »

J'insiste un peu, et Jean-Baptiste Giraud avoue finalement qu'il a agi pour le compte de tiers : « Oui, ceux qui m'ont averti de la sortie de votre enquête avaient un intérêt direct à la lire. Mais comme je n'ai pas pu me la procurer, ça s'arrête là... En droit français, on ne peut pas être inquiété pour ce que l'on n'a pas fait. C'est comme un mec qui va à une manifestation. On ne peut pas l'arrêter avant qu'il y soit. »

Jean-Baptiste Giraud se félicite ouvertement de n'avoir pas réussi à se procurer le livre, ce qui l'a mis à l'abri de tout ennui. À la fin de notre conversation, il lâche totalement le morceau. « Oui, c'est une société d'intelligence économique qui m'a contacté. Je travaille ponctuellement avec plusieurs boîtes d'intelligence économique ou des agences de relations publiques. Il y a pléthore de choix. »

Je rencontrerai Jean-Baptiste Giraud dans un second temps, dans un café parisien. Il refusera de me donner le nom de la société d'intelligence économique qui lui a confié cette mission. Et lorsque j'aborderai le cas d'Yves Le Baer*, il se montrera tout aussi nébuleux, m'expliquant que son site Économie Matin comporte à la fois des articles rédigés par ses journalistes, des papiers proposés par des agences de relations publiques à la demande d'acteurs économiques, des contributions d'internautes... Et de temps à autre, des textes non désirés. « On appelle ça des "injections", m'assurera-t-il. Le papier en question n'a pas été validé par notre rédaction. Quelqu'un l'a mis là sans notre accord parce que notre site n'est pas assez sécurisé. Mais vous savez, cela arrive à tous les médias en ligne. C'est une plaie. On les enlève quand on les repère. Mais on n'y est pour rien. »

Ce n'est pourtant pas la première fois que son site est épinglé pour des pratiques qui posent question sur le plan déontologique. Le journaliste Yann Mougeot a récemment mis au jour ses liens avec l'agence de communication Avisa Partners à la demande de laquelle il aurait diffusé des articles en faveur de clients ou pour dénigrer des concurrents. Cette fois, le site Économie Matin a passé un cap. Dans le cas de notre chasseur de têtes, il ne s'agit plus de désinformation. Ce site a hébergé un pseudo-article, qui s'insère dans une campagne jetant le discrédit sur un homme. Yves Le Baer* a mis des mois à s'en remettre. « On n'a pas seulement cherché à me nuire. On a voulu me détruire, insiste-t-il. Si je n'avais pas eu les moyens d'investiguer et de faire disparaître ces calomnies du Net, je serais mort. » S'il affirme qu'il a vu son chiffre d'affaires divisé par deux en 2021 sans qu'il puisse établir de lien formel avec cette campagne digitale de dénigrement, il s'est surtout inquiété pour ses proches.

Juste avant de nous quitter, alors que nous marchons dans la rue, Jean-Baptiste Giraud esquissera un début de remise en cause : « Ça m'emmerde, toutes ces histoires. Vous savez, on fait ça pour payer ses fins de mois. On ne fait pas un métier simple. Mais si je pouvais me passer de tout ça, je le ferais. »

CHAPITRE 42
UN SYSTÈME DE SURVEILLANCE GÉNÉRALISÉE

Durant mon enquête, j'ai découvert qu'Orpéa avait fait appel à des « directeurs nettoyeurs » pour virer du groupe des éléments jugés indésirables. J'ai appris que des sociétés d'intelligence économique avaient été missionnées pour « surveiller » des salariés syndiqués. Avec l'affaire Le Baer*, une nouvelle étape aurait été franchie : la création de fausses informations pour nuire à la réputation d'anciens collaborateurs.

Ce système de surveillance généralisée a progressivement atteint le sommet de la pyramide. Dans les semaines suivantes, on m'apporte la preuve que Bertrand Desriaux, le DRH du groupe, qui se pensait espionné par la direction des services informatiques proche d'Yves Le Masne, a eu recours à des détectives privés pour obtenir des informations sur des membres de l'équipe dirigeante ! Au moment de sa prise de poste, le nouveau DG, Laurent Guillot, a découvert l'ampleur de ces investigations financées avec la trésorerie d'Orpéa : des milliers de pages de rapports ciblant les principaux responsables du groupe, qu'il a aussitôt confiées à la justice. J'ai eu moi-même l'occasion de me procurer une partie de ces documents et de discuter avec plusieurs détectives. Certains d'entre eux, pourtant expérimentés, m'ont confié qu'ils ont été sidérés par l'ampleur et la sophistication des pratiques. Un rapport s'intéressant aux investissements du groupe en Russie révèle des faits à peine croyables, que j'ai eu l'occasion de mettre au jour dans *Le Monde*. Au printemps 2018, Yves Le Masne se rend à Moscou pour annoncer l'ouverture d'une dizaine de centres de réadaptation. Sur une photo datée du 24 mai, on le voit en train de serrer la main de Laurent Viguier (directeur des affaires européennes et internationales du groupe Caisse des dépôts et consignations) et celle de Kirill Dmitriev, directeur général de RDIF, le fonds souverain russe. Deux pas derrière eux, deux présidents : Emmanuel Macron, qui applaudit, et Vladimir Poutine, imperturbable. Au sein de la direction générale d'Orpéa, certains ont du mal à comprendre ce développement en Russie et s'inquiètent de ce partenariat avec le fonds souverain russe, qualifié récemment par le Trésor américain de « caisse noire du président Vladimir Poutine ». Une société d'intelligence économique est missionnée. Quelques mois plus tard, elle découvre l'impensable : Yves Le Masne aurait été arrêté le 22 mars 2016 dans une boîte de nuit moscovite, avant d'être placé en garde à vue. Il aurait alors été mis en cause pour proxénétisme et trafic de stupéfiants. Sans pouvoir l'affirmer, le rapport se demande si cette arrestation pourrait avoir un lien avec l'investissement d'Orpéa quelques mois plus tard. Entre-temps, les poursuites russes contre l'ancien DG du groupe auraient été stoppées. Yves Le Masne, contacté dans le cadre de mon enquête, conteste avoir été arrêté à Moscou et poursuivi pour de tels chefs d'accusation, et considère que « de telles allégations sont graves et diffamatoires ».

Dans ces rapports, il est également question de montages irréguliers en Italie, de mouvements financiers suspects vers la Suisse, le Maroc, le Luxembourg ou le Portugal, de situations de conflits d'intérêts avec plusieurs prestataires du groupe, en particulier ceux des services informatiques. Les montants en jeu sont colossaux. On évoque plusieurs centaines de millions d'euros qui auraient pu être sortis du groupe au détriment de la société, des actionnaires et des salariés. La nouvelle direction d'Orpéa a pris des mesures en licenciant plus d'une trentaine de cadres dirigeants. Alors qu'elle a porté plainte contre X pour abus de biens sociaux et compte bien, à terme, récupérer une partie des sommes détournées, elle a été sidérée par l'attitude de certaines personnes impliquées dans ces malversations. Sans la moindre gêne, elles ont tenté de faire jouer la clause de « super indemnité » incluse dans leur contrat de travail en cas de licenciement. Un comble…

D'autres mouvements financiers interrogent les sociétés d'intelligence tout comme les enquêteurs du Parquet national financier (PNF). Le fondateur d'Orpéa, Jean-Claude Marian, aurait pris, ces dernières années, l'habitude de faire des donations au profit de l'ancien DG d'Orpéa, Yves Le Masne. Des cadeaux en cash et en œuvres d'art qui pourraient s'élever à des dizaines de millions d'euros. Le timing de ces donations est particulièrement intrigant : elles ont eu lieu, en général, après d'importantes ventes d'actions par le Dr Marian. Autre incongruité : M. Marian aurait pris des parts dans l'une des SCI gérant le patrimoine immobilier d'Yves Le Masne, alors même qu'il était DG d'Orpéa. Décidément, rien ne semblait pouvoir arrêter les anciens boss de l'entreprise…

Récemment, j'ai pris connaissance d'une autre information particulièrement instructive. Ce n'est pas une mais au moins deux sociétés d'intelligence économique qui auraient été missionnées pour contenir l'impact de mon enquête. L'une des missions, réalisée par l'un des leaders français du marché, a été commandée par la direction générale d'Orpéa quelques semaines seulement après l'envoi de mes questions au groupe en juillet 2021. Pourquoi est-ce si important ? Parce que cela pourrait battre en brèche la défense d'Yves Le Masne. L'ancien DG d'Orpéa est sous le coup d'une enquête du PNF pour « délit d'initié ». Il est suspecté d'avoir vendu plusieurs milliers d'actions Orpéa trois semaines après l'envoi de mes questions. Dans un communiqué daté du 3 février 2022, il assure que la vente de ses actions « n'a rien à voir avec le livre de M. Castanet, qui ne créait pas pour nous d'inquiétude particulière ». S'ils étaient si peu inquiets, pourquoi ont-ils missionné une société d'intelligence économique pour investiguer sur le journaliste à l'origine de l'enquête ?

CHAPITRE 43

UN SONDAGE TRÈS OPPORTUN

C'est la société Image 7, dirigée par Anne Méaux, qui défend les intérêts et surtout la réputation d'Orpéa depuis plusieurs années. C'est à elle, et plus précisément à Charlotte Le Barbier, que j'ai transmis mes questions, six mois avant la sortie des *Fossoyeurs*. Avec ma maison d'édition, nous savions qu'Image 7 allait préparer un plan de communication pour contrarier l'impact de mon enquête. En revanche, nous ne savions pas avec quelle précision ce plan allait s'aligner sur la sortie du livre. J'ai obtenu récemment des éléments qui montrent que l'agence était particulièrement bien informée.

À la rentrée de septembre 2021, Orpéa contacte la société Odexa pour préparer un sondage d'ampleur sur le bien-vieillir. Plus de 6 000 personnes sont sollicitées dans six pays européens, dont près de 500 résidents d'Ehpad. Une fois ce sondage réalisé, Image 7 entre en contact avec un certain nombre de grandes rédactions françaises. Charlotte Le Barbier est dans la boucle. Mi-janvier, elle propose l'exclusivité à un grand hebdomadaire.

D'après les documents que j'ai pu consulter, le premier baromètre Odexa-Orpéa est sous embargo jusqu'au dimanche 23 janvier, soit… la veille de la publication des bonnes feuilles des *Fossoyeurs* dans *Le Monde*. Difficile de faire mieux. Comment ont-ils pu obtenir cette information si jalousement gardée ?

Les choses sérieuses commencent le samedi 22 janvier au soir : la directrice d'Odexa, Céline Bracq, est l'invitée des *Informés* sur France Info. Sans doute ne sait-elle même pas qu'elle fait partie d'un plan de communication savamment orchestré par Image 7 pour atténuer l'impact d'une enquête à paraître. Les journalistes présents sur le plateau ne peuvent pas s'en douter non plus. Voici comment le présentateur lance la séquence : « Grâce au sondage Odexa pour Orpéa, on apprend que 45 % des Français jugent que notre société ne permet pas aux personnes âgées de bien vieillir, c'est quand même beaucoup ? » La patronne de l'institut de sondage Odexa lui répond : « Oui, c'est beaucoup. Mais c'est moins que dans le reste de l'Europe […]. Les Français se disent que ce serait bien que les pouvoirs publics soient là pour les accompagner, les aider à avoir les bons équipements, à être entourés. » L'animateur rebondit aussitôt : « Ce sont les gouvernements qui ne font pas assez dans le domaine ? » « Oui, les gouvernements. Mais pas seulement. Ce sont nos sociétés. » Dans la foulée de cette interview, le journaliste Michaël Darmon propose une chronique sur le thème « Le bien-vieillir, un sujet délaissé par les candidats à la présidentielle ? ».

On imagine que le débat a contenté les dirigeants d'Orpéa et leurs communicants. Il a efficacement détourné la responsabilité du « mal-vieillir » vers le gouvernement, les pouvoirs publics et, plus globalement, la société. De manière habile, Orpéa se positionne comme un acteur responsable et engagé qui veut pousser la société à se questionner sur la manière dont elle prend en charge ses aînés. Le communiqué de presse envoyé aux rédactions parisiennes est encore plus explicite. Dans un encadré, plusieurs résultats du sondage sont mis en avant par le groupe. Tout d'abord, il est indiqué que « les Français sont plus positifs en matière de vieillissement que la plupart des pays européens étudiés ». Faut-il rappeler que, dans ce sondage, seulement six pays européens sur une cinquantaine ont été sondés ?… Un autre résultat est souligné par Orpéa, et on imagine bien pourquoi : « Les résidents d'Ehpad sont encore plus optimistes (74 %). » En revanche, il n'est indiqué nulle part d'où viennent ces résidents. Sont-ils français ou européens ? Logent-ils dans des résidences privées ou des Ehpad associatifs ? S'agit-il d'établissements luxueux ou d'entrée de gamme ? Il y a fort à parier que les résultats varieraient considérablement selon les profils interrogés.

Un dernier point ne peut manquer de faire sourire. Selon cette étude, l'une des deux solutions plébiscitées par les Français pour parvenir au « bien-vieillir » est l'« ouverture des Ehpad comme centre de ressources et d'expertise sur leur territoire avec un champ de compétences élargi ». Ils seraient même neuf Français sur dix à le penser. En résumé, selon ce sondage Odexa pour Orpéa, les Français réclament aux pouvoirs publics d'agir, mais se sentent plutôt bien en Ehpad. Ils pensent d'ailleurs que l'une des solutions est d'augmenter leur champ d'intervention. Voilà des chiffres rassurants pour le secteur et les grands gestionnaires d'Ehpad. Les Français sont derrière eux !

Mais parfois, il suffit d'un grain de sable pour enrayer cette belle mécanique communicante...

CHAPITRE 44
LE MAELSTRÖM

Automne 2021. La publication approche ; les derniers mois sont chargés.

Le manuscrit va vivre de multiples péripéties entre septembre et décembre 2021. L'avocat de Fayard, Maître Christophe Bigot, l'expurge de nombreux noms propres et modifie des tournures de phrase qui lui semblent par trop définitives. Les journalistes d'investigation du *Monde*, Gérard Davet et Fabrice Lhomme – également conseillers éditoriaux de la P-DG de Fayard –, le rendent plus percutant. Diane Feyel, mon éditrice, le relit à de nombreuses reprises. Sophie de Closets s'occupe de la dernière relecture, le jour de Noël, entre deux repas de fête. Chaque mot, chaque virgule sont contrôlés par ses soins. Vu les enjeux, aucune approximation n'est permise. Peu avant le réveillon, la version définitive des *Fossoyeurs* part à l'imprimerie. Le timing est serré : il reste à peine un mois avant sa publication, programmée pour le mercredi 26 janvier. L'ouvrage ne m'appartiendra bientôt plus.

Le livre est sous embargo, c'est-à-dire que personne – ni les libraires, ni les commerciaux d'Hachette, ni même les salariés de Fayard – n'est au courant de son contenu. Tout juste sait-on qu'il s'agit d'une enquête sur le secteur de la dépendance. D'ailleurs, dans ma maison d'édition, l'immense majorité des employés ne sait pas qui je suis et ce que je viens faire dans les couloirs de la maison.

C'est au début de l'année 2022 que je vais rencontrer la plupart d'entre eux pour la première fois. Le responsable des relations libraires, Laurent Bertail, m'interpelle à la sortie d'un rendez-vous avec mon éditrice : « C'est vous "le système" ? Mais vous êtes bien plus jeune que je ne l'imaginais. » « Le système », c'est le nom de code du livre ; depuis plusieurs années, les cadres de Fayard en entendent parler sans savoir si cette enquête verra finalement le jour. Le secret a été bien gardé afin d'éviter les fuites et de se prémunir contre d'éventuelles pressions. Même les dirigeants d'Hachette, la maison mère de Fayard, n'ont pas été mis dans la confidence. Nous avions appris que le groupe Lagardère, propriétaire d'Hachette, partageait le même cabinet de communication de crise, Image 7, que le groupe Orpéa. Et sans prêter de mauvaises intentions à quiconque, il nous semblait opportun de jouer la prudence absolue…

Sandie Rigolt maîtrise parfaitement les enjeux de ce genre de publications. Elle qui a plutôt l'habitude de contacter le plus grand nombre de journalistes avant parution doit faire, en l'espèce, précisément l'inverse. Prendre attache avec un nombre restreint de médias, transmettre le PDF du livre avec un code à usage unique, rappeler les enjeux de confidentialité qui entourent l'ouvrage. La direction du *Monde* est contactée, tout comme la matinale de France Inter, puis l'intervieweuse de RTL, Alba Ventura, ainsi qu'un journaliste de *L'Obs*. Et c'est à peu près tout. Aucune autre rédaction n'est mise au courant. C'est le calme avant la tempête...

Les bonnes feuilles publiées dans *Le Monde* produisent un effet de souffle que personne n'avait anticipé. La fin de vie tragique de l'écrivaine Françoise Dorin bouleverse de nombreuses personnes ; les rationnements opérés dans l'établissement luxueux de Neuilly-sur-Seine scandalisent jusqu'aux décideurs politiques et économiques ; les captations d'argent public commises par un groupe réalisant 4 milliards d'euros de chiffre d'affaires finissent de dégrader l'image du leader mondial de la dépendance.

Le 24 janvier, quelques heures seulement après la parution du *Monde*, le titre d'Orpéa perd 16,11 % en Bourse avant que sa cotation ne soit suspendue sa demande. Le lendemain : plus de 15 % de baisse, et une nouvelle suspension de la cotation. Les autres géants du secteur, tels que Korian et LNA Santé, sont également impactés. Plusieurs milliards d'euros de valorisation s'évaporent en quelques heures. Les marchés semblent prendre au sérieux les irrégularités commises par Orpéa et, plus globalement, les errements du secteur.

L'Agence France-Presse (AFP) relaie l'information. Toutes les rédactions de France sont donc aussitôt averties. Commence alors un véritable marathon. J'enchaîne les plateaux télé et les interviews radio et presse écrite. JT de France 2, TF1, RTL, *Le Figaro*, *Télérama*, *La Croix*, *Libération*, *Le JDD*, BFM, *Le Parisien*, *C à vous*, *Quotidien*, *C politique*, Brut, France Info, *Le Magazine de la santé*, RMC... Il m'arrive de répondre à plus d'une dizaine d'interviews par jour ! Les médias étrangers embraient : Belgique, Espagne, Italie, Luxembourg, Irlande... Même le prestigieux *Washington Post* publie un article sur « *The Gravediggers* » et son impact sur le secteur de la dépendance. Cet écho inédit montre combien le sujet de la prise en charge de nos aînés est une préoccupation mondiale. Il est vrai que le recours à des maisons de retraite se généralise, même dans des cultures autrefois réfractaires, comme en Asie. Orpéa, il n'est pas inutile de le rappeler, est présent dans 23 pays et programmait, avant la publication des *Fossoyeurs*, une nouvelle ouverture chaque semaine.

La parole se libère, enfin ! Des familles de pensionnaires osent raconter les détails douloureux de la fin de vie en Ehpad de leurs proches. Les soignants et les auxiliaires de vie rendent compte de leurs conditions de travail : cadences infernales, manque de moyens, recours à des intérimaires, pression de la hiérarchie, etc. Les syndicats longtemps ostracisés ont droit de parole. Dans la rue, les cafés, les gares, on m'interpelle : « Ne lâchez rien ! » « On est derrière vous ! » « C'est inadmissible ce qui se passe dans les maisons de retraite ; comment a-t-on pu laisser faire cela pendant si longtemps ? »

En commençant cette enquête trois ans plus tôt, je savais que la prise en charge de nos aînés nous concernait tous, que chaque famille française serait un jour confrontée à la question du placement en Ehpad de l'un de ses proches. Pourtant, jamais je n'aurais imaginé que cela soulèverait une indignation aussi massive et unanime. Voilà l'un des rares sujets capable de mobiliser tous les courants politiques et toutes les classes sociales. Les dysfonctionnements des *Bords de Seine* ont démontré que même les familles les plus aisées n'étaient pas à l'abri de la maltraitance.

Chaque jour, ma boîte mail se remplit de centaines de courriels. Des pensionnaires d'Ehpad, parfois nonagénaires, m'écrivent pour m'apporter leur soutien et exprimer leur gratitude aux lanceurs d'alerte. Des salariés du secteur manifestent leur ras-le-bol. Je perçois alors à quel point le monde de la santé est en crise dans l'Hexagone. Je suis pris sous une avalanche de courriers auxquels il m'est matériellement impossible de répondre. Dans ce flot continu de témoignages, les collaborateurs d'Orpéa occupent une place de choix. Bien souvent, ils me font part de dérives que je n'ai pas mentionnées dans l'enquête. Toutes les branches du groupe sont concernées : des membres de services informatiques, des spécialistes de la construction, des directeurs de cliniques, des médecins, des pharmaciens, etc. Je tente de retourner sur le terrain, de donner corps à ces témoignages. Pendant que dans le camp d'en face, la résistance s'organise…

CHAPITRE 45
DES « ACCUSATIONS INFONDÉES » ?

Les sondages, c'est connu, on peut leur fait dire à peu près ce que l'on veut. Lorsqu'ils sont réalisés de manière « professionnelle » par une société spécialisée, il existe déjà des risques de manipulation, comme on l'a vu avec cette étude commandée par Orpéa dans le but de torpiller une enquête journalistique. Alors imaginez les dégâts qu'ils sont susceptibles de causer lorsqu'ils sont fabriqués à la va-vite et lancés sur les réseaux sociaux.

Dans la foulée de la sortie des *Fossoyeurs*, l'ensemble des *talk* télévisés – *C à vous*, *Quotidien*, *Touche pas à mon poste !* (*TPMP*) – traitent le sujet des Ehpad. TPMP y consacre une première émission le soir même de la publication du livre, le mercredi 26 janvier 2022. La séquence, intitulée « Scandales et révélations dans les Ehpad – nos seniors sont-ils en danger ? », donne la parole à une aide-soignante qui détaille des situations de maltraitance graves. Le mardi 1er février, *TPMP* propose une nouvelle émission sur le même thème. Cette fois-ci, l'angle choisi est à l'opposé :

« Scandale et maltraitance dans les Ehpad : est-ce des "accusations infondées" ? »

En tant que journaliste et citoyen, je suis attaché au débat et à la controverse. Mais je n'ai pu m'empêcher de m'interroger ce jour-là sur les raisons d'un tel choix éditorial. Nous venions d'accepter une invitation à *Quotidien* pour le lendemain, et par là même de décliner l'offre de l'émission concurrente, *TPMP*. Serait-il possible que nous soyons les victimes collatérales d'un affrontement cathodique entre Canal+ et TF1, qui semble pourtant bien dérisoire face aux enjeux de la prise en charge de nos aînés ?

En parallèle de l'émission de Cyril Hanouna, un sondage est proposé sur Twitter. Voici la question exacte posée aux internautes : « Scandale et maltraitance dans les Ehpad : est-ce des "accusations infondées" ? » Tout dans cette formulation est sujet à critique. L'expression « accusations infondées » a été utilisée le matin même du 1er février par Philippe Charrier, le patron provisoire d'Orpéa, nommé quarante-huit heures plus tôt. C'est une façon de donner du crédit à sa défense, et surtout de l'amplifier. Même lui n'avait pas osé aller aussi loin. Face aux caméras, juste après avoir répondu à la convocation de la ministre déléguée chargée de l'Autonomie, Brigitte Bourguignon, il avait déclaré : « Plusieurs accusations sont infondées, j'en ai la preuve. »

Dans le sondage de *TPMP*, on ne parle plus de « plusieurs », mais de l'ensemble des « accusations » du livre. Ce qui fait tout de même beaucoup. Des centaines d'éléments d'information sont contenus dans cette enquête et un nombre incalculable de pratiques irrégulières dénoncées : de l'existence de marges arrière aux fausses déclarations aux autorités de contrôle en passant par des violations massives du droit du travail, des soupçons de collusion avec certaines ARS ou encore la mise en place de politiques de rationnement sur les produits de santé et d'alimentation… Ici, il est proposé une sorte de package auquel il faut répondre de manière binaire : OUI ou NON, toutes ces « accusations » sont « infondées ». Il faut ajouter que certains points sont très techniques, que l'ouvrage fait 400 pages, que nous ne sommes que le 1er février, six jours après la publication des *Fossoyeurs* : il est donc peu probable que les internautes questionnés aient pris connaissance des « accusations » dont on interroge le bien-fondé. Pour s'en convaincre, un seul chiffre : 72 000 utilisateurs de Twitter vont « officiellement » participer à ce sondage, soit plus de deux fois le nombre de livres vendus à cette date.

Enfin, c'est ce qu'on appelle une question « orientée ». D'innombrables formulations étaient envisageables : « Avez-vous été témoin de situations de maltraitance sur vos proches en Ehpad ? » ; « Pensez-vous que la France protège assez bien les personnes âgées dépendantes ? » ; « Êtes-vous inquiet à l'idée d'entrer un jour en Ehpad ? » Si on voulait être plus précis et plus percutant : « Avez-vous déjà constaté des politiques de rationnement dans un Ehpad ? » La formulation choisie par *TPMP* demande aux internautes de valider ou non la véracité d'une enquête sans avoir les éléments pour le faire. C'est un jeu qui n'est pas sans conséquences.

Le lendemain, des proches m'envoient les résultats : sur 72 775 votants, 70,6 % pensent qu'il s'agit d'« accusations infondées ». J'ai du mal à y croire. Le livre est porté par les plus grands médias ; les témoignages se multiplient chaque jour ; les politiques, tous partis confondus, s'accordent pour dénoncer les dérives de ce système. C'est la toute première fois que nous affrontons une mise en doute aussi forte et médiatisée. Certaines de mes sources vont d'ailleurs s'en inquiéter. Selon ce sondage proposé par l'une des émissions les plus regardées du pays, plus des deux tiers des Français interrogés mettraient en doute la véracité de cette enquête. C'est une manière d'affaiblir un travail d'investigation de trois ans, sans aucun élément de preuve. Plus grave : c'est une façon de remettre en cause la sincérité des participants à ce livre. Plus de 250 personnes ont témoigné, dont un certain nombre à visage découvert. Citons une fois encore le cadre infirmier Laurent Garcia, l'ancien directeur médical de Clinéa Patrick Métais, la juriste du service RH Camille Lamarche ou encore l'ancien cuisinier Guillaume Gobet. La plupart d'entre eux ont témoigné la boule au ventre, avec la crainte d'être exposés, critiqués, poursuivis, menacés. Certains ont pris des risques considérables que les équipes de *TPMP* peuvent difficilement imaginer.

En mettant ici en doute leurs témoignages, ce sondage prend le risque de les fragiliser. Mais l'histoire ne s'arrête pas là.

Le 4 février, *TPMP* fait des révélations fracassantes. Cyril Hanouna annonce que certains sondages de l'émission ont été manipulés – malgré lui –, et tout particulièrement celui sur les Ehpad. Le présentateur affirme que des experts informatiques ont été contactés afin de truquer les votes en utilisant une armée de followers. Un invité, présenté comme un « hacker éthique », raconte l'opération qui aurait été réalisée : « On utilise un logiciel – on dit un "panel" dans le milieu, explique-t-il. Il permet en une seule commande d'ordonner à des dizaines de milliers de comptes d'aller voter OUI ou NON au sondage de *TPMP*. Et en trois secondes, vous inversez les résultats d'un vote. C'est très simple ! » Cyril Hanouna soutient ensuite que ce n'est « ni un politique ni un adversaire commercial » qui serait à l'origine de cette « attaque ». Il évoque une personne qui ne souhaiterait pas « nuire à l'émission », mais plutôt « influencer l'opinion ».

Quelques semaines plus tard, le 9 mars précisément, l'expert en réputation digitale qui a été approché pour cette mission est invité sur le plateau. Ce jeune homme, qui dirige la société premlike.com spécialisée dans l'achat de « likes, followers et vues », fait de nouvelles révélations. « On a été contactés par une personne du secteur des Ehpad, affirme-t-il. On nous a demandé de truquer un sondage *TPMP* et également de faire remonter des éléments positifs à leur égard, des posts, des tweets et des vidéos. Et de faire redescendre tout ce qui était négatif pour essayer de calmer le jeu par rapport à la situation. On a refusé parce que c'était contraire à nos valeurs. Mais une boîte concurrente a accepté la mission. » Après la commande d'une étude officielle auprès d'une société spécialisée (Odexa), voilà une nouvelle étape de franchie : le trucage de sondages d'émissions télé ! L'expert présent sur le plateau révèle que, pour une opération de ce type, il aurait pu facturer entre 10 000 et 40 000 euros, autant dire une paille pour les géants du secteur de la dépendance.

Jamais il n'a été aussi simple de manipuler l'opinion. Les réseaux sociaux offrent la possibilité de toucher le plus grand nombre à peu de frais. Prophétique, la journaliste Sonia Devillers avait d'ailleurs dénoncé le jour même, le 1er février, dans l'émission *C ce soir* sur France 5, les dérives de *TPMP* et les dangers de ces sondages. « *Le problème, c'est que chez Cyril Hanouna, on réduit tout à un débat "pour" ou "contre", assène-t-elle. C'est dans l'ADN de l'émission. Au départ, dans TPMP, il y avait des pancartes "Je zappe", "Je mate". Elles ont été remplacées par "pour" ou "contre", et puis tout ça est accompagné de faux sondages sur Internet.* »

Fait rare, le 4 février, sur le plateau de *TPMP*, plusieurs intervenants valident une partie de ces critiques. L'invité présenté comme un « hacker éthique » confirme les dangers de telles manipulations : « Un téléspectateur classique, il va sur Twitter, il regarde ce sondage et il se dit : il n'y a rien, en fait. » La chroniqueuse Géraldine Maillet approuve : « Bah oui, on les manipule ! » Puis, en parlant des sondages truqués : « Ça montre que le système est faillible. » Elle interpellera ensuite directement Cyril Hanouna : « Et alors, vous allez faire quoi concrètement ? [...] Est-ce que vous allez porter plainte ? »

Non seulement *TPMP* ne portera pas plainte, mais aucune mesure particulière de sécurisation ne sera mise en place. Les responsables de l'émission ont beau être informés des risques, les sondages se poursuivent. Sans mise en garde particulière sur Twitter. Jamais *TPMP* ne prononcera d'excuses publiques à l'égard des témoins de cette enquête que ce sondage avait mis en doute.

Et pendant ce temps, Orpéa persiste dans le déni.

CHAPITRE 46
LES DÉNÉGATIONS

De la manipulation à la communication, il n'y a parfois qu'un pas.

Si la société Image 7 a été particulièrement active aux côtés d'Orpéa dans les mois qui ont précédé la sortie des *Fossoyeurs*, elle va redoubler d'efforts dans ceux qui vont suivre. Sa patronne, Anne Méaux, pourtant habituée aux crises exposées – le scandale Fillon, l'affaire Carlos Ghosn… – se trouve embarquée dans une tempête médiatique d'une intensité et d'une durée inédites. Ses interventions signent peut-être la fin d'une époque dans la communication de crise. En effet, la plupart des axes de défense d'Orpéa ont été développés à contretemps et n'ont pas produit les résultats escomptés, au point que certains cadres importants se sont affolés de cette fuite en avant et ont questionné la pertinence de cet accompagnement.

Le premier mouvement de la direction générale d'Orpéa, au début de la crise, a été de tout nier en bloc. Voici un extrait du premier communiqué de presse, le 24 janvier 2022 : « Ces éléments, polémiques et agressifs, montrent une volonté manifeste de nuire. Nous contestons formellement l'ensemble de ces accusations que nous considérons comme mensongères, outrageantes et préjudiciables. »

À la suite de la convocation du nouveau patron d'Orpéa, Philippe Charier, le 1er février, par la ministre en charge de l'Autonomie des personnes âgées, le groupe fait une légère concession en annonçant le lancement d'enquêtes internes. Dans le même temps, sa direction continue à clamer haut et fort que les accusations dont il fait l'objet sont fausses.

Cette politique intenable de dénégation pure et simple, accompagnée d'un refus manifeste de s'expliquer, va coûter cher au groupe. Lors de leur audition à l'Assemblée nationale, les représentants d'Orpéa sont vivement critiqués. La présidente (LRM) de la commission des affaires sociales, Fadila Khattabi, déclare : « La représentation nationale est déçue de votre absence de réponse. Nous sommes des députés un peu dépités. » Pour le député PC Pierre Dharréville, *« la direction de l'entreprise est venue se défausser de ses responsabilités ». Un autre, le député MoDem Nicolas Turquois, se dit « outré » et dénonce « un discours creux sur de grands principes »* accompagné d'« arguments technico-administratifs, des chiffres qui ont noyé le poisson ». Les éléments de langage validés par les communicants sonnent faux. L'intervention de Philippe Charrier le soir même sur BFM embarrasse jusqu'au *board* d'Orpéa, dont une partie regrette déjà la nomination. Lorsque le présentateur lui demande s'il y a eu des politiques de rationnement sur les changes ou l'alimentation, voici ce que Charrier répond :

« Mais enfin... Nous sommes Orpéa ! On n'agit pas comme ça. Nous sommes dans le soin, dans la bienveillance, dans le service. Jamais des choses pareilles ne peuvent arriver... Alors oui, un jour, il peut arriver qu'il y ait une rupture, que la boîte de biscottes soit vide. Vous voyez ? »

Les témoignages et les enquêtes s'accumulent dans les semaines suivantes. Orpéa doit à nouveau lâcher du lest. Le 26 mars 2022, après réception des rapports IGAS-IGF, Brigitte Bourguignon annonce que l'État porte plainte pour détournement d'argent public. Le soir même, Philippe Charrier consent enfin, dans *Le Figaro*, à « présenter ses excuses aux résidents et à leurs familles ». Il continue, malgré tout, à nier toute volonté de fraude de la part de la direction et affirme que les « dysfonctionnements relevés » sont liés « le plus souvent à une pénurie de professionnels du soin et de l'accompagnement touchant l'ensemble du secteur ».

Anne Méaux a théorisé cette ligne de défense. Mi-février 2022, lors d'un colloque organisé par la fondation Descartes, elle assure que « les communicants sont les meilleurs alliés des journalistes, à condition que chacun fasse son boulot avec rigueur, avec professionnalisme et avec éthique. » Avant d'ajouter : « Et pas en ayant décidé de mettre les faits dans la thèse qu'ils défendent avant les faits. » C'est acrobatique, peu compréhensible de prime abord. Et pourtant, cette stratégie de défense a une logique et une pertinence pour un groupe comme Orpéa. Comme il devient de plus en plus difficile de contester la réalité des faits, il faut bien s'adapter et trouver une autre parade. Je reformule ainsi : « Oui, certains des éléments dénoncés sont peut-être exacts. Mais le journaliste en fait une interprétation personnelle et erronée. »

L'un des exemples les plus éloquents de la mise en application de cette défense concerne le budget alimentation. Dans ce livre, il est indiqué qu'il avoisinait les 4,20 euros par jour et par personne, soit 1 euro par repas. Alors qu'un certain nombre de dirigeants refusent de s'exprimer clairement sur ce point face à la représentation nationale, Jean-Claude Brdenk, l'ancien *cost-killer* du groupe, de nature plus combative, préfère assumer. Lors de son audition, il plaide haut et fort que ce budget (qu'il évalue à 4,73 euros HT) était dans les normes de ce que proposaient les grandes enseignes de la distribution. D'après lui, non seulement cela n'entraînait pas de restrictions, mais cela permettait aussi d'offrir des produits haut de gamme aux pensionnaires. « L'auteur du livre défend une thèse exactement contraire, mais il n'y a pas d'intérêt à rationner la nourriture, conclut-il. *Si vous baissez le nombre de résidents en ne leur donnant pas assez à manger, vous baissez votre chiffre d'affaires.* »

Pour résumer : le chiffre serait bon (à peu de chose près), mais la thèse du livre – le rationnement – serait inexacte. Pourtant, le rationnement dénoncé dans mon ouvrage n'a rien d'une thèse, d'une théorie ou d'une opinion. C'est un élément factuel qui s'appuie sur des dizaines de documents internes que j'ai pu me procurer. L'un d'eux détaille les grammages que doivent respecter les cuisiniers d'Orpéa : « mini-tablette de 10 grammes de beurre au petit déjeuner », « 30 grammes de lentilles à midi », « 50 grammes de steak haché le soir ». Un autre alerte sur les cas de dénutrition qui touche certains résidents des établissements du groupe. Ces rationnements sont également étayés par de nombreux témoignages de familles, d'auxiliaires de vie, de médecins et de cuisiniers. Plusieurs chefs, dont certains encore en poste, m'ont raconté leurs difficultés à assurer des repas équilibrés, à pouvoir se procurer des ingrédients de qualité. Ils m'ont également révélé que pour pallier les importants taux de dénutrition, on les avait forcés à utiliser des doses toujours plus importantes de Protipulse, une poudre hyperprotéinée remboursée par la Sécurité sociale. L'un d'eux m'a avoué que les quantités incorporées dans les soupes les transformaient en « une sorte de pâte épaisse pleine de grumeaux, qui sentait l'œuf pourri ».

Ces éléments seront confirmés par d'autres enquêtes, notamment celle de Samuel Laurent du *Monde*. Le quotidien s'est procuré un guide de nutrition interne avec des fiches de repas. Des nutritionnistes contactés par le journal en ont conclu que les portions de nourriture étaient « à peine suffisantes pour assurer les besoins minimaux ». *Le Monde* explique que « les menus d'Orpéa, même en comptant petit déjeuner et dîner, sont le plus souvent sous les 70 grammes journaliers de protéines alors qu'il en faudrait, au moins, une centaine. »

Pour Anne Méaux, « papesse de la com' », tout cela est tout bonnement inimaginable. « Ces dernières années, la communication s'est considérablement professionnalisée. Tandis que – pardon de le dire – l'information a perdu ses repères, fanfaronne-t-elle lors de ce colloque #manipdelinfo. La communication économique, notamment, est soutenue par une dynamique de rigueur qui encadre le monde de l'entreprise et des institutions. En particulier les sociétés cotées en Bourse avec qui je travaille le plus souvent et qui, très sincèrement, ne peuvent pas raconter de conneries. Parce que ça leur coûterait très cher. Et qu'il y a des contrôles. Je pense que le mensonge est maintenant impossible. »

Les « accusations » de ce livre ont depuis été confirmées par les inspecteurs de Bercy. Le rapport IGAS-IGF documente l'existence de marges arrière et d'excédents de dotations non déclarés, atteste de déclarations financières « insincères » : au moins 100 millions d'euros d'argent public auraient été captés irrégulièrement par le groupe entre 2017 et 2021. Le rapport pointe une gestion ultra-centralisée et des modalités de management pouvant conduire à des dérives. Les inspecteurs dénoncent également une mauvaise gestion des ressources humaines avec des taux de rotation et d'accidents du travail bien supérieurs à la moyenne du secteur. Leur conclusion est sans appel : le pilotage des établissements « donne la priorité à la performance financière » plutôt qu'à des « critères de qualité ». Les enquêtes internes menées par les cabinets Grant Thornton et Alvarez & Marsal iront dans le même sens. Un nombre incalculable de dysfonctionnements est listé : « existence de rabais, *y compris par des fournisseurs de produits financés sur fonds publics* » ; « *non-conformité dans la contractualisation de CDD* » ; « *recours à des intermédiaires, y compris à un ancien préfet* », « *quasi-totalité des sites en sous-effectif par rapport aux budgets prévus* » ; « *deux anciens patrons d'ARS embauchés comme consultants, 11 anciens fonctionnaires salariés* »...

Pour finir, la nouvelle équipe à la tête d'Orpéa, croulant sous des dizaines de rapports de sociétés d'intelligence économique, accuse l'ancienne direction de manquements graves. En mai 2022, elle porte plainte contre X pour abus de biens sociaux. En octobre, la boucle est bouclée : le nouveau DG, Laurent Guillot, précise la plainte en citant nommément l'ancien patron, Yves Le Masne. À la presse, M. Guillot déclare que la situation d'Orpéa a été « *fortement affectée par les malversations et les manquements éthiques de la direction précédente* ». Dans le même temps, il licencie pour faute grave plus d'une trentaine de cadres dans quasiment tous les secteurs de l'entreprise : responsables de l'informatique, principaux directeurs des ressources humaines, patrons du service achat, directeur financier, etc. Le grand nettoyage a commencé. Laurent Guillot sait qu'il faut en passer par là pour remettre l'entreprise sur les rails et retrouver la confiance des marchés. Il a d'ailleurs déclaré au *Parisien* avoir lu *Les Fossoyeurs* et que « tout est choquant, du début à la fin ».

Contrairement à ce qu'affirme « la reine de la com' », un grand groupe comme Orpéa, coté en Bourse, a pu mentir, et ce, pendant des décennies, à peu près à tout le monde – à ses collaborateurs, aux résidents, à ses actionnaires, aux autorités, à l'AMF, à la représentation nationale. Les contrôles ont été inopérants, que ce soient ceux des ARS, des inspecteurs des conseils départementaux, de la DGCCRF ou encore de la Direccte. Les faits sont têtus, et si on se refuse à les regarder en face, les mêmes drames se reproduiront. Les témoignages des familles de Mme Dorin, de M. Krief et de tant d'autres auront alors été vains…

Encore faudrait-il, aussi, que le pouvoir exécutif s'empare vraiment du sujet. Cela n'a pas été le cas, malheureusement, dans la crise Orpéa, au risque d'enterrer les problèmes soulevés.

Une autre sorte de fossoyeurs…

CHAPITRE 47
UNE LOI PROMISE… ET ENTERRÉE

Dans ces premières semaines de l'année 2022, l'élection présidentielle, prévue au mois d'avril, occupe tous les esprits. À la suite de la publication des *Fossoyeurs*, tous les candidats prennent position sur le sujet de la dépendance.

Fabien Roussel, représentant du Parti communiste, s'insurge contre « ceux qui font du pognon sur le dos de nos aînés » et plaide pour une expropriation pure et simple des groupes maltraitants. Jean-Luc Mélenchon, pour La France insoumise (LFI), préconise quant à lui de confier les Ehpad « à des structures non lucratives qui ne distribuent pas de bénéfices ». Valérie Pécresse, candidate des Républicains, veut un « changement radical » avec l'instauration d'un « référentiel obligatoire » et un renforcement des contrôles. Le candidat d'extrême droite Éric Zemmour préconise la suppression des ARS : « Ce sont les ARS qui avaient en charge le contrôle, ce qui prouve qu'elles ne servent à rien. » Au sein de la Macronie, certains surprennent même par leur radicalité. Richard Ferrand, l'ancien président de l'Assemblée nationale, se montre proche des idées de la gauche. « Les établissements qui accueillent des personnes âgées dépendantes ou en perte d'autonomie ne devraient pas être à but lucratif, déclare-t-il lors d'une interview à France Inter. L'or gris, c'est pas du business. » Cela ressemble peu ou prou à un appel à la nationalisation.

Au sommet de l'État, pourtant, il semble que les choses ne soient pas si claires. Si l'option de nationaliser Orpéa est bien étudiée un temps par les plus proches collaborateurs d'Emmanuel Macron, elle est vite écartée. Pour une partie de la Macronie, il apparaît que le sujet de la dépendance est un caillou dans la chaussure du Président, qu'il serait bon de retirer au plus vite. Comme d'autres chefs d'État avant lui, Emmanuel Macron donne le sentiment d'avoir délaissé le sujet pendant de nombreuses années. L'historique de la loi grand âge, serpent de mer du quinquennat, le démontre.

En juin 2018, à la suite d'une succession de grèves dans les Ehpad, le Président estime que l'incapacité de la France à répondre à ces problématiques a « *construit de la souffrance sociale. Dans les Ehpad, chez les personnes dépendantes et leurs familles... Nous devons regarder cela en face. C'est un échec collectif* ». Il annonce alors une grande loi sur le financement de la dépendance qui devait être votée avant fin 2019. *D'autres actualités prennent le dessus : la crise des Gilets jaunes, l'affrontement autour des retraites. Puis le Covid. Sans cesse, l'examen du projet de loi est repoussé. Dans le même temps, les pensionnaires sont les principales victimes du virus et des politiques de confinement ; rappelons que plus de 30 000 décès en Ehpad ont été enregistrés du fait de la pandémie. En septembre 2020, Emmanuel Macron, lors de la visite d'un établissement du Loir-et-Cher, repart à la charge en annonçant une fois de plus une loi sur le grand âge, cette fois-ci pour 2021.* Les mois passent. Les intéressés sont de plus en plus dépités. Puis une nouvelle crise des Ehpad survient avec la publication de ce livre qui ébranle tout un secteur en mal de contrôles, de réglementations et surtout de financements.

Pourtant, Emmanuel Macron, au moment de l'annonce de son programme présidentiel, le 17 mars 2022, ne promet plus de loi grand âge mais des « choses concrètes », comme Ma Prime Adapt' pour adapter les logements au vieillissement ainsi que le recrutement de « 50 000 infirmiers et aides-soignants ». Un chiffre décevant pour la profession au regard des besoins et de l'aggravation de la perte d'autonomie des résidents. Emmanuel Macron veut surtout sortir au plus vite de cette séquence. Et l'ensemble de la Macronie, ou presque, comprend que le sujet doit être « purgé » avant l'ouverture officielle de la campagne, le 28 mars 2022. Un exemple est particulièrement éloquent : le calendrier des enquêtes IGAS-IGF.

Le 2 février, Brigitte Bourguignon annonce le lancement d'une double enquête administrative et financière visant le groupe Orpéa. Les inspecteurs commencent réellement leur travail la semaine suivante, quinze jours après la publication des bonnes feuilles dans *Le Monde*. Le groupe a eu le temps de faire le grand ménage. Des descentes ont été effectuées dans un certain nombre d'Ehpad pour mettre les choses au carré. Des vacataires enchaînant les faux contrats de remplacement depuis des mois ont été brutalement remerciés afin que le groupe se conforme à la législation du travail. Des plannings ont été revus pour correspondre aux financements publics. Au moment où les fonctionnaires de Bercy élaborent leur plan d'attaque, au siège d'Orpéa des membres des services informatiques s'emploient à effacer des données qui pourraient s'avérer compromettantes. Des salariés encore en poste me contactent pour me raconter que les liens vers les photographies des luxueux séminaires organisés par le groupe ne fonctionnent plus. Les fameuses fiches recettes que *Le Monde* a pu consulter disparaissent également du jour au lendemain, sans explication. Des données encore plus compromettantes liées aux relations d'Orpéa avec certains de ses prestataires sont, elles aussi, introuvables.

Les fonctionnaires de Bercy n'ont pas l'habitude de contrôler des sociétés privées, encore moins des groupes utilisant ce genre de méthodes. Ce ne sont pas des inspecteurs de police. Ils n'ont pas les mêmes pouvoirs de contrainte. Oubliez par exemple les perquisitions au petit matin et l'interrogatoire musclé. Les membres de l'Inspection générale des finances ne sont pas plus des spécialistes du médico-social et de l'ensemble des règles juridiques, administratives et financières qui encadrent ce secteur. Malgré tout, les équipes mobilisées fournissent un travail rigoureux : contrôles inopinés dans une dizaine d'Ehpad du groupe, inspection de directions régionales, investigations pendant plusieurs jours au siège d'Orpéa à Puteaux... Ils questionnent les directeurs de nombreux services ainsi que les membres de la direction générale, notamment Jean-Christophe Romersi, le DG France, qui se serait vanté devant ses collègues d'avoir dû tout expliquer aux enquêteurs. Stéphane Cohen, le directeur du médico-social, lance, bravache, devant une trentaine de directeurs Orpéa : « Vous avez là des énarques, mais ils ne sont jamais allés dans un Ehpad ! Alors il faut être très pédagogique avec eux, très didactique. »

De manière méthodique, les inspecteurs obtiennent des réponses et rapportent à Bercy des milliers de documents à traiter. Leur rapport, de plus de 500 pages, est cinglant. Malgré la mobilisation de tout un état-major et d'une armada d'avocats, les réponses apportées par le groupe n'empêcheront pas une plainte de l'État.

Il n'en demeure pas moins que cette mission a été menée avec une précipitation préjudiciable. Lors d'une rencontre avec l'un des inspecteurs de Bercy, je lui demande si lui et son équipe ont eu assez de temps pour travailler. Il me répond sans détour : « Non ! » Les deux équipes, composées d'une dizaine de membres de L'IGF et de cinq inspecteurs de l'IGAS, ont en réalité eu un mois pour investiguer, puis deux semaines pour rédiger le rapport. Toutes les preuves de dysfonctionnements n'ont pas pu être récupérées, et certaines informations reçues n'ont pas pu être traitées. Des pratiques irrégulières commises par la direction des services informatiques d'Orpéa sont restées dans l'ombre, tout comme des mouvements financiers suspects entre le groupe et des prestataires. Il fallait faire vite. Le rapport est remis au gouvernement le 26 mars, deux jours avant le début officiel de la campagne présidentielle. C'était moins une…

CHAPITRE 48
UNE DÉPUTÉE COURAGEUSE

Du côté de l'Assemblée nationale, le même scénario alambiqué s'est joué. Il fallait éviter à tout prix une commission d'enquête parlementaire, qui aurait pu gêner aux entournures un président de la République En marche… pour sa réélection.

La Macronie a d'abord accéléré le pas. À la suite des auditions des représentants d'Orpéa, de nombreux membres de la commission des affaires sociales considèrent qu'ils n'ont pas obtenu les réponses qu'ils étaient en droit d'attendre de la part d'un groupe financé en grande partie par de l'argent public (plus de 300 millions de dotations annuelles, rien pour les Ehpad). Ils estiment donc qu'il est impératif de mettre en place une commission d'enquête parlementaire, seul outil de contrôle efficace, avec des pouvoirs d'investigation étendus. Les députés pourraient alors auditionner sous serment les dirigeants d'Orpéa, faisant peser une responsabilité pénale sur leurs propos, et réclamer tout document qu'ils jugeraient utile. Le Sénat vient d'annoncer la création d'une commission, mais son périmètre dépasse de loin le cadre d'Orpéa : elle prévoit de questionner les manquements des autorités de contrôle.

Une tribune intitulée « Les responsables d'Orpéa doivent s'expliquer devant la nation » est publiée dans *Le Monde* mi-février. Ses signataires précisent notamment : « Dans notre histoire récente, tous les scandales sanitaires, de la crise de la "vache folle", en 2001, à la gestion de la campagne de vaccination contre la grippe A (H1N1), en 2010, en passant par celle de la canicule, en 2003, ont débouché sur une commission d'enquête parlementaire. » Le texte est cosigné par des associations de familles et les chefs de file des trois principaux syndicats français (CFDT, CGT, FO) – une première. Parmi les signataires, plus de 70 députés de quasiment tous les bords politiques (LFI, PCF, PS, MoDem, Agir, PRG, LR). La tribune est transmise aux députés de la République En marche, mais ordre est donné de ne pas la signer.

Une députée s'oppose à cette consigne venue d'en haut : Annie Vidal. Une femme peu habituée aux coups d'éclat, aux affrontements et aux médias. L'une des élues les plus investies sur la question du grand âge, avec Jérôme Guedj (PS) et Caroline Fiat (LFI). Une partie de la Macronie exerce alors une pression brutale sur cette députée de leur propre camp, afin qu'elle renonce à sa signature.

Élue de Seine-Maritime, Mme Vidal ne plie pas. Le lendemain, elle reçoit des messages de menaces d'une petite dizaine de députés LRM. « On m'a écrit que ma position était stupide et que je n'avais plus le droit de rester dans le groupe de la majorité, c'était très violent ! » témoigne-t-elle. Inquiète, elle se tourne vers Christophe Castaner, alors président du groupe LRM à l'Assemblée nationale, en lui précisant qu'elle assumera sa position jusqu'au bout et qu'elle est prête à quitter le groupe si nécessaire. Sans doute désireux d'éviter une polémique préjudiciable au candidat Macron, il lui répond qu'il n'en est pas question.

Lorsque je demande à Annie Vidal pourquoi, d'après elle, les réactions de ces députés macronistes ont été si virulentes, elle ne tourne pas autour du pot. « Ils pensaient qu'en faisant ça, en signant cette tribune, je faisais du tort au président de la République, révèle-t-elle. Qu'une commission d'enquête serait préjudiciable à sa réélection… Je pensais le contraire, qu'une commission d'enquête, ça grandirait le Président. Parce que ça dirait aux Français : il y a un problème, je vais voir ce que c'est. Je n'ai pas peur, je regarde ! »

Mais pourquoi une telle commission aurait-elle pu faire du tort au Président ? « Ça met en débat un sujet qui ne fait pas partie du programme présidentiel, me répond Annie Vidal. Et cela focalise sur quelque chose qui peut être considéré comme un dysfonctionnement de l'État… » Les choses sont claires pour cette députée LRM : une partie de la Macronie voulait mettre ce sujet sous le tapis afin de préserver le président de la République en route pour un second mandat. J'apprendrai également que le « en même temps » si cher au président a ici fonctionné à plein. Si la Macronie a empêché la tenue d'une commission d'enquête qui aurait permis aux députés d'en savoir plus sur le système Orpéa, le pouvoir a « en même temps » protégé l'un des siens. Dans les semaines qui ont suivi la publication des *Fossoyeurs*, la présidence de la République a donné consigne de transférer discrètement le fils d'un ancien président de la Vᵉ République, résident des *Bords de Seine* à Neuilly, dans un établissement public. Une manière d'éviter tout nouveau scandale et de prévenir de potentielles situations de maltraitance. Au moins s'agissant d'une figure de l'État…

Cruelle réalité que celle du calendrier politique.

Cette tribune du *Monde,* pourtant signée par des associations de familles, des représentants de salariés et des politiques de tous bords, n'y change rien. Les macronistes font bloc pour éviter la tenue d'une commission d'enquête parlementaire sur le groupe Orpéa. La présidente de la commission des affaires sociales, députée LRM, annonce à la place le lancement de quatre « missions flash » qui, comme leur nom l'indique, sont expresses. Leurs conclusions seront toutes rendues avant mi-mars. On ne peut pas dire qu'elles aient fait grand bruit. Elles sont venues grossir la pile des innombrables rapports remis depuis plus de dix ans sur la question du grand âge. À la longue, les familles comme les salariés sont en droit de se demander pourquoi ce secteur a pu être à ce point négligé par les gouvernements successifs. Pourquoi, malgré les scandales, l'écho médiatique, les enjeux humains et financiers considérables qui entourent le sujet de la prise en charge de nos parents et de nos grands-parents, la refonte du secteur est-elle encore et toujours repoussée ?

Toutefois, un livre comme *Les Fossoyeurs*, ainsi que bien d'autres enquêtes, démontre que l'information peut changer les choses. Au-delà de cette prise de conscience nationale, des impacts concrets sont visibles. Le « système Orpéa » a été stoppé. Des dizaines de cadres impliqués ont été licenciés. Les principaux responsables de ces dérives auront à répondre de leurs actes devant la justice. Des familles de pensionnaires tout comme des salariés du secteur ont trouvé le courage de porter plainte. Les caisses de l'État vont récupérer des dizaines de millions d'euros d'argent public. Plus globalement, l'ensemble des opérateurs du secteur du grand âge ont dû remettre en cause certaines pratiques. Les 7 500 Ehpad français vont être soumis à des contrôles plus réguliers et plus stricts. Une dizaine d'indicateurs de qualité seront désormais associés à chaque établissement. Le gouvernement a promis des effectifs supplémentaires de soignants. Même si ces réponses ne sont pas encore à la hauteur des enjeux, tout cela n'est pas anodin.

Les freins que l'on a tenté – en vain, heureusement – de mettre à mon enquête permettent de mesurer à quel point l'information, aussi puissante soit-elle, reste une chose éminemment fragile. Elle peut être attaquée de toutes parts. Par des sociétés d'intelligence économique missionnées pour la saborder. Par des communicants habiles qui ont les moyens de l'étouffer. Par des sondages commandés dans le but de brouiller les pistes. Par des hackers experts en manipulations. Par des officines privées qui n'hésitent pas à s'attaquer à la vie privée en montant des campagnes de dénigrement. Il arrive même que des journalistes peu scrupuleux participent à ces opérations de désinformation. Et, au bout du compte, des personnalités politiques peuvent trouver un intérêt à ce que la vérité n'émerge pas.

Mais peu importent les obstacles qui se dressent, les *fake news* qui pullulent ; tant qu'il y aura des hommes et des femmes assez courageux pour témoigner, et des citoyens suffisamment nombreux pour les écouter, les faits objectifs occuperont la place qu'ils méritent dans le débat public : la première.

ÉPILOGUE

Afin de donner la possibilité de répondre aux interrogations soulevées par les témoignages et les documents que j'ai pu obtenir au fil de ces trois dernières années, j'ai contacté à la fin de mon travail d'enquête la plupart des personnes et des groupes cités dans ce livre. Peu ont accepté de répondre. Korian a été l'un des seuls groupes à faire face à ces questionnements et a exprimé sa vérité. J'ai notamment contacté les fournisseurs Hartmann et Bastide, qui n'ont pas donné suite à mes demandes d'interviews. Le groupe Orpéa a fait de même. La directrice de la communication France, Claire Dubuisson, m'a dans un premier temps invité à prendre contact avec Image 7. J'aurai, par téléphone, un long entretien avec l'une des consultantes de l'agence. Et c'est au moment où je leur dresserai la longue liste des points traités dans mon enquête qu'Orpéa décidera de couper court à tout projet d'entrevue, alors même que, quelques mois plus tôt, le groupe me reprochait vertement de refuser de rencontrer ses dirigeants. Voici le mail que j'ai reçu le 6 juillet 2021.

« Monsieur,

« Nous avons bien reçu votre sollicitation et pris connaissance des sujets que vous souhaitiez aborder et nous vous remercions d'avoir pris contact avec nous.

« Nous sommes cependant au regret de ne pouvoir y donner suite.

« Depuis plus d'un an, l'ensemble des équipes vit et gère une crise sanitaire sans précédent, qui a particulièrement impacté nos métiers ; depuis plus d'un an, nous sommes entièrement mobilisés pour apporter les meilleures réponses à nos résidents et à leurs proches, nécessitant une intense implication et un grand professionnalisme de la part de toutes les équipes.

« Après une année aussi impactante pour nos collaborateurs mais également pour les résidents et leurs familles, notre priorité est de retrouver un rythme le plus serein et bienveillant pour tous, dans le climat de confiance que chacun a eu à cœur d'entretenir, tout en continuant d'apporter à nos équipes soutien et encouragement pour tout le travail réalisé.

« Notre entrevue et les questions sur lesquelles porte votre enquête ne s'intégrant pas dans cette priorité, nous sommes au regret de décliner.

« Nous vous remercions de votre attention.

« Bien cordialement »

Orpéa ne semble pouvoir répondre pour cause de Covid. Il apparaît également, dans ce mail, que le groupe s'efforce de mettre en place un environnement de travail bienveillant et que le travail d'un journaliste d'investigation pourrait être de nature à perturber ce climat de sérénité.

Voici la liste exhaustive des questions que j'ai adressées à la direction du groupe Orpéa et auxquelles il n'a pas souhaité répondre.

1. Quelle est la politique du groupe Orpéa concernant le nombre de changes des protections des pensionnaires à effectuer ? Fixez-vous un chiffre à ne pas dépasser (3 changes par jour) ou, au contraire, préconisez-vous que les pensionnaires soient changés dès que nécessaire ? Est-il arrivé que les protections soient rationnées dans certains de vos établissements ?

2. Concernant la restauration, mettez-vous en place des CRJ alimentation à ne pas dépasser pour l'ensemble de vos établissements ? Est-ce que ce coût avoisine les 4 euros en moyenne sur l'ensemble de vos établissements de gamme 1 et 2 ? Est-ce que vos établissements haut de gamme ont des CRJ alimentation plus importants ? Est-il arrivé que la nourriture soit rationnée dans certains de vos établissements ?

3. Concernant le personnel, arrive-t-il que vos résidences soient obligées de fonctionner avec des ratios inférieurs à ceux préconisés par les agences régionales de santé ? Pour quelles raisons ?

4. Arrive-t-il que le groupe refuse de remplacer des aides-soignants, des auxiliaires de vie ou d'autres membres du personnel soignant et médical ? Si oui, pour quelles raisons ?

5. Quelle est la politique du groupe en matière de vacataires ? Utilisez-vous des vacataires sur des postes permanents non pourvus ?

6. Est-ce que le groupe Orpéa fait varier le personnel de ses établissements en fonction de leur taux d'occupation ?

7. Quelle est la politique du groupe concernant les vols commis dans ses établissements ? Remontez-vous chaque incident aux autorités compétentes ou vous arrive-t-il de gérer certaines affaires seulement en interne ?

8. Pourriez-vous lister les activités proposées dans les unités protégées des Ehpad du groupe Orpéa ? Aux *Bords de Seine*, plusieurs familles de pensionnaires se sont plaintes que leurs parents ne bénéficient pas d'activités régulières et variées. Que répondez-vous à cela ?

9. Confirmez-vous que M. Krief, alors pensionnaire en unité protégée des *Bords de Seine*, a été retrouvé par une famille enfermé dans sa chambre, sa porte bloquée à l'aide d'un drap ?

10. Y a-t-il eu des problèmes de dénutrition aux *Bords de Seine* ? Est-ce que des alertes ont été remontées à la direction médicale du groupe ?

11. Quelle est la politique du groupe Orpéa concernant les « dames de compagnie » ? À quoi servent ces « dames de compagnie » présentes dans plusieurs établissements haut de gamme du groupe ? Sont-elles proposées par les directions de ces différents établissements à des familles qui estimeraient que leur proche a besoin d'un accompagnement plus important ?

12. Est-ce que des membres de la direction des *Bords de Seine* ont alerté le groupe Orpéa en 2015 de la mise en place présumée d'une procédure d'accélération de fin de vie sur l'une des pensionnaires de l'établissement ?

13. Comment avez-vous réagi à cette alerte ? Des membres du personnel ont-ils été rappelés à l'ordre ? Licenciés ? Avez-vous remonté cet incident aux autorités compétentes ?

14. Le groupe Orpéa a-t-il mené une enquête interne à la suite du décès de Mme Françoise Dorin ? Cette enquête a-t-elle conclu à des dysfonctionnements ? À des erreurs humaines ? Des sanctions ont-elles été prises ? Des actions ont-elles été mises en place à la suite de ce décès ?

15. Est-ce que l'Inspection du travail a reproché au groupe Orpéa une utilisation irrégulière de vacataires ou de CDD aux *Bords de Seine* et dans d'autres résidences du groupe ?

16. Est-ce que le groupe Orpéa a été amené à mettre en place de faux contrats de remplacement en inventant des personnes à remplacer ?

17. Est-ce que l'Inspection du travail a mené un contrôle aux *Bords de Seine* en février 2015 et relevé une infraction relative à l'embauche de salariés sans déclaration préalable à l'organisme de protection pénale ? Une fiche d'identité sociale a-t-elle été remplie à la suite de ce contrôle ? Par qui ?

18. Le groupe Orpéa a-t-il mis en place un système de remises de fin d'année avec certains de ses fournisseurs ? Est-ce que les dispositifs médicaux font l'objet de RFA ? Qu'en est-il des protections ?

19. Est-ce que les fournisseurs Hartmann et Bastide reversent des RFA au groupe Orpéa ? Sur quels produits ?

20. Est-ce que le groupe Orpéa a mis en place des RFA sur le CA des machines à café présentes au siège d'Orpéa ?

21. Le groupe Orpéa a-t-il déjà réglé le salaire d'aides-soignantes ou d'auxiliaires d'une résidence en utilisant des dotations publiques allouées à une autre de ses résidences ? Si oui, de quelle manière ?

22. Une consigne a-t-elle déjà été donnée de ne plus remplacer, pendant une période donnée, les postes financés par l'hébergement dans les résidences Orpéa afin de contenir la masse salariale du groupe ?

23. Est-il vrai qu'une vingtaine de directeurs de la région Aquitaine sont sortis ou ont été sortis du groupe entre septembre 2013 et septembre 2014 ? Si oui, pour quelles raisons ?

24. Est-il arrivé que des attestations soient parfois demandées aux salariés de résidences suite au départ d'un directeur ou dans le cadre de procès intentés contre le groupe ? Si oui, pourquoi ? Est-ce que le groupe Orpéa coupe tous les accès informatiques des directeurs dans les heures suivant leur licenciement ? Est-il arrivé que des membres de service de sécurité soient embauchés afin de dissuader des directeurs de remettre les pieds dans des résidences après leur licenciement ? Est-il arrivé que des ordinateurs du groupe Orpéa utilisés par des directeurs d'Ehpad soient vidés de tout ou partie de leur contenu suite au licenciement d'un directeur ?

25. Quelle est la politique du groupe Orpéa en matière de remplissage des Ehpad ? Est-il arrivé que des résidences accueillent des profils psychiatriques qui n'avaient pas leur place en Ehpad ? Y a-t-il déjà eu des incidents qui ont impliqué des pensionnaires ayant des troubles psychiatriques ?

26. Quelle est la politique du groupe en matière de paiement des heures supplémentaires ? La direction d'Orpéa a-t-elle déjà donné consigne de ne pas payer les heures supplémentaires de ses employés ?

27. Est-il arrivé que des résidences Orpéa refusent d'embaucher du personnel sur des postes qui avaient été pourtant financés par la CNAM ou les conseils départementaux ? Si oui, pour quelles raisons ? Comment l'argent économisé est-il alors utilisé ?

28. Est-il arrivé qu'une partie de la dotation « Soins » d'une résidence du groupe Orpéa soit utilisée pour payer le personnel d'une autre résidence du groupe sans que les autorités de contrôle soient au courant, en utilisant des intérimaires gérés par Adecco ?

29. Est-il arrivé que des résidences Orpéa fonctionnent avec plus de lits que la capacité maximum fixée par les ARS ou les Ddass ?

30. Est-il arrivé que les cliniques Orpéa fonctionnent avec moins de postes de soignants que le nombre fixé par les ARS ou les Ddass ?

31. Y a-t-il au sein du groupe Orpéa un médecin DIM ? Quel est son rôle exact ? Sa présence a-t-elle pour objectif de maximiser la facturation des actes réalisés auprès de l'Assurance maladie ?

32. Concernant les intervenants extérieurs, prélevez-vous une commission sur le chiffre d'affaires réalisé par les coiffeurs intervenant au sein de vos résidences ? Si oui, de combien ? Sur le chiffre d'affaires des kinésithérapeutes intervenant au sein de vos résidences ? Si oui, de combien ? Sur le chiffre d'affaires des laboratoires

intervenant au sein de vos résidences ? Si oui, de combien ?

33. Avez-vous mis en place des contrats-cadres nationaux avec des laboratoires ? Est-ce que ces contrats-cadres ont permis la mise en place de RFA sur les interventions des laboratoires ? Ces pratiques ont-elles été assimilées à des ristournes et déclarées illégales par la Cour de cassation ? Que s'est-il passé depuis ?

34. Les toilettes hommes d'un étage du siège Orpéa ont-elles été un temps privatisées au seul bénéfice du DRH du groupe ?

35. Certaines informations laissent penser que des consignes auraient été données afin que certains services du pôle RH du groupe n'emploient pas trop de « Noirs » et d'« Arabes ». Quels sont vos commentaires ?

36. Certaines informations laissent penser que le service RH du groupe aurait donné certaines consignes visant spécifiquement les salariés CGT du groupe. Quel est votre commentaire ? Le fait de se présenter accompagné d'un délégué CGT à une convocation suite à un incident peut-il avoir une incidence sur la décision de sanction ?

37. Qui est à l'origine de la création du syndicat maison Arc-en-ciel ? Quels sont les liens de ce syndicat avec le service RH du groupe Orpéa ? Disposez-vous d'éléments permettant de penser que ce syndicat serait indépendant ?

38. Est-ce que le groupe Orpéa a pu payer des déplacements effectués par des membres du syndicat Arc-en-ciel ? Est-ce que le groupe Orpéa participe à la rédaction des communiqués du syndicat Arc-en-ciel ? Est-ce que le groupe Orpéa participe à la sélection de certains élus Arc-en-ciel ?

39. Est-ce que, dans le cadre des élections professionnelles, les services RH du groupe Orpéa peuvent être amenés à appeler des directeurs de résidence afin de connaître les intentions de vote de certains employés du groupe ?

40. Y a-t-il eu des incidents lors des dernières élections professionnelles ? Est-ce que des professions de foi ont pu être enlevées des enveloppes relatives au 3e collège ?

41. Le groupe Orpéa a-t-il mis en place des directeurs provisoires chargés de faire « sortir » du groupe des membres du personnel jugés indésirables au sein d'une résidence, à la suite de grèves, rachats d'Ehpad ou d'incidents divers ?

42. Dans quelles conditions s'est faite l'embauche par le groupe Orpéa de Mme X., ancienne fonctionnaire de l'ARH Île-de-France ? Quelles étaient les relations du groupe Orpéa avec Mme X. avant cette embauche ?

43. Est-ce que Mme X. participait, dans le cadre de ses fonctions au sein de l'ARH Île-de-France, au processus de sélection des dossiers de création de nouvelles cliniques en Île-de-France ?

44. Mme X. a-t-elle été amenée à aider le groupe Orpéa à obtenir des autorisations de création de cliniques en Île-de-France ?

45. Le groupe Orpéa a-t-il été amené à faire appel à des apporteurs d'affaires extérieurs au groupe pour obtenir des autorisations de création d'Ehpad ou de cliniques ? Si oui, quel était le rôle de ces apporteurs d'affaires ? Comment et combien étaient-ils rémunérés ?

46. Est-ce que le groupe Orpéa a collaboré avec l'apporteur d'affaires Jean-François Rémy ? Est-il exact que ce dernier a permis au groupe d'obtenir

plusieurs Ehpad, notamment à Charleville, Revin et Vouziers ? Le groupe Orpéa a-t-il repris 49 % des parts de l'une de ses sociétés, basée au Luxembourg, pour près de 700 000 euros ?

47. Est-ce que Jean-François Rémy a permis à Yves Le Masne et Jean-Claude Marian de rencontrer Boris Ravignon à l'Élysée afin de discuter des problèmes de financement du groupe ?

48. À partir de quand la société Sempré, actionnaire historique du groupe, a-t-elle possédé des parts de l'entreprise Orpéa ou des sociétés préexistantes gérées par Jean-Claude Marian, Serpaso ou CFPI ?

49. Les dirigeants d'Orpéa étaient-ils au courant de l'identité du bénéficiaire final de la société Sempré ?

50. De quelle manière et en quelle année s'est faite la reprise de la société Sempré par la banque Degroof ?

51. Orpéa est-il au courant que l'une des figures du développement du groupe est sous le coup d'une enquête de l'administration fiscale pour une suspicion de commissions non déclarées ?

52. Est-ce que le groupe Orpéa a rémunéré Mme Élisabeth Hubert, ancienne ministre de la Santé, pour des activités de conseil ? Si oui, quel était son rôle exact ? De quelle manière était-elle rémunérée ? Quel a été le montant de sa rémunération ?

53. Est-ce que le groupe Orpéa a collaboré avec un ancien préfet ? Ce préfet s'est-il déjà rendu à des commissions de développement du groupe Orpéa ? Quel était son rôle exact ?

54. Quels étaient les liens du groupe Orpéa avec l'ancien ministre de la Santé Xavier Bertrand ?

Est-il arrivé que des dirigeants du groupe Orpéa rencontrent Xavier Bertrand ? Si oui, dans quel(s) cadre(s) ?

55. Est-ce que les dirigeants d'Orpéa ont été amenés à demander de l'aide à Xavier Bertrand dans le cadre de dossiers de création d'établissements bloqués ou en attente de financement ?

56. Orpéa a obtenu un certain nombre d'autorisations de création de maisons de retraite dans le département de l'Aisne à la fin des années 1980 - début des années 1990. Quelles ont été les modalités d'obtention de ces agréments ? Quel rôle a joué la Maison du CIL, SA HLM de Saint-Quentin ?

REMERCIEMENTS

Les Fossoyeurs n'aurait pu voir le jour sans la conversation que j'ai eue, un matin de février 2019, avec Laurent Garcia, l'ancien cadre infirmier des *Bords de Seine*. Il est le tout premier lanceur d'alerte, celui qui m'a mis sur la piste d'Orpéa. En trois ans, il n'a jamais reculé, n'a jamais flanché. Cet engagement viscéral pour cette enquête est le même que celui qu'il porte au quotidien pour ses équipes et les pensionnaires de l'Ehpad des *Quatre Saisons* où il officie aujourd'hui. Améliorer le sort des personnes âgées est une mission qui anime chacune de ses journées. Je dois également le remercier pour toutes les rencontres que j'ai été amené à faire par la suite.

Cet ouvrage est une aventure collective qui tire sa force de la multiplicité et de la diversité des témoignages qui le composent. Tout au long de ces trois années d'enquête, j'ai été sidéré par l'opacité de ce milieu et les obstacles que j'ai dû surmonter pour obtenir certaines informations. Mais il y a une chose qui m'a encore plus marqué, c'est que tant de personnes acceptent de me rencontrer, m'accordent du temps pour me livrer leur témoignage, prennent le risque de me transmettre des documents sensibles ou d'apparaître en leur nom. Participer à une investigation de cette nature est loin d'être un acte anodin. Bien souvent, on peut être touché par une cause, une injustice, souhaiter que les choses changent. Mais s'engager personnellement pour participer à ce changement est une tout autre affaire. Cela demande du courage. Pour nombre des sources de ce livre, la dignité des personnes âgées n'est pas un vain mot. C'est le combat d'une vie. C'est un quotidien, chargé de désespoir et de tendresse.

Fort heureusement, cet engagement, je l'ai retrouvé à tous les niveaux de l'échelle décisionnelle, pas seulement chez les soignants et les auxiliaires de vie. Si dans cette enquête j'ai été amené à mettre en lumière les liens de grands groupes privés avec la haute administration et des figures politiques de premier plan, j'ai aussi pu observer la droiture et l'investissement de nombre de décideurs. Que dire des larmes de Michèle Delaunay, ancienne secrétaire d'État aux Personnes âgées, lorsque j'évoquerai avec elle des techniques de récupération indirecte d'argent public mises en place par certains gestionnaires d'Ehpad et de cliniques ? Que dire de ces fonctionnaires de conseils départementaux qui m'ont transmis des comptes d'emploi, en s'opposant aux règles édictées par la Commission d'accès aux documents administratifs ? Je dois ici remercier, chaleureusement, les centaines de personnes qui ont bousculé le système établi, anonymement ou en leur nom. L'engagement de certaines d'entre elles est particulièrement remarquable : Carmen

Menjivar, l'ancienne directrice de l'Ehpad Orpéa de Bordeaux ; Camille Lamarche, jeune alternante au service RH d'Orpéa ; Patrick Métais, ex-directeur médical de Clinéa ; Samuel Royer, « ancien directeur nettoyeur » ; Sylvie Mitsinkidès, fille de Françoise Dorin ; M. Krief, fils de résident des *Bords de Seine* ; Éléonore Kouamé, ancienne auxiliaire de vie chez Orpéa ; Mme Guidon-Sevilla, femme de résident des *Bords de Seine* ; Guillaume Gobet, ex-cuisinier chez Orpéa et représentant CGT. Ces hommes et ces femmes n'ont pas témoigné par esprit de vengeance, mais par esprit de justice.

Durant cette longue route, où j'ai voyagé aux quatre coins de la France, j'ai également croisé des dizaines de personnes qui n'avaient strictement aucun lien avec le milieu des Ehpad ou le secteur de la santé. Des anonymes placés au hasard de mon chemin qui m'ont ouvert grand leur porte et m'ont prêté leurs bras, sans rien attendre en retour. Merci aux archivistes du conseil départemental de l'Aisne qui ont remué, pour moi, des kilomètres de rayons. Merci à tous ces maires qui ont accepté de me livrer une part de l'histoire de leur commune. Merci aux équipes de l'International Consortium of Investigative Journalists (ICIJ), qui m'ont donné accès à leur base de données. Merci aux avocats, en France et au Luxembourg, qui m'ont livré gratuitement leur expertise juridique. Merci au site Doctrine.fr, qui m'a donné accès à ses services. Merci également aux équipes du *Floréal*, du *Zéphyr* ou du *Onzième Lieu* qui ont eu la bonté de me laisser m'asseoir des heures durant pour écrire ou passer de bruyants coups de fil, le tout, bien souvent, pour le prix d'un café allongé.

Pour mener à bien ce travail, je n'ai pas eu la chance d'avoir l'appui d'une rédaction. Mais j'ai eu bien mieux : le soutien d'une maison d'édition engagée, exigeante et chaleureuse. Sophie de Closets, la directrice de Fayard, a été tout simplement exceptionnelle. Elle m'a offert ce qu'il y a de plus précieux pour un journaliste : du temps et des moyens. Jamais durant toutes ces années, elle ne m'a mis la moindre pression pour que je rende mon enquête, estimant qu'elle méritait qu'on y passe autant de temps qu'il le faudrait. Pour ce qui est des moyens, elle m'a offert des conditions de travail optimales, acceptant de doubler, puis de tripler, puis de quintupler mes frais de départ. Cela m'aura permis de me déplacer sur tout le territoire français, de prendre un vol pour Bastia en dernière minute, de faire Paris-Luxembourg dans la journée, de passer plusieurs semaines en province, d'inviter des sources à déjeuner, d'acheter des disques durs ou du matériel d'enregistrement. Peu de rédactions françaises sont capables de s'investir autant dans une enquête. À chaque étape de ce marathon, elle a été là, disponible, à l'écoute, répondant à mes appels entre deux avions, faisant en sorte de me protéger lorsqu'elle recevait des coups de fil intimidants. Elle n'a jamais cherché le sensationnel. Elle m'a poussé à aller au bout des choses, de la manière la plus rigoureuse possible. Diane Feyel, mon éditrice, est, elle aussi, une perle. Je mesure ma chance. Elle a cru en moi, dès le début, et a fourni un travail colossal pour me faciliter la vie. Elle a également relu et corrigé mon texte à plusieurs reprises, afin de ne rien laisser de côté.

À la fin de mon parcours d'investigation, j'ai rencontré, sur la proposition de mes éditrices, Gérard Davet et Fabrice Lhomme. Alors qu'ils étaient, eux-mêmes, en train d'écrire *Le Traître et le Néant*, et que chacune de leurs heures comptait, ils ont accepté de travailler de longues heures sur mon manuscrit. Leur intervention a été bénéfique : ils l'ont rendu plus intelligible, plus fluide, plus puissant. Ils ont également été de précieux conseils lorsque, d'une manière ou d'une autre, ce livre a été menacé. À cette puissante équipe, il faut rajouter un autre grand professionnel : Christophe Bigot, l'avocat de Fayard. Son intervention ne m'aura pas seulement permis d'éviter des risques juridiques inutiles, elle a fait gagner mon manuscrit en neutralité. Enfin, il me faut souligner l'extraordinaire travail réalisé par mon attachée de presse, Sandie Rigolt. Si ce livre a eu un tel impact, c'est aussi grâce à elle. Depuis sa publication, elle m'accompagne, me conseille, me protège. Une fée.

Bien évidemment, lorsqu'on travaille trois ans sur le même sujet, on remue ciel et terre. Et je n'oublie pas que j'ai entraîné dans cette aventure au long cours nombre de mes proches. Merci en tout premier lieu à ma femme, Pauline, d'avoir supporté ces heures de conversation sur le sort des personnes âgées, d'avoir été là lorsque je devais partir, bien souvent à l'autre bout du pays, pour rencontrer telle ou telle source, de s'être occupée de nos merveilleux enfants, d'avoir relu mon manuscrit à de si nombreuses reprises, d'avoir calmé mes ardeurs et limité mes baisses de régime.

Merci, bien sûr, à Audrey d'avoir eu une lecture si attentive de mes écrits. Merci à Focké de s'être montré si passionné par ce sujet. Merci à eux d'avoir toujours été là pour nous et notre famille. Merci également à Loïc, Charles, Bruno, Yaël, Pops, Oriane, Ella, Joséphine, Victoria, Manu, Thibault, Lucie, Marion et tant d'autres. Ils ont été de précieux piliers. Je n'oublie pas Romain, dont la sagesse me manque aujourd'hui.

Je ne peux terminer ces remerciements sans citer ma famille. Merci à mes parents, Mathilde et Jean-Noël, pour la liberté dont ils font preuve chaque jour de leur vie. Elle me guide. Merci à mes frères et sœurs, Julien, Adrien, Océane et Max. Merci à Florence de m'avoir appris le métier de journaliste. Merci, enfin, à Antoine, mon grand-père, qui m'a montré à voir une vie de panache, de folies, d'insouciance et de grandes réflexions.

Une dernière chose : si cette enquête est terminée, j'espère qu'elle ouvrira une porte. Pour tous ceux qui souhaiteraient participer à la suite de cette aventure collective, voici où me joindre : victorcastanet@hotmail.com

TABLE DES MATIÈRES

Note de l'auteur 7

PARTIE 1

Les Bords de Seine

Chapitre 1 : Au paradis des personnes âgées 13
Chapitre 2 : Trois couches par jour 18
Chapitre 3 : Un Alzheimer en cage 32
Chapitre 4 : Le combat d'une fille 39
Chapitre 5 : Euthanasie VIP 54
Chapitre 6 : Qui a tué Françoise Dorin ? 68
Chapitre 7 : « La vie continue avec nous » 84
Chapitre 8 : La révolution à Neuilly 91
Chapitre 9 : « Je vous balance tout » 100
Chapitre 10 : « Démerde-toi pour faire des économies » 110

PARTIE 2

Le système Orpéa

Chapitre 11 : « On fait du parcage de vieux » 123
Chapitre 12 : La matrice 141
Chapitre 13 : Les rétrocessions 151

Chapitre 14 : « Il faut que ça crache ! » 157
Chapitre 15 : Les preuves, enfin 173
Chapitre 16 : L'incontinence d'un groupe 185
Chapitre 17 : Orpéa, Korian : même combat ? 192
Chapitre 18 : « C'est de la fausse facture pure et simple » 203
Chapitre 19 : Une directrice qui résiste 208
Chapitre 20 : La dîme Orpéa 216
Chapitre 21 : Le puzzle enfin reconstitué 224
Chapitre 22 : Le système se défend 242

PARTIE 3

Les sales méthodes

Chapitre 23 : « Les 27 sacrifiés » 253
Chapitre 24 : Des fous en Ehpad 263
Chapitre 25 : Camille contre l'empire 273
Chapitre 26 : Marilyn Monroe et Clark Kent 281
Chapitre 27 : Arc-en-ciel, syndicat fait maison 288
Chapitre 28 : « Camille, ne lève pas les yeux ! » 301
Chapitre 29 : « Les nettoyeurs » 309

PARTIE 4

En toute impunité

Chapitre 30 : Les contrôles bidon 325
Chapitre 31 : « Je te file 1,5 million d'euros ! » 339
Chapitre 32 : « Les lits de cancéro, c'est ce qui rapporte le plus » 360
Chapitre 33 : « Le préfet a réglé le problème » 368
Chapitre 34 : « Elle bossait clairement pour nous » 372
Chapitre 35 : « J'appelle l'assureur ! » 378
Chapitre 36 : L'Aisne, rampe de lancement d'Orpéa 391

Chapitre 37 : Un Covid en or massif 399
Chapitre 38 : L'enquête qui valait 15 millions 411

PARTIE 5
Les coulisses d'une enquête hors norme

Chapitre 39 : L'intervention 427
Chapitre 40 : Les fuites 431
Chapitre 41 : Un drôle de « journaliste » 436
Chapitre 42 : Un système de surveillance généralisé 447
Chapitre 43 : Un sondage très opportun 451
Chapitre 44 : Le Maelström 455
Chapitre 45 : Des « accusations infondées » ? 460
Chapitre 46 : Les dénégations 467
Chapitre 47 : Une loi promise... et enterrée 475
Chapitre 48 : Une députée courageuse 481

Épilogue 487
Remerciements 499

13691

Composition
NORD COMPO

Achevé d'imprimer à Barcelone
par CPI Black Print
le 26 décembre 2022

Dépôt légal : janvier 2023
EAN 9782290389850
559051

ÉDITIONS J'AI LU
82, rue Saint-Lazare, 75009 Paris

Diffusion France et étranger : Flammarion